MUJERES DE LA PATRIA

Contribución de la mujer
a la independencia de Cuba

TOMO I
Guerra de los Diez Años

COLECCIÓN CUBA Y SUS JUECES

EDICIONES UNIVERSAL, Miami, Florida, 2014

TERESA FERNÁNDEZ SONEIRA

MUJERES DE LA PATRIA

Contribución de la mujer
a la independencia de Cuba

TOMO I
Guerra de los Diez Años

Copyright © 2014 by Teresa Fernández Soneira

Primera edición, 2014
EDICIONES UNIVERSAL
P.O. Box 450353 (Shenandoah Station)
Miami, FL 33245-0353. USA
Tel: (305) 642-3234 Fax: (305) 642-7978
e-mail: ediciones@ediciones.com
http://www.ediciones.com

Library of Congress Catalog Card No.: 2014
ISBN-10: 1-59388-259-9
ISBN-13: 978-1-59388-259-4

Composición de textos: María Cristinan Zarraluqui

Diseño de la cubierta: Maricely Consuegra Castroverde
Diseño final de la cubierta: Luis García Fresquet

Foto de la portada, Club Revolucionario Máximo Gómez de Veracruz, México, c. 1896. Tomado de Juan J. Expósito Casasús: *La emigración cubana y la Independencia de la patria*, Editorial Lex, La Habana, 1953.

Todos los derechos
son reservados. Ninguna parte de
este libro puede ser reproducida o transmitida
en ninguna forma o por ningún medio electrónico o mecánico,
incluyendo fotocopiadoras, grabadoras o sistemas computarizados,
sin el permiso por escrito del autor, excepto en el caso de
breves citas incorporadas en artículos críticos o en
revistas. Para obtener información diríjase a
Ediciones Universal.

*A las mujeres cubanas
de todos los tiempos*

Virgen Mambisa
Mujer, Madre y Patrona del pueblo cubano

Virgen de la Caridad
Patrona de los cubanos
Con el machete en la mano
¡Pedimos la libertad!

Ruego de los mambises durante la Guerra de los Diez Años

Litografía sobre papel de Onofre de Fonseca y Bernardino Ramírez, Imprenta Fraternal, La Habana, 1850.

Índice

Pórtico 13

Agradecimientos 19

Introducción 23

Capítulo 1
La mujer cubana en la sociedad del siglo XIX 43

Capítulo 2
Las Precursoras 61

Capítulo 3
Bayamo: bandera, himno y mujer 105

Capítulo 4
Mujeres de la Guerra del 68 151
    Mujeres Patriotas de Oriente 154
    Mujeres Patriotas de Camagüey 280
    Mujeres Patriotas de Las Villas 347
    Mujeres Patriotas de Matanzas 370
    Mujeres Patriotas de La Habana 387
    Mujeres Patriotas de Pinar del Río 401

Capítulo 5
Otras voces de la Guerra 405
    Poetisas y escritoras de la Guerra 406
    Patriotas mártires asesinadas o fusiladas 422
    Capitanas del Ejército Libertador en la
    Guerra de los Diez Años 427
    Clubes Revolucionarios establecidos en Cuba y en el
    extranjero durante la Guerra de los Diez Años 428

Cronología de la Guerra del 68 439

Bibliografía 443

Índice Onomástico de Patriotas 483

En Cuba,
la Isla hermosa del ardiente sol,
bajo tu cielo azul
adorable trigueña
de todas las flores
la Reina eres tú

Fragmento de *La Habanera Tú* de Eduardo Sánchez de Fuentes

Pórtico

Con pocas excepciones, hasta mediados del siglo XX, los hombres —y no las mujeres— fueron los protagonistas principales de la Historia. Además, eran ellos los que contaban y escribían el devenir de los acontecimientos. No puede extrañar que la historiografía universal sufra de inmensos vacíos con respecto al papel que ha jugado la porción femenina de la población en los anales de la humanidad. Cuba no ha sido una excepción. Textos de respetados historiadores del período de la República apenas mencionan el importante Movimiento Feminista de las primeras décadas del siglo XX, de proyección continental y preclara visión. Los aportes de la mujer cubana, tanto en la Revolución como en la diáspora, aunque reconocidos, no se resaltan como les corresponde. Si nos remontamos a las criollas que lucharon en nuestras guerras de independencia en el siglo XIX, la omisión es más honda. Teresa Fernández Soneira se ha empeñado, con esta valiosa obra, en sacar del olvido a las mambisas.

La autora está especialmente calificada para escribir este libro. Los valores cristianos aprendidos en su hogar, y la educación recibida en las aulas del colegio del Apostolado del Sagrado Corazón de Jesús, primero en su Habana natal y luego en Madrid; y más tarde, en las de Barry University en Miami, le aportan una visión humanista cuya impronta marcará su obra. Sus estudios formales la dotan asimismo de las herramientas para la investigación que ya ha utilizado en obras anteriores, como los dos volúmenes de *Cuba: historia de la educación católica 1582-1961* (Miami, Ediciones Universal, 1997) y los dos de *Con la estrella y la cruz – Historia de la Federación de las Juventudes de Acción Católica Cubana* (Ediciones Universal, Miami, 2002). Otros trabajos suyos, como el ensayo «Sor Juana Inés de la Cruz, mujer excepcional de Hispanoamérica», con el que ganó una mención de honor en el concurso del Instituto de Cultura Hispánica de

Houston en Texas, en 1990, nos revelan su interés desde hace muchos años en el rol de la mujer en la Historia.

Sin lugar a dudas que el mayor mérito de *Mujeres de la Patria* reside en que es un libro único. Nunca antes, que yo conozca, se ha hecho una investigación similar ni existe ninguna obra anterior que reúna el quehacer de las mujeres cubanas durante los treinta años de lucha contra el colonialismo español.

Leeremos en estas páginas breves biografías de cientos de mujeres y sus aportes como enfermeras, mensajeras, costureras, recaudadoras de fondos, periodistas, activistas, abanderadas, y miembros del Ejército Mambí, que lucharon como cualquier soldado, y en varios casos alcanzaron altos grados por su aporte y valentía.

La Guerra de los Diez Años, de la cual trata principalmente este primer volumen de la investigación de Fernández Soneira, ha sido llamada con frecuencia «la guerra de las mujeres». Aunque muchas criollas se involucraron por sus ideales patrióticos, otras siguieron a sus esposos, y se fueron a vivir en la manigua, pues no había otra forma de eludir al enemigo. Como consecuencia, en los campos de Cuba hubo bodas, muchos partos, y tristemente, entierros de demasiados niños que no pudieron sobrevivir a las precarias condiciones. También hay historias de presas políticas, deportaciones, exilios, separaciones, mujeres que trabajaron en tierras extrañas para sacar adelante a sus familias mientras los esposos arriesgaban la vida por la libertad de la Patria.

Las vidas de estas mujeres no se narran en un vacío histórico. La autora, en las páginas preliminares, nos ofrece tanto una visión del papel de la mujer cubana en la sociedad del siglo XIX como los antecedentes históricos que hacen estallar la contienda bélica. La cronología de la Guerra del 68 y una extensa bibliografía al final del libro son por sí mismos aportes valiosos. El índice onomástico, algo tan obviamente necesario pero que no todas las obras de esta naturaleza incluyen, facilita las consultas.

La autora sin duda tuvo que preguntarse en algún momento de su tarea de más de ocho años, cómo organizaría la cantidad de material que iba encontrando. Una de las dificultades que confrontó es que algunas mujeres tuvieron papeles protagónicos tanto en la contienda del 68 como en la Guerra Chiquita y en la del 95. Pero el problema mayor, a mi modo de ver, debió ser la inmensa cantidad de información, sin duda mucha más de la que Fernández Soneira había imaginado encontrar. Decidió, pues, dedicar un capítulo a las precursoras, aquellas mujeres durante la colonia y hasta poco antes de comenzar las guerras, que lucharon por defender sus derechos y abrieron el camino a las que vendrían después. A partir de 1868, las reunió de acuerdo a las seis provincias con que tradicionalmente contaba Cuba.

Además del ordenamiento regional, hay una agrupación por familias, puesto que en muchas de ellas tuvieron participación en la guerra varias hermanas, madres e hijas. Otra contribución de esta obra es que traza una especie de árbol genealógico de las familias cubanas, pues brinda datos precisos sobre matrimonios, los hijos que tuvieron y sus destinos. Creo que raro será el cubano actual que no encuentre algún antepasado en estas páginas. Me sorprendieron las frecuentes referencias a segundos matrimonios, lo cual es natural dado el número de mujeres que quedaron viudas, y también que se hablara de las que tuvieron amantes, una realidad asimismo comprensible, y más en tiempos de guerra –, pero que muchos cronistas anteriores, posiblemente por pruritos morales, prefirieron no mencionar.

Quizás uno de los aspectos que más disfruté de este libro, es cómo combina la Historia, con mayúscula, con la intrahistoria —lo que los franceses llaman *la petite histoire*—. Es decir, además de colocar la trayectoria de estas mujeres dentro del marco de los acontecimientos que sacudían la Isla, narra la intimidad de sus vidas. Enternece la imagen de María Cabrales, la esposa de Antonio Maceo, en el hogar en Costa Rica, colando café temprano en la mañana para José Martí y Panchito Gómez Toro, y llenándolos de «regalos cariñosos y hasta un pollo asado de alforja para la jornada larga (...)». Admira esta vívida descripción de Rosa La Bayamesa y su trabajo como enfermera: «Cuentan que elaboraba medicamentos que hacían el mismo efecto que la quinina contra la fiebre, que detenía las hemorragias con la corteza de un árbol, y que lograba también con medios naturales productos antisépticos y somníferos».

Pese a los firmes ideales de independencia de los cubanos y el empeño de los españoles en luchar «hasta la última peseta y el último soldado» por no perder «la siempre fiel Isla de Cuba» que se rebelaba, en más de una ocasión la hidalguía de un español puso a salvo las vidas o el honor de los criollos. Ellas supieron reconocer estos gestos. Ningún ejemplo mejor que la carta de María Cabrales al intelectual y político español Emilio Castelar que a la muerte de Antonio Maceo, en medio del «innoble júbilo» en España, se singulariza al dedicarle «palabras de respeto y consideración a aquel heroico jefe cubano». La viuda del mayor general le escribe: «Y como yo aprendí de él a admirar y enaltecer las acciones generosas de los enemigos, me considero obligada a manifestar a Ud. mi gratitud (…)».

El texto, pese a su rigor investigativo, es ameno, gracias a la prosa clara y precisa de Fernández Soneira y a que la autora no se limita a narrar las vidas de las mujeres y su entorno, sino que incluye fragmentos de cartas, poemas, canciones y leyendas que contribuyen a crear un ambiente realista en el que el lector se sumerge.

Esta sensación de que estamos conviviendo con las mambisas se refuerza por la cantidad, sin precedentes, de imágenes: retratos individuales, grupos de clubs patrióticos, lugares históricos, viviendas, placas conmemorativas, escudos, banderas, estatuas, plazas, monumentos, cortejos fúnebres y tumbas. La mayoría son fotografías pero también se utilizan grabados, tarjetas postales y otras fuentes.

Mujeres de la Patria se convertirá en un libro de referencia obligatoria para quienes deseen conocer no sólo el papel de las mujeres en las guerras de independencia cubana, sino la intimidad de la contienda bélica, el diario vivir, los sacrificios, los sentimientos de hombres y mujeres, mucho más allá de las estrategias militares y las famosas batallas. Se trata, sin embargo, de mucho más que un libro de consulta. Su lectura nos atrapa como si se tratara de una novela de suspenso, pues nos produce un estado de anticipación en relación al desenlace de la narración. En la mayoría de los casos la autora continúa la biografía de cada mujer hasta su muerte. Casi sin excepciones, las que vivieron para ver la inauguración de la República, murieron en la pobreza y el anonimato, sin que el país por el que tanto sacrificaron les ofreciera reconocimiento y mucho menos el derecho al voto, por el que lucharon de nuevo, hasta alcanzarlo más de tres décadas después.

Mujeres de la Patria es un libro útil y necesario. Viene a llenar un imperdonable vacío en la historiografía cubana y a hacerles justicia a nuestras bisabuelas y tatarabuelas. No es sólo importante para los cientos de miles de cubanos regados por el mundo, tan necesitados de afianzar las raíces que van al aire, sino para los de la Isla, pues el dolor, el amor, el coraje, el sacrificio que revela, son parte importante de nuestra surgimiento como nación. Aquí yace ese tronco común de donde todos nacimos.

Hay que agradecer a Teresa Fernández Soneira los años dedicados a la investigación y la escritura de estas páginas. Y no habrá mejor manera de hacerlo que la lectura sosegada de este libro. Ojalá nos lleve a una reflexión seria sobre la revisión de nuestra Historia, deber ineludible de las nuevas generaciones.

Este volumen, y el segundo que pronto verá la luz, deberían estar en cada biblioteca pública, en cada universidad y en cada hogar cubano. Si ayudara no sólo a rescatar del olvido a las nobles mambisas, sino también a colocar a las mujeres en papeles protagónicos en Cuba, creo que la autora habrá prestado un servicio a su Patria, aún mayor del que se ha propuesto.

Al escribir gustosa el prólogo de este libro, desearía que sirviera de pórtico, de portal criollo que invite a su lectura y a la conversación sincera, de sillón a sillón, sobre su contenido. Sin duda el impacto de esta obra deberá trascender el momento histórico en que se sitúa y a las mujeres de la Patria. Es, a mi juicio, una mirada al pasado que tiende un puente hacia un futuro mejor para todos los cubanos.

Uva de Aragón
Miami, 24 de febrero de 2014

Agradecimientos

Debo agradecer la ayuda de muchas personas, pues sin ellas esta obra no se hubiera podido realizar. Primero que todo agradezco al personal de la Cuban Heritage Collection de la Universidad de Miami el apoyo y asistencia tan generosa que me brindaron durante todos estos años en que estuve visitando el recinto para mis investigaciones. No solo me buscaban, pedían y proporcionaban los materiales que necesitaba, sino que también se interesaban por los progresos que iba haciendo. Sobre todo le agradezco a Lesbia Orta Varona, bibliógrafa quien fuera por tantos años de la Colección Cubana, recibirme y atenderme en su oficina a pesar de su apretada agenda, alertándome sobre materiales nuevos que llegaban, y dándome sugerencias valiosas. También le doy las gracias a Esperanza Bravo de Varona, quien fuera directora de la Colección Cubana, por sus muestras de interés y su colaboración. A Rosa Monzón Álvarez, Gladys Gómez Rossié, Annie Sansone-Martínez, Zoe Blanco-Roca, y a todo el personal de la Colección Cubana de la biblioteca que gentilmente me ayudaron a lo largo de todos estos años de trabajo.

Mi agradecimiento más sincero a Maricely Consuegra Castroverde, amiga y bisnieta de generales mambises, por sus ideas y diseños para las cubiertas de los dos tomos, y por las fotografías de algunos enterramientos en el cementerio de Key West. A María Cristina Zarraluqui por la revisión y maquetación del manuscrito, y a Luis Fresquet for el diseño final de la carátula. Agradezco al señor Russell Brittain, encargado del Cementerio Histórico de Cayo Hueso, por localizar las sepulturas de la familia Figueredo y tomar fotos de la tumba de la poetisa Juana Borrero y enviármelas para ser publicadas en este libro.

A Gladys Pandiello, descendiente de la patriota Adela Azcuy; a mi amiga, Viviana Prieto de Arrington por su apoyo y por los dibujos y diseños para este proyecto. También a mi amiga de la infancia, Celia Rosa Casas de Battle, por su aliento y por las fotos e información de sus antepasadas mambisas. A mis primos: Ivet Carballo Soneira de Velázquez, Manolo Soneira Rodríguez y Marian Pérez de Soneira, por las fotos de algunos monumentos y lugares históricos de La Habana, Camagüey y Oriente.

Les estoy muy agradecida a los descendientes del patriota Perucho Figueredo que me proveyeron de abundante información y fotos, me aclararon dudas y sugirieron contactos. Especialmente, debo agradecer la cooperación de la señora Lorraine Perry de North Carolina; de los señores Ron y Lynda Smith; de John McComb y Judy Clifton Steighner. También quedo agradecida de la familia de la patriota Ubaldina Barranco de Guerra, especialmente a Stephen Barranco, Benjamín José Guerra IV, y a Carlos Guerra, por los datos, fotos e información sobre Ubaldina y Benjamín. Y a Chuck Villa y a Charles Sánchez, descendientes de la familia Bonachea-Sarduy.

A los señores Javier de Castromori, José A. Grave de Peralta, Dr. Cristóbal Díaz Ayala, William Navarrete, al Dr. Gerardo Poyo y a la Dra. Consuelo Stebbins, por datos, fotos e información. También a Elena de Jongh y a la señora Elena Portuondo de de Jongh; a la señora Ena Curnow, periodista y escritora, por datos y fotos de la familia Gómez-Toro y a Nilda I. Rivera, directora de licencias y reproducciones del Museum of the City of New York.

Quedo en deuda con la historiadora de Santiago de Cuba, la Dra. Olga Portuondo Zúñiga, por alentar mi trabajo y por sus aclaraciones, averiguaciones y datos para esta obra. A Perla Cartaya Cotta, escritora e historiadora para la revista *Palabra Nueva* de la Arquidiócesis de La Habana, por los datos de varias patriotas que me ha venido facilitando a lo largo de todos estos meses, y por la difícil tarea de conseguir algunas fotografías de monumentos de patriotas. Un especial agradecimiento al infatigable historiador de Holguín, el Dr. José Abreu Cardet, por proveerme de innumerables datos, libros e informaciones sobre la Guerra del 68 que han enriquecido esta obra.

Al señor Agustín Otero y a la señora Carmen Peláez, parientes de la afamada pintora cubana Amelia Peláez, por los datos proporcionados en relación con Carmen Casal viuda de Peláez. A

María Estorino, directora de la Colección Cubana de la Universidad de Miami por permitirme publicar algunas fotos de la Colección, así como a Belkis Cuza Malé por datos y fotos de su familia en Guantánamo.

A la Dra. Rosa Leonor Whitmarsh, bisnieta del general Calixto García Íñiguez; a mi amigo y colega Emilio Cueto; a la señora Marian Prío de Odio, nieta de la patriota Regla Socarrás e hija del Presidente de la República, Carlos Prío Socarrás; a la Dra. Isabel Castellanos y a su padre ya fallecido, el historiador Dr. Jorge Castellanos. A todos ellos mi agradecimiento por los relatos, datos y fotos.

Agradezco a sor Eva Pérez Puelles, Superiora de las Hijas de la Caridad de San Vicente de Paúl en Miami por facilitarme la investigación que ha realizado sobre la Compañía de Hijas de la Caridad en Cuba durante la Guerra de Independencia; a Monseñor Carlos Manuel de Céspedes, ex Vicario de la Arquidiócesis de La Habana, ya fallecido, por los datos que me proporcionó sobre Ana de Quesada y Loynaz, y al sacerdote e historiador cubano, P. Manuel Maza Miguel, S.J. en República Dominicana, por guiarme en relación a información sobre la reconcentración.

Todo mi agradecimiento a Dawn Hugh, directora de los Archivos HistoryMiami por proporcionarme algunas fotos históricas de los archivos. Al Dr. Miguel Bretos; a mis antiguos compañeros de trabajo, el señor Joseph Nerette, por la traducción de documentos del francés al inglés, y al señor Rodolfo Boucugnani, por su afán de encontrar información sobre la familia Alomá. A Elena Dobarganes de Ocala; a la Dra. Beatriz Bernal; al fallecido amigo Manuel R. de Bustamante; a Dr. Alberto Sánchez de Bustamante y al ya fallecido Dr. Octavio Costa.

Hago un aparte para darle las gracias a mi tío, el historiador Manuel Fernández Santalices, ya fallecido, por enviarme libros y datos durante todo el proceso de mi investigación; a mi amigo y editor, Manolo Salvat, por siempre confiar en mí y en mi trabajo; por su paciencia y sus sabios consejos para este proyecto, acceder a publicarlo, y por siempre estar disponible para las consultas. ¡Gracias Manolo! Mi agradecimiento a la escritora y periodista Dra.

Uva de Aragón, bisnieta de patriotas y mártires orientales, por su gentileza en escribir el prólogo para esta obra, por la información y fotos de su familia, y por su apoyo e interés.

Pero aún más importante, debo agradecer a mi madre haber soportado pacientemente mis encierros, prácticamente «incomunicada» en mi oficina, sacrificando paseos y visitas mientras yo trabajaba.

Como han sido tantos años de labor, posiblemente se me ha quedado alguien en el tintero. Pido disculpas si esto ha sucedido. A todos, agradezco su solidaridad y estímulo.

Finalmente, mi eterna gratitud a las heroicas y sufridas mujeres cubanas del siglo XIX, por su entrega, sus sacrificios y sus luchas en ayudar a obtener la libertad de Cuba.

La autora

Introducción

«Las prendas y joyas remitidas son de todas clases [...] Estas prendas son un testimonio irrecusable del patriotismo de las camagüeyanas, [...] del número de insurgentes que cuenta el bello sexo, y la demostración de que están más calientes que los hombres».[1]

Mucho se ha escrito sobre las guerras de independencia de Cuba, y los historiadores de todas las épocas han recogido los hechos del valor de los hombres de la gesta revolucionaria aunque desde el punto de vista de los héroes, los conspiradores, los generales y los soldados. Poco, sin embargo, ha quedado documentado para la posteridad sobre el compromiso y la dedicación de la mujer cubana por lograr la libertad de Cuba. Muy pocas publicaciones han revelado la entrega, la valentía y la audacia de la cubana, y ni siquiera quedó mencionada su lucha en enciclopedias, compilaciones y ensayos de la guerra.

¿Por qué los historiadores no relataron las vidas y quehaceres de las patriotas? ¿Por qué los gobernantes no se ocuparon de honrar a las mujeres mambisas? ¿Por qué ha habido un abandono total, y una falta de interés general en recordar la labor de todas ellas? ¿Por qué la generación de cubanos de la guerra, que eran los que más recordaban estas hazañas y los más allegados a las patriotas, en momentos en que muchas de ellas aún vivían, no les dieron el lugar que merecían? ¿Por qué en las décadas siguientes familiares, gobiernos, maestros, entidades e intelectuales las olvidaron?

Por otro lado, no recuerdo haber estudiado en Cuba nada concerniente a las mambisas. Quizás mencionaran en los libros de textos escolares a Mariana Grajales, por la relación con su hijo, el general Antonio Maceo y sus valientes hermanos. O a Marta Abreu,

---

[1] Carta de Gaspar Betancourt Cisneros a José Antonio Saco, 5 de febrero de 1851, en *Cartas del Lugareño (Gaspar Betancourt Cisneros)* Publicaciones del Ministerio de Educación, La Habana 1951, p. 346.

por ser una mujer dadivosa, que ayudó a Cuba y a la guerra con su dinero y sus obras de caridad. Y tal vez a María Cabrales de Maceo o a Bernarda Toro de Gómez, que eran las esposas de los valientes líderes de la revolución. Pero, ¿dónde quedaron las demás?

Antes y después de la guerra se escribieron obras de teatro y algunas novelas relacionadas con las contiendas, como por ejemplo *El grito de Yara* (1874); *La rosa del Cayo* (1947); *Martí* (1901); *Clementina* (1947); *Adelina o la huérfana de La Habana* (1901) y otras más. Pero la visión que se presentaba de la mujer en estas obras era estereotipada; no mostraba a la mujer en su papel real. Y, aunque en algunas se enaltecía su trabajo, en otras presentaba una imagen de la mujer muy lejos de la real, o las personificaba como seres inferiores.

En 1912 un historiador escribía: «cada región de nuestra patria ha tenido sus santas mujeres, hagámoslas conocer para que las generaciones venideras las admiren y levanten en sus pechos para ellas el altar que yo en mi pecho he levantado a cada uno de esos seres que luchó por nuestra patria y que con advocación sublime he recogido para darles a mi pueblo y que creo lo agradecerá en lo que cabe a mi débil esfuerzo».[2] Por lo menos este digno historiador hizo lo que tenía que hacer y gracias a él y a unos pocos más, hoy conocemos de la labor que las mujeres desempeñaron antes y durante las guerras. Pero los demás, en su inmensa mayoría, las ignoraron. Como profetizando, el historiador Francisco Arredondo y Miranda (Cuba, 1837-1917) decía en su época que estas mujeres que tanto habían dado y hecho, serían luego olvidadas: «la historia más tarde rendirá tributos de admiración a nuestros héroes, dará a conocer sus nombres; y para estas abnegadas mujeres, seguramente el olvido».[3]

Años después de terminada la guerra se escribieron artículos sobre alguna patriota en los que someramente se hablaba de algún hecho aunque relacionándola con su esposo, o con su hermano.

---

[2] Luis A. Lagomasino: «La mujer cubana en la guerra (Santa Clara)» en *Episodios nacionales. Retazos de historia patria,* Tip. del Boletín Nacional de Historia y Geografía, La Habana, 1924, en Episodios Nacionales, p 41.

[3] Francisco Arredondo y Miranda: *Recuerdos de las guerras de Cuba (Diario de Campaña 1868-1871),* (Introducción y notas de Aleida Plasencia), Biblioteca Nacional José Martí, La Habana, 1962, pp. 110-111.

Hubo excepciones cuando algunos periodistas, sobre todo en la revista *Bohemia* en las décadas del 40 y 50 publicaron reportajes, o desarrollaron temas aislados sobre ellas en otras publicaciones. Pero los grandes escritores, historiadores y periodistas solo las mencionaban de pasada en algún escrito o algún discurso; hubo casos en que eran «la esposa del general tal», o la «hermana del héroe más cuál», como si ellas no tuvieran identidad propia. Eran conocidas solo como las hijas de sus padres, las mujeres de sus maridos, o las madres de sus hijos.

El 20 de marzo de 1932 el Dr. Gabriel García Galán dictó una conferencia sobre Bernarda Toro, la esposa del generalísimo Máximo Gómez. En aquella oportunidad García Galán decía al comienzo de su discurso: «Fue mi primera intención, y para ello inicié la búsqueda de los datos necesarios, escoger como tema de la conferencia el aporte de la mujer cubana a la causa de la independencia de la patria, y era mi propósito a riesgo de dejarla incompleta, referirme al grupo bastante numeroso de hijas de esta tierra que en una u otra forma laboraron y por lo tanto contribuyeron a que la colonia esclavizada por una insoportable tiranía, surgiera sobre la roca del sacrificio. [...] Pero tiempo tardé en llegar al convencimiento de que esa labor era más propia de un libro que de una conferencia».[4] Sin embargo, ese libro nunca se escribió. De hecho, el único libro que en aquellos años hizo referencia a este tema fue del autor Luis Lagomasino, con su libro *Patricios y heroínas, bocetos históricos*.[5] En Cuba, en las últimas décadas, se han hecho esfuerzos por resaltar el quehacer de alguna patriota, lo cual es muy alentador.

Aun, en nuestros días, en pleno siglo XXI, seguimos teniendo una gran laguna en la información sobre este tema. La historiadora Elda E. Cento Gómez, quien lo ha estudiado, señala que en «el *Diccionario enciclopédico de historia militar de Cuba*,[6] se

---

[4] Alianza Nacional Feminista: *Homenaje a Bernarda Gómez Toro*, Imprenta del Ejército, La Habana, 20 de marzo de 1932.

[5] Luis A. Lagomasino: *Patricios y heroínas, bocetos históricos*, Tip. del Boletín Nacional de Historia y Geografía, La Habana, 1912.

[6] Centro de Estudios Militares: *Diccionario enciclopédico de historia militar de Cuba*, Ediciones Verde Olivo, Ciudad de La Habana, 2004.

recogen 715 fichas biográficas de cubanos y extranjeros, militares y otras personalidades de relevancia en las luchas por la independencia. Entre ellas hay solamente 17 mujeres». No me puedo explicar esta cifra cuando al menos hubo 20 capitanas en el Ejército Libertador, además de muchas otras patriotas que se distinguieron en Cuba y fuera de ella por su entrega a la causa de la independencia cubana, y que están documentadas en este libro, *Mujeres de la Patria*. Ninguna historia que se escriba sobre las guerras de independencia, o sobre cualquier otro tema estaría completa si en ella no se mencionara la contribución de la mujer cubana, pues ella también fue protagonista en la historia de la Patria y debe ocupar el lugar que le corresponde. Para llenar ese vacío y esa falta de información se ha escrito este libro.

Cuando hace ya más de ocho años comencé a trabajar en esta obra que me ha llenado de tanta satisfacción, sabía que sería una ardua y larga labor, y que muchas veces sentiría la frustración de no encontrar un solo nombre femenino en la mayoría de los libros de historia. No me resultó fácil hallar nombres, datos, fotos e información auténtica. Tuve que leer cientos de volúmenes para quizás desenterrar un nombre de mujer, o alguna que otra hazaña femenina. Pero, a pesar de lo difícil que me iba a resultar el proyecto, sentía que era un deber realizarlo, que era lo que tenía que hacer. Había que reivindicar a todas esas patriotas.

Han sido años en los que he aprendido mucho, no sólo de las mujeres, sino también de Cuba, en general. Me he llegado a compenetrar con todas esas mambisas, la mayoría sin ni siquiera conocerles el semblante, sin saber mucho sobre sus vidas, sus pesares y sus alegrías, pero consciente de lo que tuvieron que sufrir y sacrificar por la libertad. Muchas veces me las he imaginado corriendo horrorizadas por la manigua huyendo del enemigo, cargando con lo poco que tenían y llevando de la mano a sus hijos pequeños. O viendo a aquellas que se iban al exilio y que, careciendo de todo, tuvieron que comenzar una nueva vida en un país extraño, sin dinero, sin conocer el idioma, sin recursos; la mayoría de ellas, viudas, con sus hijos pequeños; o solas, haciéndole frente a las circunstancias y a las necesidades del hogar, pues sus maridos peleaban en la guerra.

Recuerdo que comencé la investigación con una bibliografía sobre la mujer cubana que me recomendó y facilitó la que luego se convertiría en una buena amiga, la señora Lesbia Orta de Varona, bibliógrafa de la Colección Cubana de la Universidad de Miami. Ese libro fue la chispa que encendió la hoguera. De ahí en adelante me dediqué a sacarlas del olvido, una por una, de algunas logré tener mucha documentación sobre sus interesantes vidas; de otras, que sospecho con una vida similar, apenas tuve información. Poco a poco la lista fue aumentando hasta llegar a casi 2,000 que son las componen los dos volúmenes de esta obra. Muchos pensarán que es excesivo el número de mujeres, pero si analizamos los miles de hombres que lucharon en las campañas de guerra y en el exilio, ese número es muy pequeño. Todos los soldados tuvieron madres, hermanas o esposas, novias y amigas que estuvieron involucradas en las guerras.

En este primer volumen se recoge, aunque brevemente, cómo era la vida de la mujer cubana en tiempos de la colonia durante los siglos XVII y XVIII; luego, ya en el siglo XIX su participación en las conspiraciones y, los cabildos; así como el quehacer de la mujer negra. Finaliza, luego de describir detalladamente la labor de cada una de las mujeres mencionadas en la Guerra del 68, con el Pacto del Zanjón hasta llegar a Guerra Chiquita. En el volumen II se muestra a las mujeres en los preparativos para la Guerra del 95; las que están conspirando en Cuba; o las que van luego a luchar a la manigua. También están aquellas que marchan al exilio o son expulsadas; las que hicieron Patria desde los clubes revolucionarios, hasta llegar al fin de la guerra y el regreso a la Patria querida.

La Guerra Grande
La guerra contra España unió a hombres de diferentes razas y clases sociales, y a que las mujeres fueran forzadas a entrar en el conflicto. Barbara Potthast, historiadora y profesora, opina que no todas las mujeres se fueron a la guerra por los mismos motivos: «Cabe preguntarse si esta interpretación de los motivos vale para todas las mujeres, dada la educación y el papel en la sociedad decimonónica. En algunos casos ciertamente existían razones políticas; en la mayoría, sin embargo, la necesidad de huir ante el enemigo, y sobre todo, los estrechos lazos familiares parecen haber

sido más decisivos».[7] Por eso muchas mujeres se unieron a la insurrección junto a sus esposos, padres, novios y hermanos. El escenario de la guerra era peligroso pero tanto o más era que la familia se quedara atrás sola a merced del enemigo. La mayoría de las mujeres que se fueron con sus esposos y familia, permanecieron en la manigua durante toda la Guerra de los Diez Años. Aunque no todas iban a la manigua por sacrificio y por ofrendarse a la patria, todas sí deseaban la libertad para Cuba. Los españoles también consideraban culpables a las mujeres de los hombres que iban a luchar contra España por su asociación con ellos. Por eso, de la noche a la mañana también la mujer se convirtió en protagonista de la epopeya. Es importante aclarar que las mujeres que combatieron y participaron en las guerras no entraron en el conflicto como individuos que luchaban por los derechos de la mujer, sino que lo hacían por la independencia de Cuba. Su sacrificio y su valentía ayudaron a que los hombres soportaran las miserias y libraran una guerra que costó mucho en vidas y en pérdida de bienes.

¿Qué era irse a la manigua? Ir a vivir al campo, que podía ser un paisaje montañoso, una llanura fértil o un lugar inhóspito y pantanoso. Estar en la manigua era vivir a la intemperie y en condiciones sumamente hostiles, a veces sin siquiera tener una hamaca o una estera donde recostarse; alimentándose de lo que se pudiera conseguir, o permaneciendo sin comer por varios días. Las mujeres que tomaban la decisión de ir a la manigua sabían que iban a sufrir, y que pasarían constantes privaciones y penalidades, exponiendo sus vidas constantemente.

Luego de reducir a cenizas sus hogares y sus valiosas fincas para que no pudieran ser utilizadas por los españoles, las mujeres, los ancianos y los niños compartían con los hombres en el monte todo tipo de miserias. Aunque sólo un número pequeño de mujeres participó físicamente en los combates, eran útiles de otras maneras: acompañaban a los soldados y mantenían las necesidades vitales de las tropas; lavaban la ropa, cocinaban, cosían uniformes, cuidaban de los niños. Otras se desempeñaban como enfermeras en los lla-

---

[7] Barbara Potthast: «Mujeres, guerra y nacionalismo. Una comparación sobre la función de las heroínas nacionales en Cuba y Paraguay» en *Ciudadanos en la nación* (Olga Portuondo y Max Zeuske, coordinadores), Fritz Thyssen Stiftung, Oficina del Conservador de la Ciudad, Santiago de Cuba, 2002, p. 165.

mados hospitales de sangre,[8] localizados en lo más intricado de los bosques y montañas.

Una comunidad en la manigua estaba compuesta por unas cuantas familias reunidas en torno a un grupo de bohíos. Los hombres salían de caza, plantaban tubérculos y cortaban caña. Las mujeres le sacaban provecho a los medios de subsistencia que tenían a su alcance, utilizando todos los frutos de la tierra. Por primera vez en la historia, el derecho de la mujer a controlar sus bienes sin un acuerdo premarital se estableció en la manigua.[9]

Muchas mujeres auxiliaron a los soldados españoles que caían prisioneros de los cubanos. El oficial del ejército español, Antonio del Rosal y Vázquez de Mondragón fue hecho prisionero durante la batalla en Santa María de Ocujal en Holguín, y permaneció unos dos meses en cautiverio. Del Rosal escribió un diario que es de gran importancia porque revela muchos datos interesantes sobre la guerra: «Día 3: Fuimos a hacer noche, a una prefectura, en que había una estancia, y de ella nos dio el prefecto algunas calabazas, que todos juntos y sirviéndonos de las manos, comimos hervidas con sal. No llegamos a la prefectura, pero supe que en ella había algunas mujeres, de las cuales recibimos como regalo una gran jigüera de leche de corojo;[10] su generosidad me animó a enviarles mi pantalón, que estaba muy roto, para que me lo remendasen, y ellas lo hicieron de buena voluntad, aunque con poco primor».[11]

Otra labor que desempeñó la mujer mambisa en la manigua fue en los talleres. En 1870, el periodista norteamericano Grover

---

[8] Donde se curaba y cuidaba de enfermos y heridos. Situados en lugares escondidos y de difícil acceso, cerca siempre de alguna prefectura. Consistían en unos colgadizos rectangulares con techo de guano que protegía a los pacientes del sol y la lluvia.

[9] Esta nueva coyuntura en la que la mujer controlaba sus bienes se convirtió en ley en 1917. (N. de la A.)

[10] Corojo: árbol de la familia de las palmas, cuyos frutos son del tamaño de un huevo de paloma, y de ellos se saca, cociéndolos, una sustancia grasa empleada como manteca.

[11] Antonio del Rosal y Vázquez de Mondragón: *En la manigua: diario de mi cautiverio*, Imprenta del Indicador de Caminos de Hierro, Costanilla de los Ángeles, Madrid, 1879.

Flint, en su libro *Marching with Gomez*,[12] relataba: «resultó extremadamente interesante para mí observar este germen de nueva sociedad. Los fabricantes elaboran sus productos en función de las necesidades de la vida. El árbol del algodón da vainas que con mucho cuidado son tejidas en hilos; el jajajau, o cordel con el que se hacen hamacas, sandalias y también sacos donde los soldados llevan algo de comer, así como muchos tipos de hierbas, las que se tejen para hacer sombreros y para así proteger a los soldados del sol. Todas estas labores son realizadas por mujeres».

Las mujeres aprendieron el constante sube y baja de las lomas, a pie o a caballo; tuvieron que vadear ríos; soportar los temporales y el viento; pasar calor agobiante o frío intenso en las montañas. Realizaban largas caminatas por caminos difíciles o por trillos que, por lo tupido de la maleza, tenían que abrirse paso con los machetes que muy pronto aprenderían a usar. Atacadas constantemente por mosquitos y jejenes, a veces pasaban las noches de lluvia al descubierto, protegiéndose quizás con una yagua. A todo este panorama se le añadía el perenne acoso de las tropas españolas, por lo que debían estar siempre alerta y en constante movimiento.

El general Federico Fernández Cavada afirmaba en carta a un conocido que las mujeres mambisas vivían «escondidas en lo más oscuro de los bosques sufriendo hambre, desnudez y enfermedades, expuestas a la cólera brutal de la soldadesca inhumana que las persigue sin tregua [...]. Con alguna razón se ha dicho que esta es la guerra de las mujeres».[13] En muchas ocasiones estuvieron sometidas a abusos, torturas y violaciones. El hambre y las necesidades no faltaban en su diario bregar: cuando abundaba la carne no había viandas o no tenían sal para sazonar la comida. Durante semanas las familias de insurrectos se alimentaban con majases silvestres, o cocían las pieles encontradas en ranchos abandonados. En el campamento de Cambute, en una zona de la Sierra Maestra

---

[12] Grover Flint: *Marching with Gómez*, Lamson, Wolffe and Company, New York, 1898, cap. XII.

[13] Mary Ruiz de Zárate: *El general Candela*, Editorial de Ciencias Sociales, 1974, p. 220.

que fue uno de los peores por la falta de alimentos, llegaron a comer ratones y lechuzas.

Una muestra de cómo vivían estas familias y cómo se ayudaban entre sí la encontramos en algunas notas del diario[14] de Carlos Manuel de Céspedes: «Úrsula, la mujer de S. Medina, me trajo un ponche con huevo. Esa familia es cariñosa con todos, especialmente con los enfermos».[15] Y en otra ocasión, afirma: «Me lavan la ropa unas morenas vecinas, madre e hija, llamadas Eduvijis y Carolina; en agradecimiento les doy todo lo que tengo».[16] Y sigue diciendo otro día: «Hoy vino a verme una mujer con 5 hijos pequeños que tiene a su marido en las filas; dice que los españoles le llevaron dos niñitas. [...] Todos los días viene Doña Inés, la lavandera, y siempre le damos alguna cosa». Y en otro párrafo Céspedes anota: «Manuelita (Cancino) me presentó al niño a quien ha puesto por nombre Pablo Augusto y se lo bendije deseándole que fuera un buen cubano. Nos obsequiaron con café y chocolate. En nombre de su niñito me regaló Manuelita una raspadura».[17]

Muchas mujeres dieron a luz en pleno campo; algunos hijos sobrevivieron mientras que otros murieron por el hambre y las enfermedades. Las penurias de la vida insurrecta detuvieron el flujo de leche materna, y la subsistencia de los niños se convirtió en una tragedia. En Camagüey un mambí descubre una escena dolorosa: «[...] solamente hallamos en este [bohío] a una pobre patriota sumamente extenuada, la que tenía en una cama de cujes a un niño como de 3 o 4 años de edad, convertido en un esqueleto con vida. Al preguntarle el general Díaz de Villegas qué tenía el niño, ella le contestó: "se muere de necesidad" hace pocos días se me murió uno de año y medio [...] Al aconsejarle que se presen-

---

[14] Eusebio Leal: *El diario perdido de Carlos Manuel de Céspedes 1819-1874*, Editorial de Ciencias Sociales, La Habana, 1994, p. 33.

[15] Carlos Manuel de Céspedes: *Escritos de Carlos Manuel de Céspedes* (compilación de Fernando Portuondo), Editorial de Ciencias Sociales, La Habana, 1974, t. 1, p. 354.

[16] Eusebio Leal, Ibídem, p. 91.

[17] Ibídem, pp. 111-112; 242.

tara[18] colérica contestó: "¡no, jamás!"».[19] La dignidad estaba sobre todas las cosas.

Y qué podemos decir de todas aquellas madres que murieron en la guerra dejando a sus hijos huérfanos y desamparados. Fueron los niños de la guerra, los olvidados. El historiador José Miguel Abreu Cardet, en su obra *Los senderos de la pasión, otra mirada al 68*[20] nos dice: «para ejemplificar la importancia que tuvieron los niños entre los insurrectos, hicimos un análisis de los informes y diarios de campaña de un grupo de destacamentos y columnas españolas que operaron durante el 1870 en Las Villas y Camagüey. Logramos conocer la edad de un total de 255 personas presentadas o detenidas por esas columnas. De ellas 151 tenían 15 o menos años». Lo más probable es que estos niños hubieran quedado huérfanos por la guerra. Quedan también algunos testimonios de soldados, como el de este mambí que escribió en su diario: «Ayer pasaron por aquí dos niños como de doce años, macilentos, enfermos y completamente desnudos, huérfanos y pasando por todos los horrores del hambre: venían huyendo de la tropa enemiga con un jolongo[21] a la espalda saltándoles el corazón por la fatiga de la marcha. Daba compasión verlos convertidos en cadáveres disecados andando».[22] Y luego, nos dice Cardet, «en las operaciones realizadas por las tropas hispanas, en los primeros días de junio de 1869, son asesinados 14 mujeres y 11 niños. De tres de ellos la memoria insurrecta guardó sus nombres: Maximiliano, Florentino y Manuel de 3, 5 y 7 años. Fueron ultimados al machete junto a su abuela Lorenza Martínez de sesenta años».[23]

---

[18] Presentarse quería decir entregarse al enemigo.

[19] Francisco de Arredondo y Miranda: *Recuerdos de las guerras de Cuba, 1868-1871*, La Habana, 1962, p. 111.

[20] José Abreu Cardet: *Los senderos de la pasión, otra mirada al 68*, Ediciones Holguín, Holguín, 2010.

[21] Jolongo: mochila de tela gruesa, más larga que ancha, que usaban los mambises para llevar sus provisiones.

[22] Ludin B. Fonseca García: *Haciendo patria*, Colección Crisol, Bayamo, 2004, p. 46.

[23] José Abreu Cardet: «Los niños de la guerra», *Calibán, revista cubana de pensamiento e historia*, enero-marzo 2010.

Máximo Gómez, en carta a un amigo tiene un momento de desaliento cuando se siente invadido por la nostalgia de la ausencia de un hijo recientemente fallecido en la manigua: «¡Mi pobre hijo! Inocente criatura, quedó enterrado en aquellas incultas montañas. No parece sino que vino a la tierra para irse y dejarme».[24] Este no sería el único hijo que se le moriría a Gómez y a su esposa Bernarda Toro. En la manigua se mueren Margarita, en 1872 y Andrés, en 1873. Y luego, en el exilio fallecen dos más. ¿Cuántos niños recién nacidos habrán muerto durante las guerras? ¿Cuántas madres dieron a luz para luego ver morir a sus recién nacidos al poco tiempo de nacer? ¿Cuál no sería el dolor, la locura, el desespero?

Los mambises hicieron grandes esfuerzos por amparar a la familia indefensa. La mayoría de los soldados tenían a su familia en la retaguardia, y la mujer desempeñaba un papel importantísimo porque ella mantenía la resistencia; siempre iba con sus hijos detrás de su marido dándole apoyo. En ocasiones, compañías y batallones se enfrascaban en combate solo para proteger a un puñado de niños y mujeres que llevaban bajo su cuidado. Panchito Gómez Toro cuando desembarca en Cuba en octubre de 1896, habla de esto en su diario: «no presencié fuego por tener orden de marchar con el brigadier Bermúdez quien tenía la de retirar y proteger impedimenta[25] de municiones, dinamita y como a 200 mujeres».[26]

Uno de los oficiales de Máximo Gómez durante la campaña del invierno de 1869, dejó testimonio de la situación que creaban las familias a las fuerzas libertadoras en su avance por la manigua: «los españoles habían ido estrechando el cerco y se movían incesantemente; nos batíamos a todas horas; abrumados, además, por el sinnúmero de familias que buscaban el amparo de nuestra fuerza

---

[24] Máximo Gómez: *Tras las huellas del Zanjón*, Santiago de Cuba, Editorial Oriente, 2005.

[25] Impedimenta significa retaguardia.

[26] Eduardo Vázquez, María Cristina: *Papeles de Panchito*, Editorial Abril, La Habana, 1988, p. 89.

para escapar de la persecución del enemigo».[27] Un mambí le escribía a su esposa sobre la acción española: «Violan todas las mujeres que cogen (hablo en el Camagüey). Hay niñas de ocho a diez años que la dejan a la muerte. Es necesario mudarlas en camillas porque no pueden caminar».[28] Carlos Manuel de Céspedes anotaba en su diario el 22 de septiembre de 1873: «vino a verme una pobre mujer a quien los españoles le mataron el marido y cuatro hijos, llevándosela para Jiguaní, de donde se les escapó».[29]

Los relatos del sufrimiento de las mujeres se centraban en el dolor ante la posibilidad de la muerte de sus hijos en la manigua y el pánico que sentían cuando tenían que huir de las tropas españolas sin saber dónde estaban sus maridos, corriendo el peligro de verse atrapadas, ser encarceladas, violadas y asesinadas. Hubo muchas mujeres que sufrieron cárcel y deportación, pero el mayor sacrificio y símbolo de patriotismo era la muerte, y muchas sufrieron ese martirio. En Remedios, «fueron pasadas por las armas una veintena de mujeres, las cuales habían sido recogidas por los españoles y puestas en listas como presentadas [...]».[30] Aunque se habían entregado al enemigo, este no había respetado las disposiciones éticas de la guerra y las habían asesinado.

Mientras esto ocurría en la manigua, en las ciudades y a escondidas, las poetas mambisas componían y recitaban sus poemas patrióticos en casas y círculos literarios. Estos poemas circulaban luego entre las tropas, y allí los soldados los leían, se los aprendían y los recitaban. La nación, el honor, la gloria, el deber, la libertad y la esperanza por la patria son temas que aparecen repetidamente. También las poetisas presentaban en sus obras las atrocidades de la guerra, expresando sentimientos de dolor y pérdida; orfandad y miseria. El patriotismo de estas escritoras quedaba reflejado en sus versos, que daban voz a las madres, esposas y niñas que morían de hambre, quedaban viudas, o estaban desamparadas. Ellas también

---

[27] Enrique Collazo: *Cuba heroica*, Imprenta La Mercantil de Suárez, Solana y Cía., La Habana, 1912, p.17.

[28] Francisco Estrada Céspedes: *Cartas familiares*, Editorial Oriente, 1969, p. 116.

[29] Eusebio Leal Spengler: *El diario perdido*, Ob. cit., pp. 112.

[30] *La Revolución*, Segunda Época, Nueva York, 14 de julio de 1870.

se jugaban la vida pues de encontrarse la autora de aquellas cuartillas podía significar prisión o muerte.

En muchas ocasiones, algunas mujeres que iban en la impedimenta se convertían en «compañeras» de los soldados. Muy poco sabemos de ellas y no han quedado documentadas en la historia, ni se les ha estudiado por atribuírsele un enfoque ético-moral. «Estas amantes anónimas merecen otra de las tantas miradas de las que está urgida nuestra historiografía», comenta la investigadora Elda E. Cento Gómez, y requiere de los historiadores un estudio más profundo. La división de Quintín Banderas, por ejemplo, incluía a mujeres negras que cocinaban para sus esposos y amigos. En las unidades más pequeñas y aisladas, esta práctica era aún más común. No es difícil imaginar a un general enfermo llegar a un bohío, exhausto por el cansancio, las heridas, la fiebre, el hambre, para ser curado y atendido por una de estas mujeres. Debieron existir momentos de intimidad entre los soldados y las mujeres que actuaban como enfermeras. Además de curarlos, ellas ofrecían a los combatientes el «consuelo» para que siguieran luchando. Era común que hombres y mujeres formaran parejas y que de estas relaciones nacieran hijos naturales de padres ilegítimos. Hay diarios de la guerra en los que los soldados dejaron comentarios sobre estos amores ilícitos.[31] Por lo general, estas mujeres, en su mayoría analfabetas y de la clase más baja, actuaron con respeto y discreción, y cuando ya no fueron necesarias desaparecieron, y poco se ha hablado de ellas en la historia. Sufrieron necesidades, dieron a luz en el campo, y muchas murieron por enfermedad o hambre. Algunos las consideraron «morralla».[32] Luego de tanto sacrificarse, de atender a tantos hombres, curarlos, protegerlos y amarlos, nunca hubieran podido imaginar que iban estos a decir cosas tan duras de ellas. Abreu Cardet apunta: «y mucho menos que las iban a olvidar. [Ellas] conforman uno de los misterios de la historia del 68 y una de las grandes injusticias de la sociedad cubana y el machismo».[33]

---

[31] José Abreu Cardet: *Los senderos de la pasión*, Holguín, 2009.

[32] Francisco Estrada Céspedes: *Cartas familiares*, Ob. cit., p 107.

[33] José Abreu Cardet: Ibídem.

En Oriente los líderes revolucionarios requerían que los padres enviaran a sus hijos a las escuelas que se habían establecido en la manigua.[34] En los campamentos muchas mujeres se convertirían en maestras, algunas como Manuela Cancino y sus hermanas, Micaela y Mercedes, impartieron una educación básica e inculcaron patriotismo. También en la manigua y en las ciudades se imprimían periódicos revolucionarios, y algunas mujeres ayudaron en esta empresa, como Ana Betancourt de Mora, quien trabajaba junto a su esposo, Ignacio Mora, editando el periódico *El Mambí*; o Domitila García de Coronado, tipógrafa y periodista, quien ayudaba a su padre a imprimir folletos revolucionarios que enviaban al extranjero.

Durante las guerras, la mujer también sirvió como agente de inteligencia, llevaba mensajes a la manigua, y traía información a las ciudades y poblados. Otras transportaban armamentos y municiones escondidos debajo de las amplias y largas faldas, mientras que muchas almacenaban en sus casas materiales de guerra y banderas cubanas, que guardaban debajo de las tablas que cubrían los pisos de sus hogares, o en las alacenas donde escondían municiones dentro de latas vacías de alimentos.

Aunque la guerra causó la disolución de muchas familias, algunas lograron mantener los vínculos con sus seres queridos mediante mensajeros que traían cartas y tabaco a la manigua. Para las que estaban en el exilio, la correspondencia podía demorar meses por lo que vivían con zozobra y ansiedad al no tener noticias de su esposo o hermano en Cuba.

A pesar de la guerra, los patriotas tenían sus momentos de descanso y diversión. Cuando las tropas mambisas acampaban cerca de algún pueblo o batey, muchas veces celebraban reuniones; cantaban y bailaban. Era el momento de compartir, y pasar un buen rato. En el campamento de Mala Noche, el 3 de noviembre de 1895 «una niña de pocos años canta en décimas cubanas las glosas de Maceo en presencia del caudillo, mientras dentro de la mansión donde se celebra la fiesta militar, resuena el metro heroico que

---

[34] Aline Helg: «Sentido e impacto de la participación negra en la guerra de independencia de Cuba», en *Revista de Indias*, 1998, vol. LVIII, no. 2121.

inspira la musa de la independencia, cuyas notas sólo apaga el eco matinal del clarín que llama a los soldados a levantar las tiendas».[35]

Carlos Manuel de Céspedes y James O'Kelly, periodista norteamericano que cubría los pormenores de la Guerra del 68, narran las fiestas que se celebraban en los campos de Cuba libre.[36] En ellas conmemoraban el aniversario de la revolución, algún triunfo bélico, o el onomástico de un soldado. A pesar de lo trágico de la situación en la que se encontraban, convertían cualquier cosa en una excusa para terminar la velada con baile y cantos populares. Para esa ocasión, los campamentos se alumbraban con hachones de cuaba;[37] unas veces el escenario era al aire libre y otras se construían unas enramadas que iluminaban con velas de cera. Así, al compás de la tumbadora, la bandola y una botella rascada con un cuchillo, bailaban danzas, valses y fandangos, y tomaban bebidas criollas. Los libertos montaban sus tumbas y danzas propias, y cantaban en sus lenguas de origen africano. En una zona cafetalera de la Sierra Maestra en la que muchos de los negros procedían de Haití, sus cantos eran en creole y exaltaban la insurrección.

La mayoría de las familias que permanecieron en Cuba Libre, o sea en la manigua, pertenecían a las clases humildes, como eran los campesinos y un gran número de negros. A no ser las familias de los Agramonte, Figueredo, Boza, Céspedes o las de Maceo y Gómez y otras más, que quedaron en Cuba luchando, las de la clase media, alta e intelectual, se fueron al exilio al estallido de la revolución. Los soldados de La Habana y de otras ciudades de la Isla salían en campaña a cumplir las órdenes del capitán general Domingo Dulce, quien había ordenado en 1869 embargar las propiedades de aquellos «infidentes». Entre febrero y septiembre de 1869, salieron mensualmente del puerto de La Habana entre

---

[35] José Miró Argenter: *Crónicas de la guerra*, Editorial Letras Cubanas, La Habana, 1981, p. 82.
[36] James O'Kelly: *La tierra del mambí*, Colección de Libros Cubanos, La Habana, 1930, pp. 214-215.
[37] Árbol silvestre. Su madera se utiliza para hacer antorchas.

2,000 y 3,000 familias[38] con una media de cinco personas cada una. Al final de 1870 se habían exiliado unas 100,000 personas, o sea el 8.3 por ciento de la población.

    La participación de las mujeres en la Guerra de los Diez Años se convirtió en símbolo del sacrificio y el heroísmo. Los hombres estimaban que el sufrimiento de la mujer había sido mayor que el suyo porque ellas no estaban acostumbradas a la guerra de guerrillas, ni a los sufrimientos que debían afrontar lejos de casa. Las que quedaban en el hogar sufrían la ausencia de los hijos. Ramiro Cabrera recuerda sus últimos días con su madre mientras se preparaba para partir y unirse a los insurgentes: «Ni una sola vez me pidió que no me fuera a la Guerra. ¡Qué triste se veía! Mientras estaba sola se pasaba el día llorando. ¡Cuán grande el sufrimiento de una madre debe ser cuando ve a su único hijo unirse a la guerra, una tan terrible y dolorosa como la nuestra!, y que no se atreva a pedir que renuncie a su compromiso por muy grande que sea el amor por ella, pero también es muy grande el deber de luchar y morir por la patria».[39]

    Las mambisas que participaron en la Guerra del 68 fueron un ejemplo no solo para los hombres, sino también para sus hijas, pues estas vieron la resistencia y la entrega de sus madres, y cuando comenzó la Guerra del 95 muchas de ellas se unieron a la gesta libertadora.

    Después de diez largos y agotadores años, la guerra terminó en 1878 con el Pacto del Zanjón sin triunfo ni para los españoles ni para los cubanos. Las condiciones inaceptables del Pacto provocaron la Guerra Chiquita (1879-1880), pero al carecer del respaldo requerido, el Ejército Libertador tuvo que desistir y muchos líderes marcharon al exilio. En el exilio las mujeres desempeñaron un rol muy importante, ya que no solamente resistieron ante las carencias y penurias de la expatriación, apoyaron a sus maridos y sintieron el dolor de la patria ausente, sino que también trabajaron a la par de los hombres fuera del hogar para ganarse un sueldo y aportar a la

---

[38] Levi Marrero: *Cuba economía y sociedad*, Editorial Playor, Madrid, 1988, vol. 15, p. 317.
[39] Ramiro Guerra: *Mudos testigos: crónica del ex-cafetal Jesús Nazareno*, Editorial Lex, La Habana, 1948.

economía familiar, al mismo tiempo que colaboraban en los preparativos de las luchas revolucionarias. Todo esto sin dejar a un lado su responsabilidad de preservar la unión familiar, inculcándole a la nueva generación que se criaba y nacía en el extranjero su identificación con los valores culturales y patrióticos.

Antes de la Guerra del 68 muchas mujeres ya habían partido al exilio, y desde la diáspora trabajaban en clubes revolucionarios exclusivamente de mujeres rompiendo así los moldes preestablecidos de una mujer sin protagonismo, sin derecho a tomar decisiones o poder actuar por sí sola. Aunque en las reuniones del Partido Revolucionario Cubano (PRC), y según leyes y normas, eran hombres los que representaban a las mujeres de los clubes, las mujeres lanzaban sus propios programas, organizaban sus actividades, votaban por sus dirigentes, y disponían la política a seguir. En el tomo II de esta obra veremos cómo al final de la guerra, las mujeres representaban el 37 por ciento de los delegados al Partido Revolucionario Cubano que contaba entre sus filas a unas 1,500 damas.

A partir de la devastadora Guerra de los Diez Años tanto los independentistas como los españoles cambiaron la imagen que tenían de la mujer cubana, a tal punto que los españoles llegaron a elogiar el papel de las cubanas: «Las cubanas son las que han hecho la insurrección en Cuba».[40] El protagonismo desempeñado por la mujer cubana en la guerra dejó un profundo efecto psicológico pues la sociedad comprendió entonces que ni el hambre, ni la muerte, ni el sufrimiento, ni la emigración tenían diferencias de género. Pero nada de esto hizo que la mujer ocupara el lugar en la sociedad que con todo derecho le correspondía. Esta continuó por muchos años siendo un objeto de belleza y un ser creado para cuidar al hombre y a sus hijos.

En aquellos días terribles de la guerra, las mujeres caminaron siempre junto al hombre. No pidieron nada para ellas, pero lo dieron todo. No exigieron que se las recordara, habiendo hecho tanto para contribuir a la libertad de Cuba. Al finalizar la guerra de independencia, la poetisa Aurelia Castillo de González escribió sobre

---

[40] Antonio Pirala: *Anales de la guerra de Cuba*, Felipe González Rojas, Madrid, 1895-1898.

el reconocimiento que la mujer cubana merecía: «[…] Pensad que hubo madre que llevó a cuestas por tres días el cadáver de su hijito, porque los encuentros con tropas españolas hacían huir a ella y a la hermana que la acompañaba cada vez que intentaban cavar la pequeña fosa para darle sepultura…[…] ¡Pensad que otra de aquellas infelices, presa de horrible pánico al pasar una trocha, porque su hijo lloraba, habiéndose recomendado el más absoluto silencio, bajo pena de muerte, como que de ese silencio dependía la vida de muchos, fuéle estrechando tanto la boca, que, pasada la trocha, se halló con el hijo muerto en los brazos, ¡por ella asfixiado! Pensad que se bebían sus lágrimas para no mostrar flaqueza cuando les mataban a sus hijos, a sus padres, a sus hermanos, a sus maridos, a sus amantes; y decid si no debemos venerar todos y por siempre la memoria de aquellas mujeres […]!»

Hay que empezar a llenar el vacío que ha existido en relación con nuestras mujeres mambisas y que es lo que he tratado de hacer con este libro. Los jóvenes en las escuelas deberían aprender las hazañas de nuestras aguerridas mujeres; los parques podrían honrarlas con muchos más monumentos, y los historiadores e investigadores deberían esforzarse más en darlas a conocer. Si esto se pudiera llevar a cabo, mis esfuerzos al escribir esta obra quedarían justificados.

            Teresa Fernández Soneira
            Surfside, Florida
            19 de enero de 2014
            Centenario de la muerte de la patriota
            Candelaria Figueredo Vázquez en La Habana

Lámina del anverso, *The Lovers, Cuban Street Scene*, revista *The Graphic*, Londres, 5 de abril, 1873 (de la colección de la autora).

1

La mujer cubana
en la sociedad del siglo diecinueve

Para comprender mejor a la mujer cubana del siglo XIX y el papel que desempeñó durante las guerras de independencia, debemos examinar las particularidades de la sociedad de la época en la que le tocó vivir.

En 1861, antes de que comenzara la Guerra del 68, la isla de Cuba tenía 1,366, 232 habitantes.[41] La población de Santiago de Cuba era de 36,752[42] habitantes, y según Jacobo de la Pezuela,[43] La Habana contaba con 140,826 habitantes de los cuales 46,820 eran mujeres blancas, y 723 mujeres libres emancipadas.

En Santiago de Cuba en 1827, además de los edificios públicos, iglesias y cuarteles había unas 1000 casas de mampostería y alrededor de 3000 casas de mezcla y tejas.[44] En La Habana, a mediados del siglo XIX, de las 18,000 edificaciones altas, solamente 186 tenían tres pisos.

En La Habana se proveía diariamente de agua a unas 9,000 casas; todas las demás tenían que comprarla a los aguadores ambulantes.[45] Santiago de Cuba, Matanzas, Cienfuegos y Sancti Spiritus tenían acueducto, mientras que las demás ciudades obtenían el agua de los ríos, aljibes y pozos.[46]

En su viaje a Cuba en 1842, la cubana Mercedes Santa Cruz, condesa de Merlín, describía en su libro *Viaje a La Habana* una escena deliciosa de sosiego y bienestar, en aquellos años de mediados del siglo XIX: «esta ciudad de la edad media conservada

---

[41] *Anuario Demográfico de Cuba*, 2009, Oficina Nacional de Estadísticas.

[42] Ramos Riverí, Danays: «Apuntes sobre la postura de los sectores sociales santiagueros durante la guerra de los Diez Años», *Redalyc.org., Ciencia en PC* [online], no. 1, 2009, 12 agosto 2013, en www.redalyc.org/articulo.oa?id=18132167002.

[43] Jacobo de la Pezuela y Lobo: *Diccionario geográfico, estadístico, histórico de la isla de Cuba*, Imprenta del Est. Mellado, Madrid 1863-1868, t. 3, pp. 6-8, en Pérez-Fuentes, «La población de La Habana a mediados del siglo XIX: relaciones sexuales y matrimonio», Historia Contemporánea no. 19, 1999, pp. 155-179.

[44] María Elena Orozco: «Censos de población y vivienda, Santiago, siglo XIX», en http://santiagoenmi.wordpress.com/tag/siglo-xix/

[45] María Poumier Taquechel: *Apuntes sobre la vida cotidiana en Cuba en 1898*, Editorial de Ciencias Sociales, La Habana, 1975, p. 101.

[46] Ibídem, p. 102.

intacta en el trópico; estas calles estrechas, bordeadas de casas bajas con balcones de madera y ventanas enrejadas, todas abiertas de par en par, estas habitaciones tan limpias, brillantes y alegres; […] la niña con su vestido vaporoso, sus lindos brazos desnudos en torno a la reja, contemplando con mirada curiosa, y en el fondo, el patio adornado de flores, el agua que brota de la fuente».[47]

La condesa de Merlín

Al tener las ventanas siempre abiertas, se establecía una perenne convivencia con el mundo exterior. Las mujeres no podían salir a la calle solas porque no era bien visto, a no ser en sus idas temprano al templo, y dependían de una compañía hasta para sus salidas más rutinarias, o pasear en su quitrín o volanta. Por ello, en esas ventanas ellas tendrían un mirador al quehacer cotidiano y una forma de relacionarse, aunque en la distancia, con la ciudad.

La madre y su niño en la iglesia[48]

---

[47] Mercedes Santa Cruz, condesa de Merlín: *Viaje a La Habana*, Imprenta Siglo XX, La Habana, 1922, p. 104.
[48] Samuel Hazard: *Cuba with Pen and Pencil*, The Hartford Publishing Company, Hartford, Conn., 1871.

El hogar criollo

En el hogar cubano del siglo XIX casi no se conocía el inodoro, y como en la mayoría de las casas se usaban pozos, las condiciones higiénicas eran pésimas y propicias a enfermedades y epidemias, mientras que los ríos llevaban el tifus y la disentería. Las calles no estaban asfaltadas, y los hospitales no eran suficientes, por lo que resultaba muy difícil combatir las enfermedades. En cuanto al aseo, los criollos, que siempre fueron muy pulcros, se bañaban dentro de bañeras de latón o de madera con agua fría en el verano, y con agua templada en invierno.

El mobiliario y el diseño interior de las casas dependían de la situación económica de cada familia. Los habitantes de la clase alta eran muy aficionados a viajar, y de sus viajes traían a la Isla piezas de arte y muebles de estilo europeo para decorar sus hogares.

Para el alumbrado público se usaba petróleo o gas, más utilizado en La Habana que en las demás ciudades de la Isla donde solamente se iluminaban las plazas y los lugares de reunión. Aún no existían los quinqués ni había lámparas colgantes, y no fue hasta 1889 que en algunos lugares de la Isla se empezó a usar la luz eléctrica. Para iluminar el exterior de las viviendas se colocaba un farol en el arco de la casa y otro afuera, hacia la calle. Aunque ya se utilizaba el telégrafo, y años más tarde, en 1888, el teléfono, no eran de uso corriente.

Las ciudades se comunicaban con el extrarradio, y los pueblos y las ciudades del interior del país por medio del tren,[49] el tranvía de caballos y los coches de alquiler. La primera línea férrea de Cuba fue La Habana-Bejucal-Güines, inaugurada en noviembre de 1837 con la autorización del gobernador y capitán general Francisco Dionisio Vives y por mediación y aprobación de la reina gobernadora, Cristina de Borbón quien autorizó a la Junta de Fomento el 12 de diciembre de 1834, a hipotecar sus rentas para amortizar el préstamo pedido a Inglaterra, lo que permitió la realización de las obras.

---

[49] El publicista Marcelino Carrero Portocarrero solicitó al gobernador y capitán general Dionisio Vives, autorización para construir la línea Habana-Bejucal-Güines inaugurada en 1837, adelantándose 11 años a la primera línea ferroviaria en la España peninsular.

María Cristina de Borbón-Dos Sicilias, Reina de España[50]

Los paseos por calles y alamedas, las compras y las visitas de las familias cubanas con cierto nivel económico estaban a cargo del calesero, que era el conductor del quitrín, un personaje importante en la vida de la familia.

De acuerdo al censo realizado por el capitán general Dionisio Vives en 1827, La Habana contaba entonces con 467 quitrines, 2,184 volantas, 202 carretas, 424 carretones, 517 carretillas, 3,787 caballos de monta, 1,000 mulas y 438 bueyes. También el censo arrojó que en la capital existían 50 boticas, 16 confiterías, 204 carpinterías, 25 chocolaterías, 22 cafés, 9 casas de baños, 28 fondas, 5 imprentas y 6 librerías.[51]

Lámina que muestra al vendedor de gallinas[52]

---

[50] Lienzo de la Gobernadora en el Museo del Prado de Madrid. © Wikipedia Commons.

[51] Manuel Pastor, *Año de 1828. Censo de la siempre fidelísima ciudad de La Habana, capital de la siempre fiel Isla de Cuba*, Imprenta del Gobierno y Capitanía General, La Habana, 1829.

[52] Samuel Hazard: *Cuba with Pen and Pencil*, The Hartford Publishing Company, Hartford, Conn., 1871

Para darnos una idea de cómo se amanecía en la capital así como en muchas otras ciudades de Cuba, el historiador Julio Le Riverend nos ha dejado esta peculiar estampa: «…contemplada desde lo alto de la Cabaña, se veían una serie de casas de brillantes colores, amarillo, azul, rosa, entremezcladas con penachos de palmeras y árboles de sombra; todo de un raro esplendor y alegría. […] las 6 am un vocerío aturdidor, un ruido confuso. Todo hay en él: el tañer incesante de las campanas […]; los pregones de los vendedores ambulantes; el tamboreo de los soldados, el rodar de los carruajes sobre el pavimento de piedra desigual. Todo es vivir en la calle […]».[53]

Para abastecerse de alimentos, los habitantes de las ciudades compraban en los puestos fijos de los chinos; en las bodegas (almacenes de víveres) de los españoles, y se acercaban a los vendedores ambulantes de agua, frutas, pan y dulces; carbón, aves y leche. Estos vendedores recorrían las calles casi todos los días. Para surtir a la población de leche, las vacas iban detrás del vendedor que las ordeñaba frente a las casas.

Lámina de un panadero ambulante[54]

El comercio funcionaba generalmente desde temprano en la mañana hasta las 10 de la noche, y a las 11 pasaban los basureros. Como telón de fondo de toda esta actividad y trasiego se oían los alegres pregones de los vendedores ambulantes que animaban las calles.

---

[53] LeRiverend: *La Habana: biografía de una provincia*, Imprenta El Siglo XX, La Habana, 1960, p. 106.

[54] Samuel Hazard: Ob. cit.

El desayuno se tomaba sobre las ocho de la mañana, y se almorzaba de doce a una de la tarde. Luego, todas las casas se cerraban para echar una siestecita hasta las tres. A esa hora se abrían puertas y ventanas: era el momento de hacer y recibir visitas a quienes se les ofrecía chocolate con rosquillas, o pastillas de naranja, limón o guayaba y otras sabrosas chucherías.

Ya en la tarde y al toque de la oración, las visitas se retiraban, y toda la familia, incluyendo los criados, rezaba una oración de rodillas. A esto seguía la tertulia de los más íntimos y allegados de la casa que podía extenderse hasta bien entrada la noche. En aquel momento se oían por toda la ciudad los ruidos de las cocineras batiendo huevos y preparando la cena, que se hacía a las nueve y que podía consistir en tasajo fresco con arroz blanco; algún tubérculo como la yuca, y también aves y pescado, vegetales, frijoles, dulces y frutas, terminando con un buen café.

Plaza de Armas en La Habana
El calesero llevando a las damas a la retreta[55]

Las diversiones

A pesar de que los cubanos estaban muy descontentos con el régimen español, siempre buscaban un pretexto para divertirse, y todas las celebraciones terminaban en baile. Bailaban en todas partes y lo hacía todo el mundo: era como el denominador común de todos los

---

[55] Lámina que data de c.1840. Tomada del *Paseo pintoresco por la Isla de Cuba*, Ediciones Universal/Herencia Cultural Cubana, Miami, 1999. Publicado con permiso del editor.

estratos sociales. Porque los ricos tenían sus reuniones y bailes de salón, como el minueto y la contradanza, que luego serían sustituidos por el rigodón y la danza, que dicen se bailaba con mucha sandunga.

Los negros y los campesinos celebraban sus fiestas en los bateyes y casas de campo. Los africanos utilizaban los instrumentos y ritmos autóctonos que habían traído de sus tierras; los campesinos, acompañados de guitarra, tiple o arpa, bailaban el zapateo y cantaban el punto guajiro. En las iglesias y conventos celebraban el día del santo patrono en la plaza del pueblo o ciudad, que siempre acababa en baile.

Una familia del campo. Tarjeta postal de la colección de la autora

El amor de los cubanos por el baile, era tema recurrente en las narraciones de las personas que viajaban a la Isla durante el siglo XIX: «Apenas la orquesta compuesta por negros libres, que se distinguen también por ser *fashionables* y llevar guantes amarillos, empiezan a tocar los primeros acordes, los bailadores se sitúan alegremente en dos filas y comienza la contradanza habanera, con su gracia indolente y sus sincopados voluptuosos. [...] entonces tomaban algunos instantes de reposo; la orquesta guardaba silencio, y los amantes de la conversación aprovechaban para dar salida a esos torrentes de voz humana propias de los países del mediodía… sin más competencia que los tic-tac de los miles de abanicos que funcionaban a la vez».[56]

El cubano tenía una gran afición por el teatro. En 1838 se inauguró el Teatro Tacón, que en aquel entonces se le comparaba con La Scala de Milán, la Ópera de París, o el Royal Theater de Londres. En los altos del café El Louvre, frente a la plaza de Isabel II, hoy Parque Central de La Habana, había una sala pequeña con unas 600 butacas: era el Teatro de Cámara al que asistían las damas sin necesidad de chaperonas.[57]

En cuanto a las provincias, en Matanzas y Santiago de Cuba, Sancti Spiritus, Trinidad, había buenos teatros; así como en Guanajay, Güines, Marianao, Guanabacoa y otros municipios de La Habana.

La vida de la mujer de esa época

En un reportaje publicado en 1859 por la revista *The Atlantic Monthly*,[58] durante su visita a Cuba un viajero narraba: «¡Felices son las damas que tienen en su hotel una volanta a su servicio y a perpetuidad! Visten sus mejores ropas y cambian de atuendo tres veces al día, aunque no se ensucian pues no están en contacto con la calle polvorienta. En la tarde compran en las tiendas, hacen visitas, o se detienen a la entrada de los cafés y les traen el helado a su volanta. A las ocho van a la Plaza para desde la volanta escuchar la banda tocar, y a las diez regresan a la casa, sin haberse fatigado, habiendo estado bien atendidas todo el día. "Mi volanta y yo", dicen ellas».

Las cubanas vestían telas ligeras de colores claros como el azul y el verde, con bordados y encajes. Cuando fallecía algún familiar, la mujer llevaba el luto con austeridad, vistiendo de blanco o de morado, y las casas se cerraban a cal y canto. El traje de la

---

[56] Merlín: Ob. cit., p. 277.

[57] Octavio Costa: *Imagen y trayectoria del cubano en la historia*, t.1, Ediciones Universal, Miami, 1994.

[58] *The Atlantic Monthly*, Phillips, Sampson & Company, Boston, vol. III, mayo de 1859, no. XIX, pp. 689-690.

mujer consistía fundamentalmente de la enagua de seda y la camisa de batista que era una tela tan fina que resultaba casi transparente. La mujer campesina llevaba falda larga y rizada, blusa y manta. Las señoras de la clase alta siempre tenían la opción de realizar sus compras en Europa, aunque ya a mediados del siglo XIX en Cuba se podían adquirir gran variedad de géneros textiles para confeccionar los vestidos y trajes. En 1857, a los pocos años de haberse creado la patente de las máquinas de coser Singer, abrió en La Habana el primer taller de costura, y ya para 1862 existían en la Isla 624 establecimientos de ropa.[59]

El complemento indispensable de un buen vestido era el abanico, y para las cubanas de la clase alta, las joyas eran una necesidad, sobre todo los diamantes. Las cubanas adineradas se sujetaban el cabello con bandas adornadas con piedras preciosas, y los extranjeros que visitaban Cuba se alarmaban al ver que las cubanas no usaban sombrero.

A mediados del siglo XIX se incrementó la actividad social y cultural en la Isla lo que motivó que se pusiera más atención al cuidado personal. Los extranjeros decían que «el bello sexo habanero podía rivalizar por su elegancia con el de la parte más culta de Europa».[60] La simplificación de los peinados, no llevar sombrero, lucir escotes, vestir de blanco y la calidad en la costura y el bordado, eran las características que diferenciaban a la mujer cubana de la española.

¿Cómo era la mujer cubana? De nuevo, nadie mejor que la condesa de Merlín[61] para ofrecernos una estampa de la cubana adinerada: «sus movimientos están impregnados de una languidez voluptuosa, su andar lento y perezoso, su palabra dulce y cadenciosa, contrastan a veces con la vivacidad de su fisonomía y con las llamas de fuego que se escapan de sus ojos negros, grandes, de mirada inigualable». Y continúa diciendo: «Apenas camina; se pasa gran parte del día en el baño o comiendo frutas, el resto en mecerse en la butaca. Hacia la caída de la tarde, la graciosa sílfide

---

[59] Poumier: Ob. cit.

[60] Eliza M. Hatton-Ripley: *Viajeras al Caribe*, Casa de las Américas, 1983, http://www.casadelasamericas.org/equipocasa.php

[61] Condesa de Merlín: Ob. cit.

vestida de blanco, la cabeza adornada con flores naturales, se pone en movimiento, sube a la volanta y va a los comercios; no se baja nunca, se hace llevar la tienda entera al estribo y luego va a tomar el fresco».

En La Habana un grupo de damas españolas en atuendo de gala circa 1880.
Foto de la colección de la autora

Dos habaneras en la Plaza de Albear a finales del siglo XIX

Estas mujeres de la clase alta podían vivir así no solo porque eran ricas, sino por sus esclavos y criados que eran los que realizaban las tareas domésticas. Recordemos esta descripción de vida muelle pues más adelante veremos cómo, cuándo comenzó la guerra de independencia, muchas de ellas dejaron esta vida y estos lujos.

Las mujeres de las clases media y baja no tenían estas costumbres ni los medios para mantenerlas por lo que sus vidas eran completamente diferentes. Cada familia vivía, comía y vestía de acuerdo a sus condiciones económicas. Las mujeres que no podían costear sirvientas debían desempeñar el trabajo doméstico, y otras muchas se empleaban fuera del hogar para ganarse el pan. La mujer de clase media tenía que cuidar de los niños y los mayores, y coser, lavar, cocinar, sin quedarle tiempo para fiestas y disfrutes.

Algunas mujeres trabajaban como maestras o actrices. Muy numerosas eran las que se empleaban como criadas, hayas o cocineras; las primeras ganaban de 12 a 15 pesos mensuales, mientras que las últimas sufrían una gran diferencia en el sueldo que percibían cuando se equiparaba con el que ingresaba el hombre, que era mucho mejor pagado. Por todo esto y por la falta de trabajo es que surge la prostitución. No sería hasta los comienzos del siglo XX, en que se establecerían más y mejores trabajos y oportunidades para las mujeres. Existía, pues, una gran brecha entre las mujeres de la alta sociedad y las de clase media o pobre.

«Tabaco», Typ. Lit. de Verdaguer. Lámina del siglo XIX de la colección de la autora

La mujer en la sociedad del siglo XIX

No importaba a la clase social que perteneciera, aunque tuviera muchas virtudes la mujer cubana vivía sin aspiraciones: no tenía oportunidades para obtener puestos importantes o distinguirse en el plano profesional. No podía estudiar una carrera o participar en el debate público el cual estaba vedado para ella. Por lo general, la mujer de buena posición recibía una educación elemental, casi siempre impartida en el hogar o en alguna escuela de barrio y que consistía en los rudimentos de la lectura y escritura, y alguna noción de las matemáticas, así como las labores del hogar como costura y bordado. No así la mujer pobre que no tenía oportunidad ni de esa educación elemental.

El Guateque, lámina del siglo XIX (de la colección de la autora)

El acceso de la mujer a la cultura quedaba prohibido porque se pensaba era «peligroso» que esta realizara estudios universitarios o profundizara en la ciencia o la literatura porque podía poner en peligro su integridad moral. Las leyes de la Isla ordenaban que la mujer realizara los quehaceres de la casa aunque tuviera mucha fortuna, y luego siguiera *las reglas de la moralidad*.[62] Todo esto debería ser inculcado en la mujer «desde las primeras épocas de la vida, y todo lo que aprendieran las niñas en otras ramas de la enseñanza debía presentárseles como capricho del hombre, sin ninguna clase de derechos, sin educación verdadera, sin garantía de ningún género para ser feliz; la mujer arrastra hoy una vida miserable, ejerciendo además su influencia de una manera funesta sobre los destinos del hombre».[63]

¿Por qué no era conveniente que la mujer fuera sabia? La articulista sigue diciendo: «porque la curiosidad y la instrucción las hacen ridículas, vanas y caprichosas... el hombre sí debe tener conocimientos extensos e ilimitados, porque él es el señalado a desempeñar los grandes ministerios en la sociedad. En la mujer la enseñanza marchita la flor virginal de la ignorancia sencilla que es fuente de tantos encantos cifrados en la armonía que nace del contraste entre el amor ilustrado y el del candor que se instruye al través de los efectos en los apacibles momentos del ocio en la vida de los esposos».[64] ¡Qué grandes prejuicios invadían a la sociedad de aquella época! ¡Cómo se denigraba y rebajaba a la mujer, su intelecto y su moralidad! A pesar de todo, algunas pudieron romper las barreras, se distinguieron en el campo de la literatura, y otras en el de la medicina.

La situación de la mujer negra, era aún más injusta. La habían obligado a venir de África contra su voluntad como parte de las dotaciones de esclavos, y se debilitaba rápidamente porque, aunque era de constitución fuerte, el esfuerzo físico excesivo que realizaba en los ingenios, en las plantaciones y en las mansiones de los acaudalados; los partos consecutivos, y el estar sujeta a la voluntad de los amos, la iban degradando y consumiendo, convirtiéndola en casi un animal de carga.

En cuanto a las leyes, las mismas que regían a España regían a Cuba, pero debido a la esclavitud, en Cuba eran un poco más

---

[62] Subrayado de la autora.

[63] *Gobierno Superior de la Isla de Cuba* en Acela Caner Román: «Mujeres y el camino hacia la libertad», Italia, julio 2004, unive.it/media/allegato/comitato/cpo/narrative

[64] Caner: ibídem.

complejas. Los padres tenían el derecho a prohibir el matrimonio del hijo o la hija si la otra parte no era del mismo nivel social, o en caso de que hubiera dudas sobre la «pureza de sangre».

Mujeres en un jardín, Underwood & Underwood, c. 1898. Foto de la colección de la autora

Aunque los cubanos toleraban que las mujeres ofrecieran recitales y lecturas literarias en tertulias y cafés, su participación en la vida pública no era bien recibida ni tampoco tolerada. Un ejemplo de esto se muestra en la opinión de unos caballeros en una nota de un periódico después de advertir que había seis palcos y tres balcones llenos de mujeres asistiendo a una reunión de autonomistas en el Teatro Otero en la ciudad de Cárdenas:[65] «A nosotros no nos parece oportuno que a esas reuniones en donde se trata de política, exclusivamente, asista ese delicado sexo que, en nuestro sentir, debe estar alejado en absoluto de toda intervención en aquellos asuntos que no le incumben, porque *la Naturaleza ha señalado ya los deberes de la mujer, creada para el hogar, y de ellos no debe apartarse.*[66] En las veladas literarias, nos explicamos la presencia de la compañera del hogar; pero en las veladas políticas, no».[67]

---

[65] Aline Helg: «Sentido e impacto de la participación negra en la guerra de independencia de Cuba», *Revista de Indias* 1998, vol. LVIII, no. 2121.

[66] Subrayado de la autora.

[67] *Diario de Cárdenas*, 10 mayo de 1892, en Aline Helg: «Sentido e impacto de la participación negra en la guerra de independencia de Cuba».

Así se desenvolvía la mujer cubana a mediados del siglo XIX y así continuaría a lo largo de los próximos años. Pero toda esta vida sin derechos y sin poder expresar opiniones, encerrada en el hogar y en sus labores, sin voz ni voto, cambiaría radicalmente al estallar las guerras de independencia. Tan pronto como los cubanos empezaron a manifestarse en contra del régimen colonial, todo comenzó a transformarse para la mujer pues fue entonces cuando la cubana no vaciló en salir de aquel encierro y prestar su colaboración a los empeños libertarios.

Cuando comienzan las conspiraciones, la cubana empieza a vestirse de azul, luce un lazo azul en el cabello como una forma de afirmar su cubanía. Llevar el cabello suelto en vez de recogido, como era la moda española, también simbolizaba su sentir por la independencia. Nunca la mujer cubana había exteriorizado sus pensamientos ni actuado de forma independiente, y ahora llegaba el momento de protagonizar un capítulo en la historia del país. La realidad en la que se vio envuelta al comenzar las luchas independentistas la obligó a actuar y utilizar su potencial: en la ciudad como conspiradora; en la manigua como luchadora junto al hombre, y en el exilio como trabajadora incansable en las diferentes actividades. Esto hizo que cambiara la imagen que se tenía de ella.

En este libro veremos cómo con las guerras, tanto la mujer de la clase alta como de las clases media y pobre se involucrarían directamente en la vida política del país, y se distinguirán más que por su belleza, su trato social, sus joyas o sus ropas. Se ocuparían de mucho más que del trabajo del hogar o la crianza de los hijos, y lucharían junto al hombre por la libertad de Cuba, en muchos casos hasta ofreciendo sus propias vidas.

En la foto: las hermanas Blanca, Evangelina y Hortensia Lima y un niño no identificado, a fines del siglo XIX. Lugar desconocido. Foto de la colección de la autora.

2

Las Precursoras

En este capítulo vamos a profundizar en el quehacer de la mujer cubana desde la colonia hasta poco antes del comienzo de la guerra. Estas mujeres defendieron sus bienes o actuaron como gobernadoras; trabajaron por obtener su libertad y sus derechos, y, en cierto modo, les abrieron el camino a las que luego lucharían en las contiendas, por lo que serían las precursoras.

Poco sabemos de las mujeres que fueron con los conquistadores a descubrir el Nuevo Mundo, pero ha quedado testimonio de las 30 españolas que acompañaron a Colón en su tercer viaje. Según el historiador Alberto de Frutos[68] en el siglo XVI, de los 45, 327 viajeros a América registrados en los archivos, 10,118 fueron mujeres. Entre ellas se distinguieron Mencía Calderón, Isabel Barreto, María Escobar, María de Toledo, quien era virreina de las Indias Occidentales, María de Estrada, Inés Suarez, Catalina de Erauso, Beatriz de la Cueva, primera gobernadora de los virreinatos, Beatriz Bermúdez de Velasco y Mencía Ortiz.

En el caso de Cuba, habría que dedicarle tiempo a desempolvar los viejos archivos para evidenciar cuántas y cuáles fueron las mujeres que hicieron historia. Una de ellas, de la que nos ha quedado constancia, fue **Doña Guiomar de Guzmán**, española de nacimiento pero cubana de sentimiento. Había llegado a Cuba con su esposo, el contador Pedro de Paz, en febrero de 1521. Al arribar tendría unos 30 años de edad. Dicen que era bonita y alegre, aunque luego se descubrió como una persona impulsiva, intrépida y muy codiciosa. Como su esposo llegó a ser el hombre más rico de

---

[68] Alberto de Frutos: «No fueron solos», *Historia de Iberia Vieja*, No. 85, Madrid, junio, 2012, p. 114.

Cuba y además su hermano, don Pedro Núñez de Gómez, era el tesorero de la isla, Guiomar pudo satisfacer sus ambiciones.

Después de vivir en Cuba un tiempo, Guiomar decide regresar a su Sevilla natal. Durante su estancia en la Península fallece en Cuba su esposo, y Guiomar nombra a fray Diego Sarmiento, quien por entonces era obispo de Cuba, como administrador de sus bienes ya que aparentemente sus propiedades estaban en peligro.

En Sevilla, Guiomar se vuelve a casar, esta vez con Sebastián Oyo Villota, pero como la vida es tan imprevisible, Guiomar ¡vuelve a enviudar! Preocupada por sus propiedades en la Isla, en 1540 se embarca para Santiago de Cuba, y al poco tiempo de llegar, y sintiéndose muy sola, contrae matrimonio por tercera vez, en esta ocasión con el gobernador de Cuba, Juanes de Ávila. Guiomar pronto comienza a tener enfrentamientos con su esposo y con el obispo Sarmiento por motivo de sus bienes, defendiéndose a capa y espada llegando las pugnas y reclamaciones a oídos de la metrópolis. En el Archivo de Indias de Sevilla están documentados los abundantes pleitos de doña Guiomar. La historiadora cubana, Hortensia Pichardo Viñals nos dice que «las acusaciones de unos funcionarios a otros, y la intriga y mala fe fueron las principales armas de combate. Doña Guiomar llegó a ser en algunos momentos el eje de la política en la colonia».[69] Guiomar se mantiene firme en la lucha y su esposo, Juanes de Ávila, entre multas y penas, tiene que regresar a España.

Luego de casarse tres veces, y tras luchar por su bienestar y el de sus hijos, y convertirse en una experta negociante entre la isla y el continente americano, romper con los protocolos establecidos y manejar situaciones difíciles sin que nada la detuviera en sus afanes, doña Guiomar se convirtió en el epicentro de la política colonial del Santiago de Cuba de la época. No se ha sabido dónde ni cuándo murió.

Doña Guiomar de Guzmán fue la primera mujer que ocupó un lugar importante en los comienzos de la historia de Cuba. Emilio Bacardí le dedicó una novela en la que mezcla la realidad con la

---

[69] Hortensia Pichardo Viñals: *Temas históricos del Oriente cubano*, Editorial de Ciencias Sociales, La Habana, 2006, pp. 42-56.

leyenda, y en la que Bacardí la presenta como una simpática sevillana, de carácter alegre y expresivo, «almacén de chistes y cuentos, dominadora, como reina y señora en la ciudad recién fundada».[70]

Isabel (o Inés) de Bobadilla fue la esposa del conquistador y explorador español Hernando de Soto (1496-1542).

Isabel era sobrina de la marquesa de Moya[71] por la línea materna. Cuentan que en el día de su proclamación como marquesa en el Alcázar de Segovia, la Reina Isabel afirmó que Isabel de Bobadilla era de estirpe judía cuyos ancestros se habían convertido al cristianismo.

Dicen que Isabel era una mujer amorosa y de gran sensibilidad, aunque también autoritaria y firme. Tuvo que ser así para poder lidiar con lo que más tarde se enfrentó. El historiador español Gonzalo Fernández de Oviedo la describe como una «mujer de gran ser e bondad, e de muy gentil juicio e persona».[72]

El conquistador Hernando De Soto había contraído matrimonio con Isabel de Bobadilla en 1537 en su tierra natal de Badajoz, España. En 1539 De Soto había sido nombrado gobernador de Cuba y Adelantado de La Florida, y tuvo que ausentarse de la Isla con su armada el 18 de mayo de 1539, ya que iba a realizar una expedición por el continente americano. Consideró que nadie mejor que su mujer podría asumir la gobernación civil y militar de Cuba mientras él estuviera ausente. Se le presentaba a Isabel de Bobadilla una situación de inmensa responsabilidad. El Inca, Gar-

---

[70] Emilio Bacardí Moreau: *Doña Guiomar, tiempos de la conquista*, Imprenta El Siglo XX, La Habana, 1916-1927.

[71] Dama castellana (1440-1511) procedente del más bajo estrato nobiliario. Sin embargo por su proceder en la corte de Isabel la Católica, llegó a concentrar un sólido patrimonio territorial y de rentas.

[72] Carlos B. Vega: *Conquistadoras: mujeres heroicas de la conquista de América*, McFarland & Co., Jefferson, N.C., 2003.

cilaso de la Vega, relata su nombramiento: «Viendo el adelantado que toda su gente, así de caballo como infantes, estaba ya toda junta en La Habana y que el tiempo de poder navegar se iba acercando, nombró a doña Isabel de Bobadilla su mujer e hija del gobernador Pedro Arias de Ávila, mujer, de toda bondad y discreción, por gobernadora de aquella gran isla, y por su lugarteniente a un caballero noble y virtuoso llamado Joan de Rojas, y en la ciudad de Santiago dejó por teniente a otro caballero que había nombre Francisco de Guzmán».[73]

Una vez que queda sola en Cuba, Isabel comienza a enfrentar problemas. A solo ocho días de marchar Hernando para Norteamérica, Hernán Ponce, quien había participado en el descubrimiento del Perú, presentó en Cuba una demanda a Juan de Rojas quejándose de que De Soto le debía diez mil pesos de oro, y que si no se los entregaba le quitaría la hacienda traída del Perú. Pero Isabel no demoró en contestar diciéndole a Hernán Ponce que entre su marido y él había muchas cuentas viejas y nuevas por saldar, y que también Hernán Ponce debía a De Soto cincuenta mil ducados, que era la mitad del gasto de aquella conquista. Seguidamente, Isabel lo mandó a detener y lo envió a un lugar seguro mientras se investigaba el asunto. Pronto supo Ponce quién era doña Isabel de Bobadilla, y en cuanto pudo alzó velas y regresó a España sin esperar por ningún dinero ni ninguna reclamación.

Pasaban los días e Isabel solo suspiraba por el regreso de Hernando, su marido, a quien quería mucho y echaba de menos. Siempre pensó que desempeñaría aquel cargo de gobernadora solo temporalmente, pero al no regresar su esposo de aquella expedición, pues fallece en Ferriday, Luisiana en 1542, Isabel tuvo que continuar haciéndole frente a aquel difícil desempeño como gobernadora, convirtiéndose en la única mujer que hasta el día de hoy haya dirigido el gobierno de Cuba.

Isabel de Bobadilla murió poco después que su marido, en 1543, pero para que nunca nos olvidemos de ella, y para recordar la importancia que tuvo en la historia de Cuba, su imagen quedó para siempre representada en La Giraldilla, escultura que se con-

---

[73] Ibídem.

templa aún hoy en una torre del Castillo de la Real Fuerza de La Habana.

Beatriz Agustina de Jústiz y Zayas-Bazán, hija de Manuel de Jústiz y Umpiérrez y de Beatriz de Zayas Bazán, nació en La Habana el 24 de febrero de 1733. Su padre era coronel de los Reales Ejércitos y gobernador de la Florida.

En 1751, Beatriz contrajo matrimonio con su primo, Manuel José de Manzano y Jústiz, primer marqués Jústiz de Santa Ana y contador del Real Tribunal de Cuentas de la Isla de Cuba. Su casa en La Habana, construida en el siglo XVII junto al mar, era una de las más importantes de la ciudad.

En 1762, los habaneros vieron llegar a los ingleses por la bahía de La Habana y a los españoles defender la ciudad con bravura pero al final quedaron derrotados. Dos meses después de haber capitulado La Habana aparecen dos documentos dirigidos al Rey fechados el 25 de agosto de 1762 y que se cree fueron redactados por mujeres. Según el historiador Manuel Moreno Fraginals,[74] en este documento los (o las) escribientes refutan la estrategia militar del capitán general, se lamentan por excluir a los criollos de las decisiones, y acusan a los españoles de capitular sin antes consultarlo con el cabildo y con el obispo. Nada menos que cien damas de La Habana firmaron el manifiesto[75] dirigido al Rey Carlos III en el que exponían sus quejas contra las autoridades, y los responsabilizaban de la rendición de la ciudad por falta de destreza pues, según ellas, aquella rendición había sido un acto de cobardía.

De acuerdo a la historiadora Perla Cartaya Cotta,[76] el Memorial que no señala nombres, es muy posible que fuera redactado por la habanera Beatriz de Jústiz y Zayas, marquesa de Jústiz de Santa Ana, quien por entonces contaba 29 años de edad. El escritor Car-

---

[74] Perla Cartaya: «Entonces pasó de todo», *Palabra Nueva*, diciembre, 2005, La Habana, pp. 44-47.

[75] Guillermo Calleja Leal, Hugo O'Donnell y Duque de Estrada: *1762, La Habana inglesa*, Ediciones de Cultura Hispánica, Madrid, 1999, p. 206.

[76] Perla Cartaya Cotta: Ob. cit.

los Venegas[77] anota que «el discurso del Memorial, que como líder parece haber redactado ella (Beatriz Jústiz) y luego firmado por 100 señoras habaneras, muestra un nivel de información sobre las operaciones militares poco común en una mujer». El Memorial culpa al gobernador Prado y a sus oficiales de permitir que los ingleses tomaran La Habana y los llaman cobardes «que en acercándose el enemigo [...] se retiraron, que usando de voz más propia, ellos huyeron, dexando así en desdoro el aire de las Armas y dando margen a que los enemigos estimaran como conquista lo que en realidad fue cesión».[78] Luego más adelante señalan: «Esta es [...] la funesta tragedia que lloramos, las Havaneras, fidelísimas Vasallas de V.M. cuyo poder mediante Dios impetramos para que por paz o por guerra [...] logremos el consuelo de ver, en breve tiempo, aquí fijado el estandarte de V.M. Esta sola esperanza nos alienta para no abandonar [...] la patria y bienes [...]».[79]

En cuanto al segundo documento enviado al rey, la Dolorosa métrica expresión, las damas plantean las mismas ideas que en el Memorial. He aquí algunas estrofas:

---

[77] Carlos Venegas: «Beatriz Jústiz», *Palabra Nueva*, septiembre 2008, no. 177, La Habana, http://www.palabranueva.net/contens/0809/000103-5.htm
[78] Perla Cartaya: Ob. cit.
[79] Perla Cartaya: Ibídem.

>   ¿Tú Havana capitulada?
>   ¿tú en llanto? ¿tú en exterminio?
>   ¿Tú ya en extraño dominio?
>   ¡Qué dolor! ¡O Patria amada!
>   Por no verte enagenada
>   ¿Cuántos se sacrificaron?
>   Y ¿cuántos más enbidiaron
>   Tu feliz honrosa suerte,
>   De que con sangre en la muerte,
>   Tus exequias rubricaron?
>
>   Por ti el Paysanaje atento
>   Como logró en tu región
>   La primera respiración,
>   Diera hasta el último aliento.

Este grupo de habaneras comenzaban a llamar a Cuba «patria amada» y se identificaban con ella sin mencionar a sus gobernantes. Estas mujeres se adelantaban a la noción de procedencia ya en 1762. La doctora Graciela Pogolotti[80] afirma que «con su Memorial a Carlos III, la marquesa Jústiz de Santa Ana anuncia la aparición de una escritura femenina vinculada al diseño de un proyecto nacional».[81]

Pero el Memorial trajo críticas a la marquesa, y corrían por La Habana algunos versos anónimos que hacían burla de ella y de sus compañeras:

>   Las muchachas de La Habana / no tienen temor de Dios,
>   y se van con los ingleses / en los bocoyes de arroz.

Y estas otras:

>   De chistosas se precian y de saladas,
>   y no temen salir embarricadas.
>   Las de más porte entre barriles,
>   se hacen carne del Norte.

---

[80] Distinguida ensayista e intelectual cubana.
[81] Perla Cartaya: Ob. cit.

Al poco tiempo de tomar La Habana, el conde de Albemarle envió a sus oficiales a invitar a las señoras en cuestión a una *soirée*. Pero la mayoría respondió a Albemarle «no haber enjugado las lágrimas aún para entretenerse en diversiones». Por ello, asistieron muy pocas. Albemarle decidió entonces realizar otra velada la noche siguiente «pasando personalmente a casa de estas señoras las cuales no pudieron ya excusarse y asistieron muchas, aunque se les veía en el semblante el disgusto, por lo que Albemarle desistió de más convites».[82]

Una de las leyes de la época establecía que las mujeres casadas no podían tramitar por sí mismas ningún negocio o asunto público, aunque fuera el de gestionar una herencia. Tampoco les era permitido hacer contratos, ni compras de bienes, ni ningún otro trámite sin previa autorización del marido. La marquesa de Jústiz de Santa Ana ignoró estas leyes y costumbres y dictó testamento en 1802. En él disponía que la tercera parte de sus bienes fueran administrados por sus dos hijas sin la intervención de sus esposos, y en caso de que estos no estuvieran de acuerdo con su deseo, ella determinaba que, para evitar pleitos entre los matrimonios, que los bienes pasaran a amigos designados por la marquesa, para que ellos los administraran y entregaran el producto obtenido a sus dos hijas. Beatriz se mantuvo firme e impuso su voluntad hasta el final.

La marquesa luchó por los derechos de la mujer llegando a sus propias esclavas. Según los testimonios de Juan Francisco Manzano,[83] el poeta esclavo que había sido criado en la hacienda de Beatriz, esta se interesó expresamente en mantener a las esclavas y luego prepararlas y dotarlas para el matrimonio.

Fue muy decidida y atrevida Beatriz Jústiz de Santa Ana en momentos en que La Habana pasaba a manos extranjeras y en tiempos en que la mujer no podía destacarse debido a las arcaicas leyes y costumbres de la época. Beatriz fue una cubana osada y valiente que se ganó un lugar importante en la historia habanera

---

[82] Luisa Campuzano: *Las muchachas de la Habana no tienen temor de Dios*, Ediciones Unión, La Habana, 2004.

[83] Juan Francisco Manzano nació en Matanzas. Era esclavo negro de la marquesa Jústiz de Santa Ana, y llegó a ser poeta y escritor.

del siglo XVIII. Se cree murió el 5 de junio de 1803, en Matanzas[84].

La mujer cubana y la Guerra de Independencia de los Estados Unidos

Cuando estaba en su apogeo la Guerra de Independencia Norteamericana (1775-1783), las habaneras donaron dinero y joyas para ayudar a los Estados Unidos a obtener su libertad.[85] Luego de enfrentar largas y cruentas batallas, el ejército del general George Washington se encontraba depauperado. Los terribles inviernos, el cansancio y, sobre todo, la escasez de dinero para mantener la guerra habían hecho que el Washington buscara apoyo para continuar. Recurrió entonces al aristócrata francés marqués de Lafayette, y le encomendó que viajara a Cádiz para solicitar ayuda monetaria. Los españoles le negaron la ayuda, y Lafayette se encaminó entonces hacia Ste. Domingue, hoy conocida como la isla de La Española, donde estaban los franceses. Pero los franceses tampoco abrieron sus cofres a la gesta americana.

Desesperanzado salió Lafayette en dirección a La Habana en el buque *L'Aigrette*, dicen algunos que solamente para abastecerse de agua antes de emprender el viaje de regreso. Fuera a La Habana por lo que fuese, al llegar se corrió la noticia del pedido de George Washington, y el mensaje llegó a las damas y niñas de Matanzas

---

[84] Ecured www.ecured.cu/index.php/Beatriz_de_Jústiz_y_Zayas#S.C3. ADntesis_ biogr.C3.A1fica

[85] Stephen Bonsal: *When the French Were Here*, Kennikat Press, Port Washington, N.Y., 1968.

quienes comenzaron rápidamente a recolectar joyas para entregar al marqués.[86]

Tiempo después, el general Jean Baptiste de Rochambeau[87] fue informado sobre la generosidad de las damas cubanas, y afirmó que la contribución de las 800,000 libras esterlinas que ellas habían donado había ayudado a sacar de su empobrecimiento al ejército revolucionario, y a levantar el ánimo de los soldados. Las joyas de las damas sirvieron para financiar la batalla decisiva de Yorktown que se llevó a cabo en octubre de 1781[88] y en la que el teniente general Cornwallis fue derrotado por el ejército de Washington junto a las tropas francesas bajo el mando del conde de Rochambeau. La contribución de oro y brillantes que las damas y niñas cubanas obsequiaron al ejército de Washington también mostró que al donar sus joyas, única propiedad de la mujer en aquella época, las cubanas habían tomado una decisión independiente, y se habían arriesgado por la libertad de lo que luego sería los Estados Unidos de América.

La mujer negra en las cofradías

Los Cabildos de nación eran asociaciones multiétnicas de origen africano creadas en Cuba a finales del siglo XVI y que estaban basadas en las cofradías establecidas en Sevilla, España. En ellas se guardaba el culto a algún santo católico, se recogían limosnas para ayudar a los necesitados, se oraba por las almas del purgatorio, se cuidaba de los niños huérfanos y se celebraban actividades sociales.

Mientras que las mujeres blancas permanecían relegadas a las tareas del hogar, las mujeres negras de los cabildos tenían una cierta independencia y poder: desafiaban a las autoridades con atrevimiento y decisión, acusaban y litigaban pleitos y a veces

---

[86] Carmen María Rodríguez: *Aporte de las mujeres cubanas a la independencia de Estados Unidos*, en http://taniaquintero.blogspot.com/2012/08/aporte-de-las-mujeres-cubanas-la.html

[87] Mariscal de Francia y cabeza del cuerpo expedicionario francés en la Guerra de la Independencia de los Estados Unidos (1775-1782).

[88] Herminio Portell Vilá: *Los otros extranjeros en la Revolución Norteamericana*, Ediciones Universal, Miami, 1978, pp. 124-129.

hasta llegaban a decidir situaciones. Eran por tanto, en cierto modo, aceptadas y reconocidas en los cabildos.

Algunas de estas mujeres se distinguieron y fueron poderosas. En el cabildo Nuestra Señora de las Mercedes de Matanzas había una reina, una reina moza, una gobernadora, dos princesas, dos ninfas y una condesa.[89] **María Regla Fajardo** del cabildo carabalí ugri[90] Nuestra Señora de las Ánimas, había heredado la casa de la sociedad. Pero esta casa había sido comprada con anterioridad por un cofrade, Juan Santo Domingo, por lo que el cabildo debía retribuirle el dinero de la compra. Santo Domingo pidió a María Regla Fajardo que le perdonara la deuda de la casa, pero su ruego fue en vano. Poco antes de estos sucesos, María Regla había propuesto como matrona del cabildo a **Inés de Flores**, pero su proposición no había sido aceptada por lo que María Regla había quedado disgustada con la sociedad. Vio entonces esta oportunidad para tomar venganza, pues no solo mantuvo su decisión de que Juan Santo Domingo pagara por la casa, sino que la cofradía tuvo que incurrir en un proceso judicial muy costoso. Al finalizar el pleito, María Regla continuó siendo dueña de la casa.[91]

Teresa Barreto pertenecía al cabildo San Agustín. En 1804 la casa del cabildo se encontraba en mal estado pero el capataz se oponía a hacerle arreglos. Para solucionar el asunto, el capataz propuso levantar una pared que dividía su cuarto del resto del edificio. El cabildo le negó esta opción por lo que Teresa, que era reina, envió obreros para que derrumbaran la casa. Cuentan que el capataz comentó entonces: «esta mujer se piensa que la finca es suya».[92] Teresa también guardaba la caja del cabildo, y cuando el capataz se negó a entregarle la llave, ella se dirigió a las autoridades para que lo obligaran a entregársela.

---

[89] María del Carmen Barcia: *Los ilustres apellidos negros en La Habana colonial*, Editorial de Ciencias Sociales, La Habana, 2009, p. 87.

[90] Procedentes de Nuevo Calabar, Nigeria. En Margarita Mejuto y Jesús Guanche: *La cultura popular tradicional, conceptos y términos básicos*, Consejo Nacional de Casas de Cultura, La Habana, 2008.

[91] Barcia: Ob. cit., p. 101.

[92] Ibídem.

La mujer tenía como deber custodiar los objetos del cabildo, aunque casi nunca poseía ninguna de las tres llaves del arca en donde se guardaba el dinero. Sin embargo, **María de Belén Álvarez**, reina del cabildo carabalí bogre[93] declaraba en 1829 que tenía a su cargo «el quitasol y los demás efectos anesos (sic) que son parte de la familia».[94]

Danzantes negros. Ilustración del libro *Cuba with Pen and Pencil*

Muchas mujeres llegaron a integrar los diferentes cabildos como es por ejemplo el de la congregación de los Sufragantes de las Benditas Almas del Purgatorio que estaba compuesto en un noventa por ciento por mujeres, entre ellas: Josefa Espíritu, María Guerra, María del Rosario Bevieres, Petrona del Rey, Luisa Herrera, Concha Calvo, Matilde Calvo, Felipa Caballero, Rosa Muñoz, Ramona Gotiza, Rudecinda del Castillo, Rosario Sibilo, Petrona Suazo, Cayetana Herrera y Catalina Pedroso junto con 84 mujeres más.

---

[93] Procedente de Nigeria. En *La Cultura Popular*, Ob. cit., p. 12
[94] Barcia: Ob. cit., p. 93.

Las comadronas o parteras negras
En los años que van de 1820 a 1845, la mayoría de las mujeres que servían como parteras o comadronas en La Habana eran de la raza negra. En 1828, el *Diario de La Habana* publicaba el aviso de que se iba a establecer la Academia de Parteras del Hospital de Mujeres de San Francisco de Paula, y enumeraba las condiciones necesarias para obtener el permiso o licencia. En julio de ese año, la Academia examinó a todas las que querían seguir siendo parteras, y entre las más conocidas estaban María del Rosario Navarrete, María de Regla Inufrio Valdés, Petrona del Pozo y **María del Pilar Poveda**. Esta última fue sin duda, la más destacada, no tanto por su experiencia profesional, sino por sus antecedentes políticos, ya que se vio involucrada en la Conspiración de La Escalera en 1844. Gabriel de la Concepción Valdés, *Plácido*, integraba esta conspiración y estaba casado con **María Gil Morales**, hija de María del Pilar Poveda.

Luego de haber investigado a María del Pilar y su participación en esta conspiración, las autoridades dictaron sentencia en Matanzas, el 10 de julio de 1844: «A la parda Pilar Poveda, un año al servicio del hospital de Paula en La Habana, con prohibición de volver a esta ciudad ni ejercer su profesión de comadrona, bajo pena de encierro perpetuo oficiándose la conveniente a las autoridades a quien corresponda esta particular, por cuanto está probado que en su casa se celebraban juntas que presidía su hijo político, el mulato Gabriel de la Concepción Valdés (a) Placido el Poeta, y madre de José Magdaleno Morales, uno de los cómplices de la conjuración relegado ya por los méritos de otro cuaderno; por cuyas circunstancias no podía Pilar Poveda ignorar el plan y sus ramificaciones, reputándola por tanto como abrigadora, cooperadora y en cierto modo fautora de este crimen y sus consecuencias, a que atribuye la opinión pública por su libertad en el modo de expresarse: el Concejo recela, con graves fundamentos, que esta mujer podría abusar de su oficio en daño de las madres y de los niños de la clase blanca en auxilio de cuyo nacimiento se le llamase; no haciendo mención de su marido, que como tal es jefe de la familia, porque es notorio que ella se había abrogado por sus relaciones, el gobierno de la casa, permaneciendo aquel con una autoridad muy pasiva».[95]

Cuando en 1845 terminó la condena, Pilar Poveda, residente entonces en La Habana, se dirigió al capitán general de la Isla pidiéndole la autorización para volver a ejercer su profesión en Matanzas pues vivía «en esta ciudad con una larga familia, compuesta de su marido anciano y achacoso, y de tres hijos de estado honesto que siempre subsistieron de su trabajo como tal comadrona».[96] Las autoridades accedieron a su petición.

Al fallecer María del Pilar el 15 de febrero de 1866, a la edad de noventa años, deja en herencia un solar en la calle Gelabert esquina a Isabel II, en Matanzas, valorado en $1,000.00.[97] Este dato es importante ya que la mujer de aquella época no tenía derecho a dejar propiedades en herencia, y mucho menos una mujer negra.

A pesar de las costumbres de la época y de la esclavitud, muchas mujeres de la raza negra lucharon por sus derechos en contra de la esclavitud y la discriminación de género.

Las conspiraciones

A principios del siglo XIX se palpaba el descontento de la población cubana hacia el régimen español. En septiembre de 1811 tanto en Camagüey como en otros lugares de la isla no cesaban las conversaciones y reuniones secretas en las que se hablaba sobre el cese de la esclavitud y las estrategias para derrocar a la corona española.

---

[95] J. Le Riverend: *La Habana: biografía de una provincia*, Imprenta El Siglo XX, La Habana, 1960.

[96] Pedro Deschamps Chapeaux: *El negro en la economía habanera del siglo XIX*, Unión de Escritores y Artistas de Cuba, La Habana, 1971, p.178.

[97] A. de las Barras: *La Habana a mediados del siglo XIX,* Imprenta de la Ciudad Lineal, Madrid, 1925.

La primera conspiración de orientación independentista republicana fue la Conspiración de Joaquín Infante (1810) también conocida como la Conspiración de Román de la Luz, dirigida por el habanero Román de la Luz Sánchez Silveyra, tío de José de la Luz y Caballero.[98] Junto a él también conspiraban el bayamés José Joaquín Infante, y Luis Francisco Bassave Cárdenas, de La Habana, todos criollos de familias acaudaladas. No se han encontrado datos de ninguna participación femenina en esta conspiración, lo cual no indica que no existiera.

Joaquín Infante y Silva, natural de Bayamo, había ideado un proyecto de constitución para Cuba, y conspiraba con un grupo de masones en lo que se llamó la Conspiración de Infante. Infante estaba casado con la cubana **Candelaria Rosell,** también de Bayamo, con quien había tenido dos hijos, Joaquín y Rosario Infante Rosell.

Joaquín conspira en Venezuela, es encarcelado y juzgado en Cuba; luego emigra a Colombia y a Estados Unidos, y participa en varias batallas en México. No se sabe dónde ni cuándo murió, como tampoco sabemos si Candelaria Rosell lo siguió en sus labores conspirativas por esos países. Sabemos que ya viuda, Candelaria fundó en Bayamo el colegio El Rosario que en 1855 era muy conocido, y el cual cerró sus puertas cuando el alzamiento de Bayamo y el comienzo de la Guerra en 1868.

En el dibujo, las torturas a los negros de las conspiraciones

---

[98] Maestro y escritor del siglo XIX, considerado formador de conciencias y de la nacionalidad cubana.

La Conspiración de Aponte. Surgió cuando los negros libres y los esclavos supieron que los diputados cubanos habían sido los responsables de que en Cádiz no se aprobara la abolición de la trata. Esto ocasionó que se llenaran de cólera y se organizaran en un movimiento de carácter nacional. La Conspiración de Aponte, dirigida por el general haitiano, Gil Narciso, tenía por objetivos abolir la esclavitud, eliminar el gobierno colonial español, suprimir la trata de esclavos, y establecer una sociedad igualitaria donde no existiera la discriminación. Integrada por blancos, negros y mulatos de todas las clases sociales, se extendió a La Habana, Remedios, Puerto Príncipe y Bayamo.

En Guanabo, poblado al este de La Habana, la sublevación estaba dirigida por el habanero José Antonio Aponte, hijo de **Mariana Poveda** y de Joaquín Aponte.

La historia señala a **María de la Luz Sánchez** como complicada en esta conspiración, quien permanece encarcelada por los españoles más de seis meses por actuar como propagandista en la zona del ingenio Peñas Altas en La Habana. Es muy probable que hubieran muchas más mujeres implicadas lo cual sería objeto de una investigación. Las redes de esta conspiración se expandieron a Sancti Spíritus, Trinidad, Camagüey, Bayamo, Holguín y Santiago de Cuba. Pero al descubrirse, Aponte y sus seguidores y algunos esclavos y negros libres del ingenio Peñas Altas, fueron ahorcados en La Habana, el 9 de abril de 1812.[99]

Logia de mujeres Estrella de Oriente. Por su secretismo y su misterio, las logias masónicas eran lugares ideales para reunirse y conspirar. Aunque estas asociaciones eran exclusivamente para hombres, existe un dato curioso de que existía en 1813 una logia de mujeres. El periodista y combatiente mambí Enrique Collazo escribe: «también hemos visto una carta de fundación de una logia de mujeres, La Estrella de Oriente [...]».[100] Esta logia fue fundada en Santiago de Cuba alrededor del 1810. ¿Con qué fines se reunían

---

[99] Ernesto Limia Díaz: *José Antonio Aponte: precursor de nuestra independencia*, Cubainformación, en http://www.cubainformacion.tv/index.php/cuba/historia/ 40737-jose-antonio-aponte-precursor-de-nuestra-independencia

[100] Enrique Collazo: *Cuba heroica*, Imprenta La Mercantil de Suárez, Solana y Cía., La Habana, 1912, p. 30.

estas mujeres? ¿Cuáles serían las tareas de la logia y quiénes pertenecían a ella? ¿Cómo pudieron fundar una logia las mujeres cuando no les estaba permitido establecer asociaciones? Es muy probable que desde La Estrella de Oriente las mujeres conspiraran junto a los hombres en contra del régimen colonial.

El poeta José María Heredia estaba afiliado a la logia masónica de los Caballeros Racionales,[101] desde la cual prestó sus servicios a la conspiración de los Rayos y Soles de Bolívar (1823), liderada por José Francisco Lemus. Cuando las autoridades españolas se percatan de las actividades de Heredia, lo mandan a apresar el 6 de noviembre de 1823, y «si la amistad más generosa y desinteresada» de la joven cubana Pepilla Arango, «no me hubiese dado la mano para salir de esa sentina de maldades» –escribe el poeta a su madre– «se abrió para mí un calabozo que aún me encerraría o ya habría visto salir mi cadáver».[102]

Pepilla Arango y Manano estaba emparentada con Francisco de Arango y Parreño por la rama de su padre, José de Arango y Castillo. Cuando Pepilla se entera de que el capitán general, Dionisio Vives, busca a Heredia, le brinda protección en el ingenio Los Molinos de La Marquesa viuda de Prado Ameno, propiedad de sus

---

[101] Ramiro Guerra: «Notas biográficas de José María Heredia», en http://www.cubaliteraria.com/autor/jose_maria_heredia/notas_biograficas_guerra.htm

[102] José Antonio Ponte Domínguez: *La mujer en la revolución de Cuba*, Imprenta Molina, La Habana, 1933.

padres, ubicado cerca de la ciudad de Matanzas.[103] La jovencita lo trata con el cariño de una amiga en la semana en que Heredia está allí escondido. Pepilla se convertiría en la «Emilia deliciosa» del poema de Heredia. Los recuerdos de la persecución, el encuentro con Pepilla, el exilio, el paisaje tropical de la isla y el invierno son temas que se entremezclan en ese poema. He aquí unas estrofas.[104]

> Desde el suelo fatal de su destierro
> Tu triste amigo, Emilia deliciosa,
> Te dirige su voz; su voz que un día
> En los campos de Cuba florecientes
> Virtud, amor y plácida esperanza
> Cantó felice, de tu bello labio[…]

> ¡Presto será que refulgente aurora
> de libertad sobre su puro cielo
> mire Cuba lucir! Tu amigo, Emilia,
> de hierro fiero y de venganza armado,
> a verte volverá, y en voz sublime
> entonará de triunfo el himno bello.

Cuánto no sufriría la madre de Heredia, **Mercedes Heredia Campuzano** (dominicana), primero por el asesinato de su marido en México en 1820, y después por su hijo José María que tras su conspiración en La Habana, se vio obligado al exilio en los Estados Unidos, y finalmente moriría de tuberculosis en México, el 7 de mayo de 1839. Martí hace mención de Heredia y su madre en el discurso del 30 de noviembre de 1889 en Hardman Hall, Nueva York: «[…] con la última luz en los ojos, el poeta que había tenido valor para todo menos para morir sin volver a ver a su madre y a sus palmas. Temblando salió de allí, del brazo de su amigo; al recobrar la libertad en el mar, reanimado con el beso de su madre. […]. Sus versos eran el orgullo y la religión de la casa. Su madre, para que no se los interrumpieran, acallaba los ruidos».[105]

---

[103] Victoria Caturla Bru: *La mujer en la independencia de América*, Jesús Montero, La Habana, 1945.

[104] *Obras poéticas de José María Heredia*, Imp. de Néstor Ponce de León, Nueva York, 1875.

[105] damisela.com/literatura/pais/cuba/autores/marti/discursos/1889_11_30.htm

Otra conspiración nacida dentro de las logias masónicas fue la de la Gran Legión del Águila Negra (1823) de Veracruz, México, que contó con el apoyo de varios cubanos que habían estado involucrados en la Conspiración de Soles y Rayos de Bolívar. En esta conspiración hubo al menos una mujer de la que ha dejado constancia la historia: **Isabel Rojo**, la amante del patriota José Machado. Cuando en 1825 Machado es perseguido al descubrirse los planes revolucionarios, Isabel Rojo lo ayuda a escapar, salvándole la vida. Sin embargo, algunos fueron apresados y condenados a la horca quedando frustrada la conspiración.

Conspiración de la Escalera. Como hemos visto, a partir de 1810, el pueblo se había hecho sentir con las frecuentes conspiraciones que habían estado ocurriendo en las plantaciones azucareras y en los cafetales, y después en las logias masónicas, y ya en 1843 estaban mucho más organizados. Hubo alzamientos en las dotaciones de los ingenios Alcancía, La Luisa, La Trinidad, Las Nieves, La Aurora, el cafetal Moscú y el potrero Ranchuelo. También ocurrió un motín de los esclavos que construían el ferrocarril que iba de Cárdenas a Bemba, y más tarde se sublevaron los esclavos de los ingenios Triunvirato y Acana.[106]

En el mes de enero de 1844 se descubrió una conspiración por la delación de la esclava **Polonia** de nación gangá,[107] y que fue conocida como la Conspiración de la Escalera porque se utilizaba una escalera para sujetar a los negros que en ella eran torturados. Los ataban por las muñecas y los tobillos de manera que no pudiesen esquivar los azotes que el mayoral les propinaba con un látigo de cuero.

Polonia había venido de niña para Cuba, ya que hablaba el idioma de sus amos, y se sabe que aún joven formaba parte del harén de Esteban Santa Cruz.[108] Ella decide delatar a su gente porque los esclavos iban a dar muerte a los dueños de los ingenios, entre ellos a los suyos. De esta forma Polonia se convirtió en negra libre y sus compañeros esclavos pagaron con la muerte o la prisión.

---

[106] María del Carmen Barcia Zequeira, Manuel Barcia Paz: «La conspiración de la escalera y el precio de una traición», en www.lajiribilla.co.cu/2001/n23.

[107] Tribus del interior de Liberia y Sierra Leona.

[108] María del Carmen Barcia Zequeira: Ibídem.

También recibió quinientos pesos como premio, cantidad considerable para aquella época.

Luego de haber sido apresado en Trinidad y acusado de participar en esta conspiración, el poeta Gabriel de la Concepción Valdés, *Plácido,* fue fusilado en Matanzas, el 28 de junio de 1844. El primer matrimonio de Gabriel fue con **Celia** (no se conoce el apellido). Luego en 1832 tuvo amores con una liberta de nombre **Fela** (Rafaela) quien muere en 1833 víctima de la epidemia de cólera.[109] Su segunda esposa fue **María Gil Morales Poveda** con la que había contraído matrimonio en Matanzas el 27 de noviembre de 1842, y que era hija de la comadrona **María del Pilar Poveda**, también involucrada en esta conspiración, y de la que ya hemos hablado anteriormente.[110]

El resultado de la represión fue terrible. La sección de la Comisión Militar Ejecutiva Permanente de Matanzas levantó causa a 3,076 personas. De ellas el 97 por ciento eran libres o esclavos de color, pero solo el 10 por ciento pertenecía a las plantaciones. Las horribles torturas elevaron a más de 300 la cifra de negros y mulatos que murieron durante los procesos. Fueron ejecutados 78 reos, 400 fueron desterrados y unos 600 condenados a largas penas de prisión, entre ellos 20 blancos. ¿Cuántos de estos condenados fueron mujeres? ¿cuántas murieron a consecuencia de los castigos? Resulta dudoso pensar que solo fueran hombres los complotados en la conspiración.

El 5 de noviembre de 1843 se produjo una rebelión en el ingenio Triunvirato de Matanzas[111] al mando del gangá[112] Manuel, y los lucumíes Felipe y Narciso así como la legendaria **negra Carlota,** también lucumí. En enero de 1844 se alzó la dotación completa quienes atacaron cinco haciendas vecinas, quemaron y destruyeron cañaverales; se enfrentaron a un enemigo mejor preparado y con una fuerza superior en hombres. Cuando llegaron a la última hacienda fueron alcanzados por una tropa de campesinos

---

[109] Afrocubanweb.com

[110] Ver página 74 en este capítulo. (N. de la A.)

[111] Felipe Suárez Ramos, compilador: *Diccionario enciclopédico de historia militar de Cuba*, primera parte, Ediciones Verde Olivo, La Habana, p 57.

[112] Gangá – perteneciente al grupo yoruba del oeste africano.

armados. La negra Carlota murió en el sangriento encuentro del ingenio San Rafael, donde se encontraba para respaldar la sublevación.

La conspiración de Agüero. Joaquín de Agüero se levantó en armas con un grupo de hombres el 4 de julio de 1851, en un lugar conocido como El Palenque o El Farallón, para luego dirigirse a Victoria de Las Tunas con el propósito de tomar por asalto a la población, acción que no se pudo llevar a cabo. Poco después fueron atacados por los españoles en la finca San Carlos de Melilla, y Agüero se refugió junto a otros patriotas en Punta de Ganado con el objetivo de abandonar el país. Pero el 23 de julio fueron capturados, y luego de ser llevado a un consejo de guerra, se decretó la pena de muerte para él y para sus compañeros: Zayas, Betancourt y Benavides.

La esposa de Agüero era **Ana Josefa de Agüero y Perdomo**, esposa de Joaquin de Agüero, quien nació en Victoria de Las Tunas el 6 de septiembre de 1818.[113] Ana Josefa y Joaquín, que eran primos, se casaron el 17 de enero de 1839. El matrimonio tuvo dos hijos, Miguel Ángel y Ana Josefa, quienes eran muy niños cuando Joaquín de Agüero toma el camino de la insurrección.

El gobierno español sospechaba de las actividades conspirativas de la pareja y comienzan a perseguirlos. Siguiendo los consejos de Gaspar Betancourt Cisneros, el matrimonio se marcha a los Estados Unidos en mayo de 1843, pero la nostalgia de la Patria los hace regresar a Cuba para continuar la lucha.

Un tiempo después, Augusto Arango nombra a Ana Josefa de Agüero agente del Comité Revolucionario de Puerto Príncipe, y con su ayuda y apoyo funda la Sociedad Libertadora de Puerto Príncipe. Esta sociedad estaba compuesta por un grupo de patriotas camagüeyanas que

---

[113] Ana Josefa de Agüero, EcuRed, www.ecured.cu/index.php/ Ana_Josefa_ Agüero.

comienzan a conspirar contra el gobierno español, y adquieren una imprenta para llenar la provincia de panfletos revolucionarios. Ana Josefa, junto con un grupo de valientes mujeres se reúnen con frecuencia en su hogar para preparar hila y vendas para los heridos, confeccionar banderas y coser escarapelas[114] cubanas, así como para donar sus joyas y así recaudar fondos para la revolución.

Cuando Joaquín se va del hogar para alzarse en El Palenque, Ana Josefa le dice: «Ve, cumple con tu deber, y que cuando vuelvas a abrazarme, seas un hombre libre».

Joaquín de Agüero

Hay una historia en torno a la figura de Ana Josefa Agüero que cuenta que ella había pedido a las mujeres de Camagüey que ordenaran misas diarias por el triunfo de la rebelión. Además, Ana Josefa quería que la bandera que le iba a enviar al esposo, confeccionada por Martina Pierra, fuera bendecida por un sacerdote. Pero, ¿cómo lograr esto sin que nadie lo supiera? Ana la escondió detrás de un cuadro en la iglesia, y así mientras el sacerdote oficiaba la misa, la bandera quedaría bendecida. También se dice que Ana confió el plan de su marido a su director espiritual durante una confesión. Aparentemente el sacerdote en cuestión no guardó el secreto de confesión, o tal vez fue alguna de sus compañeras la que habló demasiado. Las autoridades se enteran y los presbíteros de la Caridad y La Candelaria, Francisco Norniella y Manuel Borrero, fueron instruidos a que buscaran la bandera detrás de imágenes y cuadros pero no la encontraron.

---

[114] Símbolo nacional que consiste de un rosetón de tela superpuesto a un lazo en forma de V invertida, cuyos extremos exceden el diámetro del rosetón. La cinta con que se elabora debe tener los mismos colores que la bandera nacional del país que representa.

La conspiración falló, y Agüero y sus compañeros fueron aprehendidos y condenados a morir. Decididas las principales damas de Camagüey a agotar todos los recursos para lograr que se les conmutara la pena, el 5 de agosto rogaron el indulto ante el general Lemery portando un estandarte con la imagen de la Reina de España como intercesora. Al enterarse Agüero de esto comentó: «esa presentación es inútil y humillante, y por nada del mundo deben humillarse las matronas del Camagüey que son gloria y orgullo de mi patria. Desengáñense: las lágrimas no pueden romper las cadenas; al hierro solo lo rompe el hierro».

El día de la ejecución fue un día triste para la ciudad de Puerto Príncipe. Se oían pocas orquestas sonar; las bandas militares no ofrecían retretas, y de vez en cuando se escuchaban las notas de algún piano interpretando por primera vez la danza *La sombra de Agüero* compuesta por el músico camagüeyano Vicente de la Rosa. Como no se podía añadir el nombre de Agüero al título de la pieza todos la llamaban *La sombra*, y la tocaban como un homenaje póstumo.[115]

La ejecución se realizó, y el desaliento llegó a todos. Los hombres no se atrevían a manifestar sus opiniones. Las mujeres, sin embargo, dieron muestra de civismo y, en señal de duelo, se cortaron el cabello. Aunque no parezca mucho, este hecho se consideraba audaz en aquella época, y una de las pocas acciones colectivas que las mujeres cubanas podían tomar en contra del poder colonial. En las provincias orientales se popularizó la siguiente copla.[116]

> Aquella camagüeyana,
> Que no se cortase el pelo
> No es digna que en este suelo
> La miremos como hermana.

---

[115] Zoila Lapique Becali: *Cuba colonial, música, compositores e intérpretes*, Editorial Letras Cubanas, La Habana, 2008, p. 167.

[116] Angelina Edreira de Caballero: «Contribución de las mujeres cubanas a nuestras luchas emancipadoras», *Bohemia*, sección 3, La Habana, 25 de noviembre de 1928, p. 6.

Toda la ciudad de Camagüey guardó luto, y para protestar el martirio de estos patriotas se sembraron cuatro palmas en la plaza pública de Puerto Príncipe mientras que las principales familias se retiraban al campo en señal de duelo. Según el historiador Francisco Ponte Domínguez[117] esto de cortarse las guedejas ya había ocurrido en 1807, antes de que se fijara el primer pasquín separatista en el palacio de la ciudad de Tínima en 1809. Por eso, Ponte Domínguez afirma que fueron las mujeres las primeras en significarse y demostrar sus ansias de libertad.

Carlos Visear y Manuel de Agüero entregaron a la sobrina predilecta de Joaquín de Agüero, **María de los Ángeles Piloña y Agüero**, el pañuelo de seda azul y blanco que sirviera para vendar los ojos del héroe en el momento de la ejecución y que para siempre quedó teñido de su sangre.[118] El pañuelo se conservó en el Liceo de Camagüey, descolorido pero con muchas manchas de sangre, y hoy se aprecia en el Museo Agramonte.[119]

Pero este no fue el único homenaje que recibieron los fusilados: el músico Nicolás González compuso la danza *Los lamentos*, que según el subtítulo estaba dedicada «a la memoria del mártir Joaquín de Agüero». Esta obra la interpretó al piano la artista de la localidad, **Luisa Porro y Muñoz**, como un lamento de sus compatriotas consternados por los fusilamientos.[120]

No sabemos si en realidad el sacerdote divulgó el secreto de confesión que le había confiado Ana Josefa, o si fue por delación. Como se sabe, la mayor parte del clero católico y los sacerdotes en cuestión eran españoles, apoyaban al gobierno colonial, y estaban en contra de la independencia. Por lo tanto, no es raro que este relato resulte verdadero, aunque no se han encontrado documentos que validen la historia.

---

[117] Conferencia dictada por José Ponte Domínguez el 8 de febrero de 1932 en los salones de la Sociedad Lyceum de La Habana.

[118] Miguel Ángel Rivas Agüero: *Joaquín de Agüero y sus compañeros*, Museo Ignacio Agramonte, Biblioteca Anexa Isabel E. Betancourt, La Habana, 1951.

[119] Tirso Clemente: *Ignacio Agramonte: estudiante y jurista*, Universidad de La Habana, 1975, p. 35.

[120] Tirso Clemente: Ibídem.

Muerto Joaquín de Agüero, Ana Josefa cayó sin sentido y así permaneció durante dos días. Cuentan que al volver en sí la joven había encanecido repentinamente y se había convertido en una anciana. Poco después de que sus bienes fueran confiscados tuvo que partir poco después al exilio en Nueva York. Allí siguió luchando por la libertad de Cuba, vivió en extrema pobreza mientras trabajaba para mantener y educar a sus hijos. Siempre repetía la frase de su esposo en la víspera de su fusilamiento, «Y ese pueblo ¿qué hace?». Ana Josefa murió a los 48 años en Nueva York, el 25 de diciembre de 1868, poco después del comienzo de la Guerra de los Diez Años.

Luisa Teresa Aymerich y Duque de Estrada resultó afectada por los sucesos de la conspiración de Agüero. Era la esposa de uno de los compañeros de sentencia y martirio de Joaquín de Agüero: Miguel Ángel Benavides. Luisa Teresa y Miguel Ángel se habían casado en 1849. Con el fusilamiento de Benavides quedaba destruido un hogar recién fundado.

También vinculada a este triste capítulo estuvo **Martina de Pierra y Agüero** quien descendía de una familia ilustre de Camagüey. Había nacido en Puerto Príncipe, el 8 de febrero de 1833. Su padre fue el español Simón Joseph de Pierra y Ruiz del Canto, y su madre una cubana revolucionaria, **María Francisca del Rosario Agüero y Arteaga**,[121] emparentada con el patriota Joaquín de Agüero.

En la foto Martina Pierra y Agüero

Martina Pierra había contraído matrimonio en los campos de la revolución con José Antonio María de Agüero y Duque de Estrada también de Puerto Príncipe, el primero de julio de 1851, y de la unión nació una hija, Consuelo Agüero y Pierra. Pero, José An-

---

[121] Aurelio Isamat: «Doña Martina de Pierra», Florilegio, *La Musoteca*, Barcelona, www.musoteca.com

tonio fallece el 13 de julio de 1871 a consecuencia de las heridas recibidas esa misma tarde en el combate de la hacienda San Carlos.

La muerte del esposo no amilana a Martina, quien mantiene su condición de revolucionaria, continua trabajando en la confección de banderas, entre otras labores, junto a otras amigas. Su hermano Adolfo, que formó parte de la conspiración de Agüero, recuerda: «Las mujeres se apresuraron a ayudar a los rebeldes. Reunidas en secreto en casa de Ana Josefa de Agüero, confeccionaban banderas y vendajes para los soldados heridos».[122]

Martina cosió la bandera que Joaquín de Agüero llevaría el día del alzamiento. A la bandera la acompaña un soneto compuesto por Martina escrito de su puño y letra, y que Ana Josefa envía al esposo a la manigua. El soneto dice así:

A los camagüeyanos, al entregarles la bandera[123]

De libertad sublime y glorioso,
El pendón recibid, camagüeyanos;
Con entusiasmo desplegadlo ufanos,
Que ha llegado el momento venturoso.

Hacedlo que tremole siempre hermoso
En vuestras firmes y valientes manos,
Y el que ostentan los déspotas hispanos
Destruid con su influjo portentoso.

Valientes, combatid, mientras al cielo
Una plegaria alzamos fervorosa
Para que Dios nos dé pronto el consuelo
De libre ver a nuestra Patria hermosa.

Combatid, combatid, que la victoria
Risueña os muestra el campo de la gloria.

La carta, el soneto, la bandera y los mensajeros, que eran los hermanos de Martina, cayeron en manos de los españoles. El gobierno colonial no podía perdonarle a Martina Pierra que le hubiera

---

[122] Teresa Prado Torreiras: *Rebel Women in Nineteenth Century Cuba,* University Press of Florida, Gainesville, 2005, p. 43.
[123] Isamat: Ob. cit.

enviado a Joaquín de Agüero una bandera por medio de su hermano Adolfo para que la enarbolara en la hacienda El Jucaral. Los hermanos de Martina, Adolfo y Esteban Pierra, por ser menores de edad fueron conducidos en coche cerrado al domicilio de sus padres en Puerto Príncipe, salvándolos de un juicio militar. El populacho, enemigo de los padres, pidió el arresto de Martina y que ella fuera sentenciada al destierro fuera de Cuba. Pero la pena fue conmutada por la de destierro fuera de la provincia.

Luego de ser ejecutado Joaquín de Agüero, apareció en su sepulcro un epitafio anónimo, y muchos pensaron que la autora había sido Martina Pierra. El epitafio reza así:

>Víctima infausta de un amor sincero
>Sentido por el hombre y por la gloria,
>Aquí reposa Don Joaquín de Agüero
>Su nombre guarda la cubana historia.
>Su muerte llora el Camagüey entero.

En diciembre de 1859, Martina se estableció en La Habana en casa de un pariente de su padre. Comenzó entonces a significarse como poetisa patriótica y debutó como actriz dramática en el Liceo Artístico y Literario de La Habana. Se casó por segunda vez, en abril de 1861 con José de Poo que era miembro de la Junta de Educación.

En 1867, Martina Pierra sostiene la *Crónica del Liceo* junto con **Angelina Agramonte de Primelles** y otras señoras camagüeyanas. Trabaja en el *Fígaro, La Familia, Brisas de Cuba, Cuba y América* y otras publicaciones literarias de la época. Durante la Guerra del 1868 se exila en Nueva York y en 1879 regresa a Cuba. Pero Martina continúa sus actividades en favor de la independencia junto con sus hijos, por lo que tienen que enfrentarse al odio de los fanáticos. Su esposo, el comandante de Poo, ya retirado, sufre un atentado cuando arrojan una bomba contra su palco en el Teatro Irioja, la noche del 20 de febrero de 1898 que le causa graves heridas y fallece tres días después. Martina sufre una gran depresión y casi no escribe. Solo lo hace de nuevo en 1899 para saludar a Máximo Gómez al llegar la independencia. Escribió también un poema, «Vuelvo a Vivir» (1895), dedicado a su gran amiga, Lola Rodríguez de Tió, en la que al final expresa su alegría de sentir que la libertad se acerca:

> ¡Y es que contemplo, de emoción latente,
> Que brilla al fin sobre la patria mía
> El sol de libertad, por el Oriente!

Faltándole el ánimo, el 31 de mayo de 1900 fallece en su domicilio de la calle Amistad número 70 en La Habana, y luego de celebrarse las exequias en la Iglesia de Monserrate, es enterrada en el Cementerio de Colón el 1 de junio.

Martina Pierra amó mucho a su país, y así lo expresó en la última estrofa de su poema La Habana y el Camagüey:

> Y solo pido al cielo que cuando yo sucumba,
> a ellos (los hijos) pueda darles mi santa bendición
> y a ti, mi hermosa Habana, te ruego que mi tumba
> encierre para siempre tu fúnebre panteón.

Para completar los sucesos relacionados con la muerte de Joaquín de Agüero, queda la historia que sigue. A causa del clima político existente en Puerto Príncipe luego del fusilamiento de Agüero, un desterrado de Camagüey, Manuel de Jesús Arango Ramírez, iba a bordo de un buque español hacia España. De este viaje Arango dejó un interesante diario en donde aparecen citadas **Inés Arango y las hermanas Owen**, compañeras de viaje. El día 23 de junio de 1851, Arango recuerda en su diario: «En la tarde, Inés y las Owen cantaron varias canciones, hasta el himno de Riego: yo estaba en mi camarote i desde allí hacía tristes reflexiones: en Cuba hubiera sido un delito ese canto, que le valdría al cantor un destierro; y se entonaba por cubanas, en un banquete español, así que se ha alejado de su tierra, ¡Cuba infeliz! Cuba, ¿hasta cuándo durará tu opresión?».

Este era el canto[124] de las muchachas en el barco:

> De mi patria tan solo me resta
> Un recuerdo carísimo y triste,
> Un recuerdo de amor en que existe
> Mi azaroso i cansado vivir.
> Es la patria un amor sacrosanto,
> Que se siente y no puede explicarse:
>
> Lejos de ella no puede gozarse
> ¡Oh!, no hay dicha; se llora y no más…
> Más esfuerza que en clima extranjero,
> Me dedique a ser libre, a ser hombre,
> Libertad, libertad, dulce nombre,
> Por ti pierdo mi patria y mi amor.

Conspiración de 1851. José Isidoro de Armenteros era teniente coronel de milicia y había estado involucrado junto a Narciso López en algunas conspiraciones. Un día, salió de Cienfuegos llevando consigo a su familia. En su camino hacia La Habana para organizar el alzamiento, deja en Trinidad a su esposa **Micaela del Rey,** y a sus hijos. Pronto, se descubre el proyecto de Armenteros y Fernando Hernández Echerri y otros jóvenes comprometidos con Armenteros en el alzamiento son encarcelados. Ocho días después Armenteros es procesado, juzgado y fusilado por la espalda. ¿Qué fue de su esposa e hijos? ¿quizás serían deportados?

La madre de Fernando Hernández Echerri era la trinitaria **Elena Echerri,** una madre aguerrida, que había consagrado su vida a la educación de su hijo. Cuando Hernández Echerri se hallaba en capilla, la madre, angustiada pero a la vez decidida, teme que si lo visita en la cárcel su presencia emocione al joven que va a perder la vida. Entonces, Elena manda al guardia a preguntarle al hijo si desea o si teme verla por última vez, a lo que el hijo responde:

---

[124] Zoila Lapique Becali: *Cuba colonial, música, compositores e intérpretes, 1570-1902*, Editorial Letras Cubanas, La Habana, 2008, p. 167.

«Díganle que ya tarda en venir». Cuentan los historiadores que Elena salió «altiva y airosa» de la capilla.

Antiguo escudo de Trinidad del 1822[125]

Carlota Mora y González contrajo matrimonio en 1841 con el patriota Domingo Goicuría. Vivían desahogadamente y habían tenido una larga familia, pero Goicuría era un revolucionario innato, y conociendo que Narciso López necesitaba dinero para poder preparar una expedición, reúne diez y nueve mil pesos entre él y sus familiares, y se los envía a López para que con esa cantidad López pudiera desembarcar meses después en Cárdenas.

En vano Carlota le suplicaba al esposo que abandonara las ideas bélicas y se consagrara a su hogar y a sus hijos, pero todo fue inútil Goicuría logra escapar a bordo de un pequeño vapor, llega a Inglaterra, y de allí pasa a los Estados Unidos donde fija su residencia y comienza a conspirar.

En 1851, Juan Bellido de Luna y Carlos Arteaga traen a una reunión de la Junta en Nueva York, una preciosa bandera que regalaban las señoras **Carlota Mora de Goicuría,** esposa de Domingo Goicuría, y **Julia Echarte de Valiente.**[126] Presentes en la reunión estaban algunos involucrados en la lucha, entre ellos Goicuría, Betancourt Cisneros, Octavio Duany y otros. Al enterarse el gobierno español de que Goicuría forma parte de la Junta Revolucionaria en Nueva York, le confisca todos sus bienes y Carlota es condenada a residir en España y a pagar las costas procesales del

---

[125] Maikel Arista Salado: *Los escudos cívicos de Cuba,* Saarbrucken Publicia, 2013. El escudo tiene una planta de jigüe, la bahía, dos cañones, el altar para la misa con la cruz latina encima que simboliza la fundación de la ciudad. Las banderas fueron arrebatadas a los británicos durante la defensa de la ciudad. Data de 1822.

[126] Enrique Collazo: *Cuba heroica,* Imprenta La Mercantil de Suárez, Solana y Cía., 1912, p. 76.

enjuiciamiento de su marido. Carlota logra burlar la orden y va a residir a Estados Unidos.

En 1868, Goicuría se entera del levantamiento de Céspedes y siente la necesidad de ir inmediatamente a luchar con él. Conspira y prepara expediciones, busca fondos en México, regresa Cuba y luego es apresado por los españoles y ejecutado. Entre las cartas de Goicuría a su esposa se encuentra esta que le escribe al desembarcar en Nurse Key, creyendo que es tierra cubana: «Ya piso a Cuba libre. Se cumplieron mis juramentos patrióticos. ¡Cómo podría explicarte lo que siente mi corazón! Nunca tuve este sentimiento antes más que otra vez en mi vida, y fue cuando por primera ocasión te estreché entre mis brazos…». Pobre mujer. Carlota vivió toda su vida en una zozobra sin saber de su marido y pensando que moriría en cualquier momento, como fue lo que al final sucedió. Poco antes de morir Goicuría le escribe a Carlota y le dice: «Consuélate que tu hijo, igual que yo, ha muerto sin la mancha de la cobardía».

Después del cese de la dominación española, la hija de Goicuría, **Amalia Goicuría**, entonces residente en París, encomendó al doctor Federico Mora que el lugar de la muerte de su padre fuera señalado con una sencilla cruz, respetando los deseos de este.

Julia Echarte y Gómez, esposa del patriota Porfirio Valiente y de las Cuevas, nació en La Habana en 1827 y casó con Valiente el 22 de diciembre de 1848. El matrimonio tuvo dos hijos: Irene y Juan Ignacio.[127]

---

[127] Porfirio se había casado en primeras nupcias con Margarita Duany y Valiente en 1831 en Santiago de Cuba. Margarita falleció antes de 1848. (N. de la A.)

Al igual que Carlota Mora, Julia Echarte fue condenada a residir en España en 1853. Pero sabemos que tanto Julia como Carlota logran burlar la orden y van a residir a Nueva York para luego formar parte de la Junta Revolucionaria en esa ciudad. Porfirio Valiente murió en Jamaica en 1870.

En 1852, involucrados en una revuelta también están las camagüeyanas **Luisa Castillo y su madre Ángela Guerra**, quienes son hechas prisioneras por haberlas sorprendido bordando banderas para el día del levantamiento.

Otras conspiraciones que surgen en estas décadas son: en 1847, la conspiración de La Mina de la Rosa Cubana de carácter anexionista, liderada por Narciso López, de la que no tenemos noticia que haya conspirado ninguna mujer. Luego está la conspiración de Vuelta Abajo, que dirige el Conde de Pozos Dulces, Francisco de Frías en 1852. La hermana de Frías era **María de los Dolores Frías Jacott** que por entonces estaba casada con Narciso López, y de la que comentaremos más adelante.[128]

Bandera de la Conspiración de la Mina de la Rosa Cubana.

En 1855 surge la conspiración de Ramón Pintó, en la que figuró la habanera **Rita Balbín**. Se cree que Rita y Ramón tuvieron una hija que se llamó Irene Pintó. Rita Balbín también había participado en la conspiración del Ave María.

Pintó y Estrampes, otro líder de la conspiración, fueron denunciados por un traidor y ejecutados el 22 de marzo de 1855. Rita Balbín fue encarcelada pero recobró la libertad el 14 de julio del mismo año. No intimidada por el escarmiento de Pintó, Rita

---

[128] En 1846, residía en Trinidad la madre de Narciso López, Doña Paula de Uriola con su sobrina Rosa Salicrup.

decidió continuar luchando y planeó un levantamiento, pero tratando de escapar en una persecución, perdió la vida en su finca. Enrique Collazo en su obra *Cuba heroica*, nos dice que Rita «por cuenta propia había emprendido otro trabajo (de levantamiento), pero abandonada por sus compañeros, muere despechada y triste».[129]

La mujer cubana se señalaba y tomaba conciencia política lo que provocó que poco a poco se fueran diferenciando las cubanas de las españolas.

¿La primera mártir de nuestra independencia?

La matancera **Marina Manresa** era una mujer esbelta y atractiva, de carácter fuerte e impetuoso. Su amante, Miguel Lara Acosta estaba complicado en un alzamiento que debía ocurrir en el valle de Yumurí en 1850 para secundar los esfuerzos de Narciso López.

Un día Marina se presentó ante cien conspiradores entre los que se encontraba su novio Miguel. Marina se le acercó y retándolo le dijo: «Vengo a morir contigo; ¡no me prives de tan dulce muerte! El sepulcro de la patria es la gloria eterna». En su obra *Cuba heroica*,[130] Enrique Collazo relata: «En Matanzas, desde la supresión de la Sociedad Filarmónica, se habían prohibido las diversiones y bailes, pero se toleraban en los arrabales y suburbios los guateques al son del órgano, la flauta, el violín y la guitarra, para los cuales nunca faltaba gente alegre y dispuesta. En una de esas calles entre música y alegría, se celebraba un bautizo; había risas y cantos […]». Y sigue diciendo: «A la puerta de la casa inmediata y ocupando la calle se aglomeraba una masa de pueblo que venía a oír a un hombre que subido sobre una mesa, lo arengaba pintando con negros colores los siniestros planes que según decía, pensaban desarrollar los sicarios del gobierno. Rompiendo por entre el gentío que obstruía la calle, se encuadró en la puerta una mujer joven, gallarda, bien formada, de ojos grandes y negros,

---

[129] Collazo: Ob. cit., p. 80.
[130] Collazo: Ob. cit., pp. 55-56.

presentando su cara un conjunto bello, atrayente y seductor, quien con su voz vibrante interrumpe al orador y con desenvoltura y facilidad se dirige al auditorio en esta forma: "Pues si es verdad que esta noche van a prender a muchos cubanos y a violar las doncellas, como dice este hombre que está hablando, y a matar gente como en el matadero y los hombres lo consienten, que nos den los calzones y se pongan las sayas". Una voz ronca y fuerte salió del tumulto: "No deshonres tu casta, Marina, que antes nos tienen que hacer picadillo". Era el mayoral del ingenio, Juan Manuel Alfonso conocido como *Tormenta*. La mujer, Marina Manresa. Las palabras de Marina levantaron el espíritu de sus oyentes...».

Nada ni nadie pudo convencer a aquella singular mujer del gran peligro que corría. Se mantuvo firme; se fue al combate y cuando los patriotas fueron atacados por los españoles y fracasaron en el intento, en el campo de batalla quedaron dos cadáveres: el de Juan Manuel Alfonso, y el de Marina Manresa, quizás la primera cubana sacrificada en aras del ideal independentista. Era el 8 de octubre de 1850. Poco antes de morir, Marina había exclamado: «¡Yo también cumpliré el deber que he jurado a mi patria y a mi amante!».[131]

Es muy probable que hubiera habido muchas más mujeres que ofrecieron su apoyo a los conspiradores en la década anterior a la Guerra del 68, y que tal vez Marina Manresa no fuera la única ni la primera mártir por la independencia. Es, sin embargo, el primer caso que hay documentado hasta el momento.

Emilia Teurbe Tolón y Otero y la bandera cubana

> Galano pabellón, emblema santo
> De gloria y libertad, enseña y guía
> Que de Cuba en los campos algún día
> Saludado serás con libre canto
>
> *Miguel Teurbe Tolón*

---

[131] Collazo: Ob. cit., p. 57.

Foto de Emilia Teurbe Tolón en 1863

En 1849, Narciso López había diseñado la primera bandera para Cuba Libre. Esta bandera sería confeccionada en Nueva York por la matancera Emilia Teurbe Tolón. Emilia nació el 9 de enero de 1828, hija de Ignacio Francisco Teurbe Tolón, y de María de los Dolores Otero y González de la Barrera. Cuando contrae matrimonio con su primo Miguel, en la Iglesia Parroquial de Matanzas, el 10 de enero de 1844, contaba 16 años. Miguel Teurbe Tolón, había nacido también en Matanzas en 1820, y era un hombre culto, que hablaba varios idiomas y tenía ideas anexionistas.

Miguel participa en 1848 en la conspiración de la Mina de la Rosa Cubana, y al fracasar esta, tiene que huir a los Estados Unidos mientras que Emilia permanece en Matanzas cuidando de su madre que está enferma. En Nueva York Miguel asume la secretaría de la Junta Cubana Anexionista, mientras en Cuba Emilia ayuda a distribuir ejemplares de los periódicos *La Verdad*, *Patria* y *El Siglo*, los cuales se editaban en el extranjero. Pero cuando el 3 de marzo de 1849 las autoridades españolas registraron la casa de Emilia y encontraron una carta de Miguel en la que le informaba a Emilia aspectos de la conspiración en la que él estaba implicado, el gobierno español confirma los vínculos de Emilia con la conspiración. Por intercambiar correspondencia con Teurbe

Tolón y con Juan Manuel Macías, el gobierno condena a Emilia a diez años de presidio fuera de Cuba. Pero el 21 de marzo de 1850 el capitán Federico Roncali expulsa a Emilia de Cuba, y el 12 de abril llega a Nueva York.

En una de las reuniones que los cubanos llevaban a cabo con regularidad en casa de los Teurbe Tolón en Nueva York, Narciso López le pide a Emilia que borde la bandera a partir del dibujo que había hecho su esposo Miguel un año antes. Presente en aquella histórica reunión estaba Cirilo Villaverde, quien relata lo sucedido: «el que esto escribe fue testigo ocular de lo ocurrido en la sala del fondo de una casa de huéspedes de la calle Warren en los primeros días de junio de 1849. Allí vivía Tolón y allí concurríamos casi todos los desterrados de entonces. [...] la grácil y activa dama, entusiasta y filibustera como su marido y sus compatriotas, hizo la bandera con cintas de seda blancas y azules y con un retazo de tela roja. La estrella también era de seda y tenía un ribete del mismo género, blanco y trenzado. El azul era muy fuerte, lo mismo que el rojo. Medía 18 pulgadas de largo y 11 y media de ancho; cada lado del triángulo 11 pulgadas y de una punta de la estrella a la opuesta, tres pulgadas».[132] Fue así como Emilia se convirtió en la primera persona que confeccionó la que luego sería la enseña nacional de Cuba.

La bandera que acompañó a Narciso López y que iba izada en el mástil del *Creole* cuando la toma de Cárdenas, el 19 de mayo de 1850, fue elaborada en Nueva Orleans por un grupo de señoras y señoritas cubanas y americanas admiradoras de López, que a partir de la que había realizado Emilia, hicieron muchas más para repartir en Cuba.[133] Luego de la captura y muerte de Narciso López y el fracaso de las expediciones, Emilia Teurbe Tolón y su esposo siguieron luchando por la independencia fuera de su patria.

---

[132] La descripción del hecho fue publicada por Cirilo Villaverde en *La Revolución de Cuba*, Nueva York, el 15 de febrero de 1873. (N. de la A.)

[133] Carlos Ripoll: *Escritos cubanos de historia política y literatura*, Editorial Dos Ríos, Nueva York, 1998, p. 94.

En octubre de 1854 el matrimonio Tolón llegaba a su fin. Emilia se divorciaba de Miguel y contraía matrimonio con el Dr. Juan Luis Rey D'Perrault en el estado de Georgia, en los Estados Unidos. Poco tiempo después, aceptando un indulto del gobierno español, Emilia regresa a Cuba junto con su nuevo esposo y se radican en La Habana.

En 1875 fallece Rey D'Perrault. Diez años más tarde, entre 1885 y 1888, Emilia se casa por tercera vez, en esta oportunidad con el camagüeyano Juan de Dios Estrada y Campanioni, de Ciego de Ávila. A finales de esa década el matrimonio se muda para Madrid y Estrada posteriormente fallece en Alicante.

A pesar de Cuba obtener su libertad, Emilia no regresó ya más a la Isla, y muere en Madrid el 22 de agosto de 1902. A la investigadora cubana Clara Enma Chávez Álvarez, biógrafa de la patriota, le debemos que influyera en la investigación y descubrimiento de los restos de Emilia en España. Luego de buscar en 22 cementerios de la capital española, y chequear registros y documentos antiguos, el Sr. Ernesto Martínez Pérez encontró la sepultura en el cementerio de Nuestra Señora de La Almudena de Madrid.[134] «Encontrar la sepultura en la zona antigua fue otra historia,» dice Martínez Pérez. «Tuvimos que ir limpiando cada lápida hasta ver si aparecía el nombre, entre más de 200 de ellas, y nada». En eso vio algunas letras apenas visibles –TEUR– «y me dije: ¡Aquí está!», sigue diciendo Martínez. La lápida decía: «La Señora Da. Emilia Teurbe Tolón falleció el 23 de agosto de 1902 – R.I.P. - A su Memoria la Sociedad Económica de Amigos del País de La Habana, 1908».

---

[134] Clara Emma Chávez Álvarez: *Hacedora de la bandera cubana, Emilia Margarita Teurbe Tolón y Otero*, Ediciones Boloña, Colección Raíces, La Habana, 2011.

Los restos fueron exhumados el 18 de marzo de 2010 para luego ser trasladados a Cuba. Habían pasado nada menos que 108 años desde su fallecimiento. En 1950, durante las celebraciones del Centenario de la Bandera, la República de Cuba designó a Emilia Teurbe Tolón como «Encarnación de la Mujer Cubana». Lo que es asombroso es que sus restos no fueran trasladados para su país hasta el 2010, mas de cien años luego de su muerte. El 12 de agosto de 2010 fue enterrada definitivamente, con todos los honores, en el Cementerio de Colón de La Habana.

El modelo de bandera hecho por Emilia fue el seleccionado por la Cámara de Representantes de la República en Armas, el 11 de abril de 1896, para el establecimiento de la República el 20 mayo de 1902. Esa fue la bandera que izó el general Máximo Gómez en el Morro de La Habana y también en el Palacio de los Capitanes Generales, quedando reconocida como la insignia de la nueva nación.[135]

La bandera original bordada por Emilia quedó en poder de Cirilo Villaverde, quien al morir la dejó a su hijo Narciso Villaverde. En 1942, Narciso la donó al Fondo Cubano Americano de Socorro de los Aliados, institución fundada para cooperar en la lucha contra el nazismo durante la Segunda Guerra Mundial. Dos años después fue entregada al Palacio Presidencial donde, hasta el triunfo de la Revolución permaneció en el Salón de los Embajadores. Actualmente se conserva en el Museo de Historia de La Habana.

Los historiadores[136] afirman que Emilia Teurbe Tolón fue la primera cubana deportada de la guerra por su labor en pro de la libertad. No solo confeccionó en el exilio la primera bandera cubana, sino que tambien legó sus bienes durante la República a la Sociedad Económica de Amigos del País en beneficio de la enseñanza gratuita.

---

[135] Margarita Alejandre Khuly: «10 de Octubre», *The Miami Herald*, sección 4b, 10 de octubre de 1977.

[136] Entre ellos Francisco Ponte Dominguez, *La mujer en la revolución de Cuba*, Imprenta Molina, La Habana, 1933.

Cuando Joaquín de Agüero se alzó en Camagüey llevaba una copia de la bandera que le había preparado su esposa Ana Josefa. Y fueron también manos de mujer las que hicieron las banderas que luego sacaron por las calles de Santiago de Cuba cuando se protestó por la ejecución de Narciso López, el 19 de noviembre de 1851.

Sello postal conmemorando el centenario de la bandera cubana

Muchas banderas que habían hecho las mujeres cubanas quedaron enterradas en jardines y en los campos. Una de ellas permaneció escondida en casa de Gaspar Betancourt Cisneros que luego se llevó de muestra a la Asamblea de Guáimaro en 1869.

Hubo otra bandera, la de **Candelaria Acosta,** diseñada por Carlos Manuel de Céspedes, y que se confeccionó copiando el diseño de la de Chile, pero con los colores invertidos. También están las banderas confeccionadas por **Candelaria Figueredo y Felicia Marcé.** Hablaremos de estas tres banderas en el capítulo 3 de esta obra.

De familia criolla ilustre era **María de los Dolores Frías y Jacott,** hermana de Francisco Frías, conde de Pozos Dulces. María de los Dolores estuvo unida a dos hombres importantes en la historia de Cuba: Narciso López y José Antonio Saco. Dolores había nacido en Londres en 1830 y se había casado en primeras nupcias en La Habana con el patriota venezolano Narciso López, el 17 de mayo de 1825 en la iglesia parroquial de Guadalupe (hoy La Caridad). Los padrinos del enlace fueron la madre de Dolores, Bernarda Jacott, y el padrino fue el compañero de armas de López, Francisco Tomás Morales.[137]

Luego, el matrimonio se embarca para España donde nace el único hijo, Narciso López Frías. Pero, López no se ocupa de su familia en España y cuando regresa a ese país a finales de 1836 se encuentra su hogar deshecho. «Su hijo, niño de cortos años y futuro vizconde de Albufera, quedó a cargo de su cuñada, doña Ana de Frías, [...] y residente por entonces en España», dice el historiador Justo Fernández. «Años más tarde, don Francisco de Frías, conde de Pozos Dulces, dirigió la educación de su sobrino, mientras este se encontraba en Ginebra».[138]

Aparentemente, María de los Dolores Frías regresa a Cuba porque en 1840 lo hace López, también. Se reúnen para intentar una reconciliación, pero no lo logran. Fue esta la última vez que estuvieron juntos. Cuando López organiza la expedición a Cárdenas, en 1851, ya el matrimonio estaba separado.

Años después, el 19 de julio de 1856, María de los Dolores contrajo matrimonio en Londres con José Antonio Saco,[139] con quien mantenía relaciones. María de los Dolores falleció en España en 1893.

En la expedición de Narciso López a Playitas, al menos participó una mujer, **Panchita González Ruz**, una heroína habanera que ayudó al joven Nicolás Piñeiro a ocultar armas en su casa durante los preparativos para el desembarco. Más tarde Panchita fue sorprendida por las autoridades y tuvo que partir al destierro.

---

[137] Justo Fernández Fernández, «Don Narciso López y Uriola, El centauro del Rey», Caracas, marzo 1992 en www. Latinamericanstudies.org.

[138] Herminio Portell Vilá, *Narciso López y su época*, tomo I, pp. 99, La Habana, 1930.

[139] Árbol Genealógico del apellido correspondiente a la familia Saco, descendientes de Jaime Saco Quiroga, www.scribd.com. y en Herminio Portell Vilá, *Narciso López y su época*, tomo I, La Habana, 1930, pp. 81, 139.

Cuba se abocaba a la guerra: la atmósfera estaba cargada, los ánimos tensos, los preparativos en marcha, y pronto estallaría una guerra larga, cruenta y difícil, en la que la mujer demostraría su coraje y su abnegación. Ya no sería considerada solamente como la hija de su padre, la mujer de su marido, o la madre de su hijo, porque tendría su propia identidad y jugaría un papel propio.

Foto del anverso *Alegoría de la Patria*. Mujer no identificada vestida de bandera cubana a principios del siglo XX. Fotografía de la colección de la autora.

3

Bayamo: bandera, himno y mujer

> No se nuble jamás esa estrella
> Que las hijas de Cuba bordaron
> Y que nobles cubanos alzaron
> En su libre y feliz pabellón.[140]

El camino ya estaba abonado para la guerra luego de años de revueltas, conspiraciones y expediciones secretas. Los líderes de la insurrección estaban listos para lanzarse a la lucha y a jugárselo todo por la independencia. Comenzaba la larga, penosa y cruenta Guerra de los Diez Años. En ella la mujer cubana sería protagonista de primera fila: desde las cubanas adineradas hasta las más pobres; las blancas y las negras; casadas y solteras; tanto jóvenes como ancianas. Casi todas tomarían parte en este capítulo de la historia de Cuba y su labor abarcaría muchos entornos. La acción comenzaba en las provincias orientales donde «el regionalismo, el caudillismo y la familia fueron los factores de mayor importancia que facilitaron de una forma práctica, unir a una parte significativa de la población cubana de la cuenca del Cauto en torno a las ideas independentistas».[141] Familias enteras se irían a la manigua sacrificándolo todo, renunciando a todo y ofreciéndolo todo por la libertad.

En Yara, el 18 de marzo de 1866, con motivo de las fiestas de San José, Carlos Manuel de Céspedes, Bartolomé Masó y otros patriotas gritaban ¡Viva Cuba Libre!, y brindaban por su independencia, públicamente. El 24 de junio de 1867, durante la festividad de San Juan, en la ciudad de Puerto Príncipe hubo fuertes enfrentamientos entre criollos y peninsulares. Y en Bayamo, el 25 de julio de ese mismo año, durante la celebración del apóstol Santiago, un grupo de jóvenes a caballo recorría las calles dando gritos de ¡Cuba Libre! En los meses que siguieron a estas demostraciones públicas, Francisco Vicente Aguilera, Francisco Maceo Osorio, Carlos Manuel de Céspedes, Vicente García, Donato Mármol, Perucho Figueredo, Bartolomé Masó y otros cubanos de Oriente y Camagüey, comenzaron a prepararse para la guerra.

---

[140] Estrofa de *La bayamesa* de Perucho Figueredo.
[141] Abreu y Cardet: *La furia de los nietos: guerra y familia en Cuba*, Editorial El Mar y la Montaña, Guantánamo, 2003, p. 15.

Las mujeres ya llevaban tiempo colaborando con los conspiradores, repartiendo proclamas y bordando escarapelas para sus novios y esposos con los colores de la bandera. En La Habana, unos meses antes del pronunciamiento en La Demajagua, Florinda, Rosita, Lola y Leonor, las hijas de Miguel Aldama, y por iniciativa de su padre, salieron al paseo de carnaval vistiendo trajes que representaban la bandera de Narciso López. Los trajes eran de color azul y blanco salpicados de estrellas. Vestidas así desfilaron en una carroza frente al palacio del capitán general, Francisco Lersundi, quien, al percatarse de aquella osadía, permaneció indignado y en silencio, mientras el pueblo enardecido las aplaudía.

En el ambiente se palpaba que algo iba a ocurrir. Lersundi sabía que se tramaba algo en el oriente de Cuba, y el 6 de octubre de 1868 ordenó por telégrafo a las autoridades españolas de Bayamo y Manzanillo arrestar a Aguilera, Céspedes, Masó, Maceo Osorio y otros más en La Demajagua. Al enterarse, Céspedes decidió alzarse inmediatamente.

La bandera cubana

Pedro de Céspedes y del Castillo, hermano de Carlos Manuel de Céspedes, se había casado en primeras nupcias con **Ana Tamayo y Tamayo** de quien decían era la muchacha más bonita de Bayamo. Ana y Pedro habían tenido cinco hijos: Adolfina, Herminia, Carmita, Jesús *Chucho,* y Leonardo.[142] Ana moriría loca, y Pedro, a su muerte, poco antes de 1868, se volvería a casar, esta vez con **Joaquina Lastre**. Pedro y Joaquina se fueron a vivir a la hacienda de Macaca donde tenían una tienda en el lugar conocido como La Caridad.

La bandera de Adolfina de Céspedes. Al amanecer del 9 de octubre, **Adolfina de Céspedes**, una de las hijas de Pedro, corrió a reunirse con su futuro esposo, Francisco Estrada y Céspedes, para entregarle un mensaje que su tío Carlos Manuel enviaba a su padre. En el mensaje Carlos Manuel le informaba que el punto de reunión

---

[142] Leonardo murió de viruelas en el exilio de Jamaica; Carmita y Chucho morirían durante la Guerra del 95. Sólo Herminia y Adolfina lograron ver la República.

para el alzamiento sería en Barranca. En pocos instantes se había dado el paso decisivo y la Guerra del 68 había comenzado, pero no en La Demajagua sino en la Caridad de Macaca el 9 de octubre, adelantándose Pedro con el grito de libertad. Es una mujer la portadora de este importante mensaje.

Toda la familia de Pedro de Céspedes: Joaquina Lastre y sus hijos, junto con los hijos de Pedro de su primer matrimonio se alzaron y encaminaron a la Sierra Maestra. Pocos días después, Pedro y Carlos Manuel se encontraron en Nagua y unieron fuerzas.

Para el primer grito de libertad en la Alegría de Macaca, Adolfina de Céspedes confeccionó la enseña que es conocida como la bandera de Céspedes. No se sabe cuándo fue confeccionada, pero se cree que no fue hecha improvisadamente y que es probable que Carlos Manuel le hubiera dado a Adolfina el diseño con anterioridad. Tampoco hay ningún testimonio de que Adolfina la haya realizado el mismo día 9. Lo que sí se sabe es que el 9 de octubre, bajo la enseña que ella había confeccionado, Adolfina siguió a su padre y a otros patriotas a la manigua.

Candelaria Acosta Fontaigne y la bandera de Yara

Al fallecer María del Carmen de Céspedes y del Castillo, esposa de Carlos Manuel de Céspedes, el 19 de enero de 1868, Céspedes se trasladó a su ingenio La Demajagua. Allí, Juan Acosta era el mayoral y estaba casado con Concepción Fontaigne Segrera. El matrimonio había tenido una hija llamada **Candelaria,** y a la que cariñosamente llamaban Cambula. Candelaria había nacido en Veguita, Manzanillo, el 2 de febrero de 1851, en el batey de La Demajagua, muy cercano a la mansión de Céspedes. Cuando Carlos Manuel enviuda, Cambula tiene diecisiete años. Pronto Céspedes sostiene relaciones íntimas con ella y de esta unión nacerían dos hijos.

Al igual que Adolfina la sobrina de Céspedes había hecho para el alzamiento de la Alegría de Macaca, Carlos Manuel de Céspedes le confía a Cambula la empresa de hacer otra bandera. Del cielo

de un mosquitero sacó Cambula el rojo, y de un corpiño el blanco. Pero, faltaba el azul. Entonces, Céspedes se dirigió a un cuadro de su esposa fallecida que estaba cubierto por un velo de ese color. Cambula lo detuvo diciéndole que eso no era necesario, que ella tenía un vestido azul que podía utilizarse. Así se fue haciendo la bandera. La estrella la dibujó el joven Emilio Tamayo, y como Cambula no sabía bordar, fijó la estrella con alfileres. Esta bandera fue enarbolada en Yara.

En octubre de 1871, Céspedes escribió en su diario que había visitado la casa de Cambula, quizás por última vez, pues su vida corría peligro. Le recomendó a Cambula que saliera del país y la mandó para Jamaica junto con la hija de ambos. Cambula iba embarazada de su segundo hijo con Carlos Manuel, a quien pondría por nombre Manuel, y que nacería en el exilio de Jamaica.

Una vez en Jamaica, Cambula y sus hijos fueron protegidos y ayudados por los emigrados en Kingston. También los ayudó mucho el poeta José Joaquín Palma, secretario y ayudante de Céspedes.

En 1881, al terminar la guerra, Cambula regresó a Cuba con sus hijos, Carmita, de doce años, y Manuel, de nueve, y se estableció en Marimón, Santiago de Cuba. Cambula contaba treinta años de edad.

Años después, en 1885, Cambula se unió al catalán Antonio Acosta, y de estos amores nacieron dos hijos: Ernesto Amado e Isabel. Todo parece indicar que cuando estalla la Guerra del 95, Candelaria se vuelve a exiliar a Jamaica regresando a Cuba, luego de finalizada la guerra.

Candelaria Acosta y Fontaigne en 1926

Ya en la paz, Candelaria Acosta vivió en Santiago de Cuba ignorada y olvidada por todos. Dos décadas habían transcurrido desde el fin de la guerra cuando a finales de 1924 se representó en el Grop Catalunya de Santiago una obra teatral de tema histórico, *La aurora de La Demajagua*. Dio la casualidad que uno de los familiares de Cambula se encontraba entre los asistentes al acto, y emocionado fue a contarle lo que de ella se decía en aquella obra. Cambula averiguó el nombre del autor de la obra y le escribió preguntándole cómo se había enterado que ella había confeccionado aquella bandera cubana que se usó en la Guerra de los Diez Años.

De esa correspondencia surgió la invitación del Dr. Ulises Cruz Bustillo, director de la Escuela Normal, a que Cambula visitara la escuela. Poco tiempo después, Cambula se ofreció para confeccionar una bandera igual a la que había hecho en La Demajagua, y el 24 de febrero de 1926, el Dr. Cruz Bustillo organizó una excursión de la escuela a Baire, Jiguaní y Bayamo, y Cambula fue con ellos, llevando la bandera que había hecho para aquel plantel. Cambula, que había sido olvidada, ahora aparecía con frecuencia en periódicos y revistas por todo el país.

En la foto la Sesión Especial de la Cámara de Representantes celebrada el 16 de abril de 1928, donde Cambula (en el centro, vestida de negro) identifica la bandera

En 1928 España devolvía a Cuba algunos artículos de la guerra, entre ellos una bandera que decían era la bandera de Yara. El general Carlos González Clavel contactó al comandante Pablo Villegas de la Cámara de Representantes, pidiéndole que escribiera al

General Ginestá Punset, de la Biblioteca Elvira Cape de Santiago de Cuba, para que le facilitara los artículos relacionados con la bandera de Céspedes que se conservaban allí. Ginestá Punset contestó: «Aquí vive, en la miseria, la señora Candelaria Acosta, Cambula, que fue la que confeccionó la bandera enarbolada por Céspedes en la gloriosa noche del nueve al diez de octubre [...] Ella asegura que la estrella de la bandera fue superpuesta y que la cortó Emilio Tamayo». Y luego añade: «Téngase además en cuenta que la bandera que España devuelve tiene adicionados unos cordones con borlas doradas, y que aquellos grandes hombres de Yara no se gastaron ese lujo».[143]

Algunos días más tarde, el comandante Villegas escribía nuevamente a Ginestá Punset diciéndole que había mostrado su carta al presidente de la Cámara, y que éste había examinado la bandera allí guardada que tenía la estrella sobrepuesta, como Cambula manifestaba. Fue así como Cambula fue invitada a ir a La Habana para identificar la bandera en la Cámara de Representantes.

Entre una gran expectación llegó Candelaria a las cinco de la tarde de aquel 16 de abril de 1928. El salón estaba lleno de representantes, veteranos de la guerra, académicos, periodistas y personalidades de todos los campos. Luego de dar lectura a la convocatoria, el presidente de la Cámara se dirigió a Cambula y le pidió que examinara la bandera. La Memoria de las Sesiones de la Cámara[144] refieren lo que allí aconteció: «La Sra. Candelaria Acosta, llorando de emoción, después

---

[143] Carlos Manuel de Céspedes y de Quesada: *Las banderas de Yara y Bayamo*, Editorial Le Livre Libre, París, 1929.

[144] Diario de Sesiones de la Cámara de Representantes, Décimo Tercer Período Congresional, Sesión extraordinaria del 16 de abril de 1928, La Habana, vol. L, no., 4.

de examinar la bandera, la besa diciendo: "Esta misma, esta es la bandera de Cuba libre"; y al decir esto la vuelve a besar y la abraza, añadiendo: "Dios mío, gracias; ¡gracias que me permites volver a verla!"».[145]

Candelaria, hizo luego un recuento de lo sucedido antes del alzamiento en La Demajagua. La declaración fue levantada por el Dr. Emeterio Santovenia y Echaide, y los testigos fueron José Rafael Barceló y Reyes, el Dr. Enrique Silva y Estenoz, Gobernador de la provincia y presidente del Consejo Provincial.

En esta misma sesión, porque no se la habían concedido antes, la Cámara le otorga a Cambula Acosta una pensión vitalicia, de $1,800 anuales, pagaderos por dozavas partes. Durante la sesión, el Sr. Pastor del Río expresó que «no podía, en esta hora magnífica, y en este acto trascendente, permanecer sin rendir un fervoroso homenaje a la excelsa patriota que, un día del 68, forjó con sus manos venerables la enseña que victoriosa se destaca en nuestra Sala de Sesiones. Llénense de auroras y de ritmos nuestros interiores; sea luz la palabra, y convertida en luz y en armonía, digna, vasalla de un amor excelso, en honor de Candelaria Acosta»:

> ¡Era la noche de la Patria!... Un día
> tus manos juveniles le ofrendaron
> la enseña que Gigantes tremolaron
> en un gesto viril de rebeldía.
> ¡Hubo luz en las cumbres!...
> Sonreí una estrella triunfal;
> Resucitaron los homéricos héroes y forjaron
> ¡la Enseña de una Patria que surgía!
> Cuba es dichosa ya, mientras tú avanzas
> hacia el mar de lo Eterno, lentamente,
> como envuelta entre auroras y esperanzas;
> y Ella en galas y amor de primavera
> te rinde este Homenaje reverente
> ¡bajo el palio inmortal de tu bandera!...[146]

---

[145] Diario de Sesiones, Ob. cit., p. 4.
[146] Ibídem.

El representante, Carlos Manuel de la Cruz, pronunció unas palabras: «Yo te saludo, Candelaria Acosta, en recuerdo de aquella juventud de 1868 a la cual prestaste tus entusiasmos y tus sentimientos y que, como dijo un famoso e ilustre catedrático nuestro, más que generosa fue pródiga de su riqueza y de su sangre, alentada por una fe inquebrantable, audaz ante el peligro, recia y sufrida ante el infortunio, tenaz en su propósito de libertar a Cuba, vencida al cabo por irremediable desventura. Yo te saludo en nombre de otra juventud en cuya alma, como dijo Manuel Sanguily, se destiñen y desvanecen, entre brumas espesas, las sagradas glorias del pasado; pero que ahora, al conjuro mágico de tus manos débiles y vencidas, al tocar nuevamente la bandera que fue altar de los hombres de 1868, se apresta a cumplir con el deber que tiene contraído con sus progenitores, manteniendo los ideales de redención y de libertad que ellos forjaron».[147]

Ese mismo día fue aprobada la moción de acuñar una medalla conmemorativa con la imagen de la bandera que había hecho Candelaria. La medalla sería realizada en oro y tendría grabadas en el anverso, en colores, la bandera y la siguiente inscripción: «Cámara de Representantes de Cuba - Bandera de La Demajagua». Y en el reverso esta inscripción: «10 de octubre de 1868 – 16 de abril de 1928». La medalla fue supuestamente entregada a Candelaria Acosta y Fontaigne para que la pudiera usar de forma vitalicia, y a su fallecimiento esta debería pasar al Museo Nacional.[148]

Luego, se redactó una Enmienda: «Se procederá a la colocación de un cuadro al óleo de la venerable patricia Sra. Candelaria Acosta, en el Salón de la Biblioteca de esta Cámara, cuyo costo no excederá de la suma de quinientos pesos».[149] De este día comentaría Espinosa: «Tarde hermosa para Cuba es esta, porque en ella se han derramado abundantes lágrimas de emoción, de infinita ternura; y porque en ella hemos rememorado con religiosa unción los días gloriosos del 68».

Para concluir el acto se hizo una última moción: «Se acuerda colocar en el salón de sesiones, dos tarjas de bronce, con los nom-

---

[147] Ibídem, p. 7.

[148] Ibídem, p. 7.

[149] Ibídem, p. 7, firmado por Juan Espinosa.

bres de Candelaria Acosta y Ana de Quesada (¡la amante y la esposa de Céspedes! juntas).[150] El costo de estas tarjas será sufragado por los señores representantes, como un homenaje de amor y de justicia que por este medio tributan a tan excelsas patriotas».[151]

La bandera original que confeccionó Cambula en 1868

Después de veintiséis años de haberse instituido la República y sesenta, de que Candelaria Acosta confeccionara la bandera de Yara, el gobierno cubano la homenajeaba. ¡Qué tristeza pensar que nadie se ocupó de ella hasta sus últimos años de vida! El 20 de enero de 1935 le fue otorgada la Orden de Carlos Manuel de Céspedes. Pero en aquel momento ya Cambula se hallaba enferma y tuvo que ser condecorada en su lecho, en su casa de la calle Lacret no. 43, esquina a Habana. Cuatro meses más tarde, el 23 de mayo de 1935, a los 84 años de edad, falleció en el momento en que se le aplicaba un suero, y en brazos de su nieto Pepe.

Una vez que la noticia llegó a todos los barrios, el gobernador y el alcalde declararon duelo, y en el Ayuntamiento se preparó una capilla ardiente, pero los familiares rehusaron aquel honor y prefirieron velarla en su propia casa. Despidió el duelo en el ce-

---

[150] El comentario es de la autora.

[151] Ibídem. Firmado por Pastor del Río, Carlos M. de la Cruz y Rafael Guas Inclán.

menterio el Dr. Pedro Roig Fernández Rubio. Cambula fue enterrada en el cementerio de Santa Ifigenia, en el panteón familiar, muy cerca de la tumba de Carlos Manuel de Céspedes. Aquella histórica bandera confeccionada por Cambula se puede contemplar hoy en el Salón de la Bandera en el Museo de la Ciudad de La Habana.

Candelaria Figueredo Vázquez y la bandera de Bayamo

Fotografía de Candelaria Figueredo publicada con permiso de la familia [152]

«Nada me haría más feliz que dar mi vida y mi sangre por la redención de mi patria».[153]

«Tiene el día un instante de ígnea claridad, en que se inundan como de un oro rojo los campos y las montañas, y es la tierra toda, mientras dura el esplendor, limpieza y triunfo: es la hora en que el sol rompe sobre la tierra reposada. Como con ese fuego, más sin nube ni noche, es el amor a Cuba en la casa errante de las hijas de Pedro Figueredo, aquel de los primeros, de los que se resolvieron y empujaron a los apoltronados y cobardes, de los ricos de Bayamo que pusieron fuego a sus casas, más para saludar con digna antorcha el nacimiento de la patria libre que para quemarle el asilo a la tropa cercana de Valmaseda».[154] Candelaria Figueredo, octava hija del matrimonio de Perucho e Isabel, había nacido en

---

[152] Tomada de Lorraine Perry: *The Descendants of Perucho Figueredo*, Wilmington, North Carolina, 14 de abril de 2011. Inédito.

[153] Flora Mora: *Biografía de Perucho Figueredo*, Miami, 1974.

[154] José Martí: *Patria*, 15 de septiembre de 1894.

Bayamo, el 11 de diciembre de 1852. Fue Candelaria la abanderada de Céspedes cuando entró el Ejército Libertador en la ciudad de Bayamo. Pero dejemos que sea Canducha, como la llamaban cariñosamente, la que haga el relato de lo ocurrido: «El día 17 [de octubre] llegó al ingenio una partida en el momento que nos preparábamos a sentarnos a la mesa.[155] Venían allí algunos amigos nuestros y un distinguido joven camagüeyano nombrado Joaquín Agüero. Se empezó la comida y a dar vivas por el triunfo que ellos creían seguro, pues, animados del entusiasmo, no dudaron jamás de la victoria. En aquellos momentos de frenesí se le ocurrió decir a Agüero, sin duda en broma y animado por la presencia de tantas muchachas: "para que nuestro triunfo fuese completo, no nos hace falta más que una valiente cubana que sea nuestra abanderada". Papá, enseguida, se puso de pie y exclamó: "Mi hija Candelaria se atreve". No había acabado de decirlo cuando con delirante entusiasmo fui proclamada abanderada de la División Bayamesa. Enseguida papá llamó a mi madre, que, aunque participaba de la alegría general, temblaba al pensar en el peligro que había de correr, y le dijo: "Vamos, Isabel, es necesario hacer un traje a nuestra abanderada". Eulalia, mi hermana mayor, fue la encargada de hacerlo. Se componía mi equipo de vestido de amazona, blanco, un gorro frigio punzó, una banda tricolor y mi bandera».[156] Envuelta en una nube de humo, Candelaria entró en Bayamo arengando a los soldados mientras la bandera ondeaba al aire. Fue Canducha la heroína de aquel radiante día, llevando patriotismo a la batalla y exponiendo su vida pues los tiros iban directamente dirigidos hacia el estandarte y la abanderada. Según sus propias palabras, «nunca una joven que por primera vez va a una fiesta estaba tan alegre y satisfecha como yo en aquellos momentos».[157]

---

[155] Isabel Vázquez, esposa de Perucho Figueredo, agasaja en el rancho Las Mangas a los mambises con un suculento almuerzo criollo.

[156] «Autobiografía de Candelaria Figueredo», *La Discusión,* La Habana, 6 de diciembre de 1919.

[157] Candelaria Figueredo: «La abanderada de 1868, Candelaria Figueredo, Autobiografía» en *Comisión patriótica pro himno nacional a la mujer cubana,* La Habana, 1929.

Sepultura de Candelaria Figueredo en el Cementerio de Colón de La Habana

Luego del levantamiento de Bayamo, la familia se escondió en la manigua. Después de sufrimientos y penas, Perucho fue fusilado e Isabel y los hijos expatriados a Nueva York en 1871. En 1877, Candelaria contrajo matrimonio con el músico Federico del Portillo, con quien tuvo 11 hijos: Isabel, Piedad, Zenaida, Eulalia, Rosalía, Blanca Esther, Federico, Blanca Esther (2), Lorenzo, Elisa y Mariano. Candelaria falleció en La Habana, el 19 de enero de 1914. Fue enterrada con honores militares y la caja fúnebre fue envuelta en la bandera de Bayamo que ella había llevado delante de las tropas invasoras 46 años atrás. Una calle de Bayamo lleva su nombre.

La mayor de las hijas de Perucho e Isabel fue **Eulalia (*Yayita*) Figueredo Vázquez.** El año exacto del nacimiento de Eulalia no se documenta, pudo haber nacido circa 1840 y 1841 en Bayamo. Alrededor del 1858 contrajo matrimonio con Carlos Manuel de Céspedes y de Céspedes, y el matrimonio tuvo cinco hijos: Isabel, Eulalia, Carmen, Carlos Manuel y Oscar.

Antes del episodio de octubre de 1868, Perucho les explica a su esposa e hijos lo que sería el levantamiento y la necesidad de tener una bandera que luego llevaría Candelaria en el desfile. Dibuja la bandera que Carlos Manuel había hecho y le pide a Eulalia que haga una igual. El 16 de octubre de 1868, Eulalia envía a su esclavo Severino a la ciudad para que compre las telas con los colores que necesitaba. Al regresar, Eulalia comenzó a coser la bandera que luego llevaría su hermana Candelaria al frente de las tropas.

Ya casada con el hijo de Carlos Manuel de Céspedes, Eulalia se internó con su familia en las montañas de Oriente, en diciembre de 1868, para luego ser apresada y expatriada a Nueva York en 1870. En Cayo Hueso ejerció el magisterio en escuelas para los hijos de los emigrados.

El 28 de octubre de 1873, Carlos Manuel de Céspedes, suegro de Eulalia, mencionaba en su diario[158] «la dolorosa noticia de la enfermedad de Eulalia», y el 25 de agosto de 1876 moría Eulalia Figueredo de Céspedes en Cayo Hueso donde aún permanece enterrada (su sepultura aparece en la página 142).

Otra hija de los Figueredo Vázquez fue **Blanca Rosa Figueredo**, conocida como Blanquita. Nació en 1850 en Bayamo y se

casó al comienzo de la Guerra del 68 con Ricardo Rogelio de Céspedes y Céspedes, sobrino de Carlos Manuel de Céspedes. Blanca y Rogelio tomaron parte en la captura de Bayamo, y según la escritora Flora Mora,[159] el matrimonio estuvo también escondido en Santa Rosa en agosto de 1870. Ricardo de Céspedes llegó a coronel y acompañó al general Máximo Gómez en la invasión de Las Villas en la guerra del 95. Allí fue hecho prisionero y confinado al Castillo del Morro en Santiago de Cuba antes de ser deportado a España. Ricardo y Blanca tuvieron un hijo, Rogelio.

Isabel Figueredo Vázquez nació en Bayamo alrededor de 1854. La toman prisionera en Santa Rosa junto con su madre y hermanos. Deportada a Nueva York en 1871; se trasladaría luego a Cayo Hueso.

---

[158] Eusebio Leal: *El diario perdido de Carlos Manuel de Céspedes*, Ediciones Boloña, La Habana, 1992.

[159] Flora Mora: *Biografía de Perucho Figueredo*, Miami, 1974.

Según la ficha genealógica que me han facilitado los descendientes de Perucho Figueredo en los Estados Unidos,[160] y de acuerdo al Censo de los Estados Unidos de 1880, Isabel vivía con su esposo, Narciso Lufriú junto con su hermana Piedad Figueredo, y el esposo de ésta, Gabriel Ayala. En el momento en que se lleva a cabo este censo, Narciso Lufriú era tabaquero de profesión, mientras que Isabel era ama de casa.

Isabel Figueredo Vázquez

Isabel falleció en Cayo Hueso el 8 de septiembre de 1894, donde aún permanece enterrada.

En 1894, Martí escribió una semblanza de Isabel: «¡Con que vida se le iluminaban los ojos a Isabel Figueredo, la compañera amada del leal Lufriú, cuando, alrededor de una mesa de familia, se decía esta hazaña o aquella, de las que vio con sus ojos, ¡y ya no puede ver! ¡Con qué ternura servía el manjar hecho de sus manos a los buenos defensores del honor del país! ¡Con qué magnífico desprecio, y aireado ademán de la cabeza, aludía a esos hombres de Cuba, encubridores y cómplices de su propia infamia, que "tienen menos valor que nosotras las mujeres!" Y ella, la hija de ricos, vivía casi feliz, como tanto rico de ayer, en el arenal donde la virtud majestuosa ha visto purificarse a las puertas de Cuba la esclavitud y el trabajo... [...] A las mujeres fieles a la desdicha y grandeza de la libertad, a la guerra terrible y al hogar pobre, se las quiere desde las entrañas, como a Isabel Figueredo».[161]

Al igual que sus hermanos, **Piedad Luisa Figueredo Vázquez** había nacido en Bayamo, el 21 de junio de 1859. Hecha prisionera y expulsada de Cuba junto a su madre y hermanas en 1871 fue condenada a expatriación a Ceuta según relata un artículo del periódico *Tampa Tribune* escrito por el periodista Tony Pizzo.[162]

---

[160] Lorraine Perry, *The Descendants of Perucho Figueredo*, Ob. cit., p. 16.

[161] *Patria*, 15 de septiembre de 1894, en Carlos Ripoll: *José Martí, escritos desconocidos*, Eliseo Torres & Sons, Nueva York, 1971, p. 142.

[162] Lorraine Perry, Ob. cit., p. 17.

Pero el capitán del buque en el que viajaba junto a su madre y hermanos, permitió que se quedara en Nueva York.[163]

Foto de Piedad Figueredo cortesía de la Sra. Judy Clifton Steighner. ©[164]

El cubano Gabriel Ayala contrajo matrimonio con Piedad Figueredo en Cayo Hueso en 1880. Una bisnieta de Piedad, la señora Judy Clifton Steighner,[165] me relató: «Piedad Figueredo fue mi bisabuela, y su hijo Gustavo, nacido en Key West, era mi abuelo. La hija de Gustavo fue Betty Gayle, mi madre».

Sepultura de Piedad Figueredo en la actualidad, en el cementerio histórico de Cayo Hueso, donde aún se conserva su sepultura. La lápida dice: *Piedad yace aquí: triste y doliente, lloró Belito su ecsistir (sic) fugaz. Brilló el amor en su preciosa frente, y en su alma la virtud...Descanse en Paz.* (Fotografía por Maricely Consuegra Castroverde©)

Sigue diciendo la señora Clifton Steighner: «Betty fue la hija más pequeña de Gustavo de su segundo matrimonio. Él muere

---

[163] Ibídem, p. 17.
[164] Ibídem, p. 17.
[165] Correspondencia con la autora, Melbourne, Florida, febrero de 2013.

cuando mi mamá tenía diez años. La sepultura de Piedad en el cementerio de Key West está levantada sobre pilares y es muy bonita. Por el obituario advierto que era muy querida por su familia y amigos, y quisiera que a mí me recordaran como a ella».

Piedad Figueredo Vázquez murió de una neumonía en Cayo Hueso el 22 de enero de 1891. El servicio fúnebre se llevó a cabo en la Iglesia Episcopal San Pablo al que asistió un grupo numeroso de señoras de la logia La Estrella del Oriente, a la que Piedad pertenecía.[166] Fue enterrada el 23 de enero en el cementerio histórico de Cayo Hueso.

El 5 de febrero de 1891, el periódico *La Verdad* de Cienfuegos publicó la noticia del fallecimiento de Piedad. Aquí reproducimos unas líneas: «Piedad Figueredo, una muy inteligente y angelical bayamesa, hace unos años se fue al hospitalario país norteamericano, expulsada por la revolución. Una esposa querida, en la que la caridad era su mayor talento, era firme y popular con un halo de verdadera amabilidad; fue bajada a su tumba cuando aún los rayos del sol no se habían puesto y las flores de la primavera de la vida florecían en su frente. Su muerte ha sido muy sentida en el exilio... [...] el funeral fue una verdadera ovación de tristeza en la trabajadora villa del histórico Cayo, quien le dedicó un memorial elocuente a ella, quien en vida llenó de alegría el hogar de su esposo (Gabriel Ayala y Fleites). Los compatriotas envían sus esperanzas consoladoras. Sesenta y dos coronas fueron depositadas en la tumba de Piedad como elocuente testimonio del cariño profundo y el respeto de sus virtudes por todos inspirado. Deja 5 hijos, algunos que aún no pueden decir su nombre»[167]

María de la Luz (*Lucita*) Figueredo y Vázquez nació en Bayamo en 1857. Después del incendio de la ciudad en 1868, estuvo escondida en la Sierra Maestra junto a su familia hasta abril de 1871 en que las tropas españolas los apresan, pero Luz junto a sus hermanos Candelaria y Ángel María, escapan y están vagando por la manigua durante muchos días antes de llegar al campamento de Francisco Javier de Céspedes quien les da amparo.

---

[166] Perry: Ob. cit., p. 17.
[167] *La Verdad*, Cienfuegos, 5 de febrero de 1891. Facilitado a la autora por la señora Judy Clifton Steighner.

El 15 de julio de 1871 los españoles dieron con ellos pero esta vez fueron capturados y llevados a Guayabal y luego a Manzanillo, donde Luz y Ángel fueron puestos en libertad al cuidado de un familiar. Al enterarse que su hermana Candelaria estaba presa en el Castillo de Zaragoza, Luz se dirigió a la prisión para averiguar sobre el estado de su hermana. Finalmente, el 13 de octubre de 1871 todos son deportados para Nueva York en el vapor *Annie*.

En la foto Lucita Figueredo[168]

A esta familia estuvo ligado Basilio Angueyra, natural de Guanabacoa. Dos años después de comenzar la Guerra del 68, la familia Angueyra se había unido a la revolución y Basilio había sido encarcelado varias veces y sentenciado a muerte. Ya el padre de Angueyra no tenía más dinero para pagar las fianzas del hijo en la cárcel, y por ello empezó a planear su fuga. Josefa Aurora Angueyra, hermana de Basilio, describió esta fuga como un milagro: «Los soldados que hacían la guardia vieron en la pared, arriba de la cama, a la Virgen de la Caridad que era la que tenían los cubanos como patrona y protectora. Todos tenían el escapulario o la medalla de la Virgen. Todos la veían y se convencieron de que la Virgen lo protegía, y empezaron a tratarlo con algo de benevolencia, le permitieron salir al patio; así pudieron organizarse para la salida».[169] Luego, la familia logró salir para el Cayo. María de la Luz y Candelaria Figueredo son alumnas de Basilio Angueyra en Cayo Hueso. Allí Basilio y Luz se enamoran y el 19 de abril de 1873, contraen matrimonio.

---

[168] La foto es cortesía de Lorraine Perry tomado de *The Descendants of Perucho Figueredo,* Wilmington, NC, inédito.

[169] Lorraine Perry, Ob. cit., p. 9.

A finales de 1875, Basilio Angueyra decide marcharse a Colombia donde su padre trabaja en negocios del ferrocarril. Junto con Basilio y Luz y sus hijos, se marcha también Ángel María, el hermano de Luz, que por entonces contaba 17 años.

Siete de los hijos del matrimonio Angueyra-Figueredo nacieron en Colombia, y los esposos murieron en 1910, con un mes de diferencia uno del otro. Fueron enterrados en el cementerio central de Bogotá.

En la foto, posiblemente tomada en Colombia, aparecen: en el centro María de la Luz Figueredo Vázquez con su esposo Basilio Angueyra y ocho de sus nueve hijos, Graciela, Aurora, Josefa Aurora, Alfredo, Luz Clara, Basilio, Francisco, Gustavo y Blanca.

María Esther Figueredo y Vázquez nació en Bayamo en 1867 y como los demás hermanos, en 1870 fue encarcelada y luego, expatriada a Nueva York, para más tarde radicarse en Cayo Hueso con su madre y demás hermanos.

María Esther se casó con el señor Molina, del que poco se sabe, y el matrimonio tuvo cuatro hijos: Horacio, Adriana, Piedad y María Molina y Figueredo.

De acuerdo a la familia Figueredo de los Estados Unidos, y por un escrito de su hermana Candelaria,[170] sabemos que María

---

[170] Lorraine Perry: Ibídem

Esther murió joven y que «a su amparo vivían también tres sobrinas huérfanas...»[171]

En la foto los hijos de María Esther Figueredo: Horacio, Piedad, María y Adriana, en 1910.[172]

Elisa Figueredo Vázquez nació en Bayamo en 1852. Luego de la toma de la ciudad de Bayamo, forma parte del coro que cantó *La bayamesa* en el Te Deum.

Elisa contrae matrimonio con Juan Evangelista Ramírez y Romagosa, natural de Manzanillo, al comienzo de la Guerra de los Diez Años. Tuvieron un hijo cuyo nombre se desconoce.[173] En 1870, el matrimonio es capturado en Santa Rosa junto con su bebé recién nacido, pero logran escapar. Elisa luego es deportada con sus hermanas y su madre. Según la ficha genealógica de la familia Figueredo de los Estados Unidos, el matrimonio de Elisa con Juan Evangelista aparentemente fue anulado porque ella era menor de edad.[174] Juan Evangelista más tarde se casó con María Josefa León Bello. Nada más se sabe del hijo de Elisa que nació durante la guerra.

---

[171] Perry: Ibídem, p. 19.

[172] Las fotos de la familia Figueredo-Vázquez han sido obtenidas gracias a la generosidad de algunos descendientes de la familia Figueredo en los Estados Unidos.

[173] Perry: Ibídem.

[174] Ibídem.

Elisa fue alumna del colegio Francisco Vicente Aguilera en Cayo Hueso,[175] y poco tiempo después, en 1874, Elisa se casó en esa ciudad con José García Toledo. Según el historiador Gerardo Castellanos, en Cayo Hueso «los primeros profesores fueron el cultísimo José García Toledo y su esposa Elisa Figueredo, esta última hija del gran Perucho Figueredo».[176]

Las mujeres de la familia Figueredo Vázquez fueron heroicas, tanto en Cuba como en la difícil etapa del exilio. Todas demostraron valentía, integridad y patriotismo, virtudes que sus padres, Isabel y Perucho siempre les inculcaron en el hogar.

Es una verdadera pena que los restos de varios miembros de esta heroica familia, entre ellos la esposa y algunas hijas de la ilustre y heroica familia del patriota Perucho Figueredo, estén aun en el cementerio de Cayo Hueso.

La bayamesa de Perucho Figueredo

El patriota, poeta y músico, Pedro Felipe Figueredo, *Perucho,* había participado de manera activa en la planificación del levantamiento contra España. El 14 de agosto de 1867, en una reunión de los revolucionarios de la provincia de Oriente, uno de los conspiradores pidió a Perucho que compusiera un himno de guerra. Perucho era músico y pianista y aceptó la petición. Al día siguiente, y en presencia de treinta conspiradores, Perucho, en el piano de su casa, interpretó por primera vez, la marcha *La bayamesa*.

La bayamesa fue interpretada en público en la parroquia de San Salvador de Bayamo, el 11 de octubre de 1868 por la orquesta de Bayamo, la mejor de la ciudad, durante la procesión del Corpus Christi, y en presencia del gobernador. Al terminar la procesión el gobernador llamó a Perucho Figueredo a su presencia y lo acusó de escribir, lo que a su entender, no era un himno religioso sino una marcha patriótica, a lo que Perucho respondió que como el gobernador no era músico, no podía determinar qué tipo de composición era aquella.

---

[175] Juan J. Casasús: *La emigración cubana y la independencia de la Patria*, Editorial Lex, La Habana, 1953.

[176] Gerardo Castellanos García: *Motivos de Cayo Hueso: contribución a la historia de las emigraciones revolucionarias cubanas en Estados Unidos*, Ucar, García y Compañía, La Habana, 1935.

En este capítulo de la historia se destaca la patriota **Adela Morell de Oños,** natural de Bayamo. Adela poseía un manuscrito original del himno compuesto por Perucho Figueredo. El 2 de octubre de 1900 la revista *Cuba Musical* publicó una carta de Adela Morell en la que explicaba cómo había llegado ese manuscrito a sus manos: «le adjunto el Himno Bayamés que me pide [...]. Puedo decirle con seguridad, que fue escrito por Figueredo en el año 1869, en la finca Santa María, propiedad de mi señor padre D. Cirilo Morell, donde existía un piano, cosa rara en el campo insurreccional. Que lo acompañó allí Carlos Manuel de Céspedes, presidente entonces de la República, con su estado mayor y con el gobierno, donde venía Figueredo, que tocaba admirablemente el piano. También puedo asegurar que lo acompañó su sobrino Fernando Figueredo Socarrás».

Tarja dedicada a Perucho Figueredo por la Gran Logia Oriental de Cuba y en la que aparece escribiendo el himno de Bayamo siendo aclamado por las mujeres

La revista añade que después que Fernando Figueredo revisó la carta y el manuscrito, les informó lo siguiente: «La finca Santa María de Morell, era una especie de oasis, donde después de muchas marchas, de incomparables fatigas y de reñidos combates, se iba a descasar y a gozar en medio de las atenciones de una familia distinguida y culta. Recuerdo a D. Cirilo, tronco de aquella, anciano ya, que se entusiasmaba con los hechos de actualidad entonces. [...] Recuerdo asimismo a su hijo Cirilo, tipo de criolla caballerosidad, a Adela, sus hermanas y a tantas y tantas señoras como se congregaban en Santa María, bajo el calor de la familia Morell, que se afanaba en hacernos olvidar las malas horas del campamento. Cuanto Adela refiere en su carta es exacto y aunque han muerto ya muchos de los que recuerdan el hecho, todavía vive y se encuentra en esta ciudad Federico Betancourt, que recordará esa y otras muchas escenas de la finca Santa María».[177]

Al principio *La bayamesa* no tenía letra, pero cuando las tropas de Céspedes entraron en Bayamo, el 20 de octubre de 1868, Perucho ya había escrito los versos. En el transcurso de la Guerra de los Diez Años, *La bayamesa* fue reconocida como el Himno Nacional de Cuba. *La bayamesa* de Céspedes y Fornaris tiene dos letras, la más conocida y popular, y otra de enfoque patriótico. Las dos las reproducimos aquí:

¿No recuerdas gentil bayamesa
que tú fuiste mi sol refulgente
y risueño en tu lánguida frente
blando beso imprimí con ardor?

¿No recuerdas que un tiempo dichoso
me extasié con tu pura belleza,
y en tu seno doblé la cabeza
moribundo de dicha y amor?

Ven, asoma a tu reja sonriendo;
ven, y escucha, amorosa, mi canto;
ven, no duermas, acude a mi llanto,
pon alivio a mi negro dolor.

Recordando las glorias pasadas,
disipemos, mi bien, la tristeza,
y doblemos los dos la cabeza
moribundos de dicha y amor!

(Letra tradicional)

¿No recuerdas gentil bayamesa,
que Bayamo fue un sol refulgente,
donde impuso un cubano valiente
con su mano el pendón tricolor?

¿No recuerdas que en tiempos pasados
el tirano explotó tu riqueza,
pero ya no levanta cabeza
moribundo de rabia y dolor?

Te quemaron tus hijos; no hay queja
que más vale morir con honor
que servir al tirano opresor
que el derecho nos quiere usurpar.

Ya mi Cuba despierta sonriendo
mientras sufre y padece el tirano
a quien quiere el valiente cubano
arrojar de sus playas de amor.

(Letra utilizada durante la Guerra)

---

[177] Zoila Lapique: *Cuba colonial, compositores e intérpretes, 1570-1902*, Ediciones Boloña, La Habana, 2008, p. 328.

Felicia Marcé Castellanos[178] y la bandera del Te Deum

Felicia Marcé Castellanos (1850-1941) ha sido conocida como *Libertadora Insigne*.[179] Perteneció a la familia Blez-Marcé, y desempeñó un papel importante en la Guerra de los Diez Años.

Felicia Marcé cuando era niña

Contrajo matrimonio con un combatiente mambí de apellido Blez, y al poco tiempo de contraer nupcias, Blez fue ejecutado por los españoles. Fruto de esa relación había nacido un niño, Joaquín Blez Marcé.

En 1928, Felicia hizo declaraciones a la Cámara de Representantes en La Habana, sobre la toma de Bayamo: «Dueños ya de Bayamo los mambises, Carlos Manuel de Céspedes quiso pasear la bandera cubana por toda la ciudad, pero la confeccionada en La Demajagua estaba mal hecha y era demasiado pequeña (pequeña de tamaño, que en calidad heroica será siempre la primera). Entonces me pidió (Carlos Manuel) que hiciese una de tamaño mayor y con mejores materiales. Su hijo, Carlos Manuel de Céspedes y Céspedes, que era el íntimo amigo de nosotras y novio de una de las hijas de Perucho, Eulalia Figueredo, fue quien me hizo el trazado de la estrella y el dibujo de la bandera. Toda la tarde y toda la noche de aquel día me los pasé cosiendo en una máquina de pie, la

---

[178] Foto de Felicia Marcé tomada de Flora Mora: *Biografía de Perucho Figueredo*, Miami, 1974, p. 87.

[179] Bibliotecas de la Universidad de Miami, Colección de la Herencia Cubana: *The Blez Family Papers, 1863-1941*, Núm. CHC5289.

única que había en toda la provincia por aquella época, y antes del amanecer ya estaba terminada».[180]

Felicia contaba con 18 años cuando ocurrieron estos hechos. Ella relata: «Pusimos en el centro del dado rojo el mismo cartón, en la posición en que, según las reglas de la heráldica debía fijarse la estrella, y yo hice sobre el modelo un relleno de guate. Luego embastillé (sic) sobre el relleno las dos estrellas de raso, y entonces para unirlas, bordé con hilo de seda los cantos. La estrella no fue bordada al realce, y quedó colocada con toda precisión en el centro del lado rojo sin que se notase diferencia alguna en el bordado de la estrella de arriba y la estrella del otro lado. La bandera tenía poco más o menos dos telas, sin revés ni derecho».[181]

Cuando los revolucionarios ocuparon la ciudad de Bayamo y constituyeron el gobierno provisional, acordaron que se cantaría un *Te Deum* en la iglesia de San Salvador de Bayamo, y que el 22 de octubre desfilaría una procesión cívica con el fin de celebrar la primera victoria alcanzada por el Ejército Libertador. Para la organización de esta celebración se nombró al general Pedro Figueredo.

A las diez de la mañana, Céspedes fue recibido en la Iglesia Mayor bajo palio, ocupando el lugar de honor. Luego, todos cantaron el *Te Deum* de Acción de Gracias. Los sacerdotes cubanos Batista, Soleilac e Izaguirre oraron y bendijeron la bandera que luego se paseó por las naves de la iglesia y más tarde, en marcha triunfal, por toda la ciudad.[182]

Candelaria Figueredo, escoltada por los coroneles Juan Hall y Carlos Manuel de Céspedes y Céspedes, llevó la bandera, confeccionada por Felicia Marcé, en procesión a caballo hasta la iglesia. A la entrada del templo los jinetes se desmontaron de sus caballos y Candelaria sostuvo la bandera por el asta; Juan Hall por el extremo opuesto, y, bajo ella, desfilaron Céspedes y todo su Estado Mayor. En la procesión iba un grupo de señoritas que cantaban el himno de Perucho Figueredo, y a ambos lados de la calle marchaba la tropa victoriosa.

---

[180] *Diario de Sesiones de la Cámara de Representantes*, Décimo Tercer Período Congresional, vol. L, núm. 4, 16 de abril, 1928,

[181] *Diario de la Marina*, 6 de junio de 1941, p. 8.

[182] José Maceo Verdecia: *Bayamo,* Editora La Mercantil, La Habana, 1941, pp. 159-162.

En las fotos aparecen algunas señoras que cantaron el himno de Bayamo: Ana Madrigal, Caridad González y Amelia Montero. También aparece la tarja conmemorativa en Bayamo

Entre las que cantaron el himno estaban: **Inés, Ana e Isabel Jerez, Ana Rodríguez, Catalina García, Victoria Rodríguez y Adriana del Castillo; Amelia Montero, Caridad González, Elisa Figueredo, Candelaria Figueredo y Ana Estrada Madrigal.**[183]

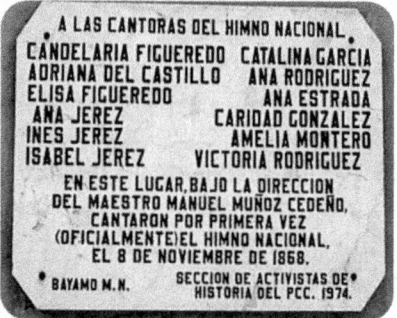

Flora Mora[184] en su libro, *Biografía de Perucho Figueredo*, declara que en 1929 la señora Elisa del Portillo Vda. de Rodríguez (hija de Candelaria Figueredo) declaró a la Comisión Pro Himno Nacional, que su tía, Elisa Figueredo, había sido la directora del coro de señoras que entonaron el himno.

Años después de finalizada la guerra, Tomás Estrada Palma en su viaje a Gibara como Presidente electo de Cuba, se encontró en Santiago de Cuba con Felicia Marcé. Según testimonio de Felicia y en presencia del señor Manuel Márquez Sterling, dice que Estrada Palma la abrazó y le dijo: «Felicia, la bandera que tú hiciste en Bayamo, la tengo en Nueva York; ahora pronto la traeremos para Cuba».[185]

---

[183] Ana Estrada fundó más tarde en Cayo Hueso, el club Mercedes Varona no. 2, el 11 de julio de 1892.
[184] Flora Mora: Ob. cit., p. 85.
[185] Pablo Díaz de Villegas: *La bandera de Céspedes*, Imprenta P. Fernández, La Habana, 1928.

Iglesia de Bayamo donde se tocó el himno del día del Corpus y se bendijo la bandera después del incendio de la ciudad.

Veintiséis años después de la proclamación de la República de Cuba y a los treinta años de finalizada la guerra de independencia en Sesión Extraordinaria de la Cámara de Representantes, el 16 de abril de 1928 en La Habana,[186] se presentó una propuesta de ley concediendo una «pensión vitalicia de mil ochocientos pesos anuales a la señora Felicia Marcé Castellanos, pagadera por dozavas partes». La propuesta estaba firmada por Rafael Guas Inclán. Y añadía: «Para esta anciana desvalida que hizo la otra enseña, y todas mis investigaciones como las del Dr. de la Cruz han corroborado este extremo, para esta viejecita es, señores Representantes, en esta tarde criolla, la más bella que he visto en la Cámara de Representantes, es que pido que todos los representantes, puestos de pie, votemos la pensión para Felicia Marcé y Castellanos (aplausos)». La propuesta fue aprobada el 18 de abril de 1928.[187]

Felicia Marcé Castellanos de Blez falleció el 5 de julio de 1941 en La Habana, en la casa número 210 de la calle Neptuno.[188] Apareció en los periódicos una nota necrológica que decía: «Apreciando sus extraordinarios méritos de auxiliar de la revolución del 68, y de la Guerra del 95, el Congreso de la República la proclamó Libertadora Insigne por medio de una Ley concediéndole además una pensión. De acuerdo a sus deseos, expresados más de una vez, será sepultada a los acordes del Himno Nacional y envuelta en una

---

[186] *Diario de Sesiones*: Ob. cit., vol. L, núm. 4.

[187] *Diario de Sesiones de la Cámara de Representantes*, Sesión Ordinaria del 2 de mayo de 1928, vol. L, núm. 7, p.2.

[188] *Diario de la Marina*, 6 de julio de 1941, p. 8.

bandera de la República de Cuba. El cortejo fúnebre partirá de la casa de la calle Neptuno. Felicia Marcé fue de las pocas mujeres que recibieron pensión del gobierno por sus servicios a la patria».[189]

Es importante mencionar en este capítulo que al finalizar la guerra de independencia la bandera de La Demajagua fue llevada a Cuba por la viuda de Carlos Manuel de Céspedes, **Ana de Quesada y Loynaz**. A fines de diciembre de 1898 Ana de Quesada y Loynaz parte con su hijo para La Habana en barco, adonde llegan el 1 de enero de 1899, alrededor de las cinco de la tarde, cuando horas antes había sido arriada la bandera de española de la fortaleza de El Morro y La Cabaña.

El 4 de julio de 1902, Ana de Quesada se encuentra hospedada con su hijo en el hotel Pasaje en La Habana, y tiene consigo la bandera original que su esposo Carlos Miguel de Céspedes le había enviado a Nueva York durante la guerra del 68 junto con una carta en la que le pedía que la conservara hasta mejores días. Su hijo, Carlos Manuel de Céspedes y de Quesada explica: «La viuda de Céspedes pensó que a nadie mejor que a esos esclarecidos patriotas podía presentar aquellas reliquias para que reconocieran su autenticidad o les pusieran los reparos que tuvieran por conveniente al dar ella por terminada su larga misión de guardarlas religiosamente hasta mejores días y entregar a la Cámara cubana la augusta enseña de La Demajagua».[190]

Hotel Pasaje en la época en que se hospedó Ana de Quesada

---

[189] Nota necrológica aparecida en el *Diario de La Marina*, La Habana, 6 de julio de 1941.

[190] Carlos Manuel de Céspedes y de Quesada: *Las banderas de Yara y Bayamo*, Editorial Le Live Libre, Paris, 1929, p 79.

La Cámara acogió con interés la entrega de aquella bandera y a la vez quiso probar su autenticidad. Fueron citados los integrantes de la Cámara así como otras personalidades quienes habían sido protagonistas en la Guerra de los Diez Años, a encontrarse en el gran salón del hotel Pasaje. Allí, Ana de Quesada sacó la bandera del tubo en el que se hallaba y que Carlos Manuel le había enviado. «Y ahora ve usted –dijo Ana de Quesada– y poseída de una excitación nerviosa, abrió una caja resistente y nos mostró la Bandera de Yara, tal como la describió nuestro valioso colaborador y patriota admirable Fernando Figueredo». Los primeros en examinarla fueron Manuel Sanguily y Fernando Figueredo Socarrás, mientras que el notario redactaba el acta, rodeado de algunos representantes. Luego firmaron el acta.

La labor de las cubanas Emilia Teurbe Tolón, Adolfina de Céspedes, Cambula Acosta, Canducha Figueredo, Felicia Marcé y muchas otras, fue de gran importancia en la historia de nuestra bandera. Estas mujeres alimentaron las ansias de libertad del pueblo. Ellas confeccionaron, transportaron, distribuyeron, escondieron o exhibieron la bandera cubana a lo largo y ancho de la Isla. Numerosas cubanas contribuyeron a la revolución con su confección, tomando altos riesgos pues de ser descubiertas haciendo o guardando banderas, podía costarles la prisión o el exilio a ellas y a los miembros de su familia.

Honremos a todas estas mujeres con las palabras de Carlos Manuel de la Cruz, representante en la Sesión Extraordinaria de la Cámara de Representantes aquel día histórico en el hotel Pasaje: «el culto de los antepasados y el recuerdo de tradiciones y actos comunes es lo que nos hace mantener el sentimiento que engendra el nacionalismo».[191]

Las mujeres de las familias Céspedes y de Quesada

Manuela de Céspedes y Chávez, contrajo matrimonio con su primo segundo, Oscar de Céspedes y del Castillo, hijo de Carlos Manuel de Céspedes de su primer matrimonio. Oscar y Manuela se casaron poco después del levantamiento del 10 de octubre de 1868,

---

[191] Diario de Sesiones, Ob. cit.

y aquella desventurada recién casada no pudo disfrutar de su matrimonio. Cuando se hallaban en la finca La Caridad junto con otros mambises, los españoles asaltan el lugar y todos son hechos prisioneros. Varios conspiradores fueron fusilados inmediatamente, pero Oscar fue conducido junto con Manuela y otros prisioneros a Guáimaro y allí fue sometido a consejo de guerra que lo condenó a muerte. Luego, los españoles trataron de negociar con Carlos Manuel la vida de su hijo, y Céspedes repitió aquellas famosas palabras: «Oscar no es mi único hijo. Mis hijos son todos los cubanos». Oscar fue fusilado en Puerto Príncipe el 29 de mayo de 1870 dejando viuda a Manuela.

María de la Trinidad Céspedes y del Castillo era bayamesa, hija de Francisco José de Céspedes y Luque, y Doña María Catalina del Castillo Ramírez de Aguilar. María de la Trinidad era hermana de María del Carmen, la primera esposa de Carlos Manuel de Céspedes. Contrae matrimonio con Francisco Javier de Céspedes y del Castillo, su primo hermano y hermano de Carlos Manuel de Céspedes. En 1848 tuvieron un hijo, Ricardo Rogelio, quien luego se casaría con Blanca Figueredo Vázquez, una de las hijas de Perucho Figueredo.

Francisco Javier de Céspedes se alzó en Macaca en octubre de 1868 junto a su hermano Pedro. Fue elegido vicepresidente de la Cámara de Representantes. No sabemos si María de la Trinidad se fue a la manigua junto con el esposo, o si fue al extranjero.

Ana María de Quesada y Loynaz era hija de Pedro Manuel de Quesada y Quesada y de María del Carmen Loynaz y Miranda. Pertenecía a una familia acaudalada por lo que Ana se había educado en el convento de las Madres Ursulinas en Camagüey donde, como era la costumbre de la época, aprendió bordado y tejido. Tenía tres hermanos: Caridad, Conchita y Manuel de Quesada, este último comandante en jefe del Ejército Libertador.

El 4 de noviembre de 1868, Ana contrae matrimonio con Carlos Manuel de Céspedes en la parroquia de San Diego del Chorrillo de Camagüey. Pronto nace su primer hijo, Oscar. En la biografía[192] de su padre, **Gloria de los Dolores de Céspedes**, narra:

---

[192] Gloria de los Dolores de Céspedes: *Céspedes visto por los ojos de su hija.* Imprenta El Siglo XX, H. Muñiz y Hno., La Habana, 1934.

«Poco tiempo después que nació aquella criatura, [Oscar] mi madre tuvo que huir del enemigo con su niño en los brazos. Una columna española al mando del coronel Esponda sorprendió la ranchería donde ella se encontraba con su madre y hermanas. La separaron de estas, dejándola a ella sola con su niño. El fuego devoraba los alrededores y tapando a su hijo con las manos para librarlo del humo y de las chispas, se internó en el monte, porque comprendió que si los españoles la habían apartado del resto, había sido con la esperanza de que Céspedes volviera y podrían así capturarlo. Se refugió en la humilde choza de una familia de color y a poco se reunió con su marido; pero sin poder alimentar ella misma suficientemente a su niño, y careciendo de otros medios para ello, en pocos meses lo perdió».

En la foto Ana María de Quesada y Loynaz

Tiempo más tarde Ana de Quesada quedaría embarazada nuevamente y Céspedes comprendió que tenía que resolver la situación de la esposa y decidió enviarla al exilio. «Se presentó la solución el 3 de noviembre de 1870 con la llegada de Juan Clemente Zenea», sigue diciendo Gloria de Céspedes y de Quesada. «Zenea había salido para Cuba encargado de una misión secreta por los agentes españoles en los Estados Unidos. Llevaba un salvoconducto expedido por el Ministro de España en Washington. Ignorando estas circunstancias y creyendo a Zenea fiel patriota, los revolucionarios lo recibieron como a uno de los suyos. Cuando se separó de ellos llevaba encima numerosa correspondencia oficial y planes para introducir futuras expediciones. Céspedes, que tenía de Zenea la mejor opinión, le confió su mujer para que saliendo de la isla se reuniera con su familia en Nueva York».[193]

---

[193] Gloria de Céspedes, Ob. cit.

Gloria de Céspedes y de Quesada

El 13 de diciembre salieron del campamento Ana de Quesada con Zenea y su viejo amigo José Eugenio Bernal quien los acompañó hasta un punto de la costa donde una pequeña goleta inglesa debía recogerlos. Pero en lugar del buque inglés vieron un barco de guerra español. Zenea les dijo que no temieran nada, que la galantería de la marina española era famosa, y que quizá era mejor enarbolar una bandera blanca para que fueran a recogerlos. «Al oír estas palabras mi madre, que estaba acostada con fiebre, se irguió de su improvisada cama», dice Gloria de Céspedes, «exclamando que no se presentaría jamás al enemigo, si bien Zenea estaba en libertad de hacer lo que quisiera. Llamó a los criados, mandó a ensillar los caballos con la intención de ir a reunirse con su esposo. Estaba tan decidida que Zenea se vio obligado a dejar la costa con ella».

Después de varios días de marcha volvieron a reunirse con Bernal, y Anita le rogó a Zenea que la acompañara, pero este les dijo que solo podría hacer con ellos parte del camino para luego tratar de salir de Cuba por alguna población. A los pocos días se unieron a la señora **Matilde de Varona de Bernal**, y salieron a caballo en dirección al lugar en donde ellos suponían que Céspedes se encontraría en aquel momento. El 31 de diciembre llegaron a Santa Rosa de la Guanaja. Al entrar en el potrero la pesada talanquera se cerró detrás de ellos. Habían caído en poder del enemigo.

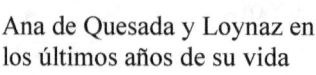

Ana de Quesada y Loynaz en los últimos años de su vida

«Pocos días después», sigue explicando Gloria de Céspedes, «mi madre y Zenea fueron enviados a La Habana en un cañonero español donde ella estuvo detenida varios días en la morada particular del director de la Casa de Beneficencia. El gobernador, capitán general Blas Villate, conde de Valmaseda, la obligó a celebrar una entrevista con él en Palacio. En ella le pidió que usara de su influencia para que mi padre abandonara la guerra prometiéndole que le neutralizaría un punto de la costa y que de ese modo pudiera salir sano y salvo de la isla a bordo de un buque de guerra americano. Hasta dinero ofreció para Céspedes y una alta posición oficial de la madre patria agradecida».[194] Pero Ana de Quesada lo rechazó todo. Fue entonces cuando se le permitió salir de Cuba para los Estados Unidos embarcándola como exiliada, el 12 de enero de 1871.

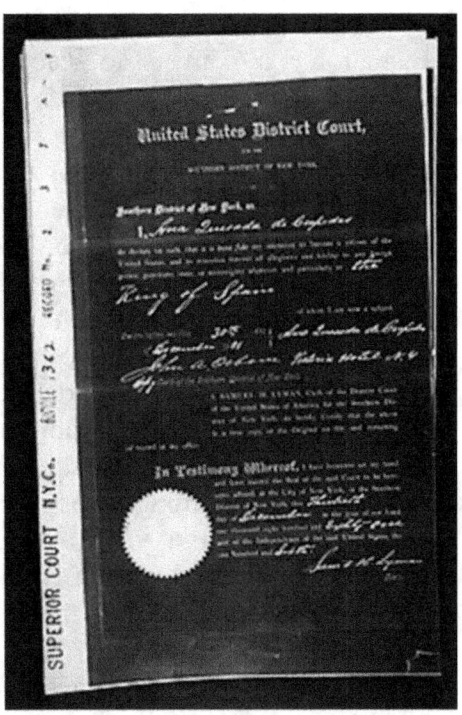

Expediente de naturalización norteamericana de Ana de Quesada, expedido en Nueva York el 30 de diciembre de 1881[195]

---

[194] Gloria de Céspedes, Ob. cit.
[195] www.Ancestry.com

A Zenea este episodio le costó la vida. Ana de Quesada se reunió en Nueva York con su madre **Carmen Loynaz y Miranda** y sus dos hermanas, **Caridad y Conchita**. Meses después, en agosto de 1871, Ana dio a luz a los gemelos, y en 1872 Céspedes escribía a su esposa: «Han pasado 20 meses desde que te vi por última vez. [...] Cuando veo a tantos cubanos indiferentes en su patria, o que han virado sus espaldas a la patria para estar con su familia, me siento avergonzado y reafirmo mi juramento de que algún día se pueda decir que Cuba ha producido por lo menos un hombre con dignidad. Yo sé que tú compartes conmigo estos sentimientos y que no me culpas por haberte dejado sola, en el exilio, a cargo de la familia y sin recursos».[196]

Al ser depuesto Carlos Manuel de Céspedes en octubre de 1873, pidió que se le facilitara un pasaporte para reunirse con su esposa e hijos, y poder desde el extranjero seguir sirviendo a la Revolución. La Cámara no accedió a esta petición y Céspedes se retiró a la Hacienda San Lorenzo donde fue asesinado el 27 de febrero de 1874.

Ana regresó a Cuba años más tarde, en 1899. Fue miembro de la Junta Patriótica de La Habana en 1907 y falleció en París en 1910 donde está enterrada. Monseñor Carlos Manuel de Céspedes, ex vicario de la Arquidiócesis de La Habana, y descendiente de la familia Céspedes y Quesada, me ofreció este testimonio: «Son los biznietos y tataranietos de Gloria de los Dolores de Céspedes y de Quesada los que deben tener datos, [sobre Ana] pero nunca se han relacionado con Cuba, y siempre se opusieron a que los restos de Ana vinieran a Cuba, a reposar en la tumba de Carlos Manuel en Santa Ifigenia en Santiago, como era el deseo de Alba de Céspedes y Bertini, nieta de Ana, ya difunta».[197]

Francisca de Borja de Céspedes (*Borjita*), hermana de Carlos Manuel de Céspedes. La fecha exacta de su nacimiento se desconoce, se cree que nació entre los años 1836 y 1839, en la ciudad de Bayamo. Sus padres, residentes de Puerto Príncipe, eran Jesús María de Céspedes y Luque, sevillano, y la camagüeyana

---

[196] Gloria de Céspedes, Ibídem.

[197] Correspondencia de la autora con Mons. Carlos Manuel de Céspedes, La Habana, 2006.

Francisca de Borja López del Castillo y Ramírez de Aguilar. Los hermanos de Borjita además de Carlos Manuel, fueron Francisco Javier, Ladislao y Pedro María. Todos se consagrarían a la independencia de Cuba.

Francisca (*Borjita*) de Céspedes

Después del incendio de Bayamo, Borjita huyendo de los españoles se fue a la manigua donde pasó muchas penalidades. Las tropas de Valmaseda la apresaron en Manzanillo y cuando la pusieron en libertad marchó al exilio. Falleció en la pobreza en Jamaica en 1876.[198]

Las mujeres de la familia Vázquez Moreno

Las hermanas gemelas Isabel y Luz Vázquez Moreno nacieron y vivieron en Bayamo. Luz fue la inspiradora de la canción *La bayamesa*, de Céspedes y Fornaris (no confundir con *La bayamesa*, de Perucho Figueredo). Isabel se casó con el patriota Perucho Figueredo.

Isabel Vázquez Moreno era hija de Juan Vázquez y de María Moreno. Poco sabemos de ella, y no se han encontrado fotografías ni dibujos que nos puedan dar una idea de su apariencia física. Por su condición de esposa de Perucho Figueredo nos imaginamos que Isabel debió de haber poseído grandes valores morales y espirituales.

Perucho e Isabel contrajeron matrimonio en la iglesia parroquial de Bayamo en 1844, y luego del casamiento se fueron a vivir a la residencia que Figueredo tenía en Santa María del Rosario,

---

[198] *Enciclopedia Carlos Manuel de Céspedes*, Casa Natal de Carlos Manuel de Céspedes, Bayamo.

cerca del ingenio Las Mangas. El matrimonio tuvo doce hijos: Eulalia (*Yayita* 1845-1876), Pedro Felipe (1848), Blanca Rosa (*Blanquita*) (1850), Gustavo (1851-1878), Elisa (1852), Candelaria o *Candello*, (1853-1914), Isabel (1855-1894); María de la Luz (*Lucita*) (1857-1910), Ángel María (*Ángelo*) (1858), Piedad Luisa (1859-1891) y María Esther (1867).

Cuando comienzan los preparativos para el levantamiento, Perucho ayuda a Céspedes a organizar el incendio de Bayamo. Figueredo coloca sus dos pianos junto a los muebles, y los cubre con ropa de la familia para luego prenderle candela a todo. La propiedad de la casa y el dinero se lo lleva a un lugar secreto que solo revela a su esposa Isabel y a un esclavo de confianza.

Luego de la quema de Bayamo, la familia Figueredo escapa a los bosques de Jobabo, cerca de Las Tunas, donde tratan de subsistir por casi 18 meses. El 18 de junio de 1870 los españoles atacan el lugar donde se escondían; Luis Figueredo encuentra a la familia y se la lleva a Santa Rosa de Cabaiguán, un lugar mucho más seguro.

Casi dos meses más tarde, el 3 de agosto, se reencuentra Perucho con su familia. Al ver Isabel la condición en que estaba Perucho, quedó conmovida. Había contraído tifus y sus pies estaban completamente ulcerados. Además, estaba sucio, sin afeitar, con las ropas completamente rotas; era una imagen estremecedora. No tenían medicinas, ni mucha comida por lo que Isabel y sus hijos temieron por su vida.

El 14 de agosto, llegan los españoles al poblado de Santa Rosa, y capturan a Isabel junto con seis de sus hijos mientras que Perucho es llevado precipitadamente por su hijo Gustavo a un escondite y allí lo deja al cuidado de su hija Candelaria. Pero esa noche, Perucho y su hija se separan y a la mañana siguiente los españoles lo encuentran solo en la manigua y lo apresan. Luego, lo trasladan a caballo hasta Jobabo donde permanecen presos Isabel y la familia. Por su estado de salud, el coronel Cañizal permite que su hija Eulalia acompañe a Figueredo en el recorrido hasta Manzanillo, y allí lo embarcan en el acorazado *Astuto* para Santiago de Cuba. Eulalia permanece confinada en prisión mientras llega el resto de la familia. Días después Isabel y sus siete hijos son expatriados y embarcados para Nueva York.

Mientras llevaban a Perucho a Santiago de Cuba, su hija, **Candelaria Figueredo,** logra escapar a los montes junto con Boris de Céspedes, hermano de Carlos Manuel de Céspedes, y viven escondidos en la manigua por meses. Isabel Vázquez y sus hijos llegan a Nueva York donde los recibe la comunidad cubana exiliada. En Nueva York la familia pasa muchas necesidades. Francisco Vicente Aguilera, que era vicepresidente de la República en Armas en el exilio, los ayudará. Dice Aguilera en su diario:[199] «Reuní a Ramón y Mayorga y les expuse que acababa de llegar a esta ciudad Isabel Vázquez y sus dos hijas (Piedad y Eulalia). Que la primera había sido esposa y las segundas hijas del patriota Perucho Figueredo que en unión de Maceo y Esteban Estrada trabajamos tanto por hacer la Revolución. Que comprendía el mal efecto que hace en la emigración el señalarle una pensión a nadie, pero que al mismo tiempo juzgaba indispensable pasarles $40 o $50 mensuales para que no se muriesen de hambre la mujer e hijas de tan benemérito patriota. Inmediatamente convinieron en que tenía muchísima razón y se acordó asignarles $50 mensuales pero que no apareciesen como cosa de la Agencia sino como un donativo particular que les hacía Mayorga, y que esta cantidad se cargaría mensualmente a gastos imprevistos».

Casi un año más tarde, el 15 de julio de 1871, los españoles capturan y deportan al resto de los hijos de Figueredo: Candelaria, Luz y Ángel María. Cuando llegan a Nueva York se enteran de que su madre y hermanas ya no viven en esa ciudad pues se han mudado para Cayo Hueso, y tiempo después todos se reúnen allí.

En Santiago de Cuba, Perucho fue condenado por traición, y luego de un juicio sumarísimo, fue ejecutado el 17 de agosto de 1870 en Santiago de Cuba junto a Rodrigo Tamayo e Ignacio, el hijo de este. El cuerpo de Figueredo fue enterrado en una fosa común y el lugar se desconoce.

---

[199] Francisco Vicente Aguilera: *Cartas familiares, diario y correspondencia en la emigración (Estados Unidos)*, Literatura de Campaña, Editorial de Ciencias Sociales, La Habana, 2009.

Isabel Vázquez, la esposa de Perucho, vivió en Cayo Hueso unos tres años luego de su expatriación, y murió el 2 de mayo de 1873 donde aún permanece enterrada en el cementerio histórico de Cayo Hueso, entre las calles Margaret y Wilson, en la parte antigua de la ciudad. Ningún gobierno se ha ocupado de trasladar para Cuba sus restos.

Sepulturas de Isabel Vázquez Moreno y su hija Eulalia Figueredo Vázquez en la actualidad, en el cementerio histórico de Cayo Hueso. (Foto de Maricely Consuegra Castroverde ©)

María de la Luz Vázquez Moreno y *La bayamesa*

Luz Vázquez nació en la ciudad de Bayamo en 1831. Criolla de alcurnia, y de familia separatista, había quedado huérfana de padre desde muy joven. Su hermana gemela Isabel Vázquez Moreno sería la esposa de Perucho Figueredo.

Luz era alta, delgada, de piel trigueña, ojos negros profundos y vivaces. Fue ella la que inspiró la famosa canció n *La bayamesa*, cuyas notas apasionadas sirvieron años después para, cambiándole la letra, encender los ánimos de los libertadores. Francisco Castillo Moreno junto con el poeta José Fornaris y Carlos Manuel de

Céspedes, así como la voz de tenor de Carlos Pérez, ayudaron a componer e interpretar la canción dedicada a Luz, aquella noche del 27 de marzo de 1851. Tiempo después Francisco y Luz contrajeron nupcias naciendo de esta unión siete hijos: Pompeyo, Francisco, Lucila, Adriana, Leonela, Atala y Heliodoro.

Diecisiete años más tarde Carlos Manuel de Céspedes iniciaba la gesta emancipadora y la familia Castillo Vázquez fue de las primeras en unirse a la lucha. Luz ve morir a su hijo Pompeyo, y ayudada por su amiga Ana Izaguirre, lo sepulta abriendo la fosa con sus manos. Poco después, y a pesar del dolor que tenía por la pérdida del hijo, recibe a los comensales en los salones de su hogar para celebrar la victoria de Bayamo.

Luz Vázquez

En el hogar de los Castillo Vázquez en la calle de El Salvador, se celebraban importantes reuniones revolucionarias. Allí se planeó la fabricación de balas para precipitar el movimiento y se ideó un plan de ataque por sorpresa a los cuarteles de Caballería e Infantería que abortó debido al desarrollo de los acontecimientos, provocados por Céspedes en La Demajagua.

Francisco Castillo tiene que huir a España por la persecución a la que está sometido, y luego muere de tuberculosis en Madrid. Pocos días después de la muerte de su esposo, Luz recibe la noticia de la muerte de su hijo Francisco y, aunque triste, todavía le quedan fuerzas y espíritu para arengar a su hija Atala a cantar el himno de Perucho Figueredo junto a su prima Canducha Figueredo.

Luz Vázquez y sus hijas Atala y Adriana junto al pueblo de Bayamo, decidieron en asamblea pública, quemar sus hogares antes que entregarlos al enemigo. El 12 de enero de 1869, los habitantes del pueblo de Bayamo incendiaron todo lo que tenían. Todas las familias perdían sus hogares, sus pertenencias y objetos de gran valor.

Atala del Castillo Vázquez, hija de Luz Vázquez, emigró a Cayo Hueso y se casó con Carlos Costales.

Adriana del Castillo Vázquez (1853-1870) otra de las hijas de Luz y Francisco, era ferviente bayamesa. Se le inflamaba el corazón por la patria, y trabajó intensamente durante los tres meses en que Bayamo fue capital de Cuba Libre. En esta época pierde a su novio en la manigua.

El 14 de octubre de 1868 la ciudad está bajo estrecha vigilancia. Los jóvenes Rodrigo Tamayo, Eleusipo Betancourt y Federico Sánchez que habían ido a ponerse en contacto con los líderes en la manigua, caen en manos de la Guardia Civil y son remitidos al vivac y luego a la cárcel. El alcalde los envía bajo fuerte escolta hacia el cuartel de las autoridades militares. En la calle hay un gran número de vecinos que comienzan a seguir a los soldados. La comitiva pasa por la calle donde viven Adriana y su familia, y al verlo pasar todos salen a las puertas. De pronto Adriana, cogiendo un ramo de flores, bajó a la calle acercándose a los prisioneros, y abriéndose paso entre la multitud, lanzó un ramo de rosas a Federico Sánchez mientras gritaba: «¡Para los tres!».

Días después de la toma de Bayamo por las tropas revolucionarias, Adriana del Castillo redactó de su puño y letra el siguiente llamamiento dirigido a la juventud de Bayamo y su jurisdicción, y firmado por «varias bayamesas». El llamamiento, publicado en el periódico *El Cubano Libre* en su edición del viernes, primero de enero de 1869, decía así:

Llamamiento

Juventud fuerte de Bayamo y su jurisdicción: Cabemos la honra de llamaros a que toméis las armas en defensa de la patria para que con ella defendáis los santos fueros de la libertad y la independencia. No nos andéis por más tiempo con «chancha mansas» como dice el intrépido Juan Mena. *¡Allons, enfants de la patrie, Le tour de gloire est arrivé!*

Varias Bayamesas

Luego, Adriana se vistió de colores patrióticos junto con un grupo de amigas que ella había organizado desde hacía varios meses, y se lanzó a la calle para entusiasmar y tratar de sacar de sus hogares a aquellos que todavía eran indiferentes o neutrales, empujándolos a empuñar las armas. Además, Adriana formó parte del grupo de señoritas que cantaron el himno en el Te Deum celebrado en la Parroquia de Dolores para dar gracias a Dios por el triunfo de los revolucionarios.

Durante los tres meses que permaneció Bayamo en poder de Céspedes, Adriana sirvió de enfermera en los hospitales de sangre que fueron improvisados. Se reunía con un grupo de amigas por la noche, cambiando siempre de casa, y cosían, preparaban vendajes y confeccionaban escarapelas. Perucho, su tío, lo guardaba todo en su finca de Las Mangas bautizada como el Templo de la Libertad. Tanto había hecho Adriana que se había ganado la confianza de Francisco Vicente Aguilera.

Pero cuando se enteran de la noticia de la derrota de Donato Mármol, las familias comenzaron a huir a la manigua. Adriana y su familia se refugiaron en las serranías de Guisa y allí permanecieron desde ese momento. Levantaron un bohío de cujes con techo de hierba de guinea, y se alimentaron con raíces y frutas silvestres. Así se mantienen hasta el 22 de enero del 1870. En estado paupérrimo y con la salud muy deteriorada las encuentran los españoles y las llevan a Bayamo. Las instalan en la antigua cochera de su propiedad, en la calle San Francisco.

Las condiciones en que Adriana se encontraba eran alarmantes; el tifus estaba a punto de acabar con su vida, pero se negó a ser atendida por un médico español. «Es inútil; voy a morir» decía. Cuando vio que el médico se dirigía hacia su cama gritó con las fuerzas que le quedaban: «Yo soy revolucionaria. Usted no puede asistirme. Usted...» pero no pudo seguir. Sufrió un desmayo, y se dejó caer en los brazos de la madre, que creía había llegado el momento final para su hija. El médico, admirado por la muchacha, le prometió a Luz hacer todo lo posible por curarla. Este gesto de Adriana de preferir la muerte antes de ser atendida por un médico español es digno de admiración y respeto.

Bayamo en ruinas

Las visitas del médico se sucedieron. Él le traía las medicinas que necesitaba, pero todo fue inútil, el tifus ya había llegado a su etapa más cruenta. Una tarde, Adriana se agravó; deliraba y hacía esfuerzos por abandonar su cama. La madre, desconsolada, mandó llamar al médico que acudió rápidamente. Cuando entró en la habitación quedó paralizado ante lo que vio: sin saber de dónde sacaba las fuerzas, la muchacha estaba de pie sobre la cama, los cabellos desordenados, los ojos inflamados, y se sujetaba a los hierros de la cama. Cuando vio al médico comenzó a cantar las estrofas del himno de Bayamo. El médico corrió hacia ella, y como apoyada en una fuerza sobrenatural, miró al techo y continuó cantando. Al llegar a la última estrofa, suspiró, se tambaleó de un lado a otro, y cayó hacia atrás. El médico la agarró, pero ya había muerto.

Lucila del Castillo Vázquez. Cuando muere Adriana, Luz le dedica toda su atención a Lucila, la otra hija que también está enferma de tuberculosis. La enfermedad había avanzado rápidamente y le había destrozado los pulmones. Una noche perdió el conocimiento. En el momento en que el médico trataba inútilmente de reanirmarla lo llamó el conde de Valmaseda y se marchó precipitadamente. Desde aquel momento la madre afligida, se arrodilló junto al lecho esperando que la vida regresara a la que ya parecía muerta. ¡Qué dolor y qué sufrimiento para aquella mujer! Su primer hijo, Pompeyo, había muerto el día antes de la toma de Bayamo; su hijo Francisco había caído en un combate; su esposo había muerto en España. Después había soportado los horrores de un año de miserias en la manigua. Ahora, Adriana muerta y Lucila a punto de morir. Cómo describir tanta pena y amargura que sentía aquella mujer. Agotada, pasaba el tiempo de rodillas esperando una mejoría en las próximas horas que era lo que el médico había dado para que la enferma se recuperase. Al no ver ninguna mejoría, pensando que Lucila ya había muerto, cayó Luz herida por un dolor profundo se abrazó al que creía cadáver de su hija y murió. Pero una hora más tarde, cuando alumbraban su cuerpo las luces mortuorias, ¡Lucila recobró el conocimiento!

¡Qué tragedia para esta familia de valientes mujeres! ¡Qué contraste con los comienzos de su vida de juventud, en la que su futuro esposo le cantaba *La bayamesa* en el balcón de su hogar! Y luego, cuánto pesar, cuánto sufrimiento, cuánta fatiga, cuánta resistencia.

Así fue el final de casi toda una familia bayamesa. Ese fue el último capítulo, triste y doloroso de Luz Vázquez y de su hija Adriana del Castillo Vázquez.[200]

---

[200] Verdecia: Ob. cit., pp. 141-153.

Fragmento del monumento al general Antonio Maceo en La Habana. En él se ve a Mariana Grajales haciendo jurar a sus hijos fidelidad a la Patria. Obra del escultor italiano Domenico Boni, inaugurado el 20 de mayo de 1916.

4

*Mujeres Patriotas
de la Guerra de los Diez Años*

El valor de los cubanos en la Guerra de los Diez Años fue heroico, pero el valor de las cubanas fue estupendo. La palabra heroísmo no basta para expresar con exactitud el temple de alma de que dieron prueba nuestras mujeres, más bien debiera llamarse estoicismo patriótico. Todo les faltó de súbito, cuando formaban el encanto de su vida y era la alegría de sus corazones; y todo lo soportaron impávidas. La orfandad, la viudedad, la miseria; fueron las tristes compañeras de su hogar lleno de lágrimas; pero nunca jamás salió un reproche de sus labios. Aceptaron en silencio el sacrificio y lo elevaron, como ofrenda sagrada, en oblación a la libertad de la Patria.[201]

Enrique José Varona

---

[201] Leopoldo Horrego Estuch: «Patriotas Cubanas», *Bohemia*, La Habana, 10 de agosto de 1965.

Aclaración

Aunque he tratado de investigar en muchas fuentes, siempre es posible que falten nombres y datos de patriotas; tiene que haber muchas más mujeres que intervinieron y lucharon junto al hombre durante la Guerra de 1868. Por eso, pido disculpas si faltan nombres, o se omiten sucesos en los que participaron las mujeres. Será labor para una obra futura. De todos modos, esto es ya un comienzo.

La autora

Mujeres Patriotas de Oriente

«...las mujeres de la sociedad terrateniente campesina del Cauto se consideraban demasiado importantes y tenían muy en alto su papel en el medio en que vivían para gastar tiempo y sentimientos en fabricar frases y gestos elegantes, pero muy poco prácticos».[202]

Manuela Agramonte de Zayas nació en Santiago de Cuba a mediados del siglo XIX. Sus padres, Francisco de Agramonte y Agüero y Dolores de Zayas, le ofrecieron una educación esmerada. Hablaba inglés, francés e italiano, pues tenía mucha facilidad para los idiomas. En un viaje a España conoció a su primo, el músico Emilio Agramonte y Piña, y en noviembre de 1866, contrajeron matrimonio.

La familia de los Agramonte Piña quedaría vinculada a la causa de la revolución: las hermanas de Emilio, **María del Carmen Agramonte** se casaría con León Primelles Socarrás, fallecido en la insurrección, y la segunda hermana, **María de los Ángeles Agramonte** se uniría a Benjamín Primelles Socarrás. Finalmente, **Luisa Agramonte**, casada con Cayetano Rivas, sería la abuela materna de Eduardo R. Chibás, destacado luchador político de la República.

Al estallar la Guerra del 68, Manuela y Emilio se exilian en Nueva York. Allí Emilio se convierte en activo agente de la revolución, vinculado a las actividades de la emigración y a la Junta Revolucionaria de Cuba y Puerto Rico. En Nueva York, Manuela se une a la labor de la Liga de las Hijas de Cuba de la mano de su amiga, la patriota Emilia Casanova, y ocupa el puesto de vocal en esta organización. Al terminar la guerra Manuela Agramonte regresó a Cuba con su esposo en 1902.

---

[202] José Abreu Cardet: *Las fronteras de la guerra, mujeres, soldados y regionalismo en el 68,* Editorial Oriente, Santiago de Cuba, 2007.

María Magdalena Cabrales Fernández

«De negro va siempre vestida pero es como si la bandera la vistiese».

José Martí

María Cabrales Fernández nació en la finca San Agustín de San Luis, Oriente, el 22 de julio de 1847. Sus padres, Ramón Cabrales Fernández y Antonia Fernández Isaac tuvieron diez hijos: Ramón Salomé (1836), Francisco de Paula (1838), Fabián de Jesús (1840), María Josefa Eufemia (1842), Abelina de la Caridad (1843), María Caridad (1845), María Magdalena (1847), Dolores Rufina (1849), Santiago de Jesús (1852) y José de la Caridad (1858).

¿Qué sabemos de María Cabrales? De acuerdo a la historiadora Nydia Sarabia, María era «una mulata hermosa, de pelo rizado, más bien alta, de ademanes graciosos. Era una mujer si no bella, interesante».[203] No se han encontrado datos sobre su educación, pero todo indica que recibió clases en el hogar o en alguna escuela de Santiago de Cuba, aunque algunos historiadores afirman que en el partido de La Enramada no existían por entonces centros de enseñanza. Pero cuando leemos sus cartas y comunicaciones María se revela como una mujer cariñosa, con gran sensibilidad y patriotismo, y que escribe con apropiada ortografía y redacción. Podríamos decir que María era una persona con cierta cultura y educación.

María Cabrales y Antonio Maceo se conocían desde que eran niños. Sus familias eran amigas y vivían en la misma zona de Majaguabo, cerca de San Luis. Cuando María y Antonio se van a

---

[203] Nydia Sarabia, *María Cabrales*: Editorial Gente Nueva, Instituto Cubano del Libro, La Habana, 1976.

casar, ella tiene 16 años y Antonio, 21. La ceremonia se efectúa en la iglesia de San Nicolás de Morón, el 16 de febrero de 1863. Como regalo de bodas Marcos Maceo, el padre de Antonio, les regala una de sus propiedades, la finca La Esperanza, donde vivirá la pareja de recién casados.

Desde hace tiempo los historiadores han debatido el asunto de los hijos de María y Antonio: María Caridad y José Antonio, que supuestamente habían muerto muy pequeños debido a la difícil situación de la manigua. El historiador, Manuel Fernández Cascassés afirma que hasta la fecha no existen partidas bautismales de los niños por lo que esta información no se puede confirmar.[204] Tambien añade que en el testamento de María Cabrales aparece textualmente que «estuvo casada con el lugarteniente general de cuyo matrimonio no tuvo hijos».[205]

Cuando comienza la Guerra del 68, un grupo de mambises al mando de Juan Bautista Rondón, se reúne en casa de los Maceo Grajales en la finca Las Delicias. Allí estaban Antonio y María. Es el 12 de octubre de 1868. Esa misma noche María se despide de Antonio y de los hermanos de este, José y Justo, quienes se van a alzar junto con Rondón por la zona de Ti-Arriba en Alto Songo. María Cabrales esperará en su finca La Esperanza hasta que Antonio le avise lo que debe hacer.

Llega a oídos de los españoles que los Maceo se han alzado y que secundan el levantamiento por lo que la tropa española se dirige a Las Delicias para incendiar la casa y las cosechas. Marcos se entera y avisa a Mariana que sale de inmediato con sus hijos hacia los montes de Piloto en busca de refugio. María Cabrales parte también para Piloto varias semanas más tarde y junto a su suegra Mariana Grajales, permanecerá en la manigua los diez largos años de la guerra.

María curaría muchas veces las heridas de su esposo. Enrique Loynaz del Castillo escribía por entonces: «María Cabrales es honroso modelo de la mujer cubana. Ella apareció en el campa-

---

[204] Olga Portuondo Zúñiga: *Aproximaciones a los Maceo*, Editorial Oriente, Santiago de Cuba, 2005, p. 343.

[205] Aproximaciones a los Maceo, Editorial Oriente, Santiago de Cuba, 2005, p. 343.

mento entre los vítores de aquellos valientes orientales, que le conocían desde niña las virtudes, aún más admiradas en ella, que su irreprochable hermosura. Iba por la montaña agreste y penosa, con sus compañeros; ninguna más ágil para subir a la cumbre, ni más solicita para cuidar a un enfermo».[206] Sufriendo las inclemencias del tiempo, bajo constante amenaza de los ataques enemigos, María recorrió en multiples ocasiones las diferentes regiones del campo insurrecto como Baracoa, Holguín, Guantánamo, y otras localidades, en busca de ayuda u ofreciendo sus servicios como enfermera. En 1877, el general Antonio Maceo fue gravemente herido, y María burló al enemigo y salió en busca de refuerzos y ayuda para salvar la vida del esposo. La patriota Magdalena Peñarredonda, su gran amiga, escribió en *El Cubano Libre*: «María recuerda con nimia exactitud las veces que, herido y moribundo, trajeron al incansable luchador, y allá en medio del monte, sin auxilios, acosados por las tropas españolas, ella curaba con amorosa solicitud, una y otra vez aquel cuerpo que parecía insensible al dolor y que el alma grande y generosa de Antonio Maceo lanzaba a la muerte por la redención de Cuba».[207]

Luego del Pacto del Zanjón y la Protesta de Baraguá, la familia Maceo parte para el exilio. Procedentes de Baracoa llegan Mariana, María Cabrales y otros miembros de la familia a Santiago de Cuba y allí se embarcan en el vapor *Fernando el Católico*, el 8 de mayo de 1878 rumbo a Jamaica. Comenzaba así el largo destierro para María.

En 1880 va a Puerto Plata y permanece allí con la familia de Fernando Figueredo. Regresa a Jamaica y más tarde va a Honduras a reunirse con Maceo. Reside en ese país con la familia de Máximo Gómez. En 1884 está en Costa Rica y se embarca junto con Maceo en Puerto Cortés; los acompañan Máximo Gómez y su familia. Se dirigen hacia Nueva Orleans. Luis Brogán, presidente de Honduras, les facilita el dinero para este viaje. Los vaivenes de María en estos años son terribles: en 1885 se embarca en el vapor *Cien-*

---

[206] Enrique Loynaz del Castillo: «La mujer cubana, María Cabrales de Maceo», *Diario de Cuba*, 6 de octubre de 1930.

[207] Portuondo Zúñiga: Ob. cit., p. 343.

fuegos de la Ward Line rumbo a Nueva York.[208] En 1886 se establece nuevamente en Jamaica donde permanece hasta 1890. En ese año va a Cuba con Antonio, pero los expulsan de Santiago de Cuba cuando se descubre la nueva conspiración que planean por lo que regresa a Kingston. Maceo tiene que proseguir con sus planes revolucionarios y deja a María en Jamaica.

Lleva ya dos años María en Kingston sin ver a Antonio, y cuando este le avisa que ya está negociada la tierra en Nicoya, parte para Costa Rica y se encuentra con el esposo para ayudar a fundar la nueva colonia. El 13 de mayo de 1891 Maceo negocia un contrato con el presidente de Costa Rica y elige un lugar donde levantar el batey que más tarde bautizaría como La Mansión.[209] Por este contrato se le otorgaba un permiso para que colonizara y explotara las tierras en la costa costaricense del Pacífico, en la península de Nicoya. Es esta una inmensa extensión de tierra con pocos habitantes aborígenes mestizos. Pero Maceo debe seguir planificando la futura guerra y tiene que buscar ayuda en otros países por lo que María queda en Costa Rica, pero no sola; en Nicoya ya residen unas cien familias cubanas encabezadas por veteranos de la guerra del 68.

El 12 de octubre de 1892, Martí visita Costa Rica y conoce a María, y de este encuentro surge una gran amistad. Doce días después, María funda el Club Patriótico José Martí. El acta de sesión ordinaria del 29 noviembre 1897 refleja que en esa fecha fueron elegidas: como presidenta Candelaria M. de Acosta; Amparo Callejas de Zeledón como vice; Teresa Antúnez como secretaria, y como representante, Eudaldo Tamayo.[210]

Dos años más tarde, el 18 de junio de 1894, funda María, el club Hermanas de María Maceo. Los investigadores concuerdan que María presidió ese club hasta su cierre a fines de 1898, aunque en septiembre de 1897 solicitó la renuncia del cargo para trasladarse a La Mansión y reponerse de su salud, así como obtener recursos para vivir. El club Hermanas de María Maceo realizó veladas y rifas con el fin de recolectar fondos para la revolución.

---

[208] Armando O. Caballero: *La mujer en el 95*. La Habana, Editorial Gente Nueva, 1989, p. 369.

[209] Portuondo Zúñiga: Ob. cit., p. 346.

[210] Sarabia, Ob. cit., p. 80.

De sus trabajos por la independencia, Loynaz del Castillo dejó esta estampa en el ya citado artículo: «Yo la he visto en Costa Rica. Va a cada hogar cubano, y son para ella los honores y el corazón. Y las señoras y las niñas se agrupan en torno suyo y ahorran para poner en sus manos el dinero que sirve a la guerra».[211]

En 1893, Martí escribe: «María, la mujer, nobilísima dama, ni en la muerte vería espantos porque le vio ya la sombra muchas veces. [...] En sala no hay más culta matrona, ni hubo en la guerra mejor curandera. Con las manos abiertas se adelanta a quien le lleve esperanza de su tierra y con silencio altivo ofusca a quien se la desconfía u olvida».[212]

Dos años más tarde, el 5 de junio de 1894, llega Martí nuevamente a Puerto Limón, esta vez en compañía de Panchito Gómez Toro. El encuentro es muy emotivo; todos se abrazan, están alegres y fluye el entusiasmo. Panchito relata la llegada: «A San José llegamos en el tren de las 5. En la estación esperan los coches por las calles húmedas [...]. Fuimos a casa de María. Entramos por la puerta por donde entra la gente a comprar, y mucho quehacer había en la del amigo, donde es María como la dueña. Como de madre fue el abrazo largo y me preguntaba ansiosa por Clemencia, y mamá, la compañera de otros tiempos y papá, de quien tiene el retrato que le regaló en la primera hoja del Álbum».[213]

Luego de la llegada de Martí y Panchito a Costa Rica, se reúnen en casa de Eduardo Pochet.[214] Allí en torno a una mesa larga con un mantel blanco, según lo describe Panchito, se comparte en camaradería: «El [Pochet] vino a llevarnos pronto y fuimos todos y se sentó Martí a la cabecera, María a su derecha, con gracia y modestia, Enrique frente al Delegado, pero muy lejos de tan grande que era la mesa. Se conversaba de cosas alegres, se brindaba por Cuba y por las mujeres. Tempranito al otro día volvíamos a casa de

---

[211] Enrique Loynaz del Castillo: «La mujer cubana, María Cabrales de Maceo», Diario de Cuba, 6 de octubre de 1930.

[212] José Martí: *Patria*, 6 de octubre, 1893.

[213] Bladimir Zamora: Papeles de Panchito, Editora Abril, La Habana, 1987.

[214] Eduardo Pochet, patriota cubano, residente en Costa Rica desde 1875, tenía junto a su hermano reposterías de renombre en esa ciudad, como La Soledad, La Habanera y La Almendares. www.scribd.com.doc.17702243/LaFamiliaOdio-Cairol.

Pochet a tomar la última taza de café antes de partir. María nos llenaba de regalos cariñosos, y hasta un pollo asado de alforja para la jornada larga que íbamos a empezar».[215] En aquel memorable día también estaría celebrando, sentada a la mesa, la esposa de Pochet, la cubana **Florencia Lacoste Lagovigne**, con quien se había casado en San José de Costa Rica, el 15 de agosto de 1881.

En Costa Rica vivía también **María Inés Ferrera Herrera**, la *Corronga*,[216] quien presidió el Club Juvenil Revolucionario José Martí de Costa Rica. Este club organizaba fiestas en las que se recaudaba dinero para la revolución, y eran amenizadas por el violinista cubano Brindis de Salas.[217]

El 19 de noviembre de 1893, el periódico *Patria* publicaba la constitución del club José Martí instaurado la noche del 24 de octubre. Esta asociación de señoras y señoritas tuvo como objetivo «prestar su débil, pero patriótico concurso, a la obra de la independencia de la patria, adhiriéndose en todo a las bases y estatutos del PRC».[218]

En 1894 se funda en Nicoya, Costa Rica, el club Hermanas de María Maceo. He aquí el acta de fundación de dicho club.[219]

Acta de fundación del club Hermanas de María Maceo

En la ciudad de San José de Costa Rica, a dieciocho de junio de mil ochocientos noventa y cuatro, reunidas en la morada de la señorita **Florencia L. de Pochet**, las señoras y señoritas que a continuación firman, por invitación que lo hiciera la Señora María C. de Maceo, declaró esta que las había reunido con el fin de instalar en San José de Costa Rica un club de damas que auxiliase con todos sus posibles recursos y esfuerzos la labor revolucionaria encaminada a la independencia de Cuba y para fundar este club declaró que contaba con la buena voluntad y los nobles sentimientos de amor patrio de todos los presentes como de las demás cubanas que en el suelo costarricense viven sin olvidar jamás a los hombres generosos que luchan por redimirla.

---

[215] Zamora: Ob. cit.

[216] Maceo y María la llamaban *La Corronga* que en Costa Rica significa niña rolliza.

[217] Nydia Sarabia: *María Cabrales*, Editorial Gente Nueva, Instituto Cubano del Libro, La Habana, 1976, pp. 69-70.

[218] Para más detalles sobre los clubs revolucionarios ver el tomo II de esta obra.

[219] Periódico *Patria*, 7 de julio de 1894.

A las patrióticas palabras de la señora de Maceo respondió unánime la entusiasta decisión de la mujer cubana y todas las presentes pusiéronse de pie, expresando que desde aquel instante quedaba instalado un club de damas cubanas con el título de Hermanas de María Maceo. A continuación la señora de Maceo, con frases oportunas y afectuosas, dio las gracias por tan generosa cooperación y llamó al señor Enrique Loynaz del Castillo para que sirviese interinamente de secretario y presentase a examen de las presentes un proyecto de Estatutos que pudiese servir al club. Este señor aceptó el cargo ofrecido y al hacerlo tributó una felicitación cariñosa a las damas cubanas de Costa Rica por la realización de tan generosa idea de la señora Maceo.

El señor coronel Patricio Corona manifestó en nombre de los cubanos que presenciaban aquel acto, en frases breves y elocuentes, votos generosos por la vida y la prosperidad del nuevo club. Palabras afectuosas tuvo el general Maceo en esta reunión de damas y dio útiles consejos. Presentado por el señor Loynaz un proyecto de Estatutos, resultando aprobados por unanimidad y declarados en vigor desde esta fecha. En virtud de lo cual procedióse a elegir una Junta directiva. Practicaron el escrutinio los señores Loynaz del Castillo y Leoncio Audrain y resultaron electas: presidenta, la señora María C. de Maceo por unanimidad de votos; secretaria, la señorita Concepción Pérez por 6 votos; tesorera, la señora Carmen O. de Boix por 9 votos; vice presidenta, la señorita Eloisa de Moya por 5 votos de mayoría, quienes aceptaron los puestos.

La señora de Maceo dio gracias en nombre de la Junta Directiva electa por el honor que se le había discernido y declaró que su voluntad, como las de sus compañeras, se cifraba en el engrandecimiento del club y en el empeño de auxiliar a los patriotas hermanos que han dedicado sus vidas a la libertad de Cuba.

Con beneplácito fueron acogidas sus palabras, como acto de inauguración de la directiva electa, y seguidamente el señor Loynaz del Castillo dio una calurosa felicitación al club y a su Directiva en nombre del club General Maceo, como de los señores presentes.

Y la señora presidenta declaró luego cerrada esta sesión inaugural de la cual se levanta la presente acta. Fecha ut supra. **María C. de Maceo, Eloisa de Moya, Lorenza Chacón, Rosa P. de Orúe, Soledad de Moya, Micaela de Audrain, Concepción Pérez, Ángela Xiques de Moya, Ana María de Moya, Anunciación de Moya, Matilde Pochet, Justa Bolívar, Manuela de Chamberlain, Josefina Villavicencio, Lucila Giró de Odio, Carmen Villavicencio, Salvadora Villavicencio, Isabel Serrano, Caridad Serrano, Juana V. de Boix, Ángela L. Castillo, Carmela L. Cantillo.** Firma: Concepción Pérez, Secretaria.

En la foto el club José Martí de Costa Rica, fundado en 1893 por María Cabrales de Maceo. Nótese que de la pared cuelga una fotografía. Es la foto de José Martí que presidía todas las reuniones del club. Aparecen en la foto: María Cabrales de Maceo, presidenta (sentada, al centro de perfil); Amalia de Chacón, tesorera; Eugenia de Valdés, secretaria, y como suplentes las señoritas Genoveva Reno y Antonia Mora. La fotografía se conserva en el Museo Bacardí de Santiago de Cuba

Llegó el año 1895 y con él la guerra. Luego de años de preparativos, los cubanos se volvían a lanzar a la lucha. Al partir Maceo hacia la guerra, sabiendo que en su esposa se combinaban el amor de mujer y el de patriota, le escribe: «Cuando en tu camino como en el mío, lleno de abrojos y espinas se presentaran dificultades que solo tu virtud podrá vencer confiado, pues es esta, tu más importante cualidad, te abandono por nuestra patria, que tan afligida como tú reclama mis servicios llorando en el estertor de la agonía. Piensa que tú sufriendo y yo peleando por ella seremos felices: tú amas su independencia, y yo adoro su libertad. […] Tú has pasado conmigo los horrores de aquella guerra homicida, sabes mejor que nadie cuánto vale el sacrificio de abandonarte por ella; cuánto importa el deber de los hombres honrados. El honor está por sobre todo [...] si venzo, la gloria será para ti».[220] Y luego le dice desde Puerto Limón: «La patria ante todo. Tu vida entera es el mejor ejemplo».[221] Fuertes palabras y gran compromiso altruista el que le proponía Maceo a María. Sin embargo, a pesar de lo difícil que debió ser para los dos, pero sobre todo para la esposa entregar a su marido a la Patria y sacrificarse por la libertad, María lo hizo con valentía e integridad.

El 25 de marzo de 1895 salió Maceo de Puerto Limón para Cuba en el *Adirondak*. Desde el barco le escribe a María: «Escribo a don Eduardo te ayude con recursos hasta que tu negocio te permita pagar tus compromisos y los que yo dejé ocasionados por esta expedición, que por ser de la patria, es lógico que yo cargue con ella [...]. No deseo que sufras con la horrible tempestad que ha empezado a subirse a mi cabeza; que no te duela el corazón, lleno de dudas y temores; quiero que seas feliz ignorándolo todo. [...] Guarda con cuidadoso esmero todos los papeles; ellos se ncargaran de decir lo que yo prefiero callar. [...] ¡Ojalá, hagas algo provechoso para ti! [...]».[222]

El general Maceo dejó a cargo de María varias tareas, entre ellas, que él le enviaría en sus cartas las informaciones de la guerra y ella se convertiría en mensajera, pasando la información a la prensa. ¿Cómo quedaría aquella noble mujer al irse Maceo para Cuba? Sin embargo, su fortaleza espiritual la ayudó a continuar con su labor patriótica. No solamente recaudó fondos y realizó un trabajo importante divulgando los acontecimientos de la manigua que le llegaban de Cuba, sino que también editó un folleto que luego sería impreso y vendido por las patriotas, que incluía un resumen del diario de campaña del general José Miró Argenter. El folleto ofrecía una ima-

---

[220] Sarabia: Ob. cit., carta en el Archivo Nacional de Cuba, Fondo Donativos y Remisiones, leg. 621, no. 80.
[221] María Julia de Lara Mena: *Cartas a Elena, la familia Maceo: conversaciones patrióticas al calor del hogar*, Editorial Selecta, La Habana, 1945.
[222] Gonzalo Cabrales: *Epistolario de héroes, cartas y documentos históricos*, Imprenta El Siglo XX, La Habana, 1922, pp. 73-74.

gen de la invasión por lo que era de gran valor histórico. El 7 de abril de 1896, Avelino Alsina[223] escribe a Tomás Estrada Palma: «Por conducto de la señora María Maceo se ha recibido aquí un extracto de las operaciones realizadas por el Ejército Libertador. [...] he decidido tirar un número regular de folletos que serán vendidos a peso y cuyo producto, después de descontados los gastos, se destinará a engrosar los fondos de la suscripción abierta a favor de los heridos de la campaña de Cuba».[224]

María se vinculó al club Cubanas y Nicoyanas presidido por **Elena Castillo de Crombet**, en el cual María fue elegida tesorera.[225] El club quiso colaborar con una expedición que preparaba Carlos Roloff, pero aparentemente los conspiradores no le dieron mucho calor al ofrecimiento, porque el 26 de agosto de 1896, María se dirigía muy enojada al presidente del Cuerpo de Consejo, en nombre del club para reclamar el derecho a dar ayuda: «[...] no puedo creer que ese consejo, compuesto de patriotas meritorios haya tenido la intención de desairar a un club de señoras que tanto se desvive aportando auxilios para la causa común y en cuyas filas forman hermanas, madres y esposas de los que allá diariamente ofrendan sus vidas, por darnos patria y hogar».[226]

Maceo luchaba en Cuba y María trabajaba en Costa Rica. El correo era lento y a veces se perdía la correspondencia por el camino, y María se preocupaba. ¡Cuánta zozobra tendría que sentir esta pobre mujer! Maceo supo por las cartas de sus amigos y de su esposa que ella estaba entregada por entero a las actividades con los emigrados. De esta forma María se ganó el respeto y el cariño de todos cuantos la rodeaban.

---

[223] Avelino Alsina era un impresor español que trabajaba con la colonia cubana de Costa Rica. Ver «Printing, Magic and Medicine in Modern Costa Rica», en Iván Molina Jiménez y Steven Palmer, *La voluntad radiante: cultura impresa, magia y medicina en Costa Rica 1897-1932*, Plumsock Mesoamerican Studies, San José, 1996.

[224] Biblioteca Nacional José Martí, Manuscritos, no. 4.

[225] Sarabia: Ob. cit., Archivo Nacional de Cuba, Fondo Delegación del PRC, legajo 29.

[226] Portuondo: Ob. cit., p. 349. Archivo Nacional de Cuba, Delegación del PRC en Nueva York, legajo 45.

Un día la prensa empezó a publicar versiones sobre la supuesta muerte de los principales líderes, especialmente de Gómez y Maceo, por lo que María tuvo que acostumbrarse a esperar a que las noticias fueran verificadas. Pero para consternación general la noticia sería confirmada: Maceo había caído en combate el 7 de diciembre de 1896. Con el corazón destrozado sentía una pena profunda; ya no lo volvería a ver más.

Los mensajes de condolencia llegaban de todas partes, y la noticia se publicó en todos los periódicos de las capitales del mundo. El 25 de diciembre de 1896, Estrada Palma le ofrece a María el pésame en nombre de la delegación de Nueva York del Partido Revolucionario Cubano: «Noble Señora, enjugad vuestro llanto, templad vuestro espíritu en el ardor fervoroso de la patria, de quien sois hija predilecta, y enseñadnos con vuestro ejemplo de fortaleza a no desmayar jamás en la obra de redención, por cruentos que sean los sacrificios».[227]

En la carta que María escribe a Tomás Estrada Palma, ella se sincera con él cuando le dice: «He necesitado oír su categórica y autorizada voz para creer que mi adorado Antonio no gozará la más dominante aspiración de su tormentosa existencia a cuya 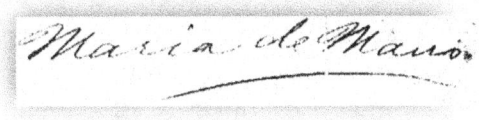 consecución dedicó su vida, la independencia de nuestra Cuba. Dios todopoderoso así lo ha dispuesto; acatemos con cristiana obediencia tan terrible resolución. [...] Gracias a Ud. y a los cubanos que al llorar al Allac cubano tienen un recuerdo para la pobre viuda que llevará siempre en su enlutado corazón el dulce recuerdo de las glorias del pobre Antonio que todo lo sacrificó por la redención de su esclava patria».[228]

¿Cómo habrá quedado aquella valiente mujer marcada por las guerras, la muerte y la necesidad? ¿Cómo pudo resistir su amoroso corazón el profundo dolor ante la pérdida del ser que ella más amaba? ¿En quién buscó alivio a sus penas? ¿Cómo habría sobrellevado el dolor?

---

[227] Torres Elers: Aproximaciones a los Maceo, Ob. cit., p. 350.

[228] Torres Elers: Ibídem. Carta fechada en San José, 20 de enero de 1897.

Máximo Gómez le escribe el 2 de enero de 1897 desde Las Villas, y le dice: «Ud. que es mujer, Ud. que puede, sin sonrojarse ni sonrojar a nadie, entregarse a los inefables desbordes del dolor, llore, llore María, por ambos, por Ud. y por mí, ya que a este viejo infeliz no le es dable el privilegio de desahogar sus tristezas intimas desatándose en un reguero de llanto. El infortunio hace hermanos. Hágame el favor, María, de creer que fraternizo con Ud. en toda la amargura de su soledad y de sus sufrimientos. Su afectísimo amigo, M. Gómez».[229]

Luego de la noticia de la muerte de su esposo, la salud de María fue de mal en peor. Decidió salir de San José y refugiarse en su finca de La Mansión en Nicoya. Desde allí le escribe a la vicepresidenta del club Hermanas de María Maceo, **Josefina Loynaz del Castillo**, y le dice: «Pero la necesidad de buscarle a mi enferma existencia la salud, me hace pasar al campo para vigorizar el espíritu, y desde allí trabajar por Cuba, hasta caer batallando por ella o verla redimida. Así es como entiendo el homenaje que debo tributar sobre la tumba de mi Antonio y su leal Panchito».[230] Y continúa diciendo: «Como Ud. ve, he mudado mi residencia en la finca que dejó mi pobre Antonio, único medio que veo de poderla conservar, y por otro lado veo que pudiendo vivir en ella me sostendría de su trabajo y tal vez ahorraría a mi patria una pensión que hace falta para socorrer a nuestro ejército. Las que perdemos el esposo o el hijo en la guerra, no podemos menos que proporcionar los medios como evitar gastos que no sean para auxilio de los que tienen el arma al hombro».[231] Aquí vemos a una mujer íntegra, que con fortaleza y aplomo rehusa la ayuda que le ofrecen. No quiere ocasionar ningún gasto por su viudez. Lo mismo hizo Bernarda Toro de Gómez cuando Gómez parte para la guerra y ella queda sola en República Dominicana con sus hijos pequeños.

---

[229] Bernardo Gómez Toro: *Revoluciones...Cuba y hogar,* Editora Alfa y Omega, Santo Domingo, República Dominicana, 1986, pp. 100.

[230] José Luciano Franco: *Antonio Maceo: apuntes para una historia de su vida,* Editorial de Ciencias Sociales, La Habana, 1975.

[231] Damaris Torres Elers: *Mariana Grajales y María Cabrales: dos mujeres en el corazón del Maestro,* Editorial Oriente, Santiago de Cuba, 2003, p. 139.

Al poco de morir Maceo, el gobierno costarricense embargó la casa donde vivían María y Antonio debido a algunas deudas que había dejado pendientes Antonio en Costa Rica. Esta es otra razón para mudarse a Nicoya, para trabajar moliendo caña y poder reunir el dinero de la deuda que ascendía a 700 pesos. Más tarde María entrega esa cantidad al cobrador del gobierno. ¡Qué concepto tan elevado de la responsabilidad, del honor y del compromiso se tenía entonces! Ella misma con su trabajo y esfuerzo liquidó la deuda.

En diciembre de 1898, carente de recursos para vivir, acepta la ayuda que ya antes le había ofrecido el Gobierno en Armas, pero consciente de la necesidad de fondos pide una reducción de la pensión a ochenta pesos, lo básico para sostenerse y no ocasionar gastos excesivos a la revolución.

En la foto María Cabrales, ya viuda

La guerra continuaba y para obtener fondos María propuso que se utilizara la vajilla de plata obsequiada por el periodista Clarence King al general Maceo. Esto fue lo que le indicó al coronel Federico Pérez Carbó en carta del 6 de enero de 1898:[232] «La vajilla de que me habla Ud. pidiéndome autorización para disponer de ella, está en sus manos y puede Ud. hacer de ella en nombre de Antonio y mío el uso que crea conveniente en beneficio de Cuba».[233] Al terminar la guerra la delegación del PRC decidió

---

[232] Portuondo: *Aproximaciones a los Maceo*, Ob. cit., p. 352.
[233] Luis Pascual: *Destinatario José Martí*, Casa Editora Abril, La Habana, 1999, p. 249.

que la vajilla fuera enviada a la viuda de Maceo para su conservación como reliquia.[234]

El 22 de enero de 1897 escribe María una carta al intelectual y politico español Emilio Castelar[235] en la que nos muestra su rectitud y nobleza, y de la que reproducimos algunos párrafos: «En medio del vocerío de innoble júbilo que se levantó en toda España con ocasión de la muerte de mi ilustre consorte, el mayor general Antonio Maceo, se singularizó Ud. por la corrección de su conducta consagrándole palabras de respeto y consideración a aquel heroico jefe cubano. Y como yo aprendí de él a admirar y enaltecer las acciones generosas de los enemigos, me considero obligada a manifestar a Ud. mi gratitud, por más que a pesar de su inmenso talento no haya podido Ud. desprenderse por completo de las preocupaciones que perturban el criterio de los españoles más ilustrados, cuando de Cuba y sus hombres se trata.

Y como sería insensato después de todo, pedirle a un español siquiera sea de espíritu tan levantado como Ud., que venere y admire la memoria del guerrero indomable que aterrorizó a la nación por largos años [...], derrotó a los mejores generales españoles venciendo y acuchillando en desproporcionados combates a las tropas más selectas, yo me conformo con la justicia incompleta que Ud. ha hecho y aplaudo con valor su conducta la cual emocionado hondamente mi corazón de viuda atribulada, ha mitigado el amargo sentimiento de desprecio que me inspiró el populacho congregado en las plazas y paseos de toda España, para festejar en horrible saturnal de caníbales, el fin glorioso de un caudillo enemigo e ilustre por méritos y por sus hechos y que fue siempre tan bravo en la pelea como generoso en la victoria con el enemigo derrotado».

---

[234] Esta vajilla la trajo consigo María Cabrales a Cuba al concluir la guerra. Varias piezas se encuentran expuestas hoy en los museos Emilio Bacardí de Santiago de Cuba, en la Casa Natal de Antonio Maceo y en el Museo de la Ciudad de La Habana. Ver también Federico Pérez Carbó: «Un valioso aporte histórico sobre el general Antonio Maceo Grajales» en *Acción Ciudadana*, año 5, no. 53, 31 marzo 1945, p. 14

[235] Carta publicada en *Patria*, 2 de febrero de 1897. El original se conserva en el Museo Municipal de Matanzas.

Por fin, llegan a Costa Rica noticias del fin de la guerra en Cuba. En una carta de María Cabrales a Manolo de Granda fechada en 1898[236] podemos palpar el patriotismo de esta gran mujer, cuando dice: «No había contestado su muy atenta y estimada carta, porque las noticias de la felicidad de la patria pronto a su redención, no me ha dejado tiempo más que para dar gracias a Dios y contemplar orgullosa tanta dicha que nos parece un sueño […]». Y a Máximo Gómez le dice, «Estimado amigo: de gran satisfacción ha sido para mí la lectura de su cartica de felicitación por el advenimiento de la Redención de la Patria tanto por el recuerdo que me hace, cuanto porque me proporciona de darle mi doble felicitación, por haberle concedido Dios a Ud. el gusto de decirle a los cubanos que ya está concluida la obra que Ud. fundó con su sangre quedando Ud. como primer y legítimo fundador de la nacionalidad cubana. A Manana que reciba el fraternal abrazo que en la Patria libre le envía la hermana infortunada, y para Clemencia, Urbano, Bernardo, Andrés mis recuerdos, y besos para Margarita agradeciéndole con toda el alma el ramillete de siemprevivas sobre la tumba de Antonio y Panchito que puso Ud. en mi nombre como tributo a su memoria en el día grandioso de la conclusión de la obra porque dieron sus vidas tan generosamente».[237]

Escribe a su amiga, la patriota **Magdalena Peñarredonda**:[238] «(…) quiera el cielo conservarla siempre fuerte y con esa decisión digna de un corazón noble como el suyo a seguir luchando en pro de nuestro santo ideal. Por mi parte puedo decirle que estoy extenuada de fatiga y abrumada el alma de tantas miserias humanas. El único consuelo que me asiste es que hay que morir irremisiblemente y que ante esta realidad de la vida todos los orgullos y vanidades se estrellan. Lo triste es, amiga mía, que los cubanos que en nada se parecen a los sajones, quieran imitarlos y oírlos en la cuestión de raza, estando en tan distintas condiciones a

---

[236] Bibliotecas de la Universidad de Miami, Colección de la Herncia Cubana, Carta de María Cabrales a Manolo de Granda, sin fecha, Caja No. 17; Archivo No. 13.

[237] Carta fechada en Calabazar, 10 de junio de 1902.

[238] Torres Elers: *Mariana Grajales y María Cabrales…*, Ob. cit.

ellos. Los cubanos todos, verdes o amarillos, se han sacrificado por la Patria y por ella deben estar unidos todos. Hace dos días hablé con **Elvira [Cape]**, la esposa de Bacardí, quien me dijo había recibido carta de esa capital y nombra una delegada en esta ciudad para recolectar fondos con el objeto de comprar casa a Manana, y dice que había renunciado a la noble idea por no tocar con las mismas dificultades de que le hablé en la mía. Así es mi buena amiga, que el genio del mal se ha entronizado dividiéndonos cuando más unidos debíamos estar para formar esta Patria de sacrificios y lágrimas. [···] Deme razón del periódico *Cuba Libre* que dirige la **Srta. Rosario Sigarroa**». Sobre Magdalena, Elvira y Rosario hablaremos en el tomo II de esta obra.

Regreso a Cuba
Como tantas otras patriotas, María Cabrales regresó a Cuba una vez alcanzada la independencia. Llegó a La Habana el 13 de mayo de 1899 viuda, delicada de salud y carente de recursos, pero como había hecho antes, no aceptó ayuda económica. Volvía a la Patria con el rostro cubierto por un velo negro y los periódicos le dieron la bienvenida: «A la patria, después de largos años de ausencia, llegó hoy la Sra. María Cabral (sic) viuda del egregio caudillo oriental Antonio Maceo».[239] A instancias de Emilio Bacardí, alcalde municipal de Santiago de Cuba, y en sesión ordinaria del 17 de mayo, el Ayuntamiento aprobó por unanimidad «conceder a la Sra. María Cabrales, viuda de Maceo, la pensión mensual de cincuenta pesos que se le abonará de los fondos municipales mientras se establece el gobierno definitivo».[240] Sin embargo, la inmensa mayoría de las mujeres que estuvieron en la guerra, o enviudaron, o quedaron huérfanas, no recibieron pensión alguna hasta bien entrada la década del 1910 y aún más tarde.[241]

---

[239] *La Independencia*, no. 109, vol. II, 13 mayo 1899, p. 1.

[240] Tiempo después, los ayuntamientos de La Habana y Guantánamo aportaron 50 y 25 pesos mensuales respectivamente a María Cabrales que ella luego utilizó para ayudar a sus familiares.

[241] Marial Iglesias: *Las metáforas del cambio*, Ediciones Unión, La Habana, 2003. Iglesias señala que Cienfuegos contribuyó con una cuota mensual de dos pesos oro

María pasó a residir en Santiago de Cuba donde se vinculó en diversas tareas patrióticas a pesar de no encontrarse bien de salud. El Centro de Veteranos la nombró directora del Asilo Huérfanos de la Patria[242] y en su puesto de presidenta quedó totalmente conmovida ante el cuadro de miseria y necesidades que tenían las mujeres y los niños, en especial las viudas y los huérfanos de la guerra.

María trajo del extranjero baúles llenos de objetos y documentos de Maceo que había guardado durante casi treinta años. Gonzalo Cabrales, sobrino de María, cuenta que con el andar del tiempo, cuando vivía aún María, fue necesario descongestionar un enorme mueble que ella tenía lleno de recuerdos y papeles. Y dice Cabrales: «Lo contuvo y condujo en tan largo viaje, entre otras cosas periódicos, cartas y telegramas en abundante cantidad. Por aquellos tiempos del año 1899 hasta el 28 de julio de 1905, fecha en que falleció María, era yo bastante pequeño, pero recuerdo perfectamente, a pesar de mi corta edad, que para María aquel baúl guardaba un preciado tesoro, recuerdos, reliquias y trofeos de su vida azarosa y patriótica, en la manigua cubana primero, y en el extranjero después».[243]

Entre todos aquellos recuerdos, y para sorpresa de la familia, un día encontraron grandes paquetes de colecciones de periódicos como *Patria*, *La República Cubana*, y la *Revista de Cayo Hueso*, así como telegramas y una cantidad de papeles que se destruían por la falta de cuidado. Fue así que Gonzalo Cabrales se dio a la tarea de sacar de esos papeles el contenido de un libro que luego escribiría, su *Epistolario de héroes*.

El 19 de mayo, cuarto aniversario de la caída en combate de José Martí y el primero después de la guerra, se realizaron innumerables actos convocados por el ayuntamiento y los veteranos, entre ellos la colocación de ofrendas en el cementerio de Santa Ifigenia. María asistió ese día a rendir tributo al esposo y héroe. En el Cas-

---

para garantizar una pensión a la viuda de Maceo. También aparece en las Memorias del Senado de la República de Cuba, www.ufdc.ufl.edu/UF00015180.

[242] Guadalupe Hechavarría Rivera: *De dónde son más altas las Palmas*, Editorial Oriente, 2003.

[243] Gonzalo Cabrales, *Epistolario*, Ob. cit.

tillo del Morro de La Habana fue izada una gigantesca bandera

obsequiada por María.

Cuando más tarde se acuerda erigir un mausoleo en El Cacahual, en La Habana, María viaja a la capital y es recibida con cariño por el pueblo y las autoridades de la ciudad. El ayuntamiento habanero la declara huésped de honor y sufraga los gastos de su hospedaje en el hotel Pasaje. Sostiene encuentros con el club Infantil del barrio del Arsenal, con las Ligas de Lavanderas y Planchadoras, el Gremio de Limpiabotas, la Unión Fraternal, y con algunas distinguidas mujeres como su amiga, la patriota Magdalena Peñarredonda en representación de las Damas Patrióticas.[244]

Muerte de María Cabrales
El primero de mayo de 1905 Manuel Grau, del Ejército Libertador, se dirige al poblado de Boniato para entregarle un cheque a María Cabrales por la cantidad de tres mil pesos, que le correspondía como viuda del lugarteniente. María está ya muy enferma y está siendo asistida por los doctores Pedro Echevarría y José Bisbé.

El 10 de mayo de 1905 dicta testamento ante notario, y el 28 de julio fallece mientras era trasladada de su finca San Agustín cerca de San Luis, a Santiago de Cuba para recibir asistencia mé-

---

[244] Portuondo: Ob. cit., p. 355. También publicado en *La Discusión*, el 19 de diciembre de 1899, p.1.

dica. El periodista e historiador, Carlos E. Forment, continuador de las Crónicas de Santiago de Cuba[245] de Emilio Bacardí, dice en su obra: «28 de julio de 1905, a las diez y media de la mañana de hoy, viernes, falleció en la finca San Agustín, próximo a san Luis, la señora María Cabrales, viuda del lugarteniente general Antonio Maceo, a quien ha sobrevivido nueve años. Fue la compañera abnegada, heroica, generosa y resuelta del gran soldado. [...] En el mismo local del Ayuntamiento de aquella villa, fue embalsamado su cadáver, conducido luego a la una y media de la madrugada del día 29, y llevada en doliente manifestación a la casa de su hermano Fabián. A las once de la mañana fueron trasladados sus restos al Gobierno Provincial donde quedaron tendidos congestionándose a poco los salones con una gran cantidad de coronas y ramos de flores. A las cuatro de la tarde partió el fúnebre cortejo con la asistencia de todo el pueblo. Desde las más altas autoridades a los más humildes ciudadanos».

El féretro de María Cabrales es introducido en la carroza fúnebre durante el sepelio en Santiago de Cuba, el 30 de julio de 1905

---

[245] Carlos E. Forment: *Crónicas de Santiago de Cuba*, tomo I, Editorial Arroyo, Santiago de Cuba, 1953, p. 151.

A las cuatro de la tarde partió el cortejo fúnebre escoltado por cien jinetes. Iba el alcalde a la cabeza, y detrás todo el pueblo santiaguero quienes recorrieron las calles Marina, San Félix, San Basilio, Santo Tomás. Al llegar a la esquina de Estrada Palma y el paseo de Martí, el Dr. Ambrosio Grillo despidió el duelo. Emilio Bacardí ordenó que se preparase el panteón número 9, tramo D del cementerio para depositar allí los restos de María Cabrales, y expresó que los gastos del sepelio así como una corona de flores, correrían por cuenta del ayuntamiento.

En esos días también se encontraba muy enfermo en Santiago de Cuba el generalísimo Máximo Gómez, quien era atendido por su hija Clemencia. Moría Gómez el 17 de junio, y María Cabrales, el 28 de julio.

El 3 de agosto de 1905 el periódico *El Cubano Libre* inició una suscripción para colocar una modesta verja y una lápida sobre la tumba de María. La campaña se mantuvo muchos años hasta que se pudo erigir una tumba con el dinero recaudado y el producto de la venta del libro *Epistolario de héroes*, escrito por su sobrino Gonzalo Cabrales. El monumento fue construido en mármol traído desde Italia con un relieve en bronce, y es obra del artista santiaguero Juan Emilio Hernández. El conjunto fúnebre fue inaugurado el 19 de mayo de 1927. La tarja de bronce muestra una escena histórica en la que María arenga a la escolta de Maceo y les dice: «¡A salvar al general, o a morir con él!». Están representados María y Antonio.

Sepultura de María Cabrales en el Cementerio de Santa Ifigenia de Santiago de Cuba (foto cortesía de Ivet Carballo Soneira©)

Mucho me ha inspirado la vida de esta buena mujer y abnegada esposa, y su patriotismo, integridad, valor, y entrega. El sufrimiento la acompañó toda su vida; fue el enorme precio que tuvo que pagar por ser la esposa de un gran líder revolucionario. En ella hemos visto reflejada a tantas otras mujeres que lo dieron todo por la patria.

Manuela, Micaela y Mercedes Cancino Saurí
El matrimonio formado por Juan Manuel Cancino y Micaela Saurí y Senra, natural es de Manzanillo tuvieron tres hijas: Micaela, Manuela y Mercedes Cancino; y dos hijos: Pablo y Francisco.

Fieles amantes de la patria, los Cancino mantenían la esperanza de que algún día Cuba fuera libre. Juan Manuel había participado en la conspiración de Francisco Vicente Aguilera. Él y su esposa Micaela habían educado a sus hijos en las ideas de la causa revolucionaria. Micaela Saurí murió antes de que la guerra comenzara. Tras la entrada de las tropas en Bayamo, toda la familia se incorporaría al Ejército Libertador.

Foto de Manuela Cancino fechada el 28 de marzo de 1867[246]

Cuando Juan Manuel se marcha a la manigua traslada su tienda de alimentos para la finca San Vicente. Él decía que prefería que los artículos sirvieran a los revolucionarios mambises, antes de que fueran a parar a manos del enemigo.

---

[246] Publicada en la revista *Bohemia*.

En 1870, Juan Manuel Cancino muere de cólera en el Sijú, donde es enterrado. En ese momento luchaba bajo las órdenes del general Luis Marcano. Francisco, su hijo mayor, quien también se había unido a la guerra, muere en Victoria de Las Tunas en la tropa general Vicente García. A ellos sobreviven Manuela, Micaela, Mercedes y Pablo, quienes continúan viviendo en el monte. Cuando a finales del 1872, el brigadier, José de Jesús Pérez, cruzaba la Sierra Maestra rumbo a la costa sur de Oriente acampó en las estribaciones del Pico Turquino. Un día de la acampada vio que salían del bosque tres muchachas jóvenes y un niño. Pérez enseguida se percató que las jóvenes, aunque no eran de la Sierra, sí eran mambisas por las sandalias de yagua que llevaban. El niño cargaba como equipaje solo un catauro[247] de yagua, Manuela se dirigió a ellos y les dijo: «Somos la familia del brigadier Cancino, de Manzanillo. Veníamos en caravana con el general Marcano y papá murió de cólera en los montes del Sijú hará como año y medio. Desde entonces, vivimos solas en esta montaña».

El brigadier Pérez les brindó almuerzo, pues llevaban dos días sin comer, y le dijo a Manuela: «Creo que es inútil que ustedes sigan pasando trabajos en el monte cuando en cualquier población pueden ganarse la vida trabajando sin correr los peligros a los que están expuestas aquí; yo puedo hacerlas llegar a Santiago de Cuba y allí se pueden presentar a los españoles que estoy seguro las recibirán bien y las atenderán». Pero Manuela con tono firme le respondió: «Brigadier, gracias; preferimos quedarnos en el Sijú; si puede ayudarnos, bueno, y si no, también. Salimos a la revolución con nuestro padre y nuestro hermano; los dos han muerto sirviendo la causa de la independencia. Nosotras preferimos morir como ellos a presentarnos a los españoles. Somos cubanas, tenemos el deber de sacrificarnos por la Patria ayudando a nuestros hermanos que hoy combaten por la libertad. Nuestro padre no nos hubiera aconsejado nunca que nos presentáramos». El combatiente escuchó con admiración la respuesta de la joven, y de inmediato les ofreció ayuda. La familia del brigadier Pérez estaba en la ranchería de Brazo Malo y hacia allí se encaminó con las jóvenes y el niño.

---

[247] Catauro: cesto formado de yaguas, y muy usado para transportar frutas, carne y otros efectos.

En Brazo Malo tenían una buena siembra de viandas y lugares para cuidar a los heridos, además de que el sitio estaba bien protegido del enemigo. Allí se instalaron las Cancino y pronto se dieron a la tarea de construir una escuela donde ofrecer instrucción a los niños de la zona. También curaban heridos, hacían vendajes con telas viejas, alimentaban a los enfermos, cosían las prendas de vestir con la corteza de la majagua y otras materias textiles.

Manuela Cancino ya viuda

De entre todos los hermanos, Manuela se había distinguido por sus aptitudes literarias. Había nacido el 25 de noviembre de 1851 en Manzanillo, y a los 18 años recibía el título de profesora de primera instrucción, en La Habana. Cuando le sobraba algún tiempo escribía artículos patrióticos para periódicos revolucionarios como *El Cubano Libre*, o *Patrióticos Versos*. En ellos alentaba a los soldados a continuar la lucha en aquella guerra tan cruenta.

En la manigua, las Cancino hicieron amistad con Carlos Manuel de Céspedes. En su diario de campaña, Céspedes dice: «salimos muy temprano, cruzamos varios arroyos muy frescos y cristalinos. Las Cancinos y otras jóvenes de Bayamo y Manzanillo, me convidaron a comer». En septiembre de 1872, Céspedes escribe: «Fui a visitar a los Cancinos y Micaelita me puso en el sombrero un escudo, bordado por ella». En otro momento: «Jueves cinco, anoche vinieron los Cancinos: se cantó y el carpintero que me ha hecho mesa y taburetes, tocó la guitarra. Las Cancino me abrieron ojetes en los chalecos y saquitos. Lunes 6 de octubre de 1873, regalé a las Cancino agujas, hilos, botones y jabón: me correspondieron con sal y dulces. También me han mandado café varias veces».[248]

Carlos Manuel de Céspedes menciona en una carta la invitación que le hace Manuela a residir en su casa, junto a ella y sus hermanas, para allí cuidarlo y que nada malo le pudiera ocurrir: «para que San Lorenzo no se convirtiera en lo que fue Santa Elena para Napoleón». Manuela predeciría algo que luego ocurriría.

Un capitán insurrecto de apellido Escalona se había enamorado de Manuela y pretendía por cualquier medio, hacerla su mujer. Ante las negativas iniciales de la joven, les hizo creer a todos que los españoles marchaban sobre el rancho que en el que estaban y les dijo que tenía que sacarlas del mismo llevándolas a otro sitio. Ante la última negativa de Manuela, Escalona envió al viejo criado de la familia a otro sitio diciéndole que regresara en tres días; pensaba que en ese tiempo vería rendida por el hambre y el cansancio a Manuela, y no sería difícil conseguir su propósito. El Brigadier Pérez que había escuchado con suma atención el pormenorizado relato, dio órdenes inmediatas a uno de sus ayudantes para que escogiese un buen oficial, veinte hombres y uno de los practicos de la Sierra, para seguirle el rastro al Escalona y llevar un correo a Manzanillo con una comunicación para que lo detuvieran si intentaba entrar en el pueblo. A los pocos días el violento enamorado pagó con su vida los excesos cometidos.

Los escritos de Manuela, que firmaba como La Hija de Yara, vibraban con los ideales de la libertad. En el periódico *La Revolución* de Nueva York había publicado algunos versos, así como en

---

[248] Eusebio Leal Spengler, ed.: *El diario perdido de Carlos Manuel de Céspedes, 1819-1874*, Editorial de Ciencias Sociales, La Habana, 1994, 26 de marzo de 1879.

El Triunfo de Manzanillo,[249] en cuya primera edición de 1877 escribió: «Yo saludo el advenimiento de un periódico con toda la efusión de mi corazón. Cada vez que veo plantar una nueva escuela tiene mi alma una alegría infinita... Gutenberg difunde con su poderosa creación la luz de las ideas y las trasmite a todos los tiempos».

Finalizada la Guerra del 68, las Cancino regresan del monte, casadas con tres patriotas: Manuela, con el coronel Pablo Beola Amarall, diputado a la Cámara por la región de Oriente; Mercedes con el teniente coronel Agustín Portuondo, de la brigada de Cambute; y la menor, Micaela, durante la tregua del Zanjón, se une al general Vicente Pujals y Puente. Pablo Cancino, el menor de la familia, que se había criado en la guerra pero que ya en 1877 era ayudante del brigadier Donato Mármol, se marcha de Cuba para Nueva York y ya no regresará más. Con el tiempo, Carmen, una de las nietas de Pablo, llegaría a ser una afamada actriz de teatro y cine norteamericanos conocida con el nombre artístico de Rita Hayworth (Rita Cancino).

Manuela y su esposo, Pablo Beola, continuaron conspirando en Santiago de Cuba. En los preparativos de una nueva insurrección, Beola fue encarcelado junto a Flor Crombet y José María Rodríguez y todos fueron enviados a España donde Pablo Beola murió a consecuencia de una grave enfermedad que contrajo en las prisiones del África.[250] Manuela, quien había tenido con Beola cuatro hijos, sigue luchando por la independencia, pero perdería en la Guerra a sus hijos pequeños, quedando viva solo su hija María siendo su situación económica muy difícil.

Cuando finalizó la Guerra Grande, Manuela Cancino se trasladó a Campechuela donde permaneció hasta 1895, trabajando como maestra en la escuela del barrio. No obstante, la situación de Manuela era crítica. En la revista *La Habana Elegante,* edición del 11 de enero de 1885, aparece este escrito: «un grupo de damas se dirige a la redacción de esta revista a fin de recabar fondos entre

---

[249] Delfina Rodríguez Lavielle: «Manuela Cancino», en *Patriotas de la independencia*, Enciclopedia Manzanillo, http://www.enciclopedia-manzanillo.cu /15/9/4/index.htm

[250] Marta Denis Valle: *El nuevo empresario,* http://www.elnuevoempresario.com

las señoras caritativas de la ciudad para ayudar a la poetisa Manuela Cancino y a sus tres hijas menores. La infortunada, natural de Bayamo, atraviesa por dificultades económicas que le impiden dar adecuada atención a una de sus hijas víctima de necrosis. La contribución ayudaría a adquirir el aparato que necesita». **Rosa Tejeda,** madre de Enrique Collazo, el intelectual y patriota cubano, asumió esta campaña. La sociedad habanera El Pilar celebra una velada artística donde se recauda una cifra considerable, que le entregan a Manuela.

A pesar de todas sus dificultades, Manuela continuaba conspirando por lo que las autoridades españolas vigilaban sus movimientos. Su nombre aparecía en las listas de enemigos del gobierno y, como era de esperar, un día fue detenida por conspiradora, la llevaron a La Habana y la encarcelaron en la Casa de las Recogidas, desde donde poco después la trasladaron a Isla de Pinos. En una estrecha cárcel de Nueva Gerona, un día para intimidarla un oficial le preguntó si no le temía al fusilamiento. A lo que ella respondió: «¡Una bayamesa no tiembla jamás. Ojalá tuviera cien vidas para ofrecerle cien vidas a la patria!».[251]

Sus familiares no sabían su paradero pues no se le permitía el menor contacto con el exterior. Pero un custodio, admirado por su entereza, le facilitó un pedazo de papel y tinta para que escribiera a familiares y amigos, y hasta se ofreció para entregar el mensaje. Pero un custodio, admirado por su entereza, le facilitó un pedazo de papel y tinta para que escribiera a familiares y amigos, y hasta se ofreció para entregar el mensaje. Cuando Manuela tuvo en su poder el papel y la pluma lo que hizo fue ponerse a escribir unos de sus más inflamados poemas contra el régimen español: «Incomunicada» y «A la bandera cubana».

Luego de tres años de encarcelamiento Manuela fue liberada, pero su salud estaba muy deteriorada. Cuando se agrava la atiende la patriota, **Luz Noriega** (de la que hablaremos más en el tomo II de esta obra). Las penurias que padeció se vieron aliviadas gracias a la generosidad de otra patriota, la villaclareña **Marta Abreu**, quien desde su exilio en París donaba grandes cantidades de dinero

---

[251] Osviel Castro Medel, Foro 1898, *Punto de Encuentros*, marzo, 2008.

para la guerra y los necesitados. Manuela Cancino dedicó un poema a Marta Abreu del que anotamos algunas estrofas:

> A Marta Abreu de Estévez[252]
>
> ¡Hija de Cuba! ¡Tu preclaro nombre
> Guardará avara la cubana historia!
> Su amor y admiración te dará el hombre
> Y eternos lauros te dará la gloria.
>
> ¡Villaclara feliz, tierra dichosa!
> Mi corazón el parabién te envía.
> Nació en tu seno la truje hermosa
> Orgullo noble de la Patria mía.

Otro de sus poemas en los que se advierte su tristeza y pesar es «Recuerdos», que fue publicado en el periódico *El Almendares*, el 21 de septiembre de 1891:

> Pues ya escuchar no me es dado
> Del campesino la trova,
> Y ya mi padre no canta...
> Y ya mi padre no toca...
>
> El recuerdo es la flor pura
> Que el alma guarda anhelosa;
> Es igual a la esperanza
> Que jamás nos abandona.
>
> El recuerdo, si padezco,
> Endulza mis tristes horas,
> Trocado en melancolía
> El pesar que me sofoca.
>
> Por eso siempre que errante
> Vago meditando a solas,
> Voy unas veces cantando,
> Y otras triste y cavilosa.

---

[252] Antonio González Curquejo: *Florilegio de escritoras cubanas*, tomo II, La Moderna Poesía, La Habana, 1910.

> Por eso en tarde tan bella
> Me encontraba triste y sola
> Contemplando cómo el viento
> Retozaba con las hojas.

El poema de Manuela Cancino «Sin hogar»[253] habla de María su hija, nacida en la manigua, que sobrevive a la enfermedad y la violencia:

> No tenemos hogar, hija del alma,
> ¡No tenemos hogar!
> Vamos así, por el erial del mundo,
> Sin asilo y sin pan.
> Sin una mano cariñosa y tierna
> Que apoye tu orfandad,
> Vamos tan sólo recogiendo abrojos
> En el pobre cendal.

El 8 de enero del 1900 fallecía Manuela en La Habana, en la mayor de las pobrezas, tanto que ni siquiera había dinero para pagar un humilde entierro. A su deceso solo dos breves notas necrológicas aparecieron en los periódicos *La Discusión* y *La Lucha*.[254] En ese obituario se hacía un llamado de ayuda por la hija sobreviviente. Solamente Serafín Pichardo y Ramón Catalá, desde la revista *El Fígaro*, le rendirían un homenaje.

María Beola Cancino, la hija de Manuela, seguiría el ejemplo de entrega y patriotismo a la causa cubana de su madre. Más tarde se casaría con el capitán Alfredo García Menocal.

Una bisnieta de Manuela Cancino, la señora Ondina Menocal me cuenta: «En Campechuela hay una calle, una logia y una escuela que llevan el nombre de Manuela Cancino».[255] También me dice la señora Menocal que Eliécer Ángel García Sosa, historiador de Campechuela, le informó que tenían el proyecto de erigir un busto a la ilustre manzanillera en el parque de la ciudad.

---

[253] González Curquejo: Ob.cit, vol. II, p. 265.

[254] Revista *Romances*, 1970

[255] Conversación con la autora, Miami, diciembre de 2012.

Rosa María Castellanos Castellanos, *La Bayamesa*

«Hermana de la Caridad, sin rezos o escapularios»[256]

Así la retrató Ramón Roa, ayudante del general Máximo Gómez, cuando visitó el hospital de sangre creado y mantenido por Rosa en lo más intrincado de la manigua mambisa. Conocida como Rosa La Bayamesa, nació en 1834 en el poblado de El Dátil en Bayamo, hija de Matías Castellanos y Francisca Antonia Castellanos, esclavos traídos del África que tomaron los nombres de sus propietarios.

Rosa Castellanos

Rosa era una esclava que había sido liberada en 1868. Se incorporó a la lucha independentista y fundó varios hospitales de sangre en los cuales trabajó como enfermera durante la Guerra Grande. Participó también en la guerra de 1895 y llegó a capitana de Sanidad Militar del Ejército Libertador».[257]

Al estallar la Guerra del 68, Rosa se interna en la Sierra de Guisa, en la ranchería de La Manteca, desde donde desempeña un papel importante en la atención a las fuerzas mambisas. Su compañero sentimental, José Florentino Varona Estrada, antiguo esclavo negro, va con ella a la contienda.

Por su entrega y patriotismo, a aquella mujer alta y fuerte pronto la llaman La Bayamesa. Además de organizar hospitales de campaña, también empuña el machete y el fusil con gran destreza en sus incursiones guerreras.

---

[256] Palabras de Raúl Roa, ayudante de Máximo Gómez, «Del barracón de esclavos a Santa Rosa La Bayamesa», en Vicente Morín Aguado: *Palabra Nueva*, julio-agosto 2011, núm. 209.

[257] Sylvie Bouffartigue: *Mujeres en la narrativa de la guerra de Independencia*, XIV Encuentro de Latinoamericanistas Españoles, Santiago de Compostela, septiembre, 2010, p. 3.

Las estribaciones de la Sierra de Najasa, en los montes configurados por el Chorrillo, el Pilón y Santa Inés, en lo que era El Horcón de Najasa, es un lugar propicio que Rosa escoge para establecer un hospital y muy cerca de este levantar su rancho. Se dedica al cuidado de los heridos y enfermos de la tropa. Cerca del hospital de Rosa se encuentra la finca de la patriota Ana Betancourt y su esposo Ignacio Mora, por lo que pensamos que se habrán conocido.

«En el hospitalito salvó muchas vidas como enfermera y comadrona», escribe el periodista norteamericano Grover Flint.[258] «Rosa mantuvo a sus expensas y bajo su única responsabilidad, un hospital de sangre...». Durante el combate, Flint escribe: «Los heridos [...] están perfectamente hospitalizados; la mayoría en la Sierra de Najasa. Once de ellos hallaron reposo en la montaña del Polvorín; los más afortunados, porque de su restablecimiento cuida una buena mujer llamada Rosa, conocida en toda la comarca por sus habilidades como comadrona y enfermera».[259] Y añade: «Era una negra independiente, imperiosa, que confiaba absolutamente en sus métodos».

Rosa hacía labores de médico, enfermero, forrajero, lavandero, cocinero y químico para confeccionar los medicamentos naturales que necesitaba para sus pacientes, y hasta tuvo que ser escolta del hospital, lo cual aseguraba que este nunca fuera asaltado.

En su andar por los montes adquirió amplios conocimientos sobre las propiedades de la flora cubana que se podía utilizar en la fabricación de medicamentos para curar a los enfermos. Los ungüentos curadores, las hojas, los tallos y las flores sirvieron para quitar fiebres y hacer cocimientos eficaces. Su trabajo de enfermera lo combinaba con los de guerrera. Se le recuerda en las sangrientas batallas de Palo Seco y El Naranjo, en las que trasladó a sitio seguros a los heridos. Rosa desarrolló habilidades para detener el sangramiento y curar la gangrena, los casos más comunes en una guerra librada con machetes.

---

[258] Grover Flint: *Marching with Gomez*, Lamson, Wolffe and Co., New York, 1898.
[259] Flint, Ibídem.

Gilberto Toste Ballart, en su libro *Reeve, el Inglesito*,[260] confirma que en 1873: «Se conoce que el mayor general Máximo Gómez, al visitarla en el rústico hospital, en que ejercía su asistencia en 1873, elogió su labor y le dijo: "Yo he venido con mis ayudantes expresamente para conocerte. De nombre ya no hay quien no te conozca por tus nobles acciones y los grandes servicios que prestas a la patria". A lo que Rosa respondió con su habitual modestia al guerrero: "No general, yo hago bien poca cosa por la patria. ¿Cómo no voy a cuidar de mis hermanos que pelean?, ¡pobrecitos! Ahí vienen luego que da grima verlos, con cada herida y con cada llaga, ¡y con más hambre General!; yo cumplo con mi deber y de ahí no me saca nadie porque lo que se defiende se defiende y yo aquí no tengo a ningún majá [vago]; ¡el que se cura se va a su batalla y andandito!"».

Al comenzar la Guerra del 95, el primero de junio de ese año, La Bayamesa, contando ya unos 62 años de edad, se incorpora a la lucha nuevamente y se hace cargo del cuidado de los heridos y enfermos. Cuando el general Máximo Gómez acampa en un lugar conocido por Jobo Dulce, se entera de que Rosa se hallaba cerca, en el polvorín en el sur de Camagüey. La mandó buscar y el 8 de junio de 1896, en un lugar conocido por Providencia de Najasa, Rosa fue recibida por Gómez. Luego de estrecharla en fraternal abrazo le otorgó los grados de capitana del Ejército Libertador de Cuba. Le pidió, que igual que había hecho en el 68, se encargara de organizar y dirigir un hospital de sangre. Le dijo que escogiera 12 hombres para realizar el trabajo. Las camas del hospital eran de cuje en número de 60 u 80. Tenía un patio con gallinas, numerosos colmenares y grandes siembras de hierbas medicinales. Cuentan que Rosa elaboraba medicamentos que hacían el mismo efecto que la quinina contra la fiebre, que detenía hemorragias con la corteza de un árbol, y que lograba también con medios naturales productos antisépticos y somníferos.

Al igual que había hecho en la Guerra del 68, como un soldado más, cuando sus enfermos le dejaban ratos libres, cubría turnos en las filas de combate, cargaba armas, disparaba fusiles y

---

[260] Gilberto Toste Ballart: *Reeve, el Inglesito*, Editorial de Ciencias Sociales, La Habana, 1973, p. 144.

manejaba el machete con destreza. Así se mantuvo durante toda la Guerra del 95, combatiendo y curando.

Luego de terminar la guerra, ya entrada en años, regresa a Camagüey, a su casa de San Isidro no. 22, calle que desde 1910 es conocida como Rosa La Bayamesa no. 155. Allí pasa calamidades y pobreza, y enferma de una afección cardíaca. El 4 de septiembre de 1907 el ayuntamiento le aprobó una ayuda de 25 pesos mensuales, pero a los veintiún días de esta aprobación, falleció, el 25 de septiembre de 1907.

Tarja en la casa donde falleció Rosa Castellanos en Camagüey

Su cadáver fue expuesto en capilla ardiente en el Salón de Sesiones del Ayuntamiento de la capital agramontina.[261] El historiador Jorge Juárez Cano describe las honras fúnebres: «Su sepelio fue imponente manifestación de dolor y patriotismo, porque el pueblo entero, el verdadero pueblo, espontáneamente, acudió al triste acto. Fue enterrada en el nicho número 2, bóveda número 71 del segundo tramo del cementerio de esta ciudad. Años después, los despojos mortales de la insigne Rosa La Bayamesa iban a ser arrojados al osario común, al confundirse con la multitud anónima, pero el comandante Ramón A. Cisneros y Zayas, que tuvo ocasión de administrar la labor de aquella espartana en la guerra de independencia, porque tenía establecida la Maestranza Militar del Tercer Cuerpo en Najasa y era obligado visitante del Hospital, intervino a tiempo en el asunto y mandó recoger esa preciosa reliquia, de la que se hizo cargo el Centro Territorial de Veteranos de la Independencia, que en diciembre de 1926 los depositó en el Mausoleo de la Asociación».

---

[261] Jorge Juárez y Cano: *Apuntes de Camagüey*, t. I, Imprenta Popular, Camagüey, 1929, p. 139.

Durante treinta horas los camagüeyanos depositaron ofrendas y le rindieron un último tributo de cariño y admiración. Asistieron al cortejo fúnebre hasta el cementerio de la ciudad. El cortejo llevaba una sección de caballería, dos policías, la banda y la sección del cuerpo de bomberos, así como la banda infantil. Luego, seguía la carroza y después el carro fúnebre tirado por dos parejas de caballos con sus palafreneros seguido de la cruz, cirio y clero secular.

En la primera plana del periódico *El Camagüeyano* de ese día, se publicó la noticia. Antes de morir, ella había hecho testamento en el que designaba como albacea y heredero universal de sus escasos bienes a Nicolás Guillén Urra, padre del que sería el poeta Nicolás Guillén.

Rosa Castellanos Castellanos, *La Bayamesa*

Cuanto herido ella curó
Con hierba del monte umbrío
Cuántas vidas no salvó
Por ser libre el suelo mío
Que con tesón defendió!

Era negra la espartana,
Era negra y capitana,
De aquella ingente legión,
Que rendida en el Zanjón
Toco nuevamente diana

Un barrio, en la periferia de la ciudad de Bayamo se le dio el nombre de Rosa La Bayamesa. En esta misma ciudad se erigió una estatua ecuestre, inaugurada en el 2002, obra del pintor y escultor santiaguero Alberto Lescay Terencio, y se construyó un parque en honor a Rosa Castellanos. La pieza está fundida en bronce y tiene seis metros de alto y muestra a la mambisa acompañada de machete, con sombrero de yarey, turbante y elementos que representan su labor como enfermera.

Antonia Castillo Garcell

Nació en Guantánamo, ciudad donde años después se uniera en matrimonio a Manuel Castellanos Castillo. «Mi abuela, Antonia Castillo Garcell, y mi abuelo, Manuel Castellanos Castillo, eran primos hermanos», me dice el historiador cubano, Dr. Jorge Castellanos.[262] Y continúa: «Yo creo haberle oído decir a mi abuela un día, "Cuando Manuel se fue a la guerra, éramos primos; cuando regresó, nos vimos una vez y ya fuimos novios... y ¿sabes una cosa? nos casamos enseguida... Por eso no se fue él a la Guerra Chiquita"».

Antonia sufriría los pesares de las guerras. «Los tiempos de las guerras eran para mi abuela tiempos de epopeya». Retoma Castellanos la conversación para volver a decirme: «Eran tiempos de un espantoso apocalipsis, tiempos de un heroísmo sin límites; de la desolación y la muerte, y de la inmarcesible gloria patriótica. Mi abuela Antonia, decía que mi bisabuelo, estuvo preso, primero en el hospital, pero luego lo dejaron ir a su casa. Ella juraba que lo había salvado una estampa de San Lázaro (que, según se decía, era muy poderosa en casos de amputaciones). Una negra vieja, antigua esclava de la familia, logró meterla de contrabando un día en el hospital quien llevó ropa limpia al herido. "Yo era muy niña, decía, pero me acuerdo"».

Antonia Castillo Garcell

En el momento del Grito de Baire, en 1895, el matrimonio ya tiene siete hijos: tres varones y cuatro hembras. La familia disfruta de una desahogada situación económica pues poseen una finca ganadera muy cerca de la ciudad de Guantánamo, que produce lo suficiente para vivir con comodidad. «Nunca podré olvidar esa tarde del 24 de febrero –contaba Antonia a su nieto, Jorge

---

[262] Correspondencia del Dr. Jorge Castellanos con la autora, 17 de abril de 2003.

Castellanos[263]–, el tiroteo del puente de San Justo (sobre el río Guaso) se oía clarito en el patio de mi casa. "¿qué es eso?", preguntó alguien. "Es la guerra". –¿otra vez, la guerra?–, dije yo. Y ahí mismo sin que nadie me lo dijera, supe allá dentro, que Manuel se iba al monte. Tardaría más o menos, pero Manuel se iba de seguro a esa guerra».

La situación política de Guantánamo en el campo mambí, no era nada agradable para los veteranos mambises del 68; ya habían pasado por lo mismo durante la Guerra de los Diez Años. Al comenzar la guerra, Manuel permaneció en Guantánamo preparando en secreto las condiciones para poderse ir al monte. Me contaba Castellanos que a los pocos días se apareció en la casa un español: «Eran como las dos de la tarde. Mi abuelo Manuel había salido muy tempranito para la finca y ella no lo esperaba hasta por la noche. El español entró y se sentó, y esto fue lo que ocurrió: "Con su permiso, doña Antonia, usted sabe que yo soy buen amigo de Manuel. Pero bueno. Ya usted sabe, es que, bueno..." "Se fue a la guerra", le dije yo. "Sí, señora, con perdón... no pude convencerlo... Bueno, me pidió que viniera y se lo dijera. Yo no sé despedirme, me dijo. Hazlo tú por mí. Bueno... mire, aquí tiene este dinero que él dejó para usted. Son setecientos pesos. Me dijo que pronto mandará a buscarla. Que espere noticias. ¡Qué locura, señora! Bueno, aquí tiene usted. Si necesita algo, cualquier cosa, estoy a su disposición. Yo soy español pero soy amigo de Manuel. Muy buen amigo que es Manuel. Bueno, ¡a sus órdenes...!"».[264]

«Fueron unos días largos, de preocupaciones, de miedo, de tensión. Un domingo por la mañana el lechero llegó con el mensaje: "El miércoles a las diez de la mañana toma usted a los muchachos y sale con ellos hacia el puente de San Justo. Cierre la puerta de la calle y deje todo dentro... Cuando pasen el puente sigan derecho hasta las dos grandes matas de mango que hay frente a frente en el camino. Ahí estarán dos hombres y unos caballos. Hagan lo que ellos les digan". "Y así se hizo", decía Antonia. Encontraron a los hombres que los llevaron a un bohío, bien entrada la

---

[263] Castellanos: Ibídem.

[264] Castellanos: Ibídem.

tarde. El bohío tenía un fogón, leña, algunas provisiones. Un poco más lejos, un "excusado". Había una siembra de maíz. Uno de los hombres que los habían llevado a aquel lugar les reiteró: "Dentro de muy pocos días, a lo mejor pasado mañana estará aquí Manuel. Ahí, cerquita, al cantío de un gallo, vive una familia. Yo les aviso que ustedes llegaron. Ellos los van a ayudar"».

«Manuel llegó cuatro o cinco días después y estuvo con su familia más de una semana, y todo se fue organizando. Vida dura, esa. Pero lo peor fueron las enfermedades de las dos niñas menores. "Se me fueron, se me fueron los dos angelitos", contaba Antonia. "Y cuando abandonamos el bohío tuvimos que dejar sus tumbas ahí". Vivieron en el bohío La Confianza casi dos años. Era duro pero no quedaba más remedio. *Cuba tenía que ser libre*. Manuel iba a verlos cuando podía, y cuando no, mandaba propios con provisiones y alguna ropa. "Había que ver cómo nos vestíamos. A veces me daba risa", dice Antonia. "Otras veces rabia". Como a los dos años, cuando los mambises habían limpiado bien el campo de tropas españolas, se mudaron a un pueblecito situado al lado de un hospital de sangre. Allí había dos médicos, una maestra y hasta un horno grande para hacer pan de vez en cuando. Antonia trabajó en muchas ocasiones en el hospital».

La madre de Antonia Castillo Garcell quien fuera **doña Juana Alayo**, conocida siempre por sus nietas como mamá Juanica, nació en El Caney. Se trasladó luego con su familia a Jamaica, pueblo situado en el Municipio de Yateras, cercano a Guantánamo, donde se casó con Enrique Martí, catalán, natural de Rosas. El matrimonio se mudó a la ciudad de Guantánamo y allí les nacieron seis hijos.

Mamá Juanica parece haber tenido un gran carácter. Se contaba que en una ocasión, durante la Guerra de Independencia, se presentó en su casa un teniente del ejército español con un cabo, un sargento y varios soldados. «Señora –le preguntó el teniente– ¿tiene usted un hijo peleando junto a los mambises contra España?». «Sí, señor. Eso lo sabe todo el mundo en Guantánamo». «Pues alguien ha denunciado que su hijo regresó del monte mal herido, murió y fue enterrado por usted en el primer cuarto de esta casa». «Eso no es verdad. Jamás haría yo tal cosa. Después de muerto mi hijo ¿qué tendría que ocultar? Puede usted examinar el piso y verá que todos los ladrillos están donde han estado por casi cien años». El teniente le dio una larga mirada y le ordenó al cabo: «Vaya usted a ese aposento y levante dos ladrillos pegados a la pared». Y, poco después, se dirigió el teniente al cuarto con el sargento y le dictó: «...Escriba: "Levantado parte del piso correspondiente no se ha encontrado evidencia alguna de que nadie fuese enterrado en esa habitación, etc., etc". Después me lo pasa en limpio para firmárselo», y dirigiéndose a Mama Juanica, le dice: «Perdón señora, con su permiso». «Es suyo, caballero». Y, sin más, todos se fueron. Así me lo contó más de una vez mi mamá Albertina Taquechel, dice el Dr. Castellanos. Y añade, «yo creo que doña Antonia puede tomarse como un ejemplo de esas innumerables mujeres anónimas que lo dieron todo por la causa independentista».[265]

Encarnación Chamorro Ortiz fue la segunda esposa de Pedro Maceo Infante. Poseía la mayor farmacia de Bayamo, además de otra en Jiguaní que llevaba su hijo Pedro. Se sabe que el incendio de Bayamo comenzó por la farmacia de Pedro Maceo Infante en la que estaba presente su esposa Encarnación, en la madrugada del 12 de enero de 1869, consumiéndose así toda su fortuna. Encarnación y Pedro mueren en Consolación del Sur, en 1873. Los bienes de sus hijas **Caridad y Concha Maceo Chamorro** fueron embargados.

Uno de los hijos, Pedro León Maceo Chamorro, luchó en la Guerra del 68 y luego, en la del 95. En febrero de 1879 contrajo nupcias con su prima hermana, **María Rosa de las Nieves Madero de la Cruz y Chamorro,** con la que tuvo cuatro hijos. Cuando la Guerra del 95 la familia vivía en Campechuela, pero el general Emilio Callejas dispuso su destierro y toda la familia partió para Santo Domingo donde pasaron las penas del exilio y trabajaron junto a los exiliados en esa ciudad.

Pamela Corbisón residía en el hato de Jobabo, en Victoria de Las Tunas y fue allí donde conoció a Manuel de Quesada, hermano de Ana de Quesada y Loynaz, la segunda esposa de Carlos Manuel de Céspedes. Pamela y Manuel se casaron en 1853, pero Manuel estaba comprometido con la revolución y sus actividades

---

[265] Castellanos: Ibídem.

resultaron sospechosas a las autoridades españolas. Tiene que partir al exilio en México con toda la familia: su esposa y sus cuatro hijos, Herminio, Hortensia, Olivia y Guillermo.

Residen en un tiempo en Veracruz; luego, en Puebla y más tarde en Durango donde Quesada ocupa el puesto de gobernador militar. Pero, cuando se inicia el alzamiento del 10 de octubre, Quesada regresa a Cuba para unirse a la guerra. Su hijo, Hilario de Quesada Corbisón, sirve como ayudante de campo de Carlos Manuel de Céspedes.

Manuel de Quesada participa en las conspiraciones, luchas y expediciones durante la Guerra del 68, pero después del Pacto del Zanjón, parte hacia Costa Rica con su familia y allí fallece el 30 de enero de 1884, víctima de una pulmonía. No tenemos ninguna otra noticia de Pamela, y si regresó a Cuba luego de terminada la guerra.

Ana Cruz Agüero nació el 26 de julio de 1840 en La Legua, Las Tunas. Se dedicó a las labores del campo, y por su contacto diario con la naturaleza llegó a ser experta en la farmacopea campesina.

Fotografía de Ana Cruz Agüero

Al mando del general Vicente García, durante la guerra sirvió como confidente y mensajera de valiosas informaciones. Se casó con Lucas Ortiz León, quien luego se marcha a la guerra. Cuando el asalto a la ciudad de Las Tunas, el 16 de agosto de 1869, el matrimonio lucha en la batalla donde muere Lucas. Abrazada al esposo ya muerto, Anita no vacila y toma el fusil del esposo y se coloca en el puesto que él ocupaba.

Ana curaba enfermos en el hospital de Jesús María, establecido en el campamento de los mambises. Allí sanaba heridas, curaba infecciones, disenterías y fiebres, y llegó a ser jefa de sanidad de los hospitales de campaña.

Al terminar la guerra en 1878, reside en Las Tunas, y allí se casa en segundas nupcias con el coronel Francisco Varona González. Al estallar la Guerra del 95, igual que había hecho en el 68, se va con el esposo a la manigua. En reconocimiento a su valiosa contribución a la libertad de la patria, el general José Manuel Capote le otorgó los grados de capitana de sanidad del Ejército Mambí.

Falleció el jueves 21 de enero de 1936, a la edad de 91 años. El cortejo fúnebre fue acompañado por un pelotón de ceremonia, y la banda municipal tocó *La bayamesa* y el *Himno invasor*.

Dolores de Céspedes y de Orellano era de Bayamo y allí contrajo matrimonio con Manuel de Céspedes con quien tuvo siete hijos. Durante la guerra, Manuel fue hecho prisionero; la familia perdió sus propiedades, haciendas y bienes al ser confiscados; Manuel muere poco tiempo después en 1869. Los hijos varones murieron luchando en la guerra, y su hija Lola falleció de una enfermedad. Poco sabemos de Dolores pero imaginamos lo que tuvo que pasar aquella mujer viuda, y muertos todos sus hijos.

Leonela del Castillo y Vázquez contrajo matrimonio con el patriota y poeta José Joaquín Palma y Lasso de la Vega. Los dos eran naturales de Bayamo. Palma participaba en las tertulias que celebraba Perucho Figueredo, y es posible que fuera allí donde conociera a Leonela.

En 1868, Leonela y José Joaquín le prendieron fuego a su hogar en Bayamo y luego de secundar a Carlos Manuel de Céspedes, marchan al exilio por estar Palma perseguido por conspirar. En Guatemala viven varios años con sus hijos, y después pasan unos años entre Nueva York, Honduras y Jamaica.

Casi todas las fuentes consultadas indican que en este último país residía Leonela con su familia, mientras que José Joaquín estaba en Guatemala donde es asistente del presidente Marco Aurelio Soto. En la década de 1880, viaja a Jamaica, cuando le comunican de la enfermedad de la esposa, la cual fallece poco tiempo después.

José Joaquín Palma escribió el himno nacional de Guatemala en 1896 y falleció en ese país en 1911, aunque está enterrado en Bayamo.

Familia Figueredo Antúnez

Al fondo, la parroquia La Soledad de Camagüey

Tomasa Socarrás y Varona fue la madre del patriota bayamés Fernando Figueredo Socarrás. Tomasa vino al mundo en Bayamo, de familia de mediana posición económica, y fuertes sentimientos independentistas. Era hija de Jerónimo Socarrás y Josefa Varona. El primero de marzo de 1843 contrajo matrimonio con Bernardo Figueredo y Téllez en la parroquia de la Soledad de Camagüey.

Durante la década del 68, Tomasa compartió con su esposo la vida de la guerra en el campo de batalla. Da a luz a varios hijos en plena manigua entre ellos a su hijo Fernando, patriota de las dos guerras y amigo de Martí. Su esposo Bernardo pierde la vida en la guerra y ella recibe múltiples heridas en combate, pero esto no hace que decaiga su entusiasmo. Durante la Guerra del 95 emigra a la Florida.

En mayo de 1898 apareció una nota en el periódico *Patria* anunciando su fallecimiento. La nota dice así: «Antes de ayer nos sorprendió la inesperada nueva de haber fallecido en Tampa la señora Tomasa Socarrás, viuda de Figueredo, anciana madre de nuestro querido amigo y compatriota, señor Fernando Figueredo, agente del Partido Revolucionario en aquella ciudad. La Sra. Socarrás de Figueredo pertenecía a una de aquellas distinguidas familias de Bayamo que a los comienzos de la Guerra del 1868 hicieron a la patria el sacrificio de sus hogares incendiados».

Juanita Antúnez Antúnez fue la esposa de Fernando Figueredo Socarrás. Había nacido alrededor del 1854. Sus padres fueron

Joaquín Antúnez y María Caridad Antúnez quienes marchan con la familia a la manigua al estallar la Guerra del 68. En la Sierra Maestra Juanita conoce, en 1871, a Fernando Figueredo, y en noviembre de 1874 se casan ante un notario del Ejército Libertador. Ella contaba 20 años y él, 28. Poco después de casarse tuvieron su primer hijo. Juanita y el niño permanecen en la manigua tres años, mientras Fernando lucha en la guerra. «Un día, perseguidos por los españoles», relata el propio Figueredo, «yo marchaba delante de mi esposa alumbrándole el camino. Ella me seguía con el niño en los brazos. Algunas veces tomaba yo al niño, y ella mi vela y mi rifle. Marchábamos por una vereda estrecha ascendiendo unas veces, otras descendiendo cuestas, que hacían la jornada embarazosa. Mi infeliz compañera había tenido que abandonar sus zapatos, que le molestaban mucho, lo que constituía para ella un verdadero sacrificio, pero resignada y sufrida marchaba en aquella procesión, que, a cierta distancia, debía parecer el acompañamiento de un cadáver».

«Sería quizás la una de la madrugada, habríamos andado unas cinco leguas, cuando nuestro práctico nos dijo que estábamos a la altura del rancho del sargento Avelino, de las fuerzas de la Brigada, quien en ocasiones anteriores me había significado sus deseos de verse libre de los desórdenes de Holguín. Nos dirigimos a su habitación, siendo a poco anunciados por los ladridos de un perro que nos dio la bienvenida. Rosa, la esposa del sargento se entendería con mi señora en los cuidados del niño».[266]

Unos días después, Juanita y Fernando huían de nuevo de las tropas españolas al mando de Collado. Figueredo continúa su relato: «….teníamos que abrirnos paso a través de aquella espesa y agreste selva, donde en más de una ocasión tuvimos necesidad de cortar bejucos y ramajes que se oponían a nuestro paso. Mi esposa, sobre todo, marchando con sus pies desnudos por aquella montaña virgen, era víctima de las espinas, cuyas punzadas sufría con increíble resignación. Nuestra marcha se efectuaba en perfecto orden militar, para prevenir cualquier accidente en el camino, [...] Gutiérrez, luego, a cierta distancia, el teniente Mons,

---

[266] Fernando Figueredo: *La Revolución de Yara*, Editorial Cubana, Miami, 1990, p. 273.

José y yo, armados y por último la impedimenta, las dos señoras[267] y el niño, y los asistentes al mando del sargento Avelino, cerrando la columna». [...] Luego se toparon con Maceo... llegaron al campamento, y «allí Lacret regaló un par de botines a Juana», añade Figueredo.[268]

En 1878, Figueredo, Juana y el niño lograron salir del país y se exilian a la República Dominicana. En Puerto Plata se les muere el hijo con el que tanto habían pasado en la manigua, pero el 1 de julio de ese año Juana da a luz a Bernardo, su segundo hijo. En 1881, los Figueredo se embarcan para Cayo Hueso, y en el Cayo Fernando desempeña diferentes cargos y labora con la emigración. Allí tienen siete hijos más: María de la Concepción, Tomasa, María de la Luz, Evangelina, Carmen, Leonor, y Fernando.

En enero de 1892, José Martí, junto con otros patriotas, visita el hogar de los Figueredo en Cayo Hueso, lugar donde se respiraba Cuba. Allí fundan el Partido Revolucionario Cubano. Debió haber sido una experiencia única para Juanita y su familia estar presentes en aquel acontecimiento histórico. Es por entonces que Martí escribe estas líneas a Tomasa, hija de los Figueredo:[269]

> No sé qué tienen las flores,
> Lindísima bayamesa,
> Que unas se secan muy pronto,
> Que hay otras que no se secan.
>
> De blancas flores un ramo
> Ayer me diste en tu casa,
> Y hoy las fui a ver, niña mía,
> Y las encontré más blancas.
>
> Así como el alma en pena,
> Como un clavel amarillo,
> Beso tu mano y el alma
> Se pone color de lirio.

---

[267] Se refiere a la esposa del sargento Avelino y a Juana Antúnez y su hijo.
[268] Fernando Figueredo: Ob. cit., p. 273.
[269] Ibídem, pp. 5-6.

En la foto tomada en Cuba aparecen Juana Antúnez y Fernando Figueredo con sus hijos María de la Concepción, Tomasa, María de la Luz, Evangelina, Carmen, Leonor, y Pedro. (c.1883). (Foto © Ángel Clarens y Figueredo)

Hay que destacar que Martí llama a Tomasa «lindísima bayamesa» lo que implicaba que aunque ella había nacido en Cayo Hueso, la consideraban cubana. El nacionalismo persistía a pesar de la vida del exilio de los Estados Unidos.

En 1894, la familia se muda para West Tampa ya que Fernando va a trabajar en la fábrica de tabacos O'Hallaran. Residen en 404 Main Street donde se establece la oficina y es lugar de reunión del Partido Revolucionario Cubano. Residiendo en Tampa, Juanita Antúnez se convierte en vice presidenta del club Estrella Solitaria de Ibor City, del que hablaremos más extensamente en el tomo II de esta obra.

Cuando el 6 de enero de 1895 la Junta Cubana de Nueva York decide comenzar la guerra contra España, las instrucciones fueron enviadas a Fernando Figueredo en West Tampa, y Fernando preparó y escondió el mensaje dentro de un tabaco el cual fue enviado por mensajero a los líderes en Cuba. Así fue como comenzó la Guerra del 1895. Juana Antúnez fue testigo de todo este capítulo de la historia, y siguió trabajando con su esposo en las labores de la emigración.

Al terminar la guerra, a comienzos del 1900, Juanita y sus hijos, quienes habían permanecido en Tampa, se unieron a Fernando en Cienfuegos. Leonardo Wood, gobernador de Cuba durante la primera intervención militar estadounidense, había nombrado a Figueredo secretario de estado y gobernación. En 1902, el presidente Tomás Estrada Palma lo nombró director general de comunicaciones, llegando luego a ocupar otros cargos importantes.

Juana Antúnez enfermó y los médicos le recomendaron retirarse a algún lugar fresco. En 1919, comienza su convalescencia en Kew Gardens, Long Island en Nueva York, donde reside su hija Evangelina. Luego de una mejoría regresan a Cuba. Pero aquella mujer que había soportado tanto durante la guerra y que había luchado junto a su esposo en la emigración, se agotó y se fue apagando hasta fallecer el domingo, 4 de abril de 1920, a las seis de la tarde en su casa de La Habana. Figueredo relata: «Murió Juanita como había vivido: fue su muerte tan apacible como sencilla fuera su fructífera existencia. Murió rodeada de su familia toda, pues cuatro de nuestras hijas que vivían fuera (Concha, Tomasa, Luz y Evangelina) habían acudido ante su gravedad, y se encontraban, al cerrar sus ojos. Junto a su lecho de muerte estábamos sus nueve hijos y yo, quienes presidían aquel duelo tan tremendo. Su muerte fue muy sentida por propios y extraños».[270]

Mujeres de la Familia del General Calixto García Iñiguez

«Me había criado en un ambiente de mujeres heroicas en la manigua a salto de mata, sin ropa ni alimentos, después prisioneras mis abuelas, mi madre y mis tías de ambos ramos. En la emigración con ellas oyendo siempre las desdichas de Cuba de boca de otros cubanos refugiados en Cayo Hueso y en New York [...] a quienes todos en casa rodeábamos escuchando con religioso respeto e intensa atención los relatos espantosos de aquellos diez años de la guerra del sesenta y ocho (...)».[271]

---

[270] Figueredo, Ob. cit., pp. 142-43.

[271] Uno de los hijos de Calixto García, en Abreu Cardet: *Las Fronteras de la guerra, mujeres, soldados y regionalismo en el 68,* Editorial Oriente, Santiago de Cuba 2007, p. 134. (N. de la A.)

Lucía Íñiguez Landín

Madre del general Calixto García Íñiguez. Nació en Holguín el 8 de diciembre de 1819 y sus padres fueron el cubano Miguel Íñiguez, y Mercedes Landín, natural de República Dominicana. En 1835, Lucía contrae matrimonio con Ramón García y González, de origen venezolano, y de esa unión nacerían ocho hijos, aunque algunos no sobrevivirían.

Cuando estalla la Guerra Grande, Lucía Iñiguez anima a su hijo Calixto para que se una a la contienda y los dos marchan a la manigua. Para entonces ya Calixto se había casado, por lo que toda la familia se marcha con él a la guerra. En febrero de 1870, la fuerza a la que Calixto pertenece se tiene que trasladar a Las Tunas, y por lo precipitado de la orden no puede llevarse a su familia, que deambula de lugar en lugar.

Foto de Lucía Íñiguez Landín, madre del general Calixto García Íñiguez

En agosto, una columna española sorprendió a la familia de Calixto García y todos fueron hechos prisioneros. Entre los detenidos se encontraban, además de Isabel Vélez Cabrera su esposa, y sus hijos; los padres de Calixto, Lucía y Ramón; las dos hermanas, de Calixto: Concepción y Leonor; Nicolás, el único hermano, así como la madre de Isabel, Ana Cabrera y sus dos hermanas, Candelaria y Caridad junto con otros parientes. También formaban parte del grupo diez esclavos de la familia que al obtener la libertad marcharon al campo insurrecto junto a sus antiguos amos. Llegaron a Holguín el 11 de agosto donde permanecieron hasta el 17 de septiembre cuando el brigadier Félix Ferrer dispuso su traslado a La Habana vía Gibara.[272]

---

[272] José Abreu Cardet: *La guerra grande: dos puntos de vista*, Editorial de Ciencias Sociales, La Habana, 2008.

El 6 de septiembre de 1874, Calixto, que se encuentra en el campamento de San Antonio de Baja, es sorprendido por un gran contingente de las fuerzas españolas. Luego de algunas maniobras, García intenta montar en su caballo pero el ruido de las balas y los gritos espantan al animal que sale corriendo. En vano intenta el general alcanzarlo, solo quedan con él unos doce soldados que no lo pueden auxiliar porque el enemigo, que es muy numeroso, se interpone. Al sentirse perdido, se pone el revólver debajo de la barba y se da un tiro. Sin embargo, a pesar de la gravedad de la herida Calixto sobrevive. Lucía, que reside en el barrio de El Cerro, en La Habana, se entera de que Calixto se ha tratado de suicidar y exclama: «Ese es mi hijo Calixto, ¡muerto, antes que rendido!».

Más tarde, Calixto es expatriado a España. Pasa primero por la cárcel de San Francisco, en Madrid; luego por la de Pamplona, y después, por la de Alicante. Detrás de él va su madre Cía, como cariñosamente llamaban a Lucía. Cuentan que cuando iba a ver al hijo a la cárcel subía por una peligrosa escalera llevando en un bolsillo grande de su falda una lata de caldo caliente para Calixto. Era Lucía tan osada que un día visitó a la reina Isabel II, madre de Alfonso XII, para que gestionara ante el Rey el traslado de Calixto para un lugar mejor. El 8 de junio de 1878, después del Pacto del Zanjón queda en libertad.

En noviembre de ese año marcha a Estados Unidos y se reúne con su familia. El matrimonio se estableció en un humilde apartamento de la calle 45 del oeste y la Novena Avenida, en Nueva York, y los niños comienzan a asistir a las escuelas públicas. En el hogar de la familia García Vélez, los niños crecerían y se educarían en un ambiente en el que solo se respiraba el amor a la Patria.

Expatriación a España

Al unirse Calixto García a la Guerra Chiquita y al fracasar los intentos de guerra, es nuevamente expatriado a España donde lo recluyen en el Castillo de Alicante hasta el 12 de octubre de 1879.

En 1882, la familia se reúne en España. ¡Que de tumbos daba aquella heroica familia! ¡Cuánta inseguridad! ¡Cuánto desasosiego!

Antes de seguir con los episodios de la guerra, hablemos de la esposa de Calixto García, **Isabel Vélez Cabrera.** Era Isabel natural de Jiguaní donde había nacido el 8 de julio de 1844. Sus padres fueron Cristóbal Vélez y Pérez, comerciante de café y oriundo de Santiago de Cuba, y Ana Cabrera y Calzada. Calixto García solía ir a bailes y fiestas al pueblo de Jiguaní, y es allí donde conoce a Isabel Vélez Cabrera con la cual traba relaciones amorosas para luego casarse con ella el 11 de agosto de 1862. Isabel y Calixto tienen siete hijos: Leonor, Matilde, Calixto, Carlos, Justo, que nació en el campo mambí, Mario y Mercedes.

Al estallar la Guerra del 68, Isabel, junto a su familia y la familia de Calixto, se interna en el monte. El 13 de abril de 1869 les nace el cuarto hijo en una ranchería, siendo el parto atendido por un oficial mambí, Antonio Mangual, que estaba de paso con su tropa. Años después un nieto narraba: «en el monte en San Pedro de Cacocúm, mi abuela Lucía desde lejos con un delantal como bandera de señales, llamó a que viniera alguien a construir una cama de cujes y de colchón corona de plátanos para mi madre Isabel Vélez que estaba con dolores de parto. Antonio Mangual y sus hombres acudieron y realizaron el trabajo, teniendo también que tomar parte en "cortarle el ombligo" al recién nacido».[273]

Fotografía de Isabel Vélez Cabrera[274]©

---

[273] José Isabel Herrera: *Impresiones de la Guerra de Independencia*, Editorial de Ciencias Sociales, La Habana, 2005.

[274] Fotografía cortesía de la Dra. Rosa Leonor Whitmarsh.

Luego de ser tomados prisioneros, como ya hemos referido, fueron llevados a La Habana y encerraron a las mujeres en la Casa de Recogidas. Pero Lucía Iñiguez se valió de unas amigas que estaban casadas con oficiales españoles, e hizo gestiones con ellas para lograr la libertad provisional. La familia fue a vivir a casa de **Lorenza del Mármol** en La Habana, pero el poco espacio de la vivienda y el calor hizo que algunos de los niños se enfermaran. Lucía acude de nuevo al capitán español y le pide que los ayude a trasladarse a otra casa, lo que al final logra. En la nueva casa, como eran muchas, unas cosían, otras hacían cajetillas de cartón para fósforos y con mucha dificultad iban sobreviviendo.

Finalmente, Isabel y sus cuatro hijos, su madre, una hermana y otros familiares fueron expulsados de Cuba y se establecieron en Cayo Hueso. Los cubanos que allí residían apoyaron desde el comienzo a la familia. Los tabaqueros, por ejemplo, donaban el producto de las colectas que se hacían en los talleres de tabaco. Vicente Martínez Ibor, fabricante de tabacos y fundador de Ibor City en Tampa, también los ayudó. Este valenciano, casado con la cubana **Mercedes de la Revilla**, simpatizaba con la revolución. Ibor y su esposa internaron a Leonor, una de las hijas de Calixto e Isabel, en el colegio católico del Sagrado Corazón en Nueva York, y costearon su matrícula. En Cayo Hueso quedaron viviendo Isabel, y sus dos hijos más pequeños, Carlos y Justo. Comenzó así la larga vida del exilio.

Más tarde Isabel logró trasladarse a Nueva York mientras que en Cayo Hueso quedaba residiendo su hermana Caridad, casada con Alejandro Menéndez, ambos lectores de tabaquería. En Nueva York Isabel cosía para mantener a sus hijos. Allí la familia se relacionaba con la Delegación Cubana en esa ciudad y conoció a Francisco Vicente Aguilera, Antonio Maceo, José Martí y otros patriotas.

Luego de ser Calixto liberado de la cárcel, en 1882 la familia se trasladó a España a reunirse con él. Residían en Madrid. Alquilaron un piso en la calle Fuencarral número 90; aunque no sería este su único lugar de residencia pues llegan a mudarse a diferentes domicilios en la capital española. En Madrid les nacen otros 2 hijos: Mercedes de la Concepción, el 30 de enero de 1883, y el 15 de abril de 1884, María Herminia. Pero, en medio de esta alegría, les llegaría una cadena de tristes noticias: en Cayo Hueso la madre de Isabel, ciega y pobre, fallece el 21 de septiembre de 1884. Pocas semanas después, en octubre muere su padre en La Habana. Como si esto no fuera suficiente, en marzo de 1890, el pequeño Calixto, nieto de Isabel y Calixto, fallece en Bilbao. Y el 31 de octubre muere en Jiguaní, **Caridad Vélez Cabrera** (*Canda*), hermana de Isabel. El 15 noviembre de 1892 fallece en Jiguaní la hermana de Calixto, **Mercedes García Iñiguez**. Duros años para esta ilustre familia que ya tanto había sufrido durante la Guerra Grande y la Guerra Chiquita.

Al estallar la Guerra del 95, el incansable Calixto decide regresar a Cuba y unirse a la contienda. Lleva con él a sus hijos mayores, Carlos y Mario. Cuando Calixto va a subir a la cubierta del *Hawkins* el 25 de enero de 1896, preocupado por la familia que deja atrás, escribe a dos amigos: María Luisa y Raimundo, a quienes les ruega cuiden y consuelen a Isabel y a sus hijos. ¡Cuántas decisiones no tuvo que tomar este matrimonio y cuántos sacrificios! Nos podemos imaginar la inestabilidad en la que vivía Isabel, las carencias materiales, y la separación que traía tantos momentos de dolor e incertidumbre. Isabel se traslada entonces a los Estados Unidos. ¡Qué de tumbos ha dado esta pobre mujer! En Nueva York vive con sus tres hijos más pequeños y dos nietecitos en una modesta pensión en la que paga 140 pesos mensuales y que costea la República de Cuba en Armas.

Al terminar la guerra y firmarse la paz, Calixto marcha a Nueva York para cumplir funciones diplomáticas pues es nombrado diputado de la Asamblea de Santa Cruz. Es el 2 de diciembre de 1898. En Washington están Isabel y su hija Mercedes, que está muy enferma. Isabel le había escrito al esposo, el 25 de octubre de 1898, sobre el estado de salud de Mercedes: «Hace falta que veas a tu pobre hija antes de ir a ningún lugar. Ella anhela verte y se pone triste cuando oye decir que no podías venir y hasta dice: "papá no hace caso, ya de mí, ni quiere verme"». Calixto va y se reúne entonces con su hija, ya moribunda.

En diciembre, estando en una misión en Washington, Calixto enferma de una pulmonía y fallece el día 11 en el hotel Raleigh de la capital estadounidense. Isabel, que atendía a su hija Merceditas, no pudo estar junto a él, y pocos días después de morir Calixto, fallecería Mercedes.

En el 68, el 80 y el 95 dejó atrás Calixto a su familia para marchar al campo de la revolución. En cuanto a Isabel, siempre cumplió en extremo con su deber de esposa, madre y patriota. Apoyó a Calixto en sus afanes de guerra y cuidó de sus hijos. Viuda, con varios hijos muertos, así como sus padres y su hermana, la noble y valiente mujer regresó a Cuba y fue a vivir a su ciudad natal. ¡Qué vida tan difícil y qué gran dedicación!, pero ¡qué poco la conoce el pueblo cubano!

Isabel Vélez Cabrera falleció en La Habana el 9 de agosto de 1916 de una debilidad de los tejidos intestinales. Su nombre quedó olvidado a pesar de lo mucho que había sufrido, sacrificado y luchado por Cuba y su independencia. Nada hicieron los gobiernos de turno ni han hecho más tarde por exaltar su memoria y su caminar.

En La Habana un grupo de mujeres en el desfile patriótico conmemorando el fallecimiento del General Calixto García[275]

---

[275] Revista *Leslie's Weekly*, Nueva York, marzo de 1899.

En cuanto a Lucía, la madre de Calixto García, al final de la guerra fue a su Holguín querido. En esta ciudad un representante del gobierno le ofreció un puesto de Inspectora de Montes, advirtiéndole que no tenía necesidad de realizar el trabajo, pues el gobierno le pagaría igual. Cía comprende que es un favor que le quieren hacer, y rechaza el nombramiento expresando que ella no podía aceptar un sueldo sin realizar el trabajo pues era como robarle al gobierno.

Cuando se siente morir manda a llamar a su ahijado Manuel Avilés Lozano y le pide que cuando muera la banda de Holguín toque *La bayamesa*. El 7 de mayo de 1906 fallece Lucía Iñiguez y sus restos van a descansar al cementerio general.[276] Pero el 7 de mayo de 1983 sus cenizas fueron trasladadas a la Plaza de la Revolución en el Bosque de los Héroes, donde se honra la memoria de los héroes cubanos que han luchado por la independencia y la libertad. El gobierno le construyó un mausoleo y allí reposan sus restos al lado de los de su hijo Calixto.

Matilde Íñiguez era tía de Calixto García. Tuvo un hijo, Manuel, que se incorporó al ejército mambí. Un día, las tropas españolas entraron en la ciudad llevando el cadáver de Manuel, y aquella estoica mujer, inmóvil por el dolor, gritó estas palabras inmortales: «¡Gracias te doy, Dios mío, al permitirme verlo así y no prisionero del enemigo!». Eso es entrega, dignidad y sacrificio materno. ¡Aquellas sí fueron patriotas íntegras!

Isabel M. González Carrasco era natural de Sagua de Tánamo y esposa del comandante José Mejías. Los dos colaboraron en la Guerra Grande y en la Guerra Chiquita. Al terminar la guerra, Mejías fue engañado por las autoridades coloniales, cuando al presentarse junto con Isabel y un grupo de 84 hombres y mujeres en San Antonio de Redor, fueron todos detenidos y conducidos al vapor *España* anclado en la bahía de Guantánamo, y partieron para Santander. Arribaron en esta ciudad el 26 de julio de 1880. Isabel sufrió la severidad de las cárceles españolas. Luego de liberada regresó a Guantánamo donde falleció en 1887.

---

[276] «Madre y mujer ejemplar», *Bohemia*, no. 60, 31 de mayo de 1968, p. 22.

Mujeres de la familia Grajales y Maceo

Foto de Mariana Grajales Coello

«...cayéndose está la viejecita gloriosa en el indiferente rincón extranjero y todavía tiene manos de niña para acariciar a quien le habla de la patria».   *José Martí*

Mariana Grajales Coello nació en Santiago de Cuba. Algunos historiadores han afirmado que había nacido el 26 de junio de 1808, pero Luis Felipe Solís Bedey en su artículo «La historiografía santiaguera en la renovación de los estudios de la familia Maceo Grajales»,[277] nos dice que la partida de bautismo, localizada en la Parroquia de Santo Tomás, muestra como fecha de nacimiento el 7 de diciembre de 1815. También confirma Bedey «después de analizar la partida de su matrimonio en 1831, donde se infiere que aún era menor de edad y la fecha de nacimiento de los últimos hijos, todo parece indicar que 1815 es la fecha correcta». Los padres de Mariana fueron José Grajales y Teresa Coello, pardos o mulatos libres, naturales de Santo Domingo.

La niñez de Mariana transcurrió en la mayor pobreza. Algunos aseguran que era analfabeta pero, otros han declarado que tenía una educación elemental. María Teresa Isaac Grajales, hija de una sobrina de Mariana, declara que ella sabía leer y escribir de acuer-

---

[277] Olga Portuondo Zúñiga, Israel Escalona Chádez, Manuel Fernández Carcassés: *Aproximaciones a los Maceo*, Editorial Oriente, Santiago de Cuba, 2005, p. 484.

do con la educación rudimentaria de la época.[278] Sin embargo, la escritora Nydia Sarabia en su biografía de Mariana Grajales, afirma que «la educación era cosa vedada a esclavos e incluso a pardos libres. Acaso Mariana recibió una mínima educación impartida por la madre o el padre, pues en esa época era costumbre enseñar "la cartilla" a los niños en el propio hogar donde no existían recursos».[279] Sin embargo, en 1926, los santiagueros José Boffil, Aurelio Callejas y General Ginestá, levantaron un acta en la casa de los Maceo, donde, Emilia Núñez,[280] nuera de Mariana, afirmaba que «le constaba que doña Mariana no sabía escribir».[281] Finalmente, en el 2006, en el libro de Nydia Sarabia antes mencionado, esta dice que en 1975 «en una cueva de San Luis, Oriente, aparecieron unos manuscritos del general Antonio Maceo y entre estos una carta que parece ser de puño y letra de doña Mariana a su hijo». Y luego añade: «para algunos investigadores, el manuscrito en cuestión ofrece dudas. Piensan que se lo escribió otra persona de la familia y otros dicen que Mariana sabía escribir».[282]

Nydia Sarabia[283] describe a Mariana como una mujer de carácter sobrio y firme, que en su adultez conservaba su juventud y dulzura. El 21 de marzo de 1831 contrajo matrimonio con el santiaguero Fructuoso Regueyferos Hechavarría. Reciben el sacramento en la parroquia de Santo Tomás Apóstol de Santiago de Cuba. En 1840, nueve años más tarde, Fructuoso fallece dejando a Mariana con cuatro hijos pequeños: Felipe, Fermín, Justo y Manuel.

Se cree que Marcos Maceo[284] y Mariana se conocieron en Santiago de Cuba, aunque otros afirman que fue en El Cristo. La

---

[278] Nydia Sarabia: *Historia de una familia mambisa: Mariana Grajales*, Instituto Cubano del Libro, Editorial Orde, La Habana, 1975, p. 12.
[279] Sarabia: Ibídem.
[280] Emilia Núñez estaba casada con Tomás Maceo. En Sarabia, Ob. cit., p. 148.
[281] Sarabia: Ibídem, p. 12.
[282] Ibídem, p. 12.
[283] Ibídem, p.18.
[284] Los padres de Marcos eran José Antonio Muchuli y Clara María Maceo. Marcos nació en 1808. En Portuondo Zúñiga, «Ascendencia paterna de Antonio Maceo», en *Entre esclavos y libres de Cuba colonial*, Editorial Oriente, 2003.

unión de Marcos y Mariana puede haber ocurrido en 1843 o quizás antes.[285]

Era aquel el momento de las grandes revueltas de esclavos y de las conspiraciones, como las de La Escalera, de Infante y otras. La pareja va a vivir a la finca Maroto, cerca de El Cristo, y en 1845 les nace su primer hijo, Antonio de la Caridad. Dos años más tarde, el 20 de febrero de 1847, nace María Baldomera. Y de ahí en adelante nacerían José Marcelino en 1849; Rafael, en 1850; Miguel, en 1853; Dominga de la Calzada, en 1857; y el último hijo, José Tomás, en 1858.

Luego de años de afirmar que Marcos Maceo era originario de Venezuela, en 1992 la Dra. Olga Portuondo Zúñiga, historiadora de Santiago de Cuba, encontró la partida de bautismo de Marcos en los archivos parroquiales a partir de cual se pudo confirmar que había nacido en Santiago de Cuba.[286] En cuanto a los padres de Antonio Maceo, continúa diciendo la historiadora de Santiago de Cuba: «Habíamos perdido toda esperanza de despejar estas incógnitas, dice Portuondo Zúñiga, cuando en nuestra visita al Archivo General de Indias, entre septiembre y octubre del 2000, tropezamos con un expediente que por fuera decía: Marcos Macedo. Cuanta no sería nuestra alegría al leer dichos documentos pues comprobamos que había una carta en la que se solicitaba el licenciamiento de Marcos como soldado del cuerpo al que pertenecía y que firmaba su padre, José Muchuli».[287] Y sigue Portuondo diciendo: «Las pesquisas han arrojado claridad meridiana respecto a la ascendencia paterna de Antonio Maceo y sus hermanos en territorio de la isla de Cuba. Los bisabuelos de Antonio Maceo eran Miguel Muchuli, nacido en Valencia, España, casado con la

---

[285] Se unirían en el Sacramento del matrimonio por la iglesia católica, el 6 de julio de 1851 en San Nicolás de Morón.

[286] Olga Portuondo Zúñiga: «El padre de Antonio Maceo: ¿venezolano?», *Del Caribe*, no. 19, 1999, pp. 43-97.

[287] Archivo General de Indias (AGI) Cuba, leg. 2176 A, Cuba y 26 de noviembre de 1835.

parda libre Teresa Hernández, quienes tuvieron cuatro hijos: Esteban, *José Antonio*, María Dolores y Olaya».[288]

En esta casa situada en la calle Providencia 16, hoy convertida en museo, vivían Marcos y Mariana cuando nació Antonio Maceo[289]

«Cuando José Antonio Muchuli Hernández se unió a Clara María Maceo (o Macedo), añade Portuondo Zúñiga, aparentemente ya llevaban juntos muchos años, porque hallamos otro hijo de la parda nacido en 1801, con el nombre de Justo Antonio».[290] Marcos nació siete años más tarde. Pero el abuelo de Antonio Maceo conservó el apellido Maceo de su abuela, y no el del abuelo José Antonio Muchuli, por las reglas de casta y porque no reconoció de forma legítima a su hijo.[291]

La pareja siempre se preocupó de que por lo menos los hijos varones asistieran a escuelas elementales y aprendieran los elementos básicos del lenguaje y la gramática.[292] Al parecer recibie-

---

[288] Olga Portuondo Zúñiga, «Ascendencia paterna de Antonio Maceo», Ob. cit., pp. 208-223.

[289] Casa entregada a Mariana Grajales a mediados del siglo XIX, comprada por Marcos Maceo en 1857. Archivo del Registro de la Propiedad Urbana, f. 184, R. 6669 en Olga Portuondo Zúñiga, «Ascendencia Paterna de Antonio Maceo», *Entre esclavos y libres de Cuba colonial*, Editorial Oriente, Santiago de Cuba, 2003, pp. 208-223.

[290] Archivo Nacional de Cuba. Miscelánea de Expedientes, leg. 4075 A1. La información de este censo permite reconocer la fecha de 1824.

[291] Portuondo Zúñiga: Ob. cit.

[292] Adys Cupull y Froilán González: *Mariana, raíz del alma cubana*, Editora Política, La Habana, 1998, p. 279.

ron educación de los profesores Mariano Rizo y Francisco y Juan Fernández, sin embargo, poco sabemos de la educación de las hembras, María Baldomera y Dominga. Recordemos también que la mujer era solamente instruida en algunas nociones de escritura, lectura y matemáticas.

Para poder mantener tantas bocas, la finca de Marcos Maceo producía tabaco, madera, ganado y frutos menores. Vivían en una casa grande con horcones de caguairán[293] forrada de guano y cedro y alto caballete. Había habitaciones que se utilizaban para almacenar el tabaco, las viandas y otros productos. Aquellos años anteriores a la guerra transcurrían en familia, en un ambiente de respeto y disciplina.

Contaba la escritora Aida Rodríguez Sarabia, que su padre, Luis Rodríguez Licourt, había oído a los tabaqueros con sus bandurrias darle la bienvenida a Maceo, cuando acampó cerca de Pinar del Río, y Maceo les contestó con la décima que reproducimos más abajo, y comentó que con ese canto Mariana lo dormía de pequeño:[294]

> Si nace libre la hormiga,
> La bibijagua y el grillo,
> Sin cuestiones de bolsillo
> Ni español que los persiga,
> Ninguna ley los obliga
> A ir a la escribanía
> A comprar la libertad,
> Y yo, con mi dignidad,
> ¿no seré libre algún día?

Al ocurrir el levantamiento del 10 de octubre en La Demajagua, Marcos Maceo respondió con todo lo que tenía en ese momento: cuatro onzas de oro, una docena de machetes, cuatro escopetas, dos revólveres y un trabuco. Antonio, José y Justo salieron

---

[293] Nombre genérico de varias especies botánicas de árboles americanos de madera muy dura.

[294] Aida Rodríguez Sarabia: *Mariana Grajales, Madre de la Patria*, Imprenta Modelo, S.A., La Habana, 1957.

con Rondón para Ti Arriba[295] mientras que toda la familia, incluidos los niños, se fueron a Piloto, cerca de Majaguabo a juntarse con los mambises. Era el 26 de octubre de 1868.

María Cabrales, esposa de Antonio Maceo, cuenta en carta a Francisco de Paula Coronado[296] de cómo Mariana había reaccionado ante aquel momento histórico: «…la vieja Mariana, rebosando de alegría, entra en su cuarto, coge un crucifijo que tenía y dice: "De rodillas todos, padres e hijos, delante de Cristo que fue el primer hombre liberal que vino al mundo, juremos libertar la patria o morir por ella"». El patriota Fernando Figueredo conoció a Mariana durante esta etapa de la guerra y recuerda que «pasaba de los cincuenta y cinco, robusta, de regular estatura, más bien baja, nerviosa, de movimientos ligeros, resuelta de tal manera que contrastaba con el carácter de su esposo».[297]

Pocos meses después de partir todos hacia la manigua, Marcos Maceo es herido de gravedad, el 14 de mayo de 1869[298] en el combate de San Agustín de Aguarás. Mariana atiende al marido en un escondite cerca del río Guaninicún durante todo el tiempo que está mortalmente herido. Dicen que Marcos ya moribundo en su despedida dijo a Mariana: «He cumplido con Mariana». Ahí vemos el respeto y la admiración que tanto Marcos como sus hijos tenían por Mariana.

El 7 de agosto de 1877 Maceo, sorprendido por una columna enemiga en el potrero de Los Mangos de Mejía en Barajagua, le hieren con cuatro balas en el pecho, dos en el brazo y una en la mano derecha. Su esposa, María Cabrales sin ocultarse a las descargas enemigas va a pie detrás de la camilla ensangrentada. Cuando ve llegar al jefe del regimiento de Santiago, el coronel José Ma-

---

[295] Eusebio Hernández: *Dos conferencias*, Instituto Cubano del Libro, La Habana, 1960, p. 35.

[296] «Carta de María Cabrales a Francisco de Paula Coronado del 6 de mayo de 1897» en *Papeles de Maceo*, t. II, Editorial de Ciencias Sociales, La Habana, 1998.

[297] Fernando Figueredo: Esparta y Cuba, *Bohemia*, La Habana, 10 de diciembre de 1944, p. 49.

[298] «Símbolo de Familia Cubana», *Diario Granma*, La Habana, 11 de abril de 2006, Año 10, No. 101.

ría Rodríguez, con un gesto vigoroso y dirigiéndose a aquellos valientes soldados, exclamó: ¡A salvar al general o a morir con él! También lo deja narrado José Martí en el periódico *Patria*: «[...] fue un día en que traían a Antonio Maceo herido: le habían pasado de un balazo el pecho: le traían en andas, sin mirada, y con el color de la muerte. Las mujeres todas, que eran muchas, se echaron a llorar, una contra la pared, otra de rodillas, junto al moribundo, otra en un rincón, hundido el rostro en los brazos. Y la madre [Mariana], con el pañuelo a la cabeza, como quien espanta pollos, echaba del bohío a aquella gente llorona: "Fuera, fuera faldas de aquí. ¡No más lágrimas! Traigan a Brioso". Y a Marcos, el hijo, que era un rapaz aún se lo encontró en una de las vueltas: "Y tú, empínate, porque ya es hora de que te vayas al campamento!"».[299]

El exilio
Luego de diez años en la manigua, cuando en abril de 1878 las provincias de Oriente y Camagüey habían depuesto las armas debido a las divisiones internas y a la política pacificadora de Martínez Campos, el general Antonio Maceo toma la decisión de enviar a las montañas de Guantánamo y Baracoa a su familia, protegida por una escolta del regimiento a las órdenes del coronel Pedro Martínez Freyre. Mariana y María agradecen la hospitalidad a las familias campesinas y la atención de los combatientes del Alto Oriente. Días después, Antonio envía una carta a su amigo, el capitán Manuel Romero, donde le encomienda que María y Mariana salgan enseguida de Cuba, y que el resto de la familia lo haga más tarde. Se exilian en Kingston, Jamaica, y residen en una humilde casa alquilada, a nombre de su hijo Marcos, en la calle de la Iglesia número 34.

    Mariana recibe en su casa de Kingston a José Martí, Máximo Gómez, Flor Crombet, Eusebio Hernández y otros patriotas más que pasan por allí a mostrarles el cariño y el respeto que sentían por ella. Cuentan que Mariana tenía para todos una frase de aliento y de fe de que Cuba sería redimida. Conmovido por aquella sacrificada anciana, Martí escribiría: «Es la mujer que más ha movido mi corazón».

---

[299] «La madre de los Maceo», *Patria*, 6 de enero de 1894.

Sobre las hijas de Mariana y Marcos, Manuel Romero contrae matrimonio con **Dominga Maceo Grajales** y Magín Rizo Nescolarde con **Baldomera Maceo Grajales**. De ellas hablamos en las páginas 221 y 224. Estas parejas van a residir a una pequeña finca en las cercanías de Kingston. Es una plantación de tabaco y frutos menores de la cual podrían las familias vivir por un tiempo.[300]

José Maceo es hecho prisionero en Cuba y deportado a Chafarinas en Marruecos. Decide escribirle a su madre quien de inmediato comienza a hacer gestiones a favor del hijo ante el cónsul de España en Jamaica. En su visita al cónsul dicen que como la presencia de Mariana imponía respeto, el funcionario la trató con consideración y amabilidad; preparó la petición y la trasladó al gobierno de Madrid. Esta fue la única vez en su vida que Mariana se dirigió a las autoridades españolas para interceder por uno de sus hijos.[301] Mariana escribe a José el 2 de agosto de 1884, y en la carta le informa que está haciendo las gestiones, y le aconseja que si el gobierno le da la libertad, que vaya enseguida a verla porque ya está vieja y padece una «enfermedad miserable»; que vaya pronto a Kingston para abrazarla.

Mientras tanto, el 8 de agosto de 1884, los españoles también se han llevado preso para Chafarinas a Rafael Maceo, y encarcelan a su esposa **Dolores Alcántara** en las cercanías de Boquerón, Guantánamo. Se llevan también a la segunda mujer de José Maceo, **Cecilia López**,[302] y a su nieto Elizardo Maceo Rizo; al coronel Limbano Sánchez, así como otros familiares de los Maceo incluyendo mujeres y niños.[303]

Luego de 15 años de exilio en Jamaica, el 28 de noviembre de 1893 fallece Mariana Grajales Coello. En esos días Antonio Maceo le escribe a Martí: «Tres veces en mi vida de revolucionario cubano he sufrido las más fuertes y tempestivas emociones de dolor y la tristeza que produce la desesperación de seres tan ama-

---

[300] José Luciano Franco: *La verdadera historia sobre la descendencia de Antonio Maceo*, Cuadernos de Historia Habanera, no. 47, t.I, La Habana, 1951, p. 161.

[301] José Luciano Franco: Ob. cit.

[302] José Maceo nunca se casaría con Cecilia López.

[303] José Luciano Franco: Ibídem.

dos como el que acabo de perder ahora en tierra extraña, sometiendo una vez más a mi corazón de patriota que es todo entero de su causa, y de hijo agradecido. Ella, la madre que acabo de perder, me honra con su memoria de virtuosa matrona y confirma y aumenta mi deber de combatir por el ideal que era el altar de su consagración divina en este mundo. ¡Ah! ¡qué tres cosas! Mi padre, el Pacto del Zanjón y mi madre…».[304]

Plaza Mariana Grajales de Guantánamo

En 1894, Martí deja patente su sentir por aquella madre, aquella mujer que había perdido a casi toda su familia, por la libertad: «¿Qué había en esa mujer, qué epopeya y misterio había en esa humilde mujer, qué santidad y unción hubo en su seno de madre, qué decoro y grandeza hubo en su sencilla vida, que cuando se escribe de ella es como de la raíz del alma, con suavidad de hijo y como de entrañable afecto? Así queda en la historia, sonriendo al acabar la vida, rodeada de los varones que pelearon por su país, criando a sus nietos para que pelearan».[305]

Mariana Grajales fue una mujer sencilla, noble, estoica, que anteponía sus ideales libertarios por encima de todo. Amaba a sus hijos pero nunca vaciló en entregarlos a la Patria cuando fue necesario, y ella misma no dudó en lanzarse a la manigua junto con toda aquella «tribu heroica» a pasar dificultades, a pesar de ser ya una mujer mayor, y todo por la libertad de Cuba.

«Los cubanos todos», dice una carta del periódico *Patria*, «acudieron al entierro, porque no hay corazón de Cuba que deje de sentir todo lo quo debe a esa viejita querida, a esa viejita que

---

[304] «Carta de Martí a Maceo del 12 de enero 1894», *Bohemia*, 5 de diciembre, 1975, p. 90.

[305] José Martí, periódico *Patria*, 6 de enero 1894.

le acariciaba a usted las manos con tanta ternura. La mente se le iba ya del mucho vivir, pero de vez en cuando se iluminaba aquel rostro enérgico, como si diera en él un rayo de sol; ¡no era así antes, cuando nos veía como olvidados de Cuba!: recuerdo que cuando se hablaba de la guerra en los tiempos en que parecía que no la volveríamos a hacer, se levantaba bruscamente, y se iba a pensar, sola: y ella, tan buena, nos miraba como con rencor! Muchas veces, si me hubiera olvidado de mi deber de hombre, habría vuelto a él con el ejemplo de aquella mujer». Y sigue el periódico *Patria* diciendo: «Su marido, cuando caía por honor de Cuba, ¿no la tuvo al lado? ¿No estuvo ella de pie, en la guerra entera, rodeada de sus hijos? ¿No animaba a sus compatriotas a pelear y luego cubanos o españoles, curaba a los heridos? ¿No fue, sangrándole los pies, por aquellas veredas detrás de la camilla de su hijo moribundo, hecha de ramas de árbol? [...] sujetamos aquí el elogio de la admirable mujer, hasta que el corazón turbado hoy en la servidumbre, pueda, en la patria que ella no vio libre, dar con el relato de su vida, una página nueva a la epopeya!»[306]

En la foto se aprecia al escultor Teodoro Ramos Blanco (el tercero de la izquierda), amigo de la familia Maceo Grajales, junto a otras personalidades, en la Casa de España, en Roma, 1930. (Foto cortesía de Javier de Castromori©)

---

[306] José Martí, *Obras Completas*, t. V, Editorial Lex, La Habana, 1953, , pp. 25-26.

Santiago de Cuba

¡Es Santiago de Cuba!
¡No os asombréis de nada!

¡Por allí anda la madre de los héroes!
¡Por allí anda Mariana!
¡Estaréis ciegos
Si no veis ni sentís su firme
y profunda mirada…!
¡Estaréis sordos si no escucháis sus
pasos; si no oís su tremenda palabra!

«!Fuera! ¡Fuera de aquí!
¡No aguanto lágrimas!»

Así exclamó aquel día, junto
al cuerpo de Antonio
–¡de Antonio, nada menos,
que sangraba!
¡Herido mortalmente!– ¡cuando todas
Las mujeres allí gemían y lloraban…!

«!Fuera! ¡Fuera de aquí!
¡No aguanto lágrimas!»

¡Es Santiago de Cuba!
¡No os asombréis de nada!

Allí las madres brillan
como estrellas heridas y enlutadas.
recogieron el cuerpo de sus hijos
derribados por balas mercenarias,
y, después, en la llama del entierro,
iban cantando el himno de la Patria.

También lo iba cantando, junto a ellas,
¡El corazón, sin sueño, de Mariana!

«!Fuera! ¡Fuera de aquí!
¡No aguanto lágrimas!»

¡Hay muertos, que, aunque muertos,
no están en sus entierros;
hay muertos que no caben en las
tumbas cerradas
y las rompen, y salen, con los cuchillos
de sus huesos,
para seguir guerreando en la batalla…!

¡Únicamente entierran los muertos
a sus muertos!
¡pero jamás los entierra la Patria!
¡la Patria viva, eterna,
no entierra nunca a sus propias
entrañas…!

Es Santiago de Cuba!
¡No os asombréis de nada!

¡Los ojos de las madres están secos
como ríos sin agua!
¡están secos los ojos de todas
las mujeres!
Son fuentes por la cólera agostadas
que están oyendo el grito
heroico de Mariana:

«!Fuera! ¡Fuera de aquí!
¡No aguanto lágrimas!»

¡Venid! ¡Venid, clarines!
Venid! ¡Venid, campanas!
¡Venid, lirios del fuego,
a saludar las rosas
de vuestras propias llamas!

Manuel Navarro Luna
agosto 1957

Resumen de la participación de la familia Maceo Grajales en las guerras

Marcos Maceo, esposo de Mariana Grajales, fallece en el combate de San Agustín, el 14 de mayo de 1869. En cuanto a sus hijos: Rafael tenía 18 años cuando se incorporó a la guerra y murió el 2 de mayo de 1882 alcanzando los grados de general de brigada; Miguel con 16 años de edad en 1868, llegó a teniente coronel y cayó en Cascorro el 17 de mayo de 1874; Julio se sumó a la lucha con apenas 14 años, y con los grados de subteniente muere a los 16 años, en diciembre de 1870 en el combate de Nuevo Mundo. Justo, luego de su incorporación a la guerra, fue sorprendido, apresado y fusilado por los españoles. Había llegado a capitán abanderado de las tropas. Fermín se integró a la lucha y se sabe murió en ella aunque no se tienen detalles del lugar. Felipe, el mayor de todos, combatió durante la Guerra Chiquita y luego fue deportado a España junto con José y Rafael. Regresó a Cuba en 1886 y murió en 1901. Marcos tenía solo 8 años cuando comienza la Guerra en 1868. Creció en la manigua llegando a obtener el grado de teniente en las fuerzas mambisas. Muere el 19 de abril de 1902 en la mayor miseria. Tomás era un niño cuando se inició la lucha del 68, pero luego se incorporó a ella y alcanzó los grados de teniente coronel. Herido en el combate de Pinar Redondo, quedó inválido y marcha a Costa Rica regresando a Cuba en 1902 donde muere en 1917. Rafael murió en la cárcel de Chafarinas en Marruecos, el 2 de mayo de 1882. Los otros hijos de Mariana, Manuel y María Dolores, habían fallecido antes del 10 de octubre de 1868. Para completar este recuento, sus hijos Antonio y Marcos, mueren después que ella, en 1896. Sobre sus dos hijas hembras, Baldomera y Dominga quienes servirían como enfermeras durante la guerra, Baldomera se exilia a Jamaica y luego a República Dominicana donde fallece de tuberculosis en 1893. Dominga, la única sobreviviente de las hijas de Mariana, se exilia para Kingston y luego a Honduras, y regresa a Cuba al final de la guerra para morir en la pobreza en La Habana en 1940. De esta heroica familia solo sobrevivieron a las guerras: Dominga Maceo Grajales y Tomás Maceo Grajales.

Pasaron los años, Cuba fue libre y los restos de Mariana Grajales permanecían en el cementerio de Kingston. Nadie se había ocupado de llevarlos para Cuba. Pero a la muerte de María Cabrales, esposa de Antonio Maceo, el vicepresidente del ayuntamiento de Santiago de Cuba, en aquel entonces, el señor José C. Palomino, inspirado por el libro *Epistolario de héroes* del sobrino de María Cabrales, Gonzalo Cabrales, y publicado en La Habana en 1922, presentó un proyecto a la Cámara Municipal el 14 de marzo de 1923 en el que proponía trasladar los restos de Mariana Grajales para Cuba.[307] «Los cubanos y sobre todo los hijos de esta región de Oriente, tenemos un gran compromiso que cumplir: el de traer a esta ciudad los sagrados despojos de una de sus excelsas hijas, Mariana Grajales. No es posible que por más tiempo permanezcan olvidados, descansando en tierra extraña. Santiago de Cuba reclama y desea tener en su seno los despojos preciados de la que en vida legara a esta patria los más grandes héroes».[308] Así fue como se constituyó una comisión integrada por el propio Palomino, y otras personalidades, como Dominga Maceo Grajales, hija de la patriota, algunos familiares de los Maceo, y otros ciudadanos.

Monumento a Mariana Grajales en el Parque del Vedado de La Habana. Escultura «Heroísmo Materno», erigida e inaugurada el 7 de diciembre de 1931. La dedicatoria esculpida en el monumento dice: «A Mariana Grajales, la madre de los Maceo. El pueblo de Cuba».
Foto de Marian Pérez de Soneira©

---

[307] Carlos E. Forment: *Crónicas de Santiago de Cuba*, t.I, Ed. Arroyo, Santiago de Cuba, 1953.

[308] Damaris A. Torres Elers y Marta Hernández Cobas: «Mariana Grajales: el perenne respeto y tributo de su pueblo», www.torontoforumoncuba.com, 20 de enero, 2012.

Foto de la comisión junto a los restos de Mariana Grajales, en Jamaica, el 23 de abril de 1922.
© www.torontoforumoncuba.com

El 18 de abril de 1923 partió hacia Jamaica la comisión, abordo del guardacostas cubano *Baire*. Al amanecer del día 19, el buque entró en Port Royal, y cuatro días después, el 22 de abril, la comisión se presentó en el cementerio católico de San Andrés. Buscaron en el Registro General de Defunciones la orden de enterramiento. Dominga Maceo, única hija sobreviviente, identificó los restos, y el 23 de abril fueron llevados para Cuba en una urna de mármol, envueltos en la bandera cubana. Luego se velaron en el ayuntamiento de Santiago de Cuba, y el 24 por la tarde fueron conducidos al cementerio de Santa Ifigenia, donde se depositaron en la bóveda que se había construido en el Monumento a los Mártires de la Patria. Al salir del ayuntamiento el doctor Max Henríquez Ureña pronunció un discurso.[309]

En la década del 40 la Dra. Serafina Causse propuso a un grupo de maestras locales que constituyeran el Comité Pro Busto a Mariana Grajales. El comité quedó establecido el 14 de marzo de 1947[310] y estaba integrado por numerosas maestras e inspectoras de Educación de la provincia oriental. El monumento es obra de la artista santiaguera Teresa Sagaró Ponce y quedó inaugurado el 12 de mayo de 1947. La señora Carmen Navarro de Casero develó la pieza y el alcalde Luis Casero Guillén, pronunció un discurso. El

---

[309] Marlene Montoya Maza: «Mariana Grajales Coello, una de las mujeres que más movieron el corazón de Martí», en www.ain.cubaweb.cu/historia/ personalidades/ mariana.htm

[310] Aida Liliana Morales Tejeda y Mariela Rodríguez Joa, «Iconografía escultórica de una pléyade gloriosa» en Olga Portuondo Zúñiga, et. al.: *Aproximaciones a los Maceo*, Editorial Oriente, Santiago de Cuba, 2005, pp. 439-440.

busto se ubicó en la intersección del Paseo Martí y la avenida René Ramos Latour.

En la foto el monumento a Mariana Grajales en Santiago de Cuba

A la derecha un sello que se imprimió para recaudar fondos y poder sufragar el Monumento a Mariana Grajales.

Un nieto de Antonio Maceo, el Dr. Antonio Maceo, residente en Miami en la década del 1990, decía a *El Nuevo Herald*: «A la entrada de El Cacahual debía haber una estatua de Mariana Grajales con sus 11 hijos. Ella los estimuló a pesar del dolor que representó verlos morir por la patria».[311]

Sepultura de Mariana Grajales en Santiago de Cuba

---

[311] Beatriz Parga: «Prócer Antonio Maceo llevó siempre a Cuba por dentro», *El Nuevo Herald*, 20 de mayo de 1992, página 10D.

Homenaje a las madres de Cuba
En 1945, al celebrarse el centenario del nacimiento del general Antonio Maceo, la comisión municipal de Santiago de Cuba acordó dedicar una sesión solemne a honrar a todas las madres de Cuba simbolizadas en la figura de Mariana Grajales. Las organizaciones femeninas de esta ciudad prepararon un programa para el 12 de junio con el propósito de honrar a Mariana Grajales y a María Cabrales. El discurso estuvo a cargo del presidente del ayuntamiento, el señor Mariano Roca Gutiérrez.[312]

Al día siguiente se celebró un gran desfile, y a los acordes del *Himno nacional* se izó la bandera que momentos antes había entregado la señora Carmela Chamizo, en nombre de la Agrupación Femenina Luz de Oriente, a la señora Elena Nuñez, viuda de José Maceo. Los familiares y descendientes de Antonio Maceo se reunieron en la casa natal de los Maceo que fue luego visitada por las autoridades y por una comisión de damas de la ciudad.[313] En ese año la Colonia China rindió tributo a Mariana Grajales y a María Cabrales en el cementerio Santa Ifigenia, colocando ofrendas florales en sus tumbas.[314]

Las hijas de Mariana Grajales

María Baldomera Maceo Grajales nació el 20 de febrero de 1847 en Santiago de Cuba. Era la mayor de las dos hijas de Mariana y Marcos. Fue bautizada el 19 de septiembre de 1847 siendo los padrinos de bautismo Ramón Cabrales y Antonia Fernández, padres de María Cabrales, lo cual también muestra la gran amistad que existía entre las dos familias. Cuando María Baldomera nació se le consideró hija natural, al igual que a sus hermanos Rafael, Antonio y José, pues cuando nacieron no se había celebrado el matrimonio legal entre los esposos. Pero el 5 de

---

[312] Mileidis Quintana Polanco y Zoe Sosa Borjas, «Santiago de Cuba, en el centenario del natalicio del Mayor General Antonio Maceo Grajales» en Portuondo: *Aproximaciones a los Maceo...*, p. 399.

[313] Portuondo: Ob. cit; pp. 404-405.

[314] Ibídem, p. 401.

febrero de 1938, el Arzobispado de Santiago de Cuba decretó que María Baldomera era hija legítima del matrimonio ya que sus padres habían contraido matrimonio civil y religioso.

Baldomera se casó con Magín Rizo Nescolarde el 26 de octubre de 1864 en San Luis. Esto hizo que la relación entre los Rizo y los Maceo se estrechara. El 22 de agosto de 1865, Baldomera dio a luz una niña a la que pusieron por nombre Timotea Lucila, y fue bautizada el 13 de noviembre en la parroquia de Morón. Dos años después, el 21 de junio de 1867, nació Luis su segundo hijo.

Por su parte, José Maceo, otro hijo de Mariana, estuvo comprometido con **Patrocinia (*Patro*) Rizo Nescolarde**, de cuya relación, no legalizada, nació su primer hijo, Elizardo Maceo Rizo (ver página 230).

Cuando la familia Maceo Grajales se incorpora a la guerra, Baldomera contaba con 21 años. Desde el inicio de la contienda acompaña a su madre y demás mujeres de la familia a la manigua, con sus hijos pequeños de uno y tres años. Junto con su hermana Dominga se dedica primordialmente a la cura de heridos y enfermos, en los hospitales de sangre localizados en lugares apartados de la manigua.

Al terminar la Guerra Chiquita la familia de Baldomera, Magín y sus hijos, se establece en Kingston, Jamaica como ya hemos mencionado, donde son propietarios de una pequeña finca con plantaciones de tabaco y frutos menores para el sustento de la familia. Luego, en fecha no determinada, se trasladaron a República Dominicana y se establecieron en el caserío El Ahogado, cerca de Montecristi. La correspondencia de la familia en los primeros años de exilio muestra que está pasando por una crisis económica muy difícil, lo cual es incuestionable por la carta que Baldomera escribe a Máximo Gómez en julio de 1885. La carta dice así: «Temple Hall 29, Julio / 85. Sor. General Gómez y familia. Esta se dirige a decirle que encontrándome falta de recursos, espero se servirá buscarme facilitarme alguna cosa para poder pasar estas angustiosas oras [sic]. Si se sirve contestarme dígasela a José (mi hermano). Sírvase dar mis respetuosos afectos a Manana y a todos los niños en general, y que lo reciban de mis niños. Baldomera Maceo».[315]

---

[315] Portuondo: Ob. cit.

Aunque Antonio Maceo establece una colonia cubana en Costa Rica, no existe ningún documento que señale que Magín y Baldomera estuvieron en Costa Rica. Pero hay cartas y notas que muestran que Rizo y Antonio Maceo mantenían relación y contacto.

En 1893, Mariana debió de recibir la noticia en Kingston de que el 6 de marzo de ese año su hija Baldomera había fallecido de tuberculosis[316] en Montecristi. Junto a ella estaban en aquel momento su esposo y su hijo Luis. Antes de morir, Baldomera pidió al general del Ejército Libertador, Ezequiel Rojas, que su cadáver no fuera sepultado en la tierra, pues deseaba que cuando Cuba fuera libre pudieran transportar sus restos a Santiago de Cuba.

Vista parcial del Cementerio de Santa Ifigenia en Santiago de Cuba

En 1930, se creó el Comité Pro Rizo-Maceo, con el fin de cumplir la última voluntad de Baldomera, y también repatriar a su hijo Luis que estaba ciego y en una pobreza extrema. El Comité hizo gestiones pero el proyecto no se llevó a cabo hasta el 16 de agosto de 1938,[317] o sea 45 años más tarde del fallecimiento de Baldomera en República Dominicana. Este esfuerzo se realizó por medio del Consejo Territorial de Veteranos y de la Asociación Nacional Femenina Mariana Grajales.

El 15 de mayo de 1938[318] los restos de Baldomera fueron trasladados a Santiago de Cuba en el crucero *Cuba*. Fueron recibidos por el pueblo y las autoridades de Santiago, y expusieron el nicho todo el día en el ayuntamiento para luego darle cristiana sepultura en el cementerio de Santa Ifigenia junto a los restos de su madre, Mariana.

---

[316] Aida Rodríguez Sarabia: *Mariana Grajales, madre de la Patria*, Imprenta Modelo S.A., La Habana, 1957, p. 98.

[317] Torres Elers: Ob. cit.

[318] Nydia Sarabia: Ob. cit., p. 184.

En la foto vemos a **Dominga Maceo**, la segunda hija de Mariana y Marcos. Dominga de la Calzada Maceo Grajales nació el 12 de mayo de 1857. Al estallar la guerra cuenta con 11 años de edad y se va a la manigua con el resto de la familia. Allí contrae matrimonio con el teniente coronel Manuel Romero López con quien tendría seis hijos: Vicente, Edelmira, Antonio, Julián, Manuel y Marcos.

Tras el Zanjón, se exilia con el resto de su familia, primero en Jamaica y luego, en 1883, en Honduras. Durante la República regresó a Cuba y se estableció en Santiago de Cuba. Más tarde se mudó a La Habana.

Veintitrés años después del fin de la guerra de independencia y en Sesión Ordinaria de la Cámara de Representantes, el 15 de diciembre de 1925, el señor Américo Portuondo declaraba: «Como conozco, por residir en Santiago de Cuba, como vive la gran patriota [se refiere a Dominga], casi en la miseria, digámoslo con pena y bochorno, aun cuando posee una gran riqueza patriótica, es por lo que me sumo al ruego del señor Finales... [...] si dilatamos demasiado el auxilio, podría llegar tarde o servir tanto para lucir suntuosos funerales a quien hemos dejado morir de hambre».[319] Algunas patriotas habían ya recibido pensiones de viuda o de veteranas de la guerra mucho antes que Dominga, sin embargo a ella, que provenía de tan honorable familia, no se la otorgaron hasta 1925.

El 16 de febrero de 1932, en Sesión Ordinaria de la Cámara de Representantes, el señor Néstor Mendoza solicita el inmediato tratamiento de la propuesta de Ley del señor Guas Inclán referente a la pensión de la señora Dominga Maceo Grajales. Dice así: «Se accede y queda aprobado por unanimidad el proyecto de ley... [...] como un tributo de la patria redimida y un auxilio económico, disfruta Dominga Maceo y Grajales la única superviviente de aquella

---

[319] Diario de Sesiones del Congreso de la República de Cuba, University of Florida Digital Collections, www.ufdc.ufl.edu/UF00015180/01119.

raza de titanes, modesta pensión para atender a su subsistencia. Los distintos reajustes presupuestales han reducido esa pensión a una cantidad insuficiente para llenar la atención a que se le destinó, y como una excepción a la memoria de esa familia, proponemos que se abone en su total cuantía».[320]

Falleció el 3 de septiembre de 1940. Durante su sepelio, el pueblo cubano le rindió tributo durante todo el trayecto del traslado de su cuerpo desde la capital hasta Santiago de Cuba, donde sus restos fueron inhumados junto a los de su madre y su hermana Baldomera.

En 1997 fue entrevistada en Cuba Francisca Ulloa Romero, nieta de Dominga e hija de Edelmira Romero Maceo. Por su interés histórico, reproducimos algunas partes de esta entrevista.[321] «Mi abuela Dominga hablaba poco, y yo preguntaba poco. Eso limita mis recuerdos. Ella sufrió mucho porque conoció la noticia de la muerte de sus hermanos en la guerra de una sola vez. Porque resulta que mi abuelo, el teniente coronel Manuel Romero López le escondía las cartas para que no sufriera, mi abuela encontró las cartas donde aparecían cuatro o cinco de sus hermanos muertos. Fue un drama para ella. [...] Desde entonces le quedó una especie de rigidez. [...]».

«Mi mamá nació en Jamaica, (cuando la familia estaba exiliada en esa ciudad por Guerra del 68), porque mi abuela [Dominga] iba en estado de gestación, y entonces en Jamaica comenzaron los dolores de parto. A los 22 días de nacida mi madre continuaron viaje para Honduras donde la familia se estableció. (Terminada la guerra) mi abuela Dominga hizo gestiones para que mi mamá con todos sus hijos pudieran venir de Honduras para Cuba; quería que toda la familia viviera en Cuba y todos vinimos, incluso mis hermanas Cecilia, a la que le decíamos *Chila*, y Tránsito, a la que llamábamos *Tancha*; pero ellas regresaron a Honduras, estaban casadas con hondureños, hicieron sus familias en ese país y allá murieron. Toda la familia se movió mucho, vivió en Haití, Santo

---

[320] Diario de Sesiones, Ibídem.

[321] Adys Cupull y Froilán González: «Baraguá, nuestro deber es luchar», 16 de marzo del 2012, en http://aucaencayohueso.wordpress.com/2012/03/16/baragua-nuestro-deber-es-luchar/

Domingo, Honduras, Costa Rica, Jamaica. Esos pueblos fueron muy solidarios con mi familia. Mamá Minga (se refiere a su abuela Dominga) era muy estricta e imponía la disciplina y como era la guerra todo tenía que mantenerse en secreto».

Dolores Alcántara y Echavarría de Maceo era bajita, hija de india, achinada, de ojos negros y pelo negro. Había conocido a Rafael Maceo Grajales durante la Guerra Grande y habían trabajado en tareas conspirativas en la villa del Guaso. Dolores, conocida como *Mallo*, completamente identificada con Rafael, se había marchado a la manigua con él al estallar la guerra Chiquita en 1879, y allí presta servicios como enfermera en la serranía de Hateras.

El 8 de agosto de 1880 son deportados 84 cubanos a las Islas Chafarinas en Marruecos, en el vapor *Vulcano*. Entre ellos está Rafael Maceo Grajales. También van Líbano Sánchez, Juan Cintra y otros jefes así como **Cecilia López** la segunda mujer de José Maceo, su nieto Lizardo Maceo Rizo, además de otras 12 mujeres y varios niños.[322] En Chafarinas ya se encontraban como deportados políticos otros revolucionarios, entre ellos Quintín Banderas y unas 37 mujeres de la raza negra.

Dolores Alcántara viaja a España en 1881 para gestionar que se le aplique a Rafael la amnistía de la Paz de Zanjón pero las autoridades españoles se niegan a guiarse por los reglamentos y le informan que eso no sería posible porque Rafael no había aceptado la paz del Zanjón, y seguía siendo un enemigo de España.

Se casa entonces Dolores con Rafael Maceo, cuando este ya está a punto de morir de pulmonía. El capellán atestigua: «En la Plaza de Isabel Segunda, Islas Chafarinas en veinte y siete de marzo de 1882: yo Don Juan Luis Crespo y Lasa, Cura Capellán Castrense de la única Iglesia Parroquial de la misma, desposo *in articulo mortis* por palabras de presente que hicieron verdadero y legítimo matrimonio, a Rafael Maceo y Grajales hijo de Mariana y Marcos deportado en esta referida plaza, soltero de 31 años de edad, natural de Santiago de Cuba, con María de los Dolores Alcántara y Echavarría, natural de Guantánamo, Cuba, hija de Vi-

---

[322] Nydia Sarabia: *Historia de una familia mambisa, Mariana Grajales*, Editorial Orbe, La Habana, 1975, p. 89.

cente y de Dolores, soltera de 20 años de edad...».³²³ Poco antes de morir Rafael Maceo, el 2 de mayo de 1882, Dolores Alcántara dio a luz en Chafarinas a una hija que murió poco después.

Dolores recibe la noticia de la muerte de su esposo, y llena de dolor, aquella humilde mujer tiene que emprender el viaje de regreso a Cuba, sola y atribulada, sin poder llevarse los restos de su querido esposo para Cuba.³²⁴

Agripina Barroso Lazo, conocida como *La Negra*, fue la última mujer de José Maceo Grajales. De esta relación nace el niño José Maceo Barroso.

Elena González Núñez de Maceo era oriunda de Santiago de Cuba. Pequeña y delgada, se fue de niña para el exilio en Jamaica junto a su familia por motivos de la guerra y en Kingston Elena asistió a la escuela. Cuando Antonio Maceo obtuvo del presidente de Costa Rica el arrendamiento de las tierras en la península de Nicoya, una de las cincuenta familias que se trasladaron a ese lugar fue la de Elena. En Nicoya había trabajo, los cubanos estaban unidos, y luchaban por organizar otra guerra. Elena creció en aquel ambiente de patriotismo.

En Jamaica Elena conoció a José Maceo con quien contraería matrimonio el 14 de julio de 1895³²⁵ a pesar de los impedimentos de la familia: primero, porque ella era blanca y Maceo de la raza negra; y segundo porque José ya había estado unido a otras mujeres y tenía varios hijos con ellas.³²⁶ A pesar de todas esas

---

³²³ Sarabia: Ob.cit.
³²⁴ Sarabia: Ibídem.
³²⁵ Sarabia: Ibídem, p. 89.
³²⁶ Mujeres en la vida de José Maceo: Cecilia López, con quien no tuvo hijos; Teresa Pérez Nicot, (dos hijos, Pilar y Alberto); Patrocinia Rizo Nescolarde «Patro», (un hijo, Elizardo Maceo Rizo); Elena González López, esposa legítima de José (un hijo, José Maceo González), y Agripina Barroso Lazo, «La Negra», (un hijo, José Maceo Barroso).

objeciones, lograron casarse y fruto de esa relación nacería José de la Concepcion Maceo González, quien llegaría a ser gobernador de Oriente. El padrino de esta boda fue el general Enrique Loynaz del Castillo.[327]

En Costa Rica, Elena se une a un grupo de señoras y funda el club revolucionario Cubanas y Nicoyanas. Este club fue presidido por **Elena Castillo de Crombet**, siendo elegida **María Cabrales de Maceo** como tesorera.[328]

Al enterarse Elena que José iba en una expedición a Cuba, quiso ir con él. Ella era la única mujer en la expedición. Salen de Puerto Limón el 25 de marzo de 1895. Los acompañaban Antonio Maceo, José Maceo, Flor Crombet, Cebrero, Patrocinio Corona y otros patriotas más. Ya habían zarpado cuando Antonio Maceo se entera de que Elena va embarazada. Todos tratan de convencerla para que abandone el *Addirondack,* que los llevaría primero a

Jamaica y luego a Cuba. Pero ninguno lo consigue. Entonces, Maceo le comunica a Elena que no iría al campo de guerra sino que desde Jamaica serviría de mensajera llevando correspondencia y mensajes a diferentes lugares. De caer en manos enemigas debería sacrificar su vida porque los papeles que llevaba contenían información clave para los mambises. Es por esto que se le conoce como La Juramentada. Elena González Núñez fue un miembro más de aquella famosa expedición.

En el otoño de 1895 comenzó Elena a realizar sus primeros viajes de Jamaica a Cuba con correspondencia y documentos y raro era el mes en que no tenía algún mensaje que llevar. No pocas veces atravesó en su pequeño bote de remos con dos acompañantes

---

[327] Sarabia: Ob. cit., p. 89.

[328] Nydia Sarabia: Ob. cit., Archivo Nacional, Fondo Delegación del PRC, legajo 29.

más, la porción de mar Caribe que separa las dos islas para llevar a algún patriota cierto documento de importancia.

Al morir José Maceo peleando en la manigua en 1895, quedó Elena viuda con su hijo recién nacido. En 1905, después de 10 años de viudez, contrajo matrimonio con Ambrosio Casaña.

Cecilia López fue la segunda mujer de José Maceo, pero no tuvieron hijos. Se cree era mayor que él. Murió en la ciudad de Kingston, Jamaica, en 1891.

Emilia Núñez de Maceo, esposa de Tomás Maceo, vino al mundo el 19 de marzo de 1848 en la finca Delicias de Majaguabo, término municipal de San Luis. El matrimonio tiene varios hijos, entre ellos **Felicita Maceo Núñez**, nacida en Jamaica el 20 de noviembre de 1890.

Luego de vivir unos años en Jamaica, la familia se traslada para Nicoya, en Costa Rica, pues Tomás trabajaba con su hermano Antonio en la planificación de la Guerra del 95.

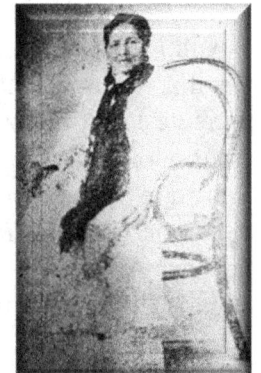
Emilia Núñez

En noviembre de 1903 el ayuntamiento de Santiago de Cuba obtuvo una declaración de Emilia Núñez donde ella decía que solo recibían como ingresos 40 centavos diarios que les daba María Cabrales, la esposa de Antonio Maceo. El sobrino de María Cabrales, Gonzalo Cabrales, también declaró al periódico *Juventud Rebelde* del 11 de junio de 1969, que su tía María Cabrales era el único sostén de la familia.[329]

Teresa Pérez Nicot, fue la segunda pareja de José Maceo Grajales con quien tiene dos hijos: Pilar y Alberto.

Otra de las circunstancias en las que se vieron involucradas las mujeres fue en las deportaciones que el gobierno colonial disponía cuando castigaba severamente a los encausados y los enviaban cárceles de Ceuta e Isla Chafarinas. En estas últimas se encarcelaron a mujeres bajo la designación de «deportadas políticas».[330]

---

[329] Damaris A. Torres Elers, «Tu vida entera es el mejor ejemplo», en *Aproximaciones a los Maceo*, Ob. cit, p. 354.
[330] José Luciano Franco: *Ensayos históricos*, Editorial de Ciencias Sociales, La Habana, 1979, p 216.

Cecilia Rizo estuvo peleando en la Guerra Chiquita. Fue pareja de José Maceo. El 2 de junio de 1880 en el ingenio San Idelfonso, el brigadier Pando ofreció un almuerzo de despedida a Maceo. Esa tarde acompañaron al brigadier Maceo al muelle de Caimanera, Cecilia Rizo y su pequeño hijo y otros familiares, provistos de documentos oficiales, donde tomaron el vapor inglés *Thomas Brooks* que habría de conducirlos a Jamaica.

Al día siguiente, a cuatro millas de Guantánamo, el cañonero español *Bazán* detuvo al citado vapor donde viajaban Maceo y Cecilia, y cumpliendo instrucciones del general Camilo Polavieja, el teniente Pedro Díaz de Herrera se apoderó del brigadier José Maceo y sus acompañantes y los condujo a Puerto Rico. En una fortaleza de San Juan estuvo encerrado Maceo durante mes y medio hasta que en el vapor correo *Ciudad de Cádiz* fue trasladado a las islas Chafarinas. Allí llegaron Maceo, Cecilia Rizo y su hijo, así como su cuñada **Lola Rizo**, el 3 de agosto de 1880.

José Maceo, desesperado por la situación que atravesaban en el presidio africano, escribió al ministro de Ultramar el 1 de noviembre de 1880 pidiendo que se cumplieran las cláusulas del convenio concertado en Guantánamo con el brigadier Pando. Pero no fueron atendidas sus súplicas.

En la foto el vapor Ciudad de Cádiz

Patrocinia Rizo Nescolarde fue pareja de José Maceo. Patrocinia era una mujer sencilla con un perfil fino y cruce entre indio y español. Llevaba el cabello trenzado y era muy llamativa. Había nacido en Majaguabo, Santiago de Cuba, en el barrio de San Luis. Los Maceo se casan con los Rizo uniéndose hermanas con hermanos: Baldomera Maceo con Magín Rizo, y José Maceo con Patrocinia Rizo. Al comenzar la guerra el matrimonio se va a la manigua. Ella queda embarazada cuando él se une al Ejército

Mambí en 1868. De esta unión, no legalizada, nació un hijo, Elizardo Maceo Rizo.

Manuela Vázquez Núñez fue la esposa de Marcos Maceo Grajales. Contraen matrimonio en Jamaica donde tienen cinco hijos: Marcos, Antonio, Julio, Guzmán y Caridad.

Mujeres de la Familia Grave de Peralta

José Andrés Grave de Peralta y Pérez de Orellana, nació en Santiago de Cuba. En 1813 se casó con Juana Bautista García y Carvajal pero enviuda en 1819. Se muda entonces para la ciudad de Holguín donde contrae de nuevo matrimonio con **María Rafaela Mercedes Zayas y Cardet**. María Rafaela había nacido en Holguín en 1803 y era hija del teniente Juan José Francisco de Zayas y Armijo, y de María Josefa (la *Pepa*) de Jesús Cardet y de la Cruz, naturales de Santiago de Cuba y de Holguín, respectivamente.[331] La Pepa Cardet era una mujer influyente pues llegó a poseer varias propiedades, entre ellas un ingenio azucarero importante.[332] Ella era la única mujer propietaria de ese tipo de negocio que en ese tiempo estaba en producción.

María Rafaela había sido criada por una familia holguinera pues su madre, «la Pepa» Cardet, trabajaba con el esposo en los negocios de este. En el hogar de José Andrés y María Rafaela se tejían las piezas de la nacionalidad cubana, y los trece hijos del matrimonio vivían constantemente impregnados por el germen de libertad. Ya antes del alzamiento de 1868 los Grave de Peralta se habían pronunciado como independentistas. En aquel hogar se conspiraba, se preparaban los insurrectos para la guerra, y no se oía hablar más que de independencia y de lucha.

---

[331] Juan Bruno Zayas de la Portilla: *Origen del linaje Grave de Peralta en Cuba hasta la quinta generación-Sinopsis genealógica*, 18 de junio de 2010, en http://aldeacotidiana.blogspot.com/2010/06/origen-del-linaje-grave-de-peralta-en.html.

[332] El historiador Herminio Leyva explica que en aquella época solo nueve personas poseían importantes ingenios y esclavos en esta provincia, y entre ellos el de la Pepa Cardet con un trapiche con 26 esclavos. En José M. Abreu Cardet: *La Furia de los nietos, guerra y familia en Cuba*, Editorial El Mar y la Montaña, Guantánamo, 2003, p. 26.

María Rafaela era una mujer intrépida y valiente, y en una oportunidad había acusado al teniente gobernador por abuso de autoridad. Esa osadía era inimaginable en aquellos tiempos y más viniendo de una mujer. Los intelectuales de la ciudad se reunían en aquella casa para planificar estrategias y preparar ataques subversivos. Los españoles sabían todo esto y consideraban que el hogar de los Grave de Peralta y Zayas era un foco de conspiración.

Monumento a Julio Grave de Peralta en Holguín

Toda la familia conspiraba. Los hijos se apuntaban en todas las conspiraciones: Francisco tomaba parte en la conspiración de Joaquín de Agüero; un yerno, Idelfonso Vivanco y su hijo Manuel se verían implicados en la conspiración de Ramón Pintó. Rafaela, la mayor de las hembras, había convertido el hogar en lugar de reunión para maquinar las maniobras, así que cuando estalla la Guerra del 68, los hijos de Rafaela marchan al frente de las fuerzas mambisas de la provincia.

Rafaela Grave de Peralta y Zayas (1837), la mayor de las hijas, se había casado con Perfecto Lacoste, un rico emigrado español con el que había tenido una hija y un hijo. Rafaela era una mujer de ideas abiertas y liberales que estaban en contra de las normas y prejuicios sociales que ataban a las mujeres de aquella época.

Cuando en 1862 muere Perfecto Lacoste, el hijo hereda la fortuna del padre, pero siendo aún menor de edad, Rafaela tiene que controlar la fortuna de la familia; al tomar el gobierno de la casa los sorprendió a todos pues asumió un importante papel en aquella comunidad holguinera. Ella no era como las demás mujeres que empleaban su tiempo solo en las labores del hogar y la crianza de los hijos. Rafaela logró tener una vida cultural interesante ya que en su casa se celebraban tertulias literarias, se intercambiaban libros y se discutía sobre los temas políticos del país. También se hablaba de revolución y se conspiraba por todos los rincones de la casa a pesar de la extrema vigilancia que sobre esta tenían los españoles.

Liberal como era, se mostraba muy tolerante con sus amistades ya que permitía la entrada en su casa de Manuel Hernández Perdomo y de su amante, **Juana de la Torre Pupo**. Esto era muy mal visto por el vecindario pues Juana «no se había presentado ante el altar». Pero a Rafaela esto la tenía sin cuidado y vivía ajena a los chismes de barrio. Por eso abrió su casa a la pareja y hasta llegó a contratar a Hernández para que repasara a su hijo las lecciones escolares.

Rafaela sobrevivió la Guerra del 68 y murió en 1895.

Juana de la Torre y Pupo nació en Holguín en 1836. Desde muy joven ya tiene las ideas independentistas bien definidas, y tanto su capacidad creadora como su voluntad para luchar son grandes. Juana pertenecía a una antigua familia holguinera con mucho prestigio pero con poca riqueza. Comienza a frecuentar la casa de la familia Grave de Peralta donde conoce a Manuel Hernández Perdomo. La vida de Juana y Manuel quedarían desde entonces unidas por el amor y las ansias libertadoras.

«Si debo morir bajo los escombros de este edificio para que triunfe la santa causa, que no detengan un instante el fuego del cañón».

Juana de la Torre

Hernández Perdomo era maestro de escuela primaria que tampoco tenía dinero ni propiedades. Como no le alcanzaba el sueldo de maestro, mantenía unas siembras y realizaba trabajos de hojalatería. Por su implicación en la conspiración de Joaquín de Agüero en Camagüey, había tenido que trasladarse a Holguín.

Pronto la casa de Juana de la Torre se convierte en un centro subversivo donde se guardan armas y propaganda, se celebran reuniones, y ella es en una eficaz auxiliar de los conspiradores holguineros. En la noche del 12 de octubre de 1868 el jefe militar de la plaza recibe un telegrama comunicándole del alzamiento en Manzanillo y ordena detener a Manuel Hernández Perdomo. Estando en ese momento en la casa de Juana, y enterado de la orden de arresto, Perdomo logra huir por el techo de la casa. Cuando llegan los soldados a la casa ya Manuel se ha fugado. Esa noche los soldados apresan y trasladan a Juana a la casa del gobierno y la someten a un interrogatorio pero sin poder hacerla hablar. Los esclavos también callan y la única declaración que le pueden sacar al esclavo mayor es que Manuel y Juana son amantes. Al registrar la casa los soldados encuentran sables, varias libras de pólvora, un revólver, plomo, propaganda revolucionaria y otros objetos.

A pesar de los sietes días de confinamiento al que la someten los españoles, no consiguen que Juana confiese nada. Es entonces cuando la llevan a la cárcel de la ciudad donde permanece internada en una celda con 65 presos comunes. El historiador holguinero, José Abreu Cardet, comenta que «es interesante que la primera acción revolucionaria en Holguín la realizaran el 12 de octubre una mujer y dos esclavos».[333]

Mientras los acontecimientos se precipitan, los mambises se apoderan de los campos y pronto atacan y toman la ciudad de Holguín. Sitian la población y al agravarse la situación, los españoles se ven obligados a refugiarse en la manzana donde está situada La Periquera que es una casa amplia y bien construida propiedad de Francisco Rondán, situada en el centro de la ciudad. El general español ordena destruir todas las viviendas a la redonda para una mejor defensa. El cañoneo es cada vez más intenso, sobre todo hacia la casa de Rondán.

Mientras todo esto está ocurriendo, los soldados conducen a Juana a La Periquera. Ella se siente feliz de ver que la ciudad está en poder del Ejército Libertador, pero no se percata del peligro en el que se encuentra pues su nueva cárcel se ha convertido en el lugar más peligroso de la ciudad.

---

[333] *La Guerra Grande: dos puntos de vista*, Editorial de Ciencias Sociales, La Habana, 2008, p 21.

Cuando estaba presa en La Periquera y según relatan los historiadores, Juana repentinamente salió de la habitación donde la habían recluido y se dirigió hacia uno de los salones de la casa donde estaban reunidos los oficiales españoles. Entonces dicen que les gritó con fuerza: «si debo morir bajo los escombros de este edificio para que triunfe la causa, ¡que no se detenga un instante el fuego del cañón!». Más tarde, un poeta anónimo dedicaría a Juana este poema:

Una Mambisa Holguinera

Era valiente Holguinera
Con valor siempre luchó
Ayudando a los mambises
Que en su casa ella reunió:
En manos de los españoles
Juana de la Torre cayó
Y frente a La Periquera
Con mucha fuerza gritó:
¡Que no se detenga el fuego
Que sale por el cañón
Prefiero morir mil veces
Antes traicionar la nación!

Un pequeño grupo de cubanos que son partidarios del gobierno español está también refugiado en la casa de Rondán, y entre ellos se encuentra Josefa, *la Pepa* Cardet. Ella se ha refugiado allí junto a su esposo, Luciano Martínez, importante oficial español. Desde los balcones del edificio contemplan cómo los insurrectos entran en la ciudad y van ocupando calles y plazas. Debió de sorprenderse y también disgustarse mucho al ver a su nieto, Julio Grave de Peralta al frente de las fuerzas contrarias secundado por sus hermanos y su sobrino. Allí estaban todos: Miguel Ramón Cardet, Prisciliano Cardet, Guillermo Cardet, en fin, los nietos y sobrinos-nietos, primos y conocidos. Todos formaban parte de aquel ejército mambí. La Pepa no podía resistir ver a su familia combatiendo en contra de España.

Nápoles y Fajardo, el escritor y poeta, cuenta que el general Julio Grave de Peralta se atrincheró dentro de la casa-bodega de su abuela materna. Entonces, la Pepa ve como su casa, almacenes y comercios caen derribados por las llamas. Cuando esta se entera que ha sido su nieto el que ha ocasionado todo esto, muere instantáneamente de un infarto. «Su universo se desplomaba. Lo que se perdía ante sus ojos más que los recuerdos del pasado, era la posibilidad del futuro de quienes creían en una Cuba española. Sus carnes perdían todo soporte y se abandonaban a la fuerza de la gravedad. Dejaba de vivir para no ver...».[334] Poco después todas aquellas mujeres que se encontraban en el edificio oraban por su alma. Con gran precipitación velaron el cuerpo de la Pepa y depositaron el féretro en una tumba cavada en un patio mientras los silbidos de tiros y la metralla sonaban como música de fondo.

La Periquera a principios del siglo XX

Luego de casi un mes, terminó el sitio de La Periquera[335] el 6 de diciembre de 1868 cuando apareció una columna española de refuerzo que obligó a los cubanos a abandonar la ciudad. «Desde entonces los sitiadores llamaron "periquitos" a los sitiados y Periquera a la casa fuerte, comparándola con una jaula».[336] Más tarde

---

[334] Ciudad de Holguín.org

[335] La Periquera es hoy Museo Provincial de Historia.

[336] Francisco de Camps y Feliú: *Españoles e insurrectos; recuerdos de la guerra de Cuba*, Ulan Press, 2012.

desenterraron el ataúd con los restos de la Pepa y la enterraron en el cementerio general.

Otra mujer importante de esta familia fue **Pepa Grave de Peralta y Zayas,** una de las hermanas de Julio Grave de Peralta. Había nacido en Holguín y allí murió en 1903. Era hija de José I. Grave de Peralta y Pérez de Arellano y Rafaela de Zayas y Cardet. Pepa se había casado con el catalán Miguel Masferrer y Criado. Este matrimonio tuvo cuatro hijos: Miguel, comandante del Ejército Libertador, muerto en combate; Rafael, muerto en combate en la Guerra del 95 cerca de Cifuentes (Las Villas); Luis, herido con el grado de coronel; y Antonio quien vino a Cuba en la expedición del vapor *Dauntless*, y estuvo prisionero en el Castillo de San Severino en Madrid, y en el Castillo del Acho en Marruecos.

Al morir Miguel Masferrer, el esposo de Pepa, a principios de la década del 70 del siglo XIX, esta cayó prisionera y fue conducida a Guanabacoa. En la Guerra del 95 fue nuevamente detenida y conducida a pie desde Las Tunas hasta Gibara, donde vivió por un tiempo en su hogar bajo arresto domiciliario. Había quedado sola, con su marido y dos hijos muertos, otro preso en Marruecos y otro herido en la guerra. Murió en Holguín en 1903.

La valiente holguinera **Pepa Grave de Peralta y Zayas**, fue hija, hermana, madre, abuela y bisabuela de mártires y héroes holguineros. Pero todavía más, ella misma fue una gran patriota quien inculcó a hijos y nietos el deber patrio, y apoyó a su esposo y a sus hermanos en la lucha por la libertad de Cuba.[337] Es una pena que no tengamos un retrato de ella. Debió de ser, si no bella por fuera, bella en espíritu y proceder.

En cuanto a los hombres de la familia, un descendiente, el señor José F. Grave de Peralta[338] me escribe : «[...] Allí en Holguín aún está el monumento en piedra al mayor general Julio Grave de Peralta y Zayas, como esperando que alguien cante sus hazañas y rompa el muro de silencio que levantó la historia oficial de Cuba en torno suyo, pues a pesar de que ese mambí se pasea lo

---

[337] Información facilitada por José F. Grave de Peralta a la autora, Miami, 2008.
[338] José F. Grave de Peralta, artículo «Estas mudas estatuas», y correspondencia con la autora, abril 2007.

mismo a caballo que descalzo por todo el epistolario militar de nuestra Guerra de los Diez Años –Céspedes, Máximo Gómez y Francisco Vicente Aguilera se cartearon duro con él– nuestros principales textos sobre esa época callan hoy casi por unanimidad el nombre de Grave de Peralta, y de varios de sus hermanos. Increíble, pues hubo mujeres con su mismo apellido que caminaron descalzas, forzadas por los españoles, de un extremo al otro de la Isla, y otras que como santa bárbaras mundanas se dedicaron a confeccionarles explosivos caseros desde sus barbacoas a los hombres que peleaban por la libertad en lo tupido de la manigua».

No existe un solo monumento ni lugar de recordación en Holguín a las heroicas mujeres de la familia Grave de Peralta.

Colegio San José de Bayamo

Ana Izaguirre e Izaguirre era natural de Bayamo, y siempre se había destacado por realizar una activa labor en los preparativos de la revolución. Se casó con José María Izaguirre, un distinguido maestro en aquella ciudad. Una noche en la Filarmónica se celebraba una fiesta a la que había acudido un grupo selecto de bayameses para escuchar un concierto. Entre los asistentes estaban José María Izaguirre, Ana, sus hijas, José Fornaris y otros. El público esperaba a que comenzara la fiesta que tenía como invitado de honor al coronel Rafael Menduiña, gobernador militar de Bayamo.

Esa noche, el poeta José Joaquín Palma iba a dar la bienvenida al invitado con unos versos que había compuesto pero que tenían elevados tonos patrióticos. Nervioso quizás por la amplia concurrencia, el poeta no quiso hacer la lectura y pidió a su maestro, José María Izaguirre, que la hiciera. Este dio lectura al del poema y al pronunciar las últimas estrofas se oyó un ensordecedor aplauso de la concurrencia. Cuando cesaron los aplausos, el gobernador Menduiña se levantó como un endemoniado de su asiento y se dirigió hacia Izaguirre. Luego de preguntarle con qué permiso había leído aquellos versos, le ordenó que abandonara el salón y que se fuera para su casa.

Al oír aquello Ana Izaguirre junto con sus hijas se pusieron de pie y entonces, Ana exclamó con voz fuerte que pudo escuchar el público mientras miraba al gobernador: «Hijas, ¡vámonos! El Sr. gobernador acaba de insultar a nuestra Sociedad». Y volviéndole la espalda abandonó el local seguida de sus hijas y de las numerosas familias que allí estaban. Los asistentes siguieron a Ana Izaguirre y todos se dirigieron al colegio San José que dirigía su esposo quedándose el gobernador Menduiña solo en el edificio de la Filarmónica.

Cuando Menduiña envió a su ayudante pidiéndole que regresara a los salones, Izaguirre le dio excusas diciéndole que no lo podía hacer porque todos los invitados estaban allí donde había continuado el concierto.[339]

Ana Izaguirre era gran amiga de Luz Vázquez Moreno. Cuando muere Pompeyo, el hijo de Luz Vázquez durante la batalla de Bayamo en 1868, Ana Izaguirre ayuda a Luz a sepultar a su hijo.

---

[339] José Maceo Verdecia: *Bayamo*, Editorial Cubana, Miami, 1997, pp. 33-36.

Familia Jardines y Hernández Catá

Vintila Jardines era oriunda de Sagua de Tánamo y se había casado con el santiaguero José Dolores Catá Gonsé. El matrimonio había tenido dos hijos: Álvaro y **Emelina Catá Jardines** (1856-1915).

Foto de Emelina Catá Jardines
(Cortesía de Uva de Aragón ©)

En 1874, José Dolores Catá Gonsé se encontraba en la prisión de Baracoa por conspirar contra España. Allí lo va a visitar Ildefonso Hernández Lastras (1844-1893), teniente coronel del Ejército Español, quien era novio de su hija Emelina. Va para pedirle la mano de su hija a lo que el padre accede. El 24 de mayo de 1874 ejecutan a José Dolores frente a una muralla del Fuerte de la Punta.

La Dra. Uva de Aragón, periodista y escritora cubana, y bisnieta de Vintila Jardines, me ha relatado: «Recientemente he descubierto, por los documentos militares, que a José Dolores le habían condenado a garrote vil, pero por no existir ese instrumento de ejecución en Baracoa, lo fusilaron. Mi abuela me contaba que Vintila estaba en un balcón regando unas plantas, cuando oyó las descargas del cuartel cercano. Al que habían fusilado era nada menos que a su esposo José Dolores, mi bisabuelo, y ya Vintila nunca más se podría recuperar de aquella pérdida».[340]

---

[340] Conversación con la autora, agosto 2012.

Foto de Idelfonso Hernández Lastras (cortesía de Uva de Aragón ©

El matrimonio entre Ildefonso y Emelina se celebraría más tarde en Guantánamo, y el matrimonio llegaría a tener cinco hijos: Emelina, Celia, Alfonso, Esther y José. Emelina concibió a su hijo Alfonso en Cuba, pero dio a luz en Salamanca, España, mientras vivían allí debido a un viaje de permiso de su esposo. A los tres meses de nacer Alfonso, la familia regresó a Santiago de Cuba ya que Idelfonso ocupaba en la isla un puesto en la administración militar.

Emelina enviudó en 1893 cuando se incubaba la Guerra de independencia. Su hijo, Alfonso Hernández Catá (1885-1940) llegaría a ser un afamado periodista, escritor, dramaturgo y diplomático.

Emelina Catá Jardines falleció en Santiago de Cuba, el 17 de junio de 1915.

En cuanto al hermano de Emelina, Álvaro Catá Jardines (1866-1908), quien ejerció como periodista en los periódicos *La Lucha*, *La Discusión* y *El Fígaro*, se incorporó al ejército mambí durante la Guerra del 95, llegando a alcanzar el grado de coronel. En plena manigua colaboró con Mariano Corona en la publicación de *El Cubano Libre*, y durante la República fue elegido representante a la Cámara por Oriente.

Ana María Manuela Kindelán y Sánchez Griñán (c.1830) nació en Santiago de Cuba. Era de ascendencia irlandesa por la rama de su padre. Hija de Juan Kindelán y Mozo de la Torre y de María Magdalena Sánchez Griñán. El 8 de septiembre de 1848 contrae matrimonio con el patriota Francisco Vicente Aguilera, en la parroquia de Nuestra Señora de los Dolores, en Santiago de Cuba. Del matrimonio de Ana y Aguilera nacerían 11 hijos: Juana, Benito, Magdalena, Tomasa, Ana, Pedro, Tomás, Antonio María, Juan Bautista y Eugenio.

Al comprometerse Aguilera con la revolución, toda la familia se tuvo que ir al exilio de Jamaica. Mientras, Aguilera marchaba a Nueva York a trabajar como director de la Agencia General con el fin de reunir dinero para la guerra y organizar a los desterrados.

Poco sabemos de Ana Kindelán, y no hemos tenido acceso a ninguna carta escrita por ella a su esposo durante su exilio en Jamaica. Podemos recomponer parte de su vida en Kingston gracias a las cartas que Aguilera le escribe a sus hijas desde Nueva York, y las que ellas escriben al padre. Veamos algunas.

Desde su exilio, Aguilera le escribe a la esposa:[341] «Mi queridísima esposa: por cartas de algunos amigos he sabido que tú habías llegado a Cuba (Oriente) con toda la familia procedente de Manzanillo […]; tú lo conoces muy bien, tú has sufrido en nuestros campos sus implacables persecuciones, durante casi tres años, nuestros hijos han atravesado descalzos y hambrientos las sabanas y los montes, perseguidos y acosados como bestias feroces; tú has sufrido con ellos, las intemperies y toda clase de privaciones…tú, en fin, alma mía, eres mi esposa, y ellos son mis hijos, para preferir mil muertes al suplicio de ver diariamente a nuestros opresores. Sí, vete para Jamaica; tu padre puede asignarte una pequeña pensión, yo te mandaré parte de la mía, mientras permanezca aquí, nuestras hijas saben coser y bordar y trabajando pueden pasar en Kingston una vida tranquila, rodeadas de infinitas amigas de Cuba, que también comen el pan de la emigración. Esto es lo que cumple hacer a

---

[341] Carta del 9 de septiembre de 1871, en Francisco Vicente Aguilera: *Cartas familiares, diario y correspondencia de Francisco Vicente Aguilera en la emigración*, Editorial de Ciencias Sociales, La Habana, 2009.

toda buena patriota, y sobre todo, a la esposa y a los hijos del que ellos llaman "Pancho Aguilera"».

Por esta carta podemos sentir lo mucho que sufrieron Ana Kindelán y los hijos, primero en la manigua, y luego para salir de Cuba al exilio de Jamaica. Pero no sería todo tan sencillo como lo describe Aguilera en la carta, de que las hijas cosieran y bordaran para obtener un sustento. Veamos esta otra carta, en que la fe, la entereza y la caridad cristiana de Aguilera están presentes cuando escribe a Caridad, Juanita, Anitica y Magdalena[342] y les dice, «hijas mías: llegó ya el momento de acreditar al mundo entero que ustedes son dignas hijas mías, y de su virtuosísima madre. Uds., criadas con tantísima delicadeza y abundancia en su país, tienen necesidad hoy de trabajar en país extranjero para existir bien, aceptemos pues este sacrificio, no con resignación, sino con orgullo, porque cuando se trata de la patria, todos los sacrificios son pequeños. *Uds. tienen que llevar una gran misión entre las emigradas cubanas; Uds. tienen que dar el ejemplo de una laboriosidad constante, de una resignación heroica y de virtudes acrisoladas.* En el trabajo todo eso lo conseguirá, y cuando yo tenga el gusto de abrazarlas me enorgulleceré de tener tan buenas hijas».

Su hija, Juanita[343] narra a su padre lo difícil de la vida en el exilio: «[…] Ahora voy a referirme a qué nos hemos ocupado desde que estamos aquí. Primero, Anitica y yo hicimos buñuelos de ñame pero estuvimos fatales; no tan solo no ganamos nada, sino que perdimos hasta el capital. Caridad y Magdalena también hicieron bacanes, y les resultó lo mismo que a nosotras. Este es el defecto de este pueblo que es muy pobre y no encuentra una en qué ganar la vida. Ahora estoy haciendo corpiños adornados. No sé cómo me irá en esta nueva industria. En la costura es donde hay probabilidad de ganar algo; pero es tan poco, figúrese que por hacer una enagua lo más que pagan es un real, sin embargo Juan Peraza nos ha prestado una máquina de coser y cuando esté corriente, pues está descompuesta, nos vamos a poner a coser pago, pues más vale algo que nada». Juanita Aguilera.

---

[342] Ob. cit.: 14 de septiembre de 1871.

[343] Aguilera: Ibídem, vol. I, Kingston, 3 de octubre de 1871.

Las penurias de Aguilera, como debieron de haber sido para la mayor parte de los exiliados cubanos de la época, son evidentes por esta carta que escribe a su esposa Ana:[344] «[...] Deseo ardientemente, tenerte a mi lado, pero es imposible por ahora, por la escasez de recursos y lo caro de este país, por ese motivo Kingston es el que más te conviene, pues sé por experiencia que es muy barato. Yo en calidad de Agente, me he asignado ciento cincuenta pesos al mes, en papel, lo que apenas me alcanzará para vivir medio decente, y sin embargo, te remito una letra de cincuenta en oro para que te ayude en los gastos de instalación que yo lo pasaré como pueda».

Y en esta carta de su hija Caridad[345] en la que le da al padre la noticia de la muerte de su esposo: «Supongo que ya sabe Ud. el triste fin que tuvo mi adorado Eugenio. Fue cogido en Mal País y fusilado allí mismo por esa canalla. [...] América me escribe y me dice que tiene en su poder una sortija de brillantes y un relicario con mi retrato que le dejé yo cuando me vine a presentar, que él se lo dio a un oficial para que me lo diera y esto es (cosa rara) de esa clase de gente, cumplió con el encargo entregándoselo a América para que esta me lo enviara. [...] Creo querido papá que si no fuera por mis infelices hijitos y la religión que tengo (que es un gran recurso en estos casos) me hubiera vuelto loca, pues poco me faltó. Usted que lo quería tanto y conocía sus méritos me dará la razón. Acababa de cumplir 24 años».[346]

Aguilera, con temple de acero y gran espíritu cristiano e integridad, lleno de conformidad le contesta a su hija Caridad:[347] «En la religión, mi queridísima hija, encontrarás el dulce lenitivo de tu amarga pena; las lágrimas que derrames orando, refrescarán tu alma de su intenso dolor y el recuerdo de tu noble esposo, será la estrella que te guíe en el proceloso mar de la vida que tienes que atravesar. Sí, hija mía, por que tus hijos, son mis hijos, y a ellos tienen que consagrarle tu existencia entera». A su esposa, Ana

---

[344] Aguilera: Ibídem

[345] Aguilera: Ibídem, 3 de marzo de 1872.

[346] Aguilera: Ibídem, sin fecha.

[347] Aguilera: Ibídem, 21 de marzo de 1872.

Kindelán,[348] le da ánimos y esperanza: «Mi queridísima esposa de mi corazón: [...] Resignación cristiana y esperanza en Dios deben ser los fuertes báculos en que te apoyes siempre. Dios es grande, misericordioso y justiciero y la justicia de nuestra causa la reconocen nuestras conciencias. Esperanza pues, que quizás no estará lejano el día en que reciba el galardón». Su hija Juanita le escribe también y muestra la conformidad y también lo que sufría:[349] «me parece imposible que haya podido estar tanto tiempo separada de Ud., pero me conformo al considerar que la patria es la causa de esa separación, pues cualquier sacrificio que hagamos por ella es pequeño comparado al placer que hemos de experimentar cuando nos veamos en nuestro Bayamo tranquilos y felices, gozando su libertad».

Un fin de año en que Aguilera se encuentra en París tratando de recaudar fondos para la guerra, escribe a la esposa lejana, desesperado pero a la vez tranquilo: «Paciencia, pues, alma mía, que es muy fácil que en el veamos el término de los males de la patria, y con ellos el premio de nuestros sacrificios. *Entonces viviremos contentos y felices, retirados en nuestro pueblo viejo, con la conciencia de haber cumplido un deber sagrado y la satisfacción de que nuestros hijos puedan decir en todas partes, con la frente levantada: somos cubanos libres, y nuestros padres contribuyeron con sus esfuerzos a la grandiosa obra de la Revolución. Ese es el mayor y único premio a que aspiramos».*[350]

Pero, desde el 1876, el ánimo de Aguilera va decayendo, además de padecer un cáncer, y el 22 de febrero de 1877 muere en la ciudad de Nueva York sin haber visto de nuevo a su esposa e hijos. Lo entierran en el Marble Cementery de Nueva York. Días después y por orden de la viuda, los restos son trasladados al cementerio Calvary de Brooklyn, donde le dan sepultura en una fosa doble comprada a perpetuidad. Treinta y tres años más tarde, siendo ya Cuba libre, el 10 de octubre de 1910, los restos de Aguilera fueron trasladados a la ciudad de Bayamo.[351]

---

[348] Aguilera: Ibídem, 22 de abril de 1872.
[349] Aguilera: Ibídem, 6 de junio de 1872.
[350] El énfasis es de la autora.
[351] http://figueredo.freeservers.com/Francisco%20Vicente%20Aguilera.html

Según una ficha genealógica, la hija de Aguilera, María de la Caridad Aguilera y Kindelán, quien había enviudado en 1872, regresó a Cuba, y en Santiago se casó con un primo, Fernando Kindelán y Sánchez Griñán, el 16 de agosto de 1879, o sea, luego del Pacto del Zanjón.[352] Si nos guiamos por este dato, quizás podríamos asumir que Ana Kindelán y sus hijos regresaron a Cuba.

Luisa Laffita Jiménez era de Baracoa y había sido compañera del comandante Manuel La O. Sirvió como enfermera durante la Guerra Chiquita, y al concluir el conflicto deja Cuba con su esposo, el general Limbano Sánchez, en el vapor *Favorita* junto con 71 implicados. Pero en alta mar son transbordados a la fragata *Numancia* y llevados a Caimanera. Al día siguiente los embarcan en el buque *Pasaje*. A los hombres les aplican grilletes en los pies, y a las mujeres, incluyendo a Luisa Laffita, las embarcan para Puerto Rico y luego a los presidios en África.[353]

Angelina López Lafitta Las regiones de Imías y Sabanalamar vieron la labor de esta mujer durante la Guerra del 68. Angelina colaboró con su esposo, José Antonio Díaz, en el suministro de alimentos, medicamentos y transmitiendo valiosas informaciones sobre los movimientos de las tropas españolas. Cuando los militares españoles visitaban la tienda de José Antonio, este escuchaba atentamente las conversaciones de los soldados para luego pasar las informaciones a Angelina quien se las transmitía a los mambises.

Pero, al sospechar los españoles de su actividad, y al ser denunciados al teniente gobernador de Baracoa, Julián Clemente, fueron detenidos y conducidos al fuerte de Yacabo Abajo, donde José Antonio fue asesinado. A Angelina le propinaron fuertes golpizas con un machete y la lanzaron a los matorrales con las manos atadas. Conducida de gravedad a Guantánamo, fue ingresada en el hospital y luego conducida a la cárcel, donde falleció en 1873. Sus hijos pequeños, Pedro, Pascual y Laureano, quedaron bajo la protección de unos familiares. Al estallar la Guerra del 95, los herma-

---

[352] *Genealogía de México y de algunas familias mexicanas*, en http://gw13.geneanet.org/genemex?lang=es;p=fernando;n=kindelan+y+sanchez+grignan

[353] José Sánchez Guerra: *Mambisas guantanameras*, Editorial El Mar y la Montaña, Guantánamo, 2000.

nos Díaz López estuvieron entre los primeros que se unieron a las fuerzas del regimiento Hatuey.

María Guadalupe (*Tula*) Milanés Bazán, nació el 10 de junio de 1847. Fue la esposa de Donato del Mármol y Tamayo, general del Ejército Libertador con quien contrajo matrimonio el 9 de mayo de 1863 en la Iglesia Parroquial de Bayamo. Tuvieron cuatro hijos: Clotilde, Leonardo, Siboney y Teresa. Donato Mármol lucha en importantes batallas durante la Guerra del 68 pero enferma de viruela y fallece en Palma Soriano el 22 de julio de 1870, a los 32 años. Su esposa Tula, como cariñosamente la llamaban, queda viuda con sus cuatro hijos.

La madre de Donato del Mármol era **María Clotilde Tamayo y Cisneros**, quien marchó al campo insurrecto con toda la familia soportando miserias y privaciones. En la Guerra de los Diez Años perdió todas sus posesiones, así como siete hijos y nietos.

Iria Mayo Martinell era de ascendencia francesa, hija de Joaquín Mayo y de Victoria Martinell oriundos de la provincia de Oriente. Iria nació en Las Tunas. Más de 25 integrantes de esta familia participaron en la Guerra del 68, de los cuales solo tres regresaron con vida volviéndose a enlistar cuando estalla la Guerra del 95. Iria Mayo estaba casada con Charles Feliberto Peissó, ingeniero francés y agente del general Vicente García. Peissó se convierte en el confidente Arístipo, y es Peissó quien envía a Iria al frente con mensajes para las tropas. Estando embarazada, un día Peissón la mandó a cruzar las líneas españolas para que llevara los datos necesarios del ataque del 16 de agosto de 1869. Es uno de los hechos militares más importantes de la campaña de los Diez Años en Las Tunas. La cubana valiente y arriesgada logra cumplir la misión: cruza la línea de defensa española y le entrega a Vicente García un plano de la ciudad trazado por su esposo con todos los datos necesarios para el ataque de la plaza. Poco después Peissó se incorpora al Ejército Libertador mientras que Iria es delatada y llevada a la prisión, acusada de ser la esposa y cómplice de un insurrecto.

En la cárcel nace su primer y único hijo, pero los soldados se ensañan con la joven madre y luego del parto se ordena su traslado hacia la cárcel de Bayamo. La obligarían a formar parte en la cordillera de presas que recorrería a pie una gran distancia hasta la prisión. Presintiendo que iba a morir, Iria encomienda su recién nacido a otra presa, una ex esclava a quien le pide que, al término de la guerra, busque al padre y se lo entregue. También le pide que le ponga por nombre León Feliberto, en memoria del león de Santa Rita, el general Vicente García, y Feliberto por su esposo, Charles Feliberto Peissó. Durante la penosa marcha Iria se debilita y desmaya por el agotamiento, el hambre, y las hemorragias. Al no poder continuar los soldados la asesinan a machetazos. Es otra mártir olvidada en nuestra historia patria.

María Dominga de la Trinidad Moncada nació en Santiago de Cuba, en 1810. Ya de adolescente aprende las técnicas de la obstetricia y ayuda a muchas mujeres durante el parto. Margarita, su madre, había sido una comadrona famosa en su época.

Muy joven aún, Dominga se une a un comerciante español con el que tiene tres hijos: Felipa, José Guillermo, el famoso *Guillermón*, y Narciso. El español se negó a darles su nombre por lo que Dominga tuvo que inscribirlos con su apellido y trabajar para mantenerlos. Los guió y enseñó inculcándoles excelentes valores morales que más tarde les servirían para luchar por la libertad.[354]

Tiene 58 años cuando comienza la Guerra de los Diez Años, y tanto ella como su hija Felipa colaboran como enfermeras y

---

[354] Perla Cartaya Cotta: «Dominga Moncada», *Palabra Nueva*, 24, La Habana, marzo, 1999.

mensajeras. Dominga es acosada constantemente por los españoles. Se distingue como curandera, siendo su centro de operaciones la finca que poseía en los alrededores de Alto Songo.

En 1871, con la guerra en plena efervescencia, la finca de Dominga se convierte en lugar de reunión de los independentistas. Ella es hecha prisionera y durante su estancia en la cárcel del Castillo del Morro en Santiago de Cuba, los oficiales la visitaban para conminarla a que hablara con su hijo Guillermón para que este depusiera las armas a cambio de su libertad. Pero ella nunca se prestó a ese chantaje. Martí dijo de ella: «Dominga Moncada ha estado en el Morro tres veces, y todo porque aquel general que se murió la llamó para decirle que tenía que ir a proponerle a sus hijos y ella le dijo: "Mire General, si yo veo venir a mis hijos por una vereda y le veo venir a usted por el otro lado, les grito: huyan, mis hijos, que este es el general español"».[355]

Al terminar la guerra, el 2 de junio de 1880, algunos jefes mambises con sus respectivas familias partieron rumbo a Jamaica entre ellos, Guillermón Moncada. Al siguiente día de navegación, un cañonero español interceptó el navío. Los jefes independentistas fueron apresados y los demás pasajeros retornados a las costas cubanas; otros fueron a las prisiones de África ignorando los salvoconductos oficiales. Sin embargo, la familia de Guillermón compuesta por Dominga, quien ya contaba 70 años, su hija Felipa, tres mujeres más de la familia y los menores Pío, Aureliana, Florencia, Gertrudis, y Dominguita, de tres, cinco, siete, nueve y once años respectivamente, fueron trasladados a un bote de remos y abandonados a su suerte en medio del mar Caribe. Dominga fue la principal remera mientras las otras cuatro se turnaban con el otro remo. Pero el intento fue inútil. Cuando llegaron a la orilla los volvieron a apresar y fueron llevados a la cárcel del Morro santiaguero.

Mientras esto sucedía en Santiago de Cuba, Guillermón permanecía preso en el exilio de Mahón, en las Islas Baleares. Casi cuatro años esperó Dominga para volver a ver a su hijo. Cuando Guillermón llegó a la Patria, venía enfermo de tuberculosis. En 1893, Guillermón es detenido de nuevo y gracias a las gestiones de

---

[355] José Martí: *De Cabo Haitiano a Dos Ríos*, Imprenta Escuela del Instituto Cívico Militar, Ceiba del Agua, 1941.

José Martí desde Nueva York, logró su libertad en junio de 1894 mediante el pago de dos mil duros que exigía el gobierno colonial y que fueron pagados con los fondos del PRC. Pero Guillermón ya sale de la cárcel gravemente enfermo.

A pesar de sus 70 años, Dominga no dejaba a su hijo a no ser que tuviera que salir en misiones conspirativas. Preparada siempre por si lo venían nuevamente a prender, Dominga mantenía un caballo ensillado para cualquier eventualidad. Gracias a esto logró salvar al hijo. El 22 de febrero de 1895 un grupo de guardias civiles españoles al mando de Francisco Gutiérrez, se presentó en la casa con el objetivo de detener a Guillermón. Pero Dominga tenía preparado su plan, y al sentir los fuertes golpes de llamada en la puerta, no dudó de quienes eran; le avisó a su hijo que rápidamente se vistió dispuesto a coger la cabalgadura que le tenía preparada su madre. Dominga abrió la puerta y la bloqueó, hablando casi a gritos para que Guillermón se diera cuenta de quiénes eran los que hablaban con ella. Al fin se apartó de la puerta de entrada y permitió que pasasen los presuntos captores. Pero no lograron encontrar ya al jefe cubano que había tenido tiempo para coger su caballo y salir a buscar a parte de sus compañeros de alzamiento y dirigirse a la finca La Lombriz, en las cercanías de Alto Songo.

Dominga había logrado salvar a su hijo de caer de nuevo en manos españolas, pero no pudo salvarlo de morir dos meses más tarde en los campos de Cuba Libre, luego del alzamiento de La Lombriz, el 24 de febrero de 1895.

Después de involucrarse en la Guerra de los Diez Años, la Guerra Chiquita y la Guerra del 95, Dominga regresó a Santiago de Cuba, donde murió el 19 de agosto de 1905 a los 85 años de edad. Su cadáver fue velado en el Palacio Provincial y el pueblo santiaguero acudió a rendirle homenaje de agradecimiento por su entrega al país. Sus restos fueron enterrados en el Panteón de los Veteranos de la Guerra de Independencia en el Cementerio Santa Ifigenia.

Rosa Moreno de Santa Rita de Bayamo, colaboró en la Guerra Grande. Cuentan que tuvo el coraje de ir personalmente ante el general Rabí para entregarle a su único hijo, Melecio, para que marchara a la guerra. Y **Rosa Olivé** también de Bayamo, prendió fuego a su hogar durante la toma de Bayamo en 1868 para luego marchar a la guerra por cuatro años.

Vidalina Ochoa Tamayo era natural de Holguín donde había nacido en 1851. Era hija de Octaviano Ochoa Pacheco y Josefa Tamayo León.

En octubre de 1870 fue juzgada junto con otras mujeres de su familia: **María de la Luz Tamayo León, Ramona Tamayo León y Eufemia Morales Tamayo**. Vidalina fue acusada por las autoridades coloniales de apoyar con víveres a los mambises por mediación de su hermano Justiniano que se hallaba entre los insurrectos. La sentencia dictada el 19 de junio de 1870, fue de extrañamiento[356] (deportación) a Isla de Pinos adonde llegó el 3 de noviembre de 1870 junto con otros miembros de la familia. Descendiente de esta familia, el señor William Navarrete, relata: «Vidalina fue deportada "por cordillera"[357] desde Holguín hasta La Habana, y luego en barco hasta Nueva Gerona, tras la sentencia que la condenaba a dejar la Isla de Cuba y le permitía escoger fuera de los límites territoriales físicos de la isla principal, un sitio cualquiera».

«Allí [en Isla de Pinos] conoció a mi tatarabuelo, Ramón Navarrete Guillamón» sigue diciendo William Navarrete:[358] «El primogénito de Vidalina, Gerardo Navarrete Ochoa, nació en Nueva Gerona, isla de Pinos, durante el destierro de la madre». Allí vivió Vidalina entre octubre de 1870 y junio de 1873 en que logra ser indultada por el capitán general de la Isla haciendo valer que al ser su hermano fusilado, la causa de su deportación ya no era válida. Justiniano había sido fusilado en Holguín el 3 de enero de 1873, y Vidalina se había enterado de la noticia por la prensa.

Un año y medio después de salir de su destierro de Isla de Pinos, el 22 de junio de 1873, se instala temporalmente en La Habana para luego ser autorizada a llegar a Holguín por sus propios medios.

Bárbara de Orellano era natural de Bayamo donde se casó con Manuel de Céspedes. El matrimonio tuvo 9 hijos: Dolores, Gertrudis, Pedro, Leonardo, Manuel, Francisca, Miguel, Digna, José María, Antonia y Úrsula. Al comienzo de la guerra, Manuel

---

[356] El expediente de deportación de Vidalina se encuentra en el Archivo Histórico Nacional de Madrid (Legajo Ultramar, 4389).

[357] Término que significaba de cuartel en cuartel y de pueblo en pueblo.

[358] Correspondencia con la autora, 13 y 14 de agosto del 2013.

de Céspedes fue hecho prisionero, sus propiedades fueron destruidas, y sus haciendas y bienes confiscados. En 1869, moría Bárbara de Orellano. Todos sus hijos varones morirían luchando en la guerra. Su hija Lola falleció de una cruel enfermedad, y Úrsula, la otra hija, escribía poemas patrióticos. (Ver Úrsula Céspedes de Orellano de Escanaverino en esta obra).

Dolores Paján. Los revolucionarios guantanameros al mando de José Francisco Rondón, tomaron el pueblo de Tiguabos el 23 de noviembre de 1868, y ese mismo día, luego de retirarse la guarnición hacia Santa Catalina de Guantánamo, celebraron la victoria con los habitantes. Lo que más llamó la atención fue una mujer joven que vestida con ropa masculina y portando un revólver en la cintura y un fusil en su mano derecha, se dirigía a caballo, acompañada de otro joven, hacia donde estaba al capitán Pastor Burgos, y le informó que se iba a incorporar a las filas de sus combatientes. La tiguabeña de 23 años era Dolores Paján.

Pero a Dolores solo le permiten incorporarse a la impedimenta junto a su hermano Antonio, y otras mujeres como encargados del abastecimiento de la retaguardia. Al enterarse Dolores de tal disposición se presentó ante el capitán Burgos y le dijo con voz firme: «Yo no me he incorporado a la revolución para cocinar ni para buscar leña para los fogones». Impresionado Burgos por la actitud de Dolores, la nombró abanderada de las fuerzas. Con honor recibió la bandera llevando el estandarte en las primeras jornadas de combate. Cuatro días más tarde Rondón tomó la determinación de atacar la villa de Guantánamo. En medio del combate vio Rondón como Dolores se mantenía erguida en su caballo mostrando la bandera.

En la tarde del 27 de noviembre de 1868 los cubanos fueron derrotados por la superioridad del enemigo que le causó la muerte a más de 200 mambises, entre ellos al hermano de Dolores. En cuanto a Dolores, no se tuvo más noticia del destino de aquella valiente

mujer, y es muy probable que cayera en combate. Cuentan los que sobrevivieron aquella batalla que durante muchos años y en las tardes de lluvia creían ver, a la altura de La Vivita, la silueta fantasmal de una mujer que cabalgaba con una bandera desplegada, y arengaba a aquel ejército diezmado.[359]

Herminia Palma era natural de Bayamo. Según el historiador Francisco Arredondo y Miranda, esta joven fue violada por el oficial cubano Marcelino de Quesada, aprovechando la huida del rancho de la guerrilla enemiga. Cuando la joven quedó sola, este la violentó. Arredondo en su diario narra: «un cuadro muy triste se presentó a mi vista. La mayoría de esas pobres cubanas se hallaban casi desnudas, y con ulceración en las piernas. El capitán Pérez me presenta a una joven esbelta, linda y de trato cultísimo, al preguntarle por su nombre, me responde: soy Herminia Palma. Sorprendido al verla en tal estado de tristeza, le manifesté que Zambranita y otros patriotas más la habían nombrado como una de las hijas más lindas de Bayamo […] refiéreme […] lo vejada que había sido por el cínico Tizón al hacerla prisionera, pues no solo la despojó de la ropa que cubría su cuerpo, sino que con una varilla la golpeó».[360] La violación era uno de los delitos más severamente castigados y Quesada fue pasado por las armas.

Concepción Remón e Infante estaba casada con Francisco Maceo Osorio. Concepción y sus hijos cayeron prisioneros de los españoles en Manzanillo. Francisco Maceo Osorio luchó durante la Guerra de los Diez años muriendo de fiebres en Guisa.

María Rojas había sido informada en 1873 sobre el fusilamiento de un hijo, el oficial José Caridad Vargas, por el delito de alta traición. Muy decepcionada con la noticia se dirigió a la jefatura mambisa y aclaró que no había ido allí para reprochar nada porque, aunque vestía luto, le dijo a los soldados: «No, yo no vengo a pedir clemencia por mi hijo: si fue traidor, bien muerto está y que Dios lo perdone. Solo vine a decir que tengo otro hijo en las tropas y, que si fuera traidor, que con él también se cumpla la jus-

---

[359] José Sánchez Guerra: *Mambisas guantanameras*, Centro Provincial del Libro y la Literatura, Guantánamo, 2000.

[360] Francisco Arredondo y Miranda: *Recuerdo de la guerra de Cuba 1868-1871*, Biblioteca Nacional José Martí, La Habana, 1962, p 133.

ticia». Más tarde dejó el campamento con su hijo pequeño. Poco tiempo después, Carlos Manuel de Céspedes le envió una carta donde reconocía su aplomo y fortaleza como madre cubana.[361]

María de la Concepción Saco y López Cisneros era sobrina de José Antonio Saco y estaba casada con Francisco Esteban Tamayo y González. El matrimonio toma parte en la quema y éxodo de Bayamo. Luego Francisco es hecho prisionero junto con varios familiares y sentenciado a muerte conmutándosele la pena por la del exilio. No sabemos dónde fue su exilio, ni tampoco si María de la Concepción lo siguió.

Liboria Sánchez, nació en Caridad de los Indios, Yateras. Muy joven contrajo matrimonio con José Policarpo Pineda Rustán, al que siguió durante la campaña por Imías. En la manigua tuvieron tres hijos. Después de la muerte de su esposo, Liboria continuó con la educación de los hijos, los cuales lucharon en la Guerra del 95.

Mercedes Tamarit, otra patriota de Oriente que sufrió el martirio durante la Guerra del 68. El 12 de octubre de 1875 se encontraba Mercedes en la costa sur de Oriente transportando cajas de municiones que los botes expedicionarios que venían de Jamaica dejaban en la playa o junto al acantilado. Allí estaba Mercedes con su padre, Francisco Tamarit, cuando fueron sorprendidos por la columna de March y asesinados los dos.

Clotilde de la Caridad Tamayo Cisneros era hija de Ignacio Tamayo Infante y de Josefa Cisneros. Nació Clotilde en Bayamo, el 14 de febrero de 1843, y se casó con el venezolano Raimundo del Mármol. Sus hijos varones: Raimundo, Jorge, Leonardo, Donato, Francisco Javier y Justo, lucharon en la Guerra del 68, y todos murieron por su patria. El matrimonio tuvo dos hijas, **Paula y Concepción.**

Según el historiador Francisco Ponte Domínguez,[362] al llegar los españoles a Las Tunas y tomar la ciudad, sin respetar sexo ni edad, se ensañaron con las quince personas de la familia del mayor general Donato Mármol; a algunos les sacaron los ojos, les corta-

---

[361] Informativos de CHTV, Telecentro Habanero, 2003.

[362] Francisco J. Ponte Domínguez: *Historia de la Guerra de los Diez Años,* La Habana, 1958. Ver también «Llegada de Ryan», periódico *Revolución*, Nueva York, 25 agosto de 1870, p. 3, col. 1.

ron las orejas, la nariz, y para rematar les mutilaron sus cuerpos cortándoles brazos y piernas. Tal comportamiento de salvajismo fue poco cruel, comparado con el que reservaron para «dos bellas señoritas a las cuales violentaron a su antojo todos los soldados de la compañía».

En 1873, al caer prisionera Clotilde Tamayo en la manigua, fue llevada a la ciudad de Santiago y conducida por sus calles entre risas y maltratos. Padeció todo sin quejarse y afirmó: «En la Guerra de los Diez Años perdí todas mis posesiones, pero más importante que todo, perdí a mis amados hijos y nietos; pero si fuera necesario, lo volvería a hacer».[363]

Una de las hijas de Clotilde, **Concepción del Mármol Tamayo** se casó con Luis Merconchini y Palma y el matrimonio tuvo tres hijas, **Clemencia, Concha y Lola** así como dos hijos, Luis y Rodrigo. Luis Merconchini y sus dos hijos varones fueron fusilados en los primeros meses de la guerra; varios miembros de la familia fueron hechos prisioneros cerca de Guisa. Las hijas de Merconchini y Concepción regresaron a la población luego de enterarse de la muerte de su padre y sus hermanos. De acuerdo al poema de Clemencia, que aparece más abajo, Concepción debió fallecer en esa época o antes del fusilamiento de su esposo e hijos.

> Hoy me encuentro en el mundo angustiada,
> Sin mis padres, amigos y hermanos;
> Entregada a los crueles tiranos,
> Que no tienen clemencia de mí.
>
> Y yo, pobre mujer, nunca pierdo
> La esperanza de verlos vengados;
> De mi Cuba serán arrojados;
> Aunque tarde, conforme estaré.
>
> Y mañana será mi consuelo
> Ver mi Cuba triunfante de gloria
> Mientras tanto conservo la historia
> De mi pobre familia y de mí.[364]

---

[363] Louis A. Pérez: *To Die in Cuba, Suicide and Society*, University of North Carolina Press, Chapel Hill, 2005, p. 104.

[364] José Maceo Verdecia: *Bayamo*, p. 292.

Otras mujeres de esta familia fueron, **Paula Tamayo Cisneros de Estrada**, y una hija, **María de Jesús Tamayo y Estrada**. Esta última contrajo matrimonio con el Coronel Luis Felipe Milanés. María de Jesús dio a luz a su hijo Luis en plena manigua en 1871. Más tarde, mientras Luisillo luchaba en la Guerra del 95 bajo las órdenes de Saturnino Lora y Calixto García, terminaría la guerra con los grados de general, se comprometería y casaría con **María García Lorente**. Luisillo y María tendrían una hija, María Luisa Milanés García (1893-1919) quien sería poeta y cuya vida terminaría en suicidio.[365]

Francisca Tamayo y León era de Bayamo, y estaba casada con José Joaquín Castellanos y Remón. Uno de sus hijos, Francisco Javier, murió a los 16 años cuando servía como ayudante del general Calixto García. **Felicia Marcé y Castellanos,** la muchacha que confeccionó la bandera, bendecida y jurada el 28 de octubre de 1868, en el célebre Te Deum de la Iglesia Mayor en Bayamo, pertenecía a esta familia. De ella hablamos más detalladamente en el capítulo 3 de esta obra.

Blanca Téllez del Castillo, patriota de Bayamo, nació en 1854. Pertenecía a una familia acomodada. Cuando tenía 14 años presenció el incendio de su pueblo natal, y con la destrucción de su hogar perdió muebles, joyas y objetos de arte. Desde entonces Blanca se unió a las tropas cubanas y luego sirvió como correo de los mambises y vigilante de la retaguardia.

Cuando termina la guerra en 1878, sigue conspirando en la Guerra Chiquita. A sus penurias se le unen la cárcel y la posterior condena en 1880 al destierro en Jamaica.[366] Más tarde, contrae matrimonio con el

---

[365] José Fernández Pequeño: «El gatillo de María Luisa Milanés», www.palabrasdelquenoesta.blogspot.com/2013/09/el-gatillo-de-maria-luisa-milanes.html

[366] Vicentina Elsa Rodríguez de Cuesta: *Patriotas cubanas*, Pinar del Río, Talleres Heraldo Pinareño, 1952.

colombiano, Rogelio del Castillo Zúñiga, quien llega a ser General del Ejército Libertador.

Bernarda Toro Pelegrín nació el 20 de agosto de 1852, en la heroica región oriental de Jiguaní, en Oriente, en la calle General Rabí #22 entre Ángel Guardia y Céspedes[367]. Bernarda era hija de Francisco Toro y Molina, natural de Valencia, y de Margarita Pelegrín y Acosta, natural de Jiguaní. Su padre muere cuando aún Bernarda es una adolescente.

Bernarda tuvo 13 hermanos: Fernando, Francisco, Marcos, Antonio, Joaquín, José, Ramón, Sixto, Elena, Eduviges, Teodora, Tomasa y Juana. De todos ellos el único que sobrevivió a la guerra fue Sixto Toro.

Según algunos historiadores, Manana, como cariñosamente la llamaban, solo estudió en la escuela primaria y aprendió costura con su madre, Margarita.[368] Sin embargo, al leer sus cartas advertimos que es una mujer que escribe y se expresa correctamente y con fluidez, y que posee educación y refinamiento.

Cuando empieza la Guerra del 68 su familia, encabezada por su madre, Margarita Pelegrín, no tarda en quemar sus propiedades de Palmarón, La Soledad y La Malagueta, para evitar que los españoles las pudieran utilizar. En aquel ambiente revolucionario que se vive en familia, Bernarda Toro crece pensando en la libertad de su patria. Muy joven aún se va a las lomas a informar a los insurrectos de las actividades de los soldados españoles. Cuando por fin estalla la Guerra de los Diez Años, Manana, su madre, hermanas y un grupo de patriotas, se ocupan de coser las chamarretas y pantalones que necesitan los combatientes. También bordan escarapelas y estrellas azules que son los distintivos del regimiento.

---

[367] Casa natal de Bernarda Toro, EcuRed.cu.
[368] Ramón Infiesta: *Máximo Gómez*, Mnemosyne Publishing Co., Miami, 1977, p. 254.

En abril de 1868 muere Clemencia Baez Pérez, la madre de Maximo Gómez, en El Dátil, Bayamo. Máximo Gómez, que se ha sumado al ejército mambí, visita el hogar de la familia Toro, localizado muy cerca de Bayamo, y ya se fija en Manana, y Manana en él.

Fotos de las hermanas del general Máximo Gómez, Regina y María de Jesús Gómez Báez. Se publican por cortesía de la escritora Ena Curnow©

A fines de febrero de 1869, a su regreso de Jiguaní, Gómez ocupa posiciones en Charco Redondo donde permanece varios meses pues el enemigo los ataca constantemente. El dominicano no abandona este territorio. Allí tiene bajo su protección a unas dos mil familias, y entre ellas a sus hermanas.

Iniciadoras de la Guerra Grande fueron **Regina** y **María de Jesús Gómez Báez** quienes se van a la manigua y se unen a los cubanos a pesar de ser dominicanas, pues se han solidarizado con la causa de Cuba. Regina y *Chucha*, como le llamaban cariñosamente a María de Jesús, trabajan en los talleres y hospitales improvisados en la manigua. Los guerrilleros asedian continuamente a las Gómez pues quieren capturarlas y obligarlas a que denuncien a su hermano. «La actitud de estas dos valerosas mujeres causa admiración en el Ejército Mambí», dice la historiadora Ena Curnow.[369] «Ellas prestan en campaña servicios como enfermeras, cuidan sembrados, confeccionan, zurcen y lavan ropas, y cumplen otras tareas importantes en los talleres mambises. También fabrican balas relle-

---

[369] Ena Curnow: *Manana, detrás del Generalísimo*, Ediciones Universal, Miami, 1995, p 17.

nando los cartuchos vacíos que recogen en los campos donde se producen los enfrentamientos».

Al caer de nuevo Bayamo en manos españolas, los bayameses se refugian en las montañas, y los habitantes de El Dátil, donde está la familia de Gómez, también queman sus propiedades y se van al monte a refugiarse, entre ellos están Regina y María de Jesús. La familia de Manana se ha ido a la finca que tienen en Charco Redondo.

En enero de 1870 ya la situación es insostenible para las familias refugiadas en las prefecturas[370] por lo que Gómez decide que sus hermanas deben presentarse a los españoles o morirán de hambre. Pero Regina y María de Jesús se niegan a abandonar el sitio. Gómez sigue insistiendo y por fin se presentan a los españoles que las trasladan a Holguín. Comienzan a sufrir humillaciones y penas. A los catorce días de estar en Holguín son conducidas a La Periquera,[371] que era la cárcel de la ciudad. Luego son llevadas en carretas al puerto y embarcadas para La Habana donde son encarceladas en la Casa de Recogidas. Más tarde se les concede la libertad condicional pero sólo por un corto tiempo. Se irán al exilio en 1878 junto a Gómez y su familia.

Mientras tanto, las frecuentes visitas de Gómez a Charco Redondo donde vive Manana con su familia, hace que se vayan conociendo cada vez más. Al final se comprometen y se casan en la manigua, el 4 de junio de 1870. La ceremonia que revive Gerardo Castellanos en una de sus obras,[372] nos narra cómo fue: «Ceremonia con estricta sujeción al protocolo mambí. Ni cura, ni juez colonial, sino un prefecto cubano. Ni epístola de San Pablo, ni

---

[370] Tenían como misión garantizar los bienes materiales de mayor necesidad. Además de ser el órgano intermedio para hacer cumplir las leyes de la República Cubana en Armas, organizaban pequeños talleres de objetos artesanales para diferentes usos, creaban estancias para el cultivo y la cría de animales domésticos; confeccionaban materiales para los hospitales de campaña. En las prefecturas también se construyeron pequeñas escuelas destinadas a la instrucción primaria de niños y adultos, y también se establece un sistema de correos y vigilancia de las costas.

[371] Ena Curnow: «La mujer en la era colonial», en *La mujer cubana: historia e infrahistoria*, Ediciones Universal, Miami, 2000, p.32.

[372] Gerardo G. Castellanos: *Misión a Cuba: Cayo Hueso y Martí*, Centro de Estudios Cubanos, La Habana, 2009.

órgano, ni voces con rítmica marcha de esponsales. El templo, un rancho de yaguas cobijado de guano. Alrededor, los centinelas al acecho del enemigo. Por muchas comodidades que pudiera brindar un general, eran estrechas en comestibles y en ajuar de casa. El compromiso a que los contrayentes se ajustaban, el contrato bilateral de auxilio y armonía, quedaba confiado a la dignidad y moralidad de los contrayentes, leyes que solo necesitaban la sanción de la victoria para ser definitivas, pero que muchos de aquellos hombres sabían acatar como útil acto jurídico-social. En nombre de la República de Cuba en armas quedaron unidos siendo testigos del enlace Salvador Cisneros Betancourt y el coronel Fernando Figueredo Socarrás, ayudante del presidente Céspedes».[373] Manana contaba 18 años; Gómez le llevaba 16. Bernarda feliz y llena de juventud, mientras que Gómez serio pero contento, con su cabello echado hacia atrás y el rostro moreno por los días de sol que pasaba a la intemperie. Juraron amarse por siempre, y desde ese momento, vivirían juntos las penas y las alegrías, y engendrarían hijos para la Patria.

La familia se enfrentaba a una vida de grandes desdichas y dolor; de necesidad, muerte y sufrimiento en la manigua, alimentándose de lo que encontraban, a veces raíces o frutas silvestres, y otras veces nada. Un día fueron sorprendidos por los españoles, y en la confusión de la huida quedó prisionera Margarita, la madre enferma, quien fue llevada a Jiguaní. Allí termina en las cárceles españolas por ordenar la quema y destrucción de sus propiedades. Los hermanos de Manana fueron 13; siete de los cuales se incorporan a la Guerra del 68.

---

[373] Ángel Augier: «En el Centenario de Manana», *Bohemia*, pp. 4-6 y 102-104.

El 14 de agosto de 1872, Ramírez Rondón y Joaquín Toro, atravesando Arroyo Blanco en Holguín, encuentran el cadáver sin enterrar y desfigurado por las picadoras de aves de rapiña, de **Panchita Venero**, quien había tenido amores con Máximo Gómez antes de que este se casara con Manana. Más tarde los soldados sabrían por Caridad Moreno, una vecina, que una guerrilla había llegado al rancho donde estaba Panchita y después de quitarle las joyas y el dinero, Federico Hechevarría, el jefe, solicitó sus favores amorosos, a lo que Panchita se negó. Entonces el gritó: «Tú no quieres porque eres la querida de Gómez» y seguidamente con un machete la decapitó.[374]

Pronto Manana concibe a su primer hijo. Al mes de nacer la niña, en junio de 1873, llegó al bohío donde estaban Bernarda y la niña una guerrilla española. Para suerte de ella, el oficial mambí, Lorenzo Carnal, se enfrentó valientemente al enemigo y pudo escapar con su hija. Anduvieron vagando por el monte por días, pasando hambre. Al fin los soldados mambises encuentran unos jirones de ropa y los zapaticos de la niña y pronto dan con ellas.

A Manana y Máximo les nacerían otros hijos hasta completar el número de siete. El general Calixto García sería el padrino de bautismo de Clemencia; el general Antonio Maceo, el padrino de Francisco, mientras que el general Julio Sanguily lo sería de Máximo.[375]

Fotografía de una trocha durante la guerra

Bernarda y su familia sufren la vida austera y difícil del campo. Viven en refugios, bohíos abandonados, a la intemperie, bajo la lluvia o el sol radiante. Allí nacen Margarita y Andrés pero también mueren por la inestabilidad y

---

[374] Relatado por la historiadora Ena Curnow: Ob. cit., p 23. Este dato aparece en *Memorias de la guerra* de Benjamín Ramírez Rondón, libro inédito en 2013.
[375] Infiesta: Ob. cit.

la falta de alimentos. En ocasiones, Bernarda tenía que dejar las labores del hogar para vigilar y protegerse de las emboscadas. A pesar de todos los riesgos, Manana sigue a Máximo a dondequiera que él va. ¡Qué difícil debió de haber sido este vagar por tantos años! Máximo Gómez escribía a su hija Clemencia un día: «Tu madre jamás quiso abandonarme y me seguía a todas partes. ¡Cuánto no pasaría!».[376]

Luego nacería Francisco, en el campamento de La Reforma, tras el cruce de la trocha.[377] Un día, sobresaltada, Manana ve de lejos cómo ardía el rancho donde vivían. Sixta, la tata de Francisco oyó que un niño lloraba y lo distinguió entre el humo. Fue corriendo hacia él. Lo cargó y abrazó y luego vio que era Panchito. En 1877, nace Máximo, en momento crítico para la revolución.[378]

Foto de Bernarda Toro cuando contaba 30 años, con sus hijos en el exilio de Jamaica, en 1885

---

[376] Bernardo Gómez Toro: *Revoluciones: Cuba y hogar,* Editora Alfa y Omega, Santo Domingo, República Dominicana, 1986.

[377] Trocha: veredas construidas por los españoles en Cuba para limitar la actividad de los rebeldes cubanos, y mantenerlos aislados. Tenían fuertes, torres y guarnición de hombres de las diversas unidades.

[378] Caturla Bru, Victoria: *La mujer en la independencia de América,* Habana, Jesús Montero 1945.

Luego de diez largos años de guerra, Manana abandona la Isla, a raíz del Pacto del Zanjón, y cuando se va a embarcar, el general Martínez Campos le envía veinte onzas para ayudarla en el exilio. Al llegar a Jamaica Manana devuelve la cantidad al cónsul español, y pide recibo. Su dignidad no le permitía aceptar aquel dinero de manos españolas. Tiempo después, Gómez deja también Cuba junto con su madre y hermanas, y se reúne con su familia en Jamaica, tierra desconocida para todos, donde plantarían tienda mientras esperaban días mejore spara Cuba. Todos se instalan en la finca El Dátil.

Máximo Gómez escribe en su diario: «Por primera vez lloré, pues mientras me acusaban, mi hijita Clemencia lloraba por un pedazo de pan, que yo no podía darle, pues llegué sin un centavo. Gracias a un judío inglés que me ofreció un pedazo de tierra y una choza y dinero; como préstamo pude ir adelante en este país». Y luego en agosto de 1878: «consigo mal; los recursos se me han agotado y no sé cómo dar de comer a mis hijos, he salido a vender la levita vieja –no la puedo vender–. Mi mujer manda entonces un manto donde María, la mujer de Maceo, que lo compra en cinco pesos. Se pasa con estos cinco pesos. Es el mes de agosto».[379] Ahí vemos la solidaridad de María Cabrales con los Gómez Toro, y los ayuda aunque ella misma está pasando dificultades en ese país.

El 1° de septiembre de 1880 nace Urbano en Kingston. Cierto día se presentó José Joaquín Palma a la vivienda de los Gómez Toro. Venía de parte del presidente de Honduras para ofrecerle el puesto de general del ejército de esa nación. Gómez acepta y parte con su familia para ese país con la idea de olvidar la lucha de Cuba. Estando residiendo en San Pedro Sula les nace Andrés en 1881, quien muere por fiebres y lombrices en 1882; y luego nace Margarita en 1882 y fallece también por fiebres, en 1884. Pocos meses más tarde, en abril de 1884 los visita en Tegucigalpa, Francisco Vicente Aguilera, y esta visita vuelve a inflamar en Gómez su deseo de liberar a Cuba.

---

[379] Máximo Gómez: *Diario de campaña*, Biblioteca Nacional, Santo Domingo, República Dominicana, 1986.

En 1884 marchan a New Orleans donde nace Bernardo; para luego regresar a Jamaica en 1885. En 1886 Manana enferma de gravedad. En 1887 les nace Andrés #2 en Kingston, antes de partir para República Dominicana, donde se establecen en la finca La Reforma, denominada así por Máximo Gómez como recuerdo de su campamento favorito en Cuba. Allí se dedica toda la familia a cultivos varios. En ese país nace la última de sus hijos: Margarita #2, en 1889.

En 1891 se trasladan definitivamente a Montecristi donde fijan su residencia.[380] Desde su salida de Cuba en 1878, habían sido 13 largos años de viajes, muertes y necesidad para esta familia, y sobre todo para Manana que había perdido hijos y había sufrido la inestabilidad y el desasosiego del exilio, tratando de educar a sus hijos y de mantener unida a la familia a pesar de tantos pesares. Durante las sobremesas en Montecristi los esposos completaban la formación de los hijos inculcándoles los conceptos básicos de honradez, moralidad, deber y entrega. Ellos escuchaban y obedecían a sus padres, respetándolos por encima de todas las cosas. En total, Manana y Máximo tuvieron 12 hijos, naciéndoles en diferentes países: Cuba, Jamaica, Honduras, República Dominicana y Nueva Orleans, Estados Unidos, y todos nacieron en condiciones adversas, en la manigua y en el exilio. Durante aquellos años de impaciente espera, Manana sintiendo la nostalgia de la Patria lejana, pero a la vez feliz por tener a su esposo y a sus hijos juntos, alentó los ánimos de su familia siempre esperanzada en el regreso a Cuba; pero presagió la inminente guerra.

Durante su estancia en Montecristi, Máximo Gómez recibe la visita de José Martí. En esta ocasión, Martí le ofrece la jefatura militar del movimiento revolucionario que se preparaba. De aquellos días memorables escribiría Martí: «Manana generosa, la compañera de la guerra, saluda, como a un hermano al que tal vez va a hablar del modo de dejar sin sostén a la mujer y sin padres los hijos».

Con mucho amor tanto Manana como Clemencia coserían las mochilas que Gómez y Martí llevarían a Cuba. A Martí le quedó grabado en su memoria la despedida de Clemencia. La hija

---

[380] Armando Caballero: *La mujer en el 95*, Editorial Gente Nueva, La Habana, 1989, p. 15.

del general se quitó de su larga y negra cabellera la cinta azul que la sujetaba. Se la regaló a Martí y le dijo: «No tengo más recuerdo que darte; así quito esta cinta de mi cabello, que tiene el fuego de tantos pensamientos y uno de los colores de nuestra bandera. Esto te llevarás de tu hermana Clemencia».[381]

Cuando Panchito, el mayor de los hijos, marchaba luego para la guerra, Manana, la madre venerable, debió de sentir rebosar la copa de todas sus amarguras. Sin embargo lo besó, lo abrazó, sacando fuerzas de flaquezas, y aunque sabía que iba al sitio de peligro, no pudo jamás imaginar que nunca más lo volvería a ver. Manana quedó con sus hijos en aquella tierra hospitalaria, con el pensamiento fijo en la empresa que el pueblo cubano acababa de emprender, y no se amilanó, por el contrario, supo mantener firmes y seguros los puntales del hogar.

A bordo del barco que los llevaba a Cuba, escribió Martí esta hermosa carta a la esposa del general Máximo Gómez, pocas horas antes de pisar tierra cubana: «Manana querida: Yo sólo quiero que estas letras mías, le lleguen como prueba de que en las penas que pueda reservarnos este mundo tienen Vds. por donde quiera que ande yo en pie, un vigilante compañero. Toda esa casa es mía, y son mías sus obligaciones. Hemos padecido, y vamos venciendo, y en este instante nos sentimos más seguros que nunca: por todas partes con esa ternura del peligro que Vd. conoce también siente que van con nosotros, y que las tranquilizo, y que les hablo. […] Vamos cosidos uno a otro, el padre y yo, con un solo corazón, y la mayor amistad y dulzura que da la compañía cariñosa en las cosas difíciles».

«[…] De adentro, sabemos más, y habrá menos riesgos y agonía, y tardaremos ya mucho, mucho menos, que en los diez años de Vd., los diez años que dan tal dignidad, tal majestad, tal obligación, en la vida, a los hijos que le nacieron a Vd. del seno de ellos. El mundo marca, y no se puede ir, ni hombre ni mujer, contra la marca que nos pone el mundo. A Clemencia me le dice que en el lugar donde la vida es más débil, llevo de amparo una cinta azul, y que la hermanita va sentada a la cabecera de mi barco, mirándome y conversando. […] Sientan en las suyas el calor de mi

---

[381] Víctor Joaquín Ortega: *Mujeres on line*, no. 91, 30 de diciembre de 2012.

mano. A Clemencia alta, a Pancho padre, a Máximo trabajador, a todos mi, ternura. Y a mi Margarita. Y por Vd., Manana, aunque no fuera por él, querré y mimaré siempre al compañero de su vida. Su Martí. Un recuerdo a las tías».[382]

En la foto la humilde vivienda de la familia Gómez-Toro en Montecristi, República Dominicana

Máximo Gómez escribe en su diario en aquellos días de tanta inquietud: «Sabedora de todos mis secretos, sabiendo que la voy a abandonar en breve, es incapaz de cometer la más breve indiscreción que pudiera perjudicar la causa santa de la Patria».[383] Al quedar nuevamente sola Manana en Montecristi, la Junta Revolucionaria de Nueva York trata de que esta acepte una pensión, pero la mambisa con integridad y coraje contesta: «Muy Sr. mío: Mucho me ha entristecido la comunicación de Ud. en que me notifica que esa Junta ha acordado socorrerme con una cantidad mensual para atender a mis necesidades. Las que hemos dado todo a la Patria: padre, esposo, hijo, apenas si tenemos tiempo para ocuparnos de las necesidades materiales de la existencia. Aún me queda mi hijo Maximito, de diez y siete años, que labrando la tierra me trae pan

---

[382] Carta fechada el 11 de abril de 1895.

[383] María del Carmen Barcia: *La turbulencia del reposo. Accionar político de las cubanas durante la etapa de entreguerras*, Editorial de Ciencias Sociales, La Habana, 1997, p. 317.

bastante blanco con que satisfacer las exigencias de la vida; aún nos queda con que contribuir mensualmente a la redención de la Patria y no debe gastarse en pan lo que hace falta para pólvora. Le saluda respetuosamente, Bernarda Toro de Gómez».[384]

Extracto de la carta de Bernarda a Don Tomás Estrada Palma desde Montecristi, fechada el 9 de agosto de 1895: «[…] Sí, muy pobres nos dejó (Máximo Gómez) en recursos materiales, pero mucha riqueza en el alma. Por eso, sin desatender su fino ofrecimiento lucharemos un poco en la vida, trabajaremos mucho porque esos recursos que nuestros compatriotas nos ofrecen vayan a Cuba antes de entrar en este hogar que tiene todo su tesoro allá. Allá los necesitan nuestros hermanos libertadores.

Si ha sonado la hora del sacrificio para el pueblo cubano, no sólo el esposo, el padre y el hermano, sabrán aceptarlo, sino que también estaremos a su lado, mis hijos y yo ganando el pan, mientras podamos para no tomar nada de Cuba, porque ella lo necesita mucho. Pido a Ud. no tenga cuidado, en caso de que ese pan nos falte, a Ud. le tocaremos, a Ud. hablaremos como padre, como hermano. Mientras tanto, para Cuba vaya todo y ¡Viva la libertad!»[385] Que integridad y que dedicación y sacrificio el de esta buena mujer. Que aplomo y que valentía en aquellos momentos tan duros para ella y sus hijos.

Fragmento de la carta de Manana a Máximo desde Montecristi, fechada el 1ro de abril de 1896. «Mi muy querido Máximo: […] Este mismo día del pasado año amaneciste con tus compañeros en la mar. Desde ese día cual serían mis tristezas, mis dolores, mis angustias, mis penas, mis zozobras. Cuántas ansiedades me siento, mi espíritu profundamente conturbado sin saber de ti, desde el 10 de febrero" […]. Cuántos deseos de que Cuba sea libre y que vengas; hoy apenas puedo escribir de lo conturbada y triste que estoy. […]Cuídate mucho y si quieres a tus hijos y a Cuba, debes cuidarte

---

[384] Carta a Tomas Estada Palma, Montecristi, República Dominicana, julio de 1896.

[385] Ena Curnow: *Manana, detrás del generalísimo*, Ediciones Universal, Miami, 1995. Carta de Manana a Tomás Estrada Palma, pp. 205-206. La carta se encuentra en el Archivo Nacional de La Habana, Fondo Partido Revolucionario Cubano, Caja 22, no. 3409.

y oír mis suplicas, pues es lo único que te exijo y te pido por nuestros hijos, por lo mismo que estás peleando: por Cuba y por mi mamá. Te besa con el corazón, te quiere, tuya, Manana».[386]

Recibidor de la casa de Montecristi

El 3 de abril de 1895, desembarcaron en Cuba, Martí y Máximo Gómez por Playitas. Esta vez Manana no puede acompañar a su esposo como lo hizo en el 68, pero quedaba su corazón pendiente de él y de la lucha. El 19 de mayo, a pocos días de haber pisado tierra cubana, José Martí caía, en Dos Ríos, atravesado su cuerpo por las balas enemigas. Martí llevaba en el bolsillo de su levita la cinta que Clemencia le había regalado, y el retrato de María Mantilla.

---

[386] Ena Curnow: *Manana, detrás del Generalísimo*, Ediciones Universal, Miami, 1994, p.223. La carta se encuentra en el Instituto de la Historia, La Habana.

Muerte de Panchito Gómez Toro

Es en Santo Domingo, donde Manana recibe la triste noticia de que su hijo Panchito y el general Antonio Maceo habían caído en Punta Brava, el 7 de diciembre de 1896. ¡Cómo tendría que sufrir aquella valerosa mujer! ¡Cuánto dolor no sentiría con este fuerte golpe, añadido a lo que ya había sufrido en Cuba y fuera de ella. ¡Tantos hijos sacrificados por la Patria! Tanta soledad; tanta tribulación. Gómez recibe la noticia de la muerte del hijo cuando se encuentra en San Faustino en la provincia de Camagüey. Días después escribe un su diario: «Pobre mi esposa, pobre madre, que golpe para tu corazón... murió mi Panchito amado lejos de mí; mis brazos se quedaron abiertos esperándole... No puede, no, el destino exigir más grandeza del heroísmo de un niño hombre ¡Bendito sea el vientre que lo concibió!».[387]

Manana escribe a Estrada Palma. «Hay dolores, amigo mío, que nos entregarían a la desesperación si no fuera porque encontramos como causa de ellos, el cumplimiento de un deber sagrado y de una abnegación sin límites, y solo así persuadida de que ha muerto mijo (sic), en los campos del honor cubano, defendiendo la más hermosa causa y su más bello ideal, puedo encontrar valor para sufrir tan irreparable pérdida».[388]

Y continúa: «...nuestro hijo no era para este mundo, era muy bueno, virtuoso, grande con nosotros, con sus hermanitos tan cariñoso, ni en sus últimos momentos en la agonía se olvidó de nosotros, ¡Ay!, su carta de despedida pobrecito, que valor le dio Dios, así estoy convencida que nuestro hijo no podía llegar a viejo en este mundo...».[389]

En marzo de 1897 escribiría Manana una carta a Máximo Gómez: «Máximo querido, por Dios impaciente casi 2 meses hace de la fatal desgracia de la muerte de nuestro hijo querido Panchito y no he recibido ni una letra tuya dándome cuenta de esta terrible

---

[387] Ibídem: p.240.

[388] Ibídem: p.243.

[389] Abelardo Padrón Valdés: *El general José: apuntes biográficos*, Editorial de Ciencias Sociales, La Habana, 1975, p. 22. La carta de Manana a Máximo Gómez se encuentar en el Archivo Nacional de Cuba, Fondo Máximo Gómez. (N. de la A.).

desgracia. ¡Ay!, Desde esos instantes destrozó mi corazón la fatal y triste noticia de la muerte de nuestro hijo Panchito; y la de Maceo. ¡Ay!, que terrible golpe ha sido fiero en mi alma la pérdida de mi hijo; ¡ay!, mi hijo mi hijo querido, figúrate como está esta casa, estamos sumergidos en un mar de dolor funesto.

Cuando desde el primer instante fue todo confusión y duda no era posible créerlo aunque hablaban tanto los telegramas y periódicos nos resistíamos a creerlo. ¡Ay! me ha desplomado hiriendo mi alma esta terrible desgracia de la perdida tan inmensa de nuestro hijo querido y cuanto pienso en ti ni tener el gusto de abrazar a nuestro buen hijo querido y tanto tiempo que hacía que estaba en los campos de Cuba mijo y no llegar a estar a tu lado, cuánto siento sto, ¡Ay!, que sufro, escríbeme pronto no puedo explicarte el dolor que tengo y busco contigo alivio. ¡Ay! Máximo pobrecito nuestro hijo que se parte el alma se me moja el papel con las lágrimas no puedo escribir. Se ha dicho de tantos modos diferentes la muerte de mi hijo y de Maceo que no sé qué creer. ¡Ay! Cuánto siento que mi hijo de mi corazón haiga sido asesinado, explícame todo. Recibí tu carta última del 25 de noviembre donde me decías que ya habías mandado por nuestro hijo, Panchito querido. ¡Ay! Tengo el alma traspasada de pena que triste estamos. Cuídate. Te quiere mucho tú Manana».[390]

Carta de Máximo Gómez a Manana: «Murió Panchito sin que Dios nos permitiese abrazarnos en estos campos. Eso hubiera sido el colmo de la dicha para dos hombres en esta Tierra empapada en sangre en donde a nadie le es permitido todavía ser dichoso. […] Lloralo Manana pero si para los hombres que a diario caen en esta lucha puede haber arrogancia en el llanto, en el tuyo debe haberla, porque la pena que causa la pérdida, la caída de un héroe, no debe ser pena vulgar. Y Panchito ha caído héroe al lado del héroe gigante de la guerra para la independencia de tu Patria. En una misma fosa está enterrado con el Gral. A. Maceo.

[…] No voy yo ahora a aconsejarte con inútiles palabras que no sientas, que no llores, solamente llorando es como puede cu-

---

[390] Ena Curnow: Ob. cit., p.258. La carta de Manana a Máximo Gómez fechada el 25 de enero de 1897, se encuentra en el Archivo Nacional de Cuba, caja 14, No. 43 doc. 1/18.

rarse tu dolor amargo, pero sí espero que no olvides que así como yo, tú también tienes grandes deberes que cumplir y no debes dejarte arrastrar por el pesar al extremo de perjudicar tu salud y descuides la ternura, que ahora más que nunca, debemos a nuestros hijos. En esa ternura te has de refugiar con tu dolor y en el santuario del amor por los hijos vivos, es que debemos curarnos de la pena desgarradora por el hijo muerto».

Luego de la muerte de Panchito, Manana funda un club femenino en Montecristi al que pone por nombre Panchito Gómez Toro. Lo preside y sigue trabajando para la patria.

Regreso a Cuba
La historiadora Perla Cartaya Cotta[391] nos dice: «cuentan sus amigas que sonreía animosa al intuir el final victorioso de la guerra... Soñaba con volver a pisar el suelo de la Patria, ya libre, y lo logró. Anhelaba regresar a los brazos del esposo, y así fue... conocería muy de cerca la ingratitud, la incomprensión y la desunión...».

El primero de enero de 1899, España se retira de Cuba. Terminada la guerra, se inicia la labor de reconstrucción del país, para preparar los caminos de la nacionalidad. Al llamado de su esposo, Bernarda volvió del exilio y llegó a La Habana donde el pueblo de la capital la recibió efusivamente. Las mujeres de las clases populares como ella arrastraron el coche que la conducía con cariño. Gómez fijó su residencia con su familia en la casa sita en la calle de Galiano y Virtudes. Fue un día feliz para el pueblo cubano, y a Manana le cupo la gloria de ver izar por las

---

[391] Perla Cartaya Cotta: «¿Quién fue Manana?», *Palabra Nueva*, La Habana, enero de 1999, no. 72, año VII.

cansadas manos del compañero de su vida la gloriosa bandera de Cuba Libre.

Luego se refugiaron en su hogar para vivir tranquilos los últimos años que le quedaban y el destino le permitió a Manana recoger el último suspiro del viejo soldado que solo fue vencido por la muerte, ocurrida el 17 de junio de 1905, luego de cumplir con su ideal: la libertad de Cuba. Fallece a consecuencia de una infección en sus manos que se complicó.

En las calles 5ta y D en el Vedado, La Habana, detrás del teatro Amadeo Roldán, se encuentra la casa donde murió Gómez. En la pared del viejo caserón hay una tarja que recuerda al patriota dominicano. Durante la sesión de la Cámara de Representantes en La Habana, el 1ro de septiembre de 1936[392] se tomó la resolución de «para honrar la memoria del Mayor General Máximo Gómez [...] declararse día de fiesta el 18 de noviembre de 1836, primer centenario de su nacimiento...[...] y el Gobierno de la República donará a la República Dominicana para ser colocado en el paseo que se construye en la Capital de esa nación y que ha de llevar el nombre del Mayor General Máximo Gómez, un busto del mismo en mármol que presente en el frente de su pedestal el busto de su esposa, Doña Bernarda Toro y Pelegrín, donándose igualmente a la población de Baní en la República Dominicana, una tarja de bronce para ser fijada donde ocurrió su nacimiento...». Pero, ¿dónde se encuentran la tarja, el monumento, la escultura a Bernarda Toro? Ella, que fue una patriota íntegra, que sufrió lo indecible por mantener a su familia, que siguió al esposo durante toda la guerra; que sirvió siempre a la Patria, que inculcó el patriotismo y la integridad a sus hijos; ella que perdió hijos, hermanos, madre durante el transcurso de las guerras, ¿qué se ha hecho por honrar su memoria?

La campaña que la Comisión Popular de Señoras Cubanas había desarrollado bajo la dirección de Lola Rodríguez de Tió, y en la que se habían recaudado $14,265.43, se hizo realidad el 8 de septiembre de 1901 en que fue entregada a Bernarda Toro de Gómez la casa número 51 de la calle Consulado en La Habana. «El tres de abril quedó archivada la escritura en el Registro de la

---

[392] Diario de Sesiones de la Cámara de Representantes, Vol. LXI, La Habana, No. 53, 1ro de septiembre, 1936.

Propiedad del Centro. Todos los que intervinieron en la operación se negaron a cobrar honorarios por sus servicios, por lo cual se entregó a la señora del general Gómez, junto con la casa, la suma de $265.43 que resultaron sobrantes de lo recaudado. Finalmente, la compañía El Iris, aseguró la casa en $8,000.00 gratuitamente.[393]

Patio interior de la casa donada a Manana en La Habana

Bernarda Toro de Gómez fue una mujer sacrificada, entregada y con un alto sentido de la honradez. Luchó por la libertad de su país, y su ejemplo debe vivir eternamente en el pueblo de Cuba. Falleció en La Habana, seis años más tarde que su esposo, el 29 de noviembre de 1911.

---

[393] J. Isern: «Entrega a la señora Bernarda del Toro la casa donada por el pueblo», *Carteles*, 31 de octubre de 1954, pp. 100-101.

La Familia Toro Pelegrín

Juana Toro Pelegrín, hermana de Bernarda Toro, fue a la guerra junto a sus hermanos y su madre, y se casó en la manigua con Manuel Calás Odoardo, quien había incendiado con sus manos la casa que le vio nacer, como un mentís rotundo a los que dudaron del patriotismo de un pueblo que se dispuso a todo para romper la denuncia de la esclavitud.

Mausoleo de Bernarda Toro en el Cementerio de Colón en La Habana

En el ataque a la Loma del Infierno, en 1877, los españoles asesinan a 26 mujeres, pero se salvan Juanita, sus dos hijos pequeños, Rafael y Candita. Son hechos prisioneros y llevados a La Periquera en Holguín. Luego, Juanita y sus hijos salen al exilio a Jamaica. Desde allí contribuiría con su trabajo a la independencia de Cuba. En Jamaica, durante la guerra del 95, recibe la noticia de la muerte en la manigua, de su hijo Rafael. Juana fue la única hermana de Manana que sobrevivió la guerra. Las otras hermanas: **Elena, Eduviges, Teodora y Tomasa**, fallecieron durante la contienda. **Margarita Pelegrín Acosta,** madre de Bernarda y Juanita, cae prisionera en la Loma del Infierno y los españoles se ensañan con ella: la llevan a un aparte y le muestran la horrible escena de la crueldad de los españoles. En los arboles están colgadas unas orejas que los soldados le dicen son, unas de Fernando, las otras de Joaquín, por allá las de Francisco. «Mire, estas de José y las de Ramón» –le dicen. Aquella mujer no pudo más y se desmayó. Creyó volverse loca, pero se mantuvo firme, muy firme. Murió en la prisión de Sancti Spiritus.

La familia Gómez Toro en La Habana en 1905 (Fotógrafo Handel)

Beatriz de Varona y Guerra, camagüeyana conocida como *La Calandria*, nació en Camagüey y luchó en las guerras del 68 y el 95.

Mercedes de Varona González nació en Las Tunas, el 24 de septiembre de 1851, en la residencia de sus padres Esteban y Catalina. Mercedes tuvo cuatro hermanos: Francisco, Dolores, Catalina y Tomasa. El historiador, Armando Prats Lerma describe así a Mercedes: «Mercedes se destacaba por su bello tipo y esmerada educación; era perspicaz y de mucha imaginación y para encanto mayor, poseía un timbre de voz atractivo. Su carácter vehemente y franco, marcadamente partidista de la independencia patria, la hizo ser víctima de los realistas cuyos oficiales del ejército no perdían oportunidad en zaherirla públicamente».[394]

---

[394] Armando Prats Lerma: *Biografía de Vicente García y González para la historia de Cuba*, Imprenta La Prueba, La Habana, 1915.

Después del alzamiento de Carlos Manuel de Céspedes, toda la familia de Mercedes se unió a la labor conspirativa. Mercedes era prima hermana del general Vicente García, y cuñada del poeta y general Francisco Muñoz Ruvalcaba. Rodeado de patriotas, no desperdició nunca una oportunidad para ayudar a la insurrección.

A pesar de estar su hogar siempre vigilado, Mercedes lograba burlar el control y para ello utilizaba una sirvienta de su confianza. Su táctica era muy simple, ella abandonaba la casa por la puerta principal llevando un pequeño bulto que observaba constantemente, caminando con rapidez. Pronto los voluntarios la detendrían y exigirían ver el contenido de aquel bulto. Luego de una breve discusión y de revisar la bolsa que llevaba, ella se mostró disgustada. En la bolsa aparecían bordados, incrustaciones y tejidos y nada más. Mientras todo esto sucedía, la criada, quien había salido por la puerta trasera del hogar, pasaba ya sin problemas el tramo más peligroso llevando consigo el material que esperaban los soldados en el campamento mambí. Otras veces, Mercedes llevaba escondida, bajo la amplia y larga falda, valiosa información, así como municiones y medicamentos.

Con el tiempo, la casa de Mercedes Varona se convirtió en centro de conspiración, donde se escondían armas y municiones. Allí se preparó un plano de la plaza de Las Tunas para llevar a cabo acciones militares. Las autoridades españolas sospechaban de los vínculos de Mercedes con los insurrectos por lo que decidieron confinarla a su ciudad natal con sus padres y vigilar constantemente sus movimientos. La situación se hacía cada vez más difícil, por lo que decidieron gestionar un salvoconducto para trasladarse los tres miembros de la familia a Cienfuegos donde residían algunos parientes. El permiso les fue negado varias veces, hasta que al fin se lo concedieron para los últimos días de diciembre de 1869, con la condición de que marcharan con la columna del teniente coronel Emilio March en los primeros días de enero de 1870, acompañando al convoy.

El primero de enero de 1870, los padres de Mercedes fueron acomodados en una carreta con techo de guano mientras a ella le daban a montar un caballo. Marchaban en la retaguardia, distante como un kilómetro del convoy, cuando al poco de salir recibieron el primer ataque de los mambises. Los españoles pensaron que si ponían delante a Mercedes, los mambises no atacarían más. Allí estaba Mercedes montada en su caballo, cuando al llegar la columna al lugar conocido como Las Arenas, se cruzó con ellos un capitán cubano de apellido Córdova e inmediatamente después se produjo un rápido intercambio de disparos. En ese momento, Mercedes espolea su caballo y trata de adelantarse y llegar hasta la primera línea de combate mientras con valentía grita: «¡Fuego cubanos, poco me importa la vida! ¡Viva Cuba Libre! Tiren». Pero el teniente coronel March ya había hecho una señal para que otro oficial español de apellido García le disparara por la espalda y la matara. Mercedes cae de su caballo con un balazo en la cabeza. Los padres la ven morir, y desesperados solo pueden increpar a los asesinos. Gracias a su testimonio tenemos todos los detalles del asesinato. Mercedes acababa de cumplir 18 años de edad.

Con rapidez, los españoles sepultaron el cadáver de Mercedes en aquel mismo lugar y se fueron enseguida por temor a ser atacados de nuevo. A flor de tierra quedó su cuerpo, y sobre su tumba el propio March dejó un pedazo de papel escrito por su propia mano con el siguiente epitafio: "Aquí yace Mercedes Varona. Es la única baja que hemos tenido". Enterado de los acontecimientos el coronel Francisco Varona, hermano de Mercedes, se dirigió a Las Arenas y localizó la improvisada tumba de su hermana y le dio una sepultura adecuada.

El periódico *Diario de la Marina*, en su edición del 14 de enero de 1870, publicó una noticia cínica: «La consecuencia fatal para la Srta. Varona, la atribuye este órgano de prensa, a la "actitud varonil" y el "gesto viril" de Mercedes que ellos valoraban como impropio de las delicadezas del bello sexo al que pertenecía». Y el periódico *El Cubano Libre*, órgano oficial de la República de Cuba en Armas,[395] publicó: «le disparó el comandante español Teruel, obediente a la orden dada por el teniente coronel Emilio March».

---

[395] *El Cubano Libre*, año 2, núm. 15, segunda época, Camagüey, 4 de marzo de 1870, p. 4.

En honor a Mercedes Varona el primer club femenino del Partido Revolucionario Cubano tomó su nombre[396] del que hablaremos en el tomo II de esta obra. La mártir y heroína, Mercedes Varona, merece un monumento en su ciudad natal. Ella sirvió de ejemplo a muchas mujeres de aquella época por su valentía y cubanía, y ofrendar su vida por la Patria.

Otras mujeres de la familia Varona

La madre de Mercedes Varona era la tunera **Catalina Ezequiela González Díez,** perteneciente a una rica familia de hacendados. Una hermana de Catalina y tía de Mercedes, **Rosa María González Díez,** casada en segundas nupcias con Antonio María García, había tenido un hijo quien luego se convirtió en el mayor general Vicente García González. **Dolores Varona González** hermana de Mercedes, dejó su hogar al comienzo de la Guerra de los Diez Años y se unió a su familia que estaba luchando en la manigua. Logró escapar al monte con sus hijos y se salvó de un asalto sorpresivo por un mínimo margen de tiempo.

Otra hermana de Mercedes, **Tomasa Varona**, estaba casada con el destacado revolucionario tunero Francisco Muñoz Rubalcaba quien luchaba junto al mayor general Vicente García. Tomasa escribió poesía de encendido patriotismo por lo que tuvo que internarse en la manigua. Ana Betancourt la admiraba y respetaba.

Cuando se dirigía a ocupar su puesto en la región, Muñoz Rubalcava es hecho prisionero por los españoles y conducido a Puerto Príncipe, donde es fusilado el 6 de marzo de 1873. Tomasa, quien había sido deportada en 1870 por su probada participación revolucionaria en Las Tunas, recibe en el exilio la noticia de la ejecución del esposo.

En 1995 se emplazó un busto de la patriota Tomasa Varona en la Casa de la Cultura de Las Tunas, conocida como Casa de la Cultura Tomasa Varona. El busto de la patriota es obra del escultor santiaguero Adolfo Arias Saumell.[397]

---

[396] Josefina Toledo: *Sotero Figueroa, editor de Patria, Apuntes para una biografía*, Editorial Letras Cubanas, La Habana, 1985.

[397] Datos tomados de Ecured en http://www.ecured.cu/index.php/Casa de la Cultura Tomasa Varona

Úrsula Eusebia Villar nació en Santiago de Cuba el 23 de diciembre de 1843, fue la esposa de Vicente Mestre Amábile, quien perteneció al Estado Mayor del general Calixto García.[398] Úrsula sigue a su esposo a todos los sitios donde los conduce la lucha por la libertad de la Patria. Luego de finalizada la Guerra del 68 se exilia a Nueva York. Durante la Guerra del 95 reside en París.

Bernarda y Aurelia Wilson Estas hermanas sobresalieron en los trabajos agrícolas en las zonas de cultivo en las prefecturas de Sierra Canasta en la provincia oriental, colaborando con los mambises. También laboraron con los armeros en los talleres que se encontraban escondidos en las montañas.

---

[398] Blanche Z. de Baralt: *El Martí que yo conocí*, Editorial Trópico, La Habana, 1945.

Mujeres Patriotas de Camagüey

«...en los campos separatistas de la Isla, hallábanse innúmeras familias de patriotas; pues casi todos los vecinos de arraigo en las jurisdicciones de Bayamo, Las Tunas y Camagüey, prefirieron la vida azarosa de la manigua, o la emigración del país, a permanecer en las ciudades soportando el coloniaje español. Era una masa de población civil que, en el seno de la Patria, arrostraba diarios sacrificios por Cuba Libre».[399]

Concha Agramonte Boza de Sánchez Agramonte[400]

Concha Agramonte nació el 7 de diciembre de 1834 en Camagüey, en la casa solariega de sus padres, Juan de la Cruz Agramonte y Arteaga y Rufina Boza y Varona.

En la foto, Concha a los 40 años en el exilio de Meora en Nueva York

«En sus años de niña y joven», relata la periodista Herminia del Portal,[401] «Concha se aficionó a la lectura. Buscando en la biblioteca de su padre encontró Concha algunos números de *La Verdad*, el periódico publicado en Nueva York por Gaspar Betancourt Cisneros. Allí aprendió a conocer a su país lo que despertó en ella

---

[399] Francisco J. Ponte Domínguez: *Historia de la Guerra de los Diez Años*, Academia de la Historia de Cuba, La Habana, 1958, p. 45.

[400] Enrique Ubieta: Efemérides *de la revolución cubana*, La Habana, La Moderna Poesía, 1911, pp. 401-402.

[401] Herminia del Portal: «Concha Agramonte», *Bohemia* 35, mayo 9, 1943, pp. 14-15.

un sentimiento de nacionalidad. Su hermano Manuel compartió ese gran secreto de la patria que era la conspiración de Agüero». Al igual que otras muchachas de su época, Concha demostró públicamente su dolor ante las muertes de Joaquín de Agüero y Narciso López cortándose la cabellera y enlutando su hogar con crespones negros, desobedeciendo a las autoridades españolas quienes habían prohibido toda clase de demostración pública. Del Portal sigue diciendo: «En el ingenio Los Dolores supo Conchita que su primo Ignacio Agramonte y Loynaz, que entonces tenía diez años, había ido a la Sabana de Méndez a mojar su pañuelo en 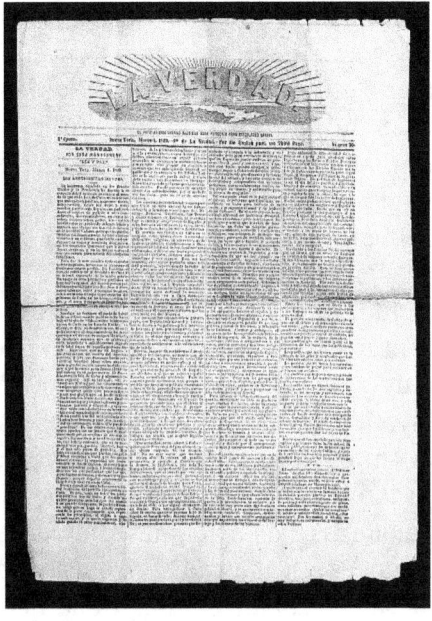 la sangre aún caliente, de Joaquín de Agüero». Aunque unos dicen que esto es pura fantasía, otros afirman que realmente sucedió.

Cuando en 1852, Concha contaba diecisiete años de edad, contrajo matrimonio con Francisco Sánchez Agramonte, hombre acaudalado y camagüeyano. Los novios vivieron los primeros años de matrimonio en la finca Los Algodones propiedad de los Sánchez Agramonte. Al tiempo, pasaron una temporada viajando por Estados Unidos. A su regreso se establecieron en Puerto Príncipe, en la casa donde había nacido El Lugareño[402] en la calle Contaduría. Fue este un regalo del padre de Concha para el matrimonio. Allí crió Concha a sus doce hijos: Benjamín, Juan, Luisa, Emilia, Calixto, Armando, Alfredo, Eugenio, Angelina, Beatriz y Sara. Concha perdió una hija al nacer, que debió llamarse Rufina.

En la calle de Contaduría de Puerto Príncipe vivía también Ignacio Mora quien ya por entonces estaba casado con **Anita Betancourt Agramonte**. Anita y Concha mantenían una entrañable amistad y compartían la pasión revolucionaria de sus esposos.

---

[402] Gaspar Betancourt Cisneros.

Cuando nace Emilia, la segunda hija de los Sánchez Agramonte, Anita es la madrina de bautizo.

El día que ocurrieron los hechos de Yara, un grupo de revolucionarios se encontraba en el hogar de Concha pues este era un punto de conspiración de los jóvenes camagüeyanos. Luego del incendio de Bayamo la familia de los Sánchez Agramonte se va a la manigua donde permanece tres años y medio internada en los montes. Allí, en su casa de Guáimaro, nos imaginamos cómo se debían discutir los asuntos de la constitución y se conspiraba para la guerra entre sorbos de café y el humo del habano. Por el momento, la vida de Concha seguía siendo más o menos normal pues continuaba rodeada de cierto bienestar. Sin embargo, todo esto duró muy poco. Al ser tomada la población de Guáimaro por las tropas españolas, la familia acuerda abandonar la población. Comienzan así los momentos difíciles y las verdaderas dificultades para Concha y su familia al no tener un lugar fijo donde habitar, perdiendo en las mudanzas hasta lo más elemental para la vida civilizada, y careciendo de lo básico. Era una vida de gitanos, saltando de una hermosa casa abandonada, a una tienda de campaña, o quizás viviendo en una vara en tierra de un mísero bohío de guano.

Concha da a luz a su hija Sara en la manigua, no lejos de donde luchaban su marido y sus hijos mayores, uno de los cuales, Juan de la Cruz, moriría a causa de una herida. Allí en el campo de batalla, Concha curaba a los heridos y ayudaba a los necesitados, poniendo a veces su vida en peligro por rescatar a las víctimas de la contienda.

Un día, huyendo de un sitio para otro, llegaron a los montes de Najasa, a una finca conocida como San José que tenía allí la familia. Era un rancho de guano dividido en tres partes, descubierto por los costados, y las habitaciones posteriores usadas como dormitorios, estaban forradas con yaguas. Alrededor de la casa había un batey.

La finca San José fue descubierta por los españoles y un día de mediados de 1871, alrededor de las tres de la tarde, mientras se reunían seis u ocho miembros de una comisión del ejército revolucionario, se sintieron unos tiros próximos seguidos de descargas cerradas. Todo fue una horrible confusión. Se oían los gritos de los niños mientras Concha les rogaba a los hombres que huyeran y no contestaran al fuego por el temor de que toda resistencia fuera inútil. Ella, que estaba con sus hijos pequeños menores de siete años, no podría huir como los demás.

Pronto fueron encontrados Concha y sus hijos en un rincón del bohío. Los soldados los sacaron a todos poniéndolos en fila delante de la casa. Ella les rogó que la presentaran ante al jefe de aquella fuerza que, para suerte de ella, era un antiguo conocido de la familia, el capitán Macon. El oficial se comportó muy bien y le concedió un salvoconducto de ocho días para que pudiera buscar a varios de sus hijos pequeños que, en la confusión del asalto, se habían escondido dentro del monte. También le puso la condición de que pasado ese tiempo tenía que presentarse ante las autoridades de Puerto Príncipe pues de lo contrario no respondería de lo que pudieran hacer los soldados si los apresaban de nuevo.

Concha salió a buscar a los niños por el monte. En la búsqueda llegaron hasta un arroyo en el que anduvieron metidos en el agua, aproximadamente hasta la media noche. Exhaustos y hambrientos llegaron a un pequeño rancho en donde el negro Ignacio, antiguo esclavo de la familia quien también trabajaba para la revolución, curtía cueros para la fabricación de equipo de monta y otros trabajos de talabartería. Pero el criado Ignacio solo pudo brindarles el piso de tierra como lecho, un poco de lumbre para secar las ropas, y un güiro de miel de abejas con el que hicieron zambumbia.[403] Concha le pidió al antiguo esclavo que saliera en busca del esposo para avisarle donde se encontraban. Cuando más tarde llegó el esposo, acordaron que Concha se iría para la ciudad con los hijos menores cumpliendo con el salvoconducto del capitán Macon. Ella, sus hijos y varios criados cruzaron el monte en medio de lluvias torrenciales parando primero en Puerto Príncipe y de ahí seguir camino hacia La Habana. Durante el largo viaje, Concha había escondido algunas de sus joyas en los cinturones de sus hijos. Pero al ser sometidos a un registro mientras esperaban uno de los trenes que los llevaría al otro lado de la isla, las joyas fueron encontradas y confiscadas lo que provocó que los nervios de Concha se descontrolaran.

---

[403] Bebida refrescante preparada con agua endulzada con miel.

Al llegar a La Habana se hospedó en casa de su pariente y amiga, la señora **Monserrate Canalejo,** viuda de Gaspar Betancourt Cisneros. También **Isabel Sterling** la acompañó en su quitrín a Palacio, para solicitar del capitán general Valmaseda la necesaria autorización para salir de Cuba.

Una vez en Nueva York, donde más tarde se reunió con su marido, Concha vendió las joyas que había podido salvar del registro, y las vendió en la famosa joyería Tiffany's en esa ciudad; con esto y su trabajo como costurera pudo ayudar a mantener a su familia. Allí recibió la noticia de que su suegro había perdido las facultades mentales, y que la esposa de este no les brindaría la hospitalidad que esperaban, pues aunque tenían casa propia muy amplia, y una fortuna de ochenta mil pesos en los bancos, presentó todo tipo de excusas para que Concha no fuera a esa casa. No tenían bienes ya que sus propiedades en Cuba habían sido confiscadas, y un banco de Nueva York donde su esposo tenía depositado un pequeño efectivo, se negó a entregárselo por no tener los documentos legalizados. Pero esta mujer de carácter templado no se acobardó ante aquella situación, y se enfrentó a las pruebas con valentía.

Ella y sus nueve hijos, tendrían que vivir con el jornal de un peso diario que ella recibía con sus costuras. Este jornal se lo proporcionaba **Francisca Moliner viuda de Ayesterán.** Como no era suficiente para cubrir sus necesidades, la señora de Ayesterán obtuvo por medio de **Merceditas de la Guardia** que los niños de Concha fueran becados en colegios y asilos; ella se quedaría solamente al cuidado de dos de sus hijas: Luisa, de dos años, y Sara, que murió poco tiempo despues afectada de escrofulismo.[404] El exilio de Concha Agramonte en Nueva York que comprende hasta 1878, fue sumamente difícil.

Con la paz del Zanjón, Concha regresó a Cuba y pudo reunirse de nuevo con su esposo y con Benjamín, su hijo mayor. Concha y Benjamín regresaron a su ciudad natal, y allí permanecieron durante aquel período de calma, que solo sería una tregua, para algún día, de nuevo, comenzar la lucha por la libertad. Hubiera sido relativamente feliz si no hubiera sido por la larga enfermedad que llevó a su esposo a la muerte.

---

[404] Tumoración de los ganglios linfáticos.

Con el grito de Baire, en 1895, regresa la inquietud a la vida de Concha pues sus cinco hijos varones irían a luchar a la manigua. Ya Concha tiene 61 años, y esta vez no puede responder como en 1868. Pero su casa, esta vez en la ciudad, sigue siendo lugar de reunión de los revolucionarios. Concha sirve como mensajera de la correspondencia entre los valientes jóvenes y sus familiares, y hospeda en su casa a los que necesitan asilo. Preocupadas las autoridades españolas por las informaciones que por medio de Concha recibía el pueblo, y que ella a su vez obtenía a través de sus cinco hijos que combatían en la guerra, decidieron castigarla encarcelándola junto con cuatro amigas: **Ángela Malvina Silva, Eva Adán, Gabriela de Varona y María Aguilar**. Treinta días más tarde de caer prisioneras fueron embarcadas para La Habana y confinadas en la Casa de Recogidas.[405]

Gracias a varias amistades influyentes que lucharon por ellas, las cuatro obtuvieron la libertad, con la condición de que salieran del país inmediatamente. El 15 de marzo de 1897 llegan a Cayo Hueso[406] las cinco mujeres, y Concha sigue viaje hasta Nueva York, acompañada por su hija Emilia y su nuera Caridad junto con los dos pequeños hijos de esta. Allí son recibidos por parte de la delegación cubana exiliada del Gobierno en Armas.

Al final de la guerra, Concha Agramonte regresó a Cuba. A los pocos días de su llegada pudo abrazar a sus hijos en su finca San Rafael. Luego de treinta años de luchas, exilio y sufrimiento, muerte y necesidades, el destino la premió con el retorno a una Cuba libre, rodeada de sus seres queridos. Falleció el 24 de agosto de 1922 en La Habana.

La Familia Agramonte-Loynaz

María Filomena Loynaz y Caballero nació en 1821, en Camagüey y falleció en Estados Unidos el 10 de mayo de 1880. Sus padres fueron Mariano Loynaz Guerra y Antonia Caballero Caballero. Pertenecía María Filomena a una de las más antiguas fami-

---

[405] «Diario de guerra del General Pujals»: *Bohemia* 44, Año 42, 29 de octubre de 1950.

[406] *The Evening Times*, Trenton, New Jersey.

lias principeñas. Tuvo cinco hermanas: Josefa, Mariana, María de la Concepción, María de los Ángeles y Ana María Loynaz-Caballero.

En la foto María Filomena Loynaz y Caballero, su esposo Ignacio Agramonte y Sánchez Pereira y sus hijos Eduardo, Ignacio, Mariano, Francisca y Loreto.

María Filomena contrajo matrimonio con Ignacio Agramonte Sánchez-Pereira en Puerto Príncipe, el 9 de enero de 1841. El matrimonio tuvo ocho hijos: Ignacio Eduardo, Enrique Valeriano, Alberto de la Merced, Alberto de Jesús, Francisca de la Merced (1849), María Loreto (1851), Filomena Aquilina (1853), y Mariano de Jesús. Solo cuatro llegaron a la mayoría de edad. Ignacio llegó a ser mayor general de la Guerra del 68.

Al estallar la guerra la familia Agramonte se exilió a Nueva York. En el censo de la población de Estados Unidos de 1870 se encuentra María Filomena, viuda de 46 años, residiendo con su cuñada, Mercedes Agramonte de 45 años, y con Enrique, el hijo de Filomena, de 25 años. Residían por entonces en el 104 de la calle 20 del oeste, entre la sexta y la séptima Avenidas. El Dr. Simoni había fallecido poco después de su llegada a Nueva York.[407]

---

[407] «A Death in Cuba and a New York Family», *Cuban New Yorker*, 11 de mayo, 1873 en www.cubannewyorker.wordpress.com/tag/jose-Ramón-Simoni/

Caridad Agüero Betancourt (1845-1919). Nació en Camagüey el 5 de septiembre de 1845. Era hermana de Diego y Gaspar Agüero, los dos fusilados en el Castillo del Príncipe.

En 1851, con tan solo seis años de edad, Caridad escucha en su entorno familiar el relato de los sucesos del movimiento de Joaquín Agüero, y a tan temprana edad ya se siente entusiasmada por estas ideas, lo que sentaría las bases para luego, con tan solo veintitrés años, se incorpore a la lucha por la independencia. Es hecha prisionera en Curana, Camagüey, y salva a su padre del fusilamiento.

En una ocasión, durante la Guerra del 95, Caridad realizó un viaje a La Habana para enviar a Camagüey unos baúles llenos de armas y municiones que ya comenzaban a escasear en esta región. No descansó en su labor revolucionaria. Muchas veces cuando iba por la calle, se detenía para pedirle a algún transeúnte cubano que se lanzara al campo insurrecto. Concurría a los velorios de personas distinguidas y exigía a los hombres que sacrificaran sus vidas por la Patria.

Otra de las anécdotas que muestran su sacrificio por la libertad de Cuba fue en su viaje a Nuevitas para llevar la correspondencia. Llegó a pie a la estación del ferrocarril, con una pesada maleta en sus manos. Cuando llegó a la estación en Nuevitas se le realizó un minucioso registro y no le encontraron nada. La correspondencia que transportaba estaba escondida entre los barrotes huecos de la jaula de un perico que llevaba.

Estuvo presa un tiempo en la Casa de Recogidas de La Habana. A su salida de la cárcel, mantiene su compromiso con la revolución, lo que la lleva a salir al extranjero para evitar ser detenida de nuevo. En el exilio trabajó en la Junta Revolucionaria de Nueva York, y al finalizar la guerra, regresó a Cuba. Murió en su ciudad natal, Camagüey, el 29 de noviembre de 1919, a los 75 años.[408]

María Aguilar Borrero nació en Camagüey el 21 de diciembre de 1853. Siendo aún muy joven comenzó a trabajar con entusiasmo por la independencia, y al comenzar la Guerra del 68, se va a la manigua con su madre, **Sacramento Borrero Varona**,

---

[408] Ángela de la Lama Pérez: *El Camagüey legendario*, Talleres Gráficos Aral, Camagüey, 1960.

para estar más cerca de sus hermanos, que luchan en las filas libertadoras.

Cuando el 20 de agosto de 1870, se encontraban refugiados en un rancho en el monte en compañía de la familia Varona y Estrada, un pariente suyo, el patriota Rafael de Varona y Varona es asesinado. Por su relación con Varona, la familia tiene que huir de aquel lugar, vagando continuamente de un lugar a otro para finalmente ser hechos prisioneros, junto a otras mujeres. Más tarde María tiene que exiliarse a la República Dominicana saliendo por el Puerto de Nuevitas.

María Aguilar

Después del Pacto del Zanjón, María Aguilar regresa a Camagüey y continúa con su labor conspirativa, buscando adeptos para la causa y haciendo propaganda revolucionaria. En la Guerra de 1895 aumenta sus actividades y es perseguida teniendo que abandonar el país nuevamente, en junio de 1896, esta vez para los Estados Unidos. Incansable, regresó a Cuba en diciembre de ese mismo año y pronto las puertas de la cárcel de Camagüey se abrieron para recibirla. Tiempo después la trasladan a La Habana para internarla nuevamente en la Casa de Recogidas de La Habana. En 1897 fue desterrada por tercera vez, y se va a vivir a Nueva York.

María Aguilar volvió a Cuba al final de la guerra fijando su residencia en Camagüey donde falleció, el 9 de junio de 1915.

Juana Arias de Maestre (1829-1929) Esta valiente mambisa manejaba muy bien el machete, y luchó con las tropas mambisas en Oriente, durante la Guerra del 68. Participó con Calixto García en la preparación de la Guerra Chiquita. Junto a su compañero, el oriental Ángel Mestre, combatió con valentía en importantes batallas. Al finalizar la Guerra Chiquita, la pareja fue al exilio a la Florida, donde siguieron trabajando por la libertad. Más tarde pasaron a México pero allí Ángel Maestre queda imposibilitado por una enfermedad, y le toca entonces a Juana seguir adelante y cuidar de su esposo hasta su muerte.

Sola en el destierro, Juana decide regresar a Cuba y se incorpora a la Guerra del 95 donde se distingue en los combates de Las Guásimas, La Sacra, Palo Seco y Los Melones ganándose el grado de coronela otorgado por el generalísimo Máximo Gómez.

Al finalizar la guerra va a residir con unos familiares cerca de Manzanillo donde fallece en 1929.

Adela Aulet era natural de Camagüey. Contrajo matrimonio en la manigua con Emilio Aymerich quien es herido en una pierna durante la guerra, y cae prisionero para después ser condenado a muerte. Afortunadamente logra escapar a México acompañado por Adela.[409]

En 1887 los Aymerich retornan a Cuba pero se vuelven a exiliar, esta vez a Cayo Hueso. En el Cayo, Adela es maestra en el colegio La Enseñanza Objetiva que su esposo ha establecido en esa ciudad, y que pronto llegaría a ser un centro docente importante. Con ellos también trabajan como maestras sus dos hijas **Adela y Eva Aymerich Aulet**. Algunos de sus estudiantes en el plantel durante aquella época fueron: Gerardo Dobarganes, los hijos del patriota Juan Ramón O'Farrill, Ramón, María Luisa, Angelita y Conchita Palma; los cuatro hijos del general Ramón Leocadio Bonachea, los hijos del fabricante de tabacos Domingo Villamil. También asisten a la escuela los hermanos Uhrbach, los hijos del patriota coronel Fernando Figueredo, y Fredesvinda y María Luisa Sánchez.

La familia Aymerich Aulet trabaja también por la libertad de Cuba, y participa en las actividades para recolectar fondos para la guerra junto a la colonia cubana en esa ciudad.

Ana María de la Soledad Betancourt Agramonte nació en Puerto Príncipe el 14 de diciembre de 1832. Sus padres fueron Diego A. Betancourt Gutiérrez y Ángela Agramonte Aróstegui. Salvador Cisneros Betancourt la describe así: «Era Anita una de las mujeres más elegantes, cultas, llamadas en la patria de los Agüeros y Agramonte a figurar en la alta sociedad, no solo por las prendas

---

[409] Rafael Marquina: *La mujer, alma del mundo*, Editorial Librería Martí, La Habana, 1959, p. 276.

con que la naturaleza la adornaba, sino por su fino y amable trato social».[410]

El 17 de agosto de 1854 Ana contrae matrimonio con Ignacio Mora de la Pera en la iglesia parroquial de Nuestra Señora de la Soledad. Mora es un hombre culto, de ideas revolucionarias y liberales quien se dedica a educar a su mujer, cosa rara para aquella época, familiarizándola con el inglés y el francés. Ella lo ayuda en sus empeños patrióticos, y participa en reuniones conspirativas que tienen lugar en su casa.

Ana Betancourt

Cuando el 3 de noviembre de 1868 Ignacio se va a la guerra va a despedirse de Ana. «Llegó ya el momento de lanzarnos a la lucha; mañana nos pronunciamos 74 que estamos juramentados y vengo a despedirme de ti. Los acontecimientos que van a desenvolverse pueden sernos fatales […] debes considerarte viuda desde hoy para que así te sea menos dolorosa la noticia de mi muerte».[411] «Y muerto tú, –dice Ana– ¿qué haré yo sola en el mundo?» «Úneme a tu destino, empléame en algo, pues como tú, deseo consagrarle mi vida a mi patria. Gracias Anita», y besándola se desprendió de sus brazos y fue a reunirse con sus compañeros.

Cuando Mora se une a Augusto Arango, este nombra a Anita su agente en el comité revolucionario. Desde su casa se despachaban correos, armas, ropas y periódicos para los insurrectos. Ana se encargaba de escribir las proclamas que se repartían entre el pueblo y la tropa.[412] También los tenía al corriente del movimiento de las

---

[410] Nydia Sarabia: *Ana Betancourt*, Editorial de Ciencias Sociales, La Habana, 1970, p. 37.
[411] Sarabia: Ob. cit., p. 43.
[412] Ibídem, p. 44.

soldados españoles en la ciudad. Repartía la correspondencia y los periódicos, y trabajaba obteniendo y enviando vituallas y armas para el campo. A su casa iban los emisarios y luego llevaban los mensajes a Bayamo, las Tunas y Manzanillo.

Por aquella época la Academia de Música de Camagüey que estaba compuesta casi toda de hombres de color, era conocida como la Academia de San Fernando. Llenos de entusiasmo con la acción ocurrida en Bonilla,[413] los participantes convocaron una reunión en la que se acordó que se escribiera una marcha conmemorativa por la batalla de Bonilla, que se bordase una bandera en cuyo centro se escribiría el nuevo nombre que debía llevar la Academia, borrando el de San Fernando, y también, que pasase una comisión por casa de Ana Betancourt para pedirle fuese la madrina de su bandera y les diese el nombre a la Academia.[414]

Por su parte, el gobernador de Camagüey se había enterado de los trabajos que Ana estaba realizando con los insurrectos y que el esposo había participado en la acción de Bonilla, por lo que decreta su detención. El 4 de diciembre de 1868 Ana huye precipitadamente de la ciudad: «Salí con Rafael Rodríguez y Adalberto, mi sobrino, y fui a pedirle hospitalidad a mi amigo el Dr. Ramón Simoni (padre de Amalia Simoni) en su finca La Matilde».

Estando en la finca La Matilde, donde vivía junto a su amiga Amalia Simoni, llegó un día Ignacio Mora para ver a su esposa. Ana relata en su diario:[415] «Allí fue Ignacio a verme y nos acompañó a Amalia, Matilde (la hermana de Amalia) y a mí, a una pin-

---

[413] En la acción de Bonilla, a seis leguas de Puerto Príncipe, fueron vencidos los españoles al mando de Valmaseda. Las tropas españolas abandonaron el campo de batalla, dejando atrás a sus muertos.

[414] Nydia Sarabia: Ob. cit., p. 49.

[415] Ibídem.

toresca estancia que titulamos El Refugio porque allí íbamos a refugiarnos de la cólera del gobierno». A las dos semanas de haber visto al esposo en La Matilde, Ana Betancourt marchó a la finca Juan Gómez, «a donde me llamaba mi buena amiga Concha Agramonte». De esta finca pasamos a Imías.[416]

La Asamblea de Guáimaro.
Estando el poblado de Guáimaro en poder de los insurrectos Ignacio Mora, que está enfermo con fiebre y no puede combatir, decide quedarse a vivir allí junto a Ana. Comienza Mora entonces a publicar el periódico *El Mambí* que saldría por primera vez el 7 de mayo de 1869. Era una hoja suelta manuscrita de diez pulgadas por seis, y con una impresión borrosa. Ana Betancourt ayuda a su esposo en la preparación e impresión del periódico, que se publica durante casi tres años. Ignacio tiene tanta fe en el patriotismo y en la cultura de su mujer, que un día le dijo: «Tú serás el censor». Y antes de dar a la prensa los artículos que se iban a publicar, él primero se los leía a Anita. Los últimos números de El Mambí deben de haberse publicado en enero de 1871, fecha en que fueron asesinadas las hermanas y los sobrinos de Mora (relato de la familia Mora Mola en esta obra en la página 317).

El 10 de abril de 1869 se celebró la Asamblea de Guáimaro, pueblo pequeño, limítrofe entre Camagüey y Oriente, cercano a Puerto Príncipe. En Guáimaro nacería la nación cubana. Y fue allí, durante la Asamblea, donde Ana Betancourt pidió hablar para exigir los derechos de la mujer. La historiadora Nydia Sarabia encontró un documento en la Biblioteca Nacional de La Habana en el cual la misma Ana explica: «Dos días después, animada por Ignacio, Moralitos y Zambrana presenté una petición a la Cámara la que fue *leída por Ignacio Agramonte*.[417] En ella les pedía a los legisladores cubanos que tan pronto como estuviese establecida la República, nos concediese a las mujeres los derechos de que en justicia éramos acreedoras».[418] Aparentemente, o no quiso hablar, o lo que es más probable, no la dejaron hablar y fue Ignacio Agra-

---

[416] Ibídem.

[417] El énfasis es de la autora.

[418] Ibídem, p. 59.

monte quien leyó su petición. Esto fue lo que Ana expresó en Guáimaro:

> «*Ciudadanos: La mujer cubana en el rincón obscuro y tranquilo del hogar esperaba paciente y resignada esta hora sublime, en que una revolución justa rompe su yugo, le desata las alas.*
> *Todo era esclavo en Cuba; la cuna, el color y el sexo. Vosotros queréis destruir la esclavitud de la cuna, peleando hasta morir si es necesario. La esclavitud del color no existe ya, habéis emancipado al siervo. Cuando llegue el momento de libertar a la mujer, el cubano que ha echado abajo la esclavitud de la cuna y la esclavitud del color, consagrará también su alma generosa a la conquista de los derechos de la que es hoy en la guerra su hermana de caridad, abnegada, que mañana será, como fue ayer, su compañera ejemplar».*[419]

Gonzalo de Quesada, sobrino de Ana, ha dejado unas notas de lo que se cree comentó Carlos Manuel de Céspedes al felicitar a Ana Betancourt una vez concluida su participación en la Asamblea: «El presidente de la República, Carlos Manuel de Céspedes, abrazándola, la felicita con estas palabras, "El historiador cubano, al escribir sobre este día decisivo de nuestra vida política, dirá como usted, adelantándose a sus tiempos, pidió la emancipación de la mujer"».[420] Ana dio un paso audaz en favor de los derechos de la mujer cubana en una sociedad en la que la mujer no tenía ningún protagonismo. Rompió los moldes convencionales y se adelantó en la lucha por el feminismo en el continente americano. Pero Ana moriría sin ver sus deseos realizados ya que la mujer cubana no llegaría a tener derecho al sufragio hasta el 1940, ni lograría estar reconocida ni aceptada a la par del hombre a pesar de los esfuerzos realizados por el movimiento feminista en Cuba desde comienzos de siglo XX.

En 1870 Ana y su esposo Ignacio se fueron de Guáimaro a vivir a una finca que Gaspar Betancourt Cisneros tenía en Ciego de Najasa, y luego a unos ranchos que había en medio de las mon-

---

[419] Ibídem, pp. 59-60.
[420] Gonzalo de Quesada y Aróstegui: *Ignacio Mora*, Imprenta América, Nueva York, 1894, pp. 63-64.

tañas, «ranchos en que no podíamos permanecer más de dos meses, porque, como las presentaciones se sucedían sin interrupción, había que abandonar el lugar a veces el mismo día en que había construido el rancho», comenta Ana Betancourt. «La desnudez, la falta de habitación, y de alimentos, trajo como era consiguiente, las enfermedades...[...] Últimamente se mataba una res, se tomaba de ella lo necesario para la comida de tres días, la que conservábamos colocándola en el fondo de un río y poniéndole encima una gran piedra. Aquella que íbamos a comer se cocía en agua, y a la hora de comer la polvoreábamos con sal o limón. Cuando había tropas en los alrededores, pasábamos semanas enteras a la intemperie y sin otro alimento que frutas silvestres, cuando se encontraban; la falta de agua afligía a los niños. Hubo madres que a los dos días de andar buscando agua por entre el monte para apagar la sed de sus niños, los vio desmayarse a la vista de ese líquido que tanto ansiaban. ¡Pobres madres!».[421]

En 1871 deciden trasladarse a la finca Rosalía del Chorrillo y el 9 de julio son sorprendidos por los españoles. Ana hace que su esposo huya solo, y ella es capturada más tarde. El capitán Montaner, le dice que le escriba a Ignacio y le pida que se presente, en el lugar donde la tienen prisionera. Ana le contesta que no lo hará. Montaner le dice: «¿y no sabe que él tendrá que morir, si continua en el campo? A lo que Ana contestó: "ese es nuestro destino; tarde o temprano hemos de morir, lo mismo da que sea de una calentura que de una bala"».[422]

Estando presa en la sabana de Jobabo pasó muchas humillaciones, como ella misma relata: «La inmensa sabana de Jobabo estaba llena de soldados y de familias que se han presentado en esos días; casi todas estaban acampadas debajo de los árboles. Divisé un ranchito o mejor dicho, enramada, donde creí reconocer a algunas de las personas [...]. Apoyada en un bastón y con mucha fatiga, pues casi no podía andar, estaba con reumatismo cuando fui hecha prisionera, me dirigí desde mi árbol hacia un rancho, donde fui recibida con muestras de cariño por la familia de Reverón, pa-

---

[421] Sarabia: Ob. cit., p. 74.

[422] Ibídem, p. 77. De acuerdo al manuscrito en la Biblioteca Nacional José Martí.

rientes de mi suegro. Ellos me dieron de comer, pues Montaner parece que se había propuesto sitiarme por hambre y por sol».[423]

Millares de personas murieron de tifus en aquel campamento. En el diario de Ana Betancourt leemos: «Familias enteras desaparecían diezmados por esa fiebre, sin que aquel jefe les prestase el menor socorro. Allí el padre cavaba la sepultura para su hija; el esposo para depositar envuelto en llagas, el cadáver de la que fue su compañera; el hijo para sepultar a sus padres, y así sucesivamente los unos a los otros. Morían diariamente tres o cuatro personas, Habría unos cuarenta ranchos mal acondicionados y en ellos como 300 personas todas hambrientas y desnudas. Ni médicos, ni botica, ni sacerdote. Una sola tenduchita en la cual nos vendían bacalao a 4 rs. plata la libra; y galletas de barco duras y agrias a medio […] aquel terreno estaba agrietado y por sus grietas salían millares de *gusanos*. La fetidez era inaguantable. […]».[424]

Pero un día el capitán Montaner dio la orden de abandonar el campamento. Este quedó vacío de prisioneros quedando allí solamente Ana. «Acongojada, permanecía el día sentada apoyando la cara en las manos, hasta que llegara la noche», dice Ana Betancourt. Entonces, vio venir a una caravana de hombres, mujeres y niños que venían a presentarse, y desde ese momento tuvo compañía.

Un día, el capitán Macón se presentó en el campamento y le dijo que podía escribir a sus hermanas, que él le haría llegar la carta. Ana aceptó y le escribió a su hermana Cruz contándole su situación. Quince días más tarde llegó Macón y le entregó seis onzas españolas y una carta en la que la hermana le aconsejaba que se escapara del campamento y le daba una dirección en La Habana donde ir a refugiarse. Permaneció allí tres meses, hasta el 9 de septiembre de 1871 en que consiguió fugarse. Un día de madregada logró escapar y con el dinero de la hermana tomó un vapor hacia La Habana. A los 3 días, Anita tocaba a la puerta de **Panchita Horstman de Llorente.** Tanto ella como su cuñado

---

[423] Ibídem, p. 79

[424] Quesada y Aróstegui: Ob. cit., pp. 172-173.

Emilio y la hermana de este, **Amalia Reyling**, la recibieron muy bien.[425]

Pero en La Habana la hostigaban para que se fuera del país, porque no querían «*mujeres hombres*[426] en la Isla de Cuba».[427] Luego de ser acosada constantemente, el 5 de abril la policía la custodió hasta dejarla a bordo del *City of Mérida*. «En el pasaporte que se me expidió pusieron –dice Ana en su diario–, "Muy vigilada"». Vio que le habían dado pasaporte para ir a Veracruz, y entonces pidió que se lo otorgasen para Nueva York pues en México no conocía a nadie, pero se lo negaron. Antes de ser deportada para México, **Matilde Poey** la auxilió; y algunos cubanos amigos le dieron dinero, como el conde Cañongo y Carlos Varona Torre. También Chepe Labastida, **Charo Varona de Sterling**, su cuñada **Isabel Mora** y la madre de esta. La familia Reyling la habilitó de trajes y otras cosas muy necesarias. Cuando estaba ya a bordo, dice Ana: «el pasaporte lo arrojé al mar. Juré no retornar a Cuba». Comenzaba para Ana un forzado y duro destierro.

Vive en Mérida un corto tiempo hasta que finalmente parte para los Estados Unidos, desembarcando en Nueva York el 21 de octubre de 1871. Se hospeda en una casa de huéspedes de la calle 23. «Las familias de Hilario, Juan y Javier de Cisneros fueron a buscarme y me llevaron a su casa», dice Ana. Y continúa: «**Mercedes Borrero de Morilla**[428] compartió conmigo su alcoba. Joven, sola y pobre, ¿qué hubiera sido de mí sin aquellas bondadosas amigas?»[429] A pesar de todavía estar convaleciente del tifus que había contraído en el campamento Jobabo, Ana salía al amanecer para ganarse el sustento en un taller, regresando a la casa de su amiga ya entrada la noche.

---

[425] Sarabia: Ob. cit., p. 81, en «Apuntes biográficos de la familia Mora», *Revista del Colegio Belén*, mayo-junio 1934, nos. 45-46, p. 149.

[426] Subrayado de la autora.

[427] Ibídem, p. 83. Documento en la Biblioteca Nacional José Martí de La Habana.

[428] Mercedes era prima de Micaela de la Pera Borrero, y esta a su vez era suegra de Ana Betancourt.

[429] Sarabia: Ibídem, p. 87.

Aquella mujer que había vivido en la abundancia, con el disfrute de una vida cómoda dentro de la sociedad de Puerto Príncipe, vivía ayudándose con sus costuras. Durante su estancia en Nueva York **Emilia Casanova de Villaverde** la insta para que la acompañe a visitar al presidente de los Estados Unidos, Ulises Grant[430], en nombre de las madres cubanas, para gestionar ante el gobierno de España el indulto de los estudiantes de medicina. (Véase Emilia Casanova en esta obra, página 370).

Un año después de llegar a Nueva York, el 19 de noviembre de 1872, Ana se muda para Jamaica. En Kingston alquila una casa junto con dos amigas, la **señora Rubalcaba y la señora de Luis Figueredo**. «Cosíamos y comprábamos un plato de almuerzo y otro para la comida que nos costaban ¡un medio a cada una!», escribe Ana Betancourt. Había quedado muy mal de la vista y no encontraba trabajo, pero llevaba cartas de presentación para los reverendos Palma y Monsalvatge, y en junio de 1873 Monsalvatge le propuso dirigir una escuela evangélica para niñas cubanas.[431]

En 1875 le llegó la noticia de la muerte a machetazos de su esposo Ignacio Mora mientras se encontraba prisionero en El Chorrillo. «El 19 de noviembre de 1875 fue el día nefasto para mí», escribe Betancourt. «Ese día recibí la noticia de la muerte del que fue mi digno esposo. Creí morir [...] desde el día en que supe su muerte, mi alma se halla envuelta de tinieblas, tinieblas que no se logran disipar ni aun el pensar que murió como bueno, y cumpliendo con el propósito que se había impuesto, de consagrarle a Cuba su vida, emanciparla o morir en la contienda».[432] Pensemos lo difícil que resultaría la vida a una viuda expatriada en aquella década del siglo XIX, en un país extraño, sin conocer a nadie, y mal de salud. Pero Ana no perdía su dignidad, y el valor siempre la acompañaba.

Tiempo después recibe una invitación para ir a la República de El Salvador, y allí dirigir otro colegio de niñas.[433] La apertura del colegio Santa Tecla se lleva a cabo el primero de junio de 1877,

---

[430] Ulises Grant fue presidente de los Estados Unidos de 1869 al 1877.
[431] Sarabia, Ibídem, 19 de noviembre de 1875.
[432] Ibídem.
[433] Ibídem, p. 100.

aunque el colegio duraría poco, «no permanecí sino 5 meses porque me enfermé del estómago y con dolores reumáticos. Aquello es muy húmedo, y yo que no había temblado ante la muerte ni ante el naufragio, que había conservado mi serenidad en medio del incendio, de las balas y de un horrible ciclón que derrumbó el ático en que yo vivía, temblaba como una criaturita en cuanto empezaba a trepidar».[434] Retorna entonces a Kingston, y estando allí le llega la noticia de la Paz del Zanjón.

Regresa a Kingston y vuelve a trabajar en el mismo colegio evangélico, pero pronto lo tienen que cerrar ya que en este período de paz, las familias cubanas regresaban a Cuba y ya casi no tenía alumnas. Para ganarse el sustento «me hice modista de brocha gorda, daba clases de español o de francés, hacía flores, lo que se presentaba. Vivía en un departamento muy mono de la calle del Duke, en casa de una familia judía que llegó a quererme mucho».[435] Todo indica que Ana Betancourt siguió viviendo en Jamaica desde el Zanjón hasta 1880. A partir de ese año vive nuevamente en Nueva York donde extracta noticias que le llegan de Cuba y las envía a la prensa; también colabora como cronista de modas para *El Turista Hispano-Americano*[436].

Foto de Ana Betancourt en el exilio

Aunque había jurado no volver, Ana regresa a Cuba a fines de 1880, pero la pérdida de todo cuanto amaba la hace sufrir tremendamente. Ya todo es diferente y no se acostumbra a vivir allí. Su hermana Ángela, que acababa de enviudar, le pide que viaje a Madrid para residir con ella. Según la biógrafa de Ana Betancourt,

---

[434] Se refiere a los terremotos en ese país. Ibídem, p. 101.

[435] Archivo de Gonzalo de Quesada y Aróstegui: *Documentos Históricos*, La Habana, Editorial de la Universidad de la Habana, 1965.

[436] «Periodistas Camagüeyanas del siglo XIX», *Mujeres con historia*, no. 235, 11 de julio de 2005.

Nydia Sarabia, es casi seguro que su partida para España ocurre entre 1886 y 1888.[437] En Madrid sigue luchando por la causa de la libertad. Establece contacto con Calixto García y le entrega los pocos fondos de que dispone para la guerra que se avecina. Se mantiene atenta a las salidas de tropas españolas de lo que informa a los emigrados cubanos en los Estados Unidos, y escribe apuntes biográficos de algunos patriotas, incluido el de su esposo, para *Álbum de El criollo, semblanzas.*[438]

En 1894, Emilio Bobadilla escribe un hermoso retrato de ella: «En este pueblo de la montaña pintoresco y luminoso he tenido el honor de conocer a la Sra. Doña Ana Betancourt, viuda del mártir de la revolución cubana, Ignacio Mora. Es una señora alta, de ojos negros y expresivos que miran al través de los cristales de las gafas con altiva nobleza, reveladores de un espíritu fuerte y resignado; su cabeza cana como la cumbre de los volcanes apagados presta a su fisonomía un aire solemne y majestuoso de emperatriz sexagenaria; su voz tiene un timbre severo y dulce a la vez que no se altera ni aún al referir las angustiosas vicisitudes de su vida de patriótica peregrinación. […] Es un gran espíritu de hombre encarcelado en un cuerpo de mujer; y es una señora amable, simpática y bondadosa, digna del amor de los cubanos y de ejemplo de patriotismo a esta generación escéptica y efectista. […] ¡Un solo mensaje podría consolarla y hacerla feliz antes de su muerte: la Patria es libre!».[439]

En el momento en que Ana reside en España, aparece en el periódico *Patria* de Nueva York una carta de la Sociedad Benéfica en Martí City de Ocala, Florida fechada el 28 de octubre de 1895, y dirigida a Ana Betancourt.[440] En esa carta se informaba que en Ocala se había establecido dicha sociedad para auxiliar a las familias de los oficiales y soldados que habían ido a ocupar sus puestos en las filas del Ejercito Libertador, y que las habían dejado en el exilio.

---

[437] Nydia Sarabia: *Ana Betancourt*, Editorial de Ciencias Sociales, La Habana, 1970.

[438] *Álbum de El Criollo*, Establecimiento Tipográfico, La Habana, 1888.

[439] Gonzalo de Quesada y Aróstegui: *Ignacio Mora*, Imprenta América, Nueva York, 1894, pp 63-64.

[440] «Ana Betancourt», *Patria,* 9 de noviembre de 1895, pp. 114-115.

El periódico señalaba: «El nombre de la Sociedad Ana Betancourt de Mora es un honor a la distinguida cubana, viuda del patriota mártir de nuestra causa». Firmaba la nota la directiva que estaba integrada por: **Amelia Pagés de Quesada,** presidenta; **Asunción Dolores Corrales de Baliño,** vice; **Georgia Pinet de Rotgers,** tesorera; **Regla Pinet,** vice; **Margarita Quesada de Pica,** contadora; **Vocales: Josefa Sorondo de Hernández, Carmen García de Castellanos, Justa Silva, Angelina Giotto, Ana Giménez de Navarro, Nieves Rodríguez de Morales y Julia Valdés de Bolio,** secretaria.

Foto de Ana Betancourt

En ese entonces Ocala era un remoto pueblo del norte del estado de la Florida. Estas mujeres trabajaban ayudando a aquellas familias y haciendo patria de muy diferentes maneras.

La calle Broadway en la ciudad de Ocala, Florida, a finales del siglo XIX, cuando había allí una colonia de tabaqueros cubanos[441]

---

[441] Fotografía de los State Archives of Florida, *Florida Memory*,

En febrero de 1900, Ana se muda para la Plaza del Progreso No. 13[442] en Madrid, y el 4 de febrero escribe su última carta a Gonzalo de Quesada, en la que le expresa los deseos de regresar a su patria: «Pero el destino me ha condenado a vivir alejada de mi tierra, a la que adoro, y en donde reposan los restos de mi noble Ignacio. Ella (habla de su hermana) comprende mi pena y me ha rogado que la deje y vaya a gozar la felicidad de ver libre a mi Cuba, me dará los medios para que realice el viaje, asignándome una mesada. ¿Cómo dejarla en el estado tan delicado en que se encuentra? [...] Ella cree que podremos ir allá para octubre, pasaremos 6 meses y después volveremos a este odioso Madrid, en donde tanto sufrí durante la pasada revolución».

Mientras se preparaba para viajar a Cuba una bronconeumonía le causa un paro cardíaco y fallece en su casa a las tres y treinta de la tarde del 7 de febrero de 1901. Tenía 69 años. No pudo Ana realizar su sueño de volver a la Patria. El 8 de febrero partía por las calles madrileñas el entierro hacia la Sacramental de San Justo Dejaba de existir una heroica mujer, que había amado a Cuba, y por ella había sufrido.

A los 77 años de su fallecimiento en España, y durante las celebraciones del centenario de la Guerra Grande, el gobierno cubano trasladó los restos de Ana Betancourt para Cuba, el 26 de septiembre de 1968.[443] Y aún más tarde, el 11 de abril de 1982, en la ciudad de Guáimaro, donde ella había pedido los derechos de la mujer 114 años antes, depositaron sus restos en un mausoleo adyacente al lugar donde se proclamó la Asamblea Constituyente.

Ana Betancourt llevó consigo el dolor de la Patria durante todo su largo peregrinar por el exilio, pero nunca desfalleció y siempre tuvo en su mente a la Isla querida. Luchó por los derechos de la mujer cubana, se superó intelectualmente, sufrió los rigores de la manigua, luchó en el exilio, y murió lejos, muy lejos de su querida Patria.

---

http//floridamemory.com/items/show145430. Publicada con permiso.
[442] Sarabia, Ibídem, p. 117.
[443] Osvaldo Salas Escobar: «En Cuba los restos de Ana Betancourt», en *El Mundo*, La Habana, 27 de septiembre de 1968, p. 4.

Mausoleo de Ana Betancourt en Camagüey, erigido el 10 de abril de 1982

Micaela de la Pera y Borrego, *Mallita*, como le decían los allegados, era la suegra de Ana Betancourt y madre del patriota Ignacio Mora (1829-1871). Nació en Puerto Príncipe y sus padres fueron Ignacio de la Pera y Ana Borrego. Sufrió la guerra al lado de su hijo y de su nuera. Cuenta Ana Betancourt:[444] «Llegué a la casa de mi suegra a la que encontré pobre y muy avejentada. Después de abrazarnos me preguntó por Ignacio. "Ha quedado en el campo con sus hermanos", le contesté. "Ese es hijo mío, y no se presentará", me dijo con una sonrisa tan triste que me conmovió». «¡Pobre Madre!». Micaela murió en Camagüey el 5 de agosto de 1873,[445] dos años antes de que muriera asesinado su hijo Ignacio.

Rosa Borrero de Campo era oriunda de Camagüey. Aurelia Castillo relata un terrible capítulo en la vida de esta noble mujer «Pensad que hubo madre que llevó a cuestas por tres días el cadáver de su hijito, porque los encuentros con tropas españolas hacían huir a ella y a la hermana que la acompañaba cada vez que intentaban cavar la pequeña fosa para darle sepultura, y aquel cuerpecillo estaba ya descompuesto y las inmundas aves que se nutren de cadáveres empezaban ya a seguirles».[446] ¡Y decir que las mujeres no sufrieron y no se sacrificaron durante las guerras!

---

[444] Sanabria, Ibídem, p. 83.

[445] Ibídem, p. 82.

[446] Es la camagüeyana Rosa Borrero de Campo. En Elda E. Cento Gómez: «Las mujeres se fueron a la guerra: los roles asumidos» *Calibán*, Revista Cubana de Pensamiento e Historia, enero-febrero-marzo 2010, núm. 6, www.revistacaliban.cu.

María Borrero de Varona excelsa camagüeyana y madre de Bernabé Varona Borrero, *Bembeta*, quien fue fusilado por los españoles en 1873 en Santiago de Cuba. María fue una heroica mujer que enviudó joven y luego se fue a la manigua.[447] El periódico *Patria* publica unas líneas sobre la muerte de María Borrero en 1895: «Como sagrado queda el seno donde palpitó un héroe; la vida le es como perenne cántico; [...] Así los cubanos de Regla siguieron apiñados y como el féretro les llevase la bandera, a la madre anciana de Bernabé Varona [...] Se salvó pueblo que tuvo héroes. [...] Bembetas iban tras el cadáver de la madre de Bembeta; Bembetas pujantes, que le revolvieron en el belfo la sonrisa a un menguado que habló sin respeto de la madre sagrada».[448] Las hermanas de Bembeta, quienes también participaron en la guerra, fueron **Dolores y Sacramento Varona Borrero.**

Las Betancourt Recio, Recio Betancourt, Recio Sánchez y Agramonte Boza

Isabel Betancourt Recio nació circa 1835 en Camagüey. Gaspar Betancourt y Betancourt y María del Carmen Recio y Sánchez-Pereira fueron sus padres. Isabel se casó con el patriota Lope Recio Agramonte en la catedral de Camagüey, el 19 de noviembre de 1860. La periodista Lourdes Meluzá,[449] emparentada con los Recio Agramonte, relata: «Lo primero que supe de él [Lope Recio Agramonte] lo escuché de mi madre, Lourdes Bertrand Agramonte. Ella lo escuchó de su madre, Isabel Agramonte Recio, y esta a su vez de su madre, **Ángela Recio Betancourt**». Y sigue Meluzá el relato: «Momentos antes de ser fusilado en Puerto Príncipe Lope Recio Agramonte, el 27 de diciembre de 1870, este se dirigió a su padre y le dijo: "Dile a mi esposa que salga de inmediato, que se vaya a Estados Unidos, y que quiero que al salir de Cuba envuelva a nuestra hija Ángela en una bandera cubana"».

---

[447] *Diario de la Marina*, 19 de enero de 1871.

[448] *Patria*, 26 de enero de 1895.

[449] Lourdes Meluzá: «Recuerdos de la patria», *El Miami Herald*, Suplemento Especial del 10 de octubre, 1985.

Isabel y su hija Ángela abandonaron Cuba por el puerto de Nuevitas rumbo a Nueva York. Ángela tenía entonces 8 años. Los abuelos de Ángela, José Recio Sánchez y Josefa Agramonte y Boza, salieron exiliados hacia México poco después de la muerte de su hijo Lope. En Nueva York las religiosas del Sagrado Corazón becaron a Ángela, y mientras esta se educaba, **Isabel Betancourt Recio** buscó trabajo en los talleres de costura. «Pero al poco tiempo de su llegada, dice Meluzá, supo Isabel de la muerte de su madre, Ángela Recio, y tres años más tarde murió ella».

Cuando Salvador Cisneros Betancourt trabajaba en los Estados Unidos supo que se planeaba su matrimonio con **Micaela Betancourt Recio**, hermana de Isabel, y quien también era prima suya. Salvador tenía entonces 18 años y ella, 16. Predispuesto contra aquellos planes que eran tan comunes en la época, trató de visitar lo menos posible la casa de su prima hermana. Pero en una visita a la finca El Aguacatal, descubrió que Micaela tenía, como el mismo luego confesó: «[...] atractivos por su hermosura y candor, y no pudo por menos que atraerme. No le fuí indiferente, y en una hoja de naranja le hice mi declaración, a la que correspondió».[450] Se casaron el 12 de diciembre de 1850, y entre 1852 y 1866 les nacieron siete hijos: **María Ángela**, **Clemencia Catalina**, José Agustín, Gaspar Alonso, **Clemencia Irene, Carmen, Ángela Gregoria** y otra hija de la que no tenemos nombre.

Cuando Salvador Cisneros trabajaba en La Habana se llevó a cabo el alzamiento de Carlos Manuel de Céspedes, en Yara. Enseguida Salvador se unió al movimiento y se alzó en Oriente. El 19 de agosto de 1869 les fueron embargados sus bienes. Su esposa Micaela junto a sus hijos y otros familiares, abandonaron sus casas y comodidades y partieron a la manigua. Cisneros Betancourt recuerda de esta época: «Mi familia vivía constantemente amenazada e intranquila por denuncia que hizo Napoleón Arango»,[451] por lo que determinó lanzarse al campo. «En noviembre

---

[450] Cento Gómez, Elda E.: *Apuntes para la historia de la familia de Salvador Cisneros Betancourt,* revista de la Universidad de La Habana, 256, Segundo Semestre, 2002.

[451] Jefe de las fuerzas de Camagüey durante la Guerra del 68 pero luego depuesto del cargo al ser rechazadas las propuestas pacificadoras que presentó a

de 1869 éramos 25 de familia [...] todos estabamos enfermos a excepción de Micaela, mi esposa, y Carmita mi hija. Justamente en esa misma época murieron ambas, las únicas que estaban saludables».[452]

A la muerte de su esposa Micaela, sus hijos Gaspar, Ángela y Clemencia quedaron al cuidado de su suegra y cuñada hasta que en 1870, los adultos regresaron a la ciudad, y Salvador envió a sus hijos a la finca Hato Viejo. Pero, por falta de alimentos, su pequeña hija Clemencia muere. Entonces Cisneros Betancourt envía a su hijo Gaspar a Nueva York y a su hija Ángela a Puerto Príncipe, mientras él parte hacia el exilio en Nueva York donde continúa luchando por la independencia de Cuba.

En Nueva York, Cisneros Betancourt, vendía cigarros en un pequeño puesto para ganarse la vida. La pérdida de su esposa, sus dos hijos, todos sus bienes y propiedades y haber vivido esa cruenta guerra, lo sumergieron en una tristreza y pobreza profunda. Pero cuando comienza la guerra del 95, se une a la redención de la Patria.

Monserrate Canalejo e Hidalgo-Gato fue la segunda esposa de Gaspar Betancourt Cisneros, *El Lugareño*. Contraen matrimonio el 7 de septiembre de 1857. Monserrate era hija de José María Canalejo y Tió de Velasco y de María Eusebia Hidalgo-Gato e Hidalgo-Gato. De esa unión nació un hijo: Gaspar Alonso Betancourt y Canalejo quien contrajo matrimonio con **Fe Valdés Porras Pita**, hija de la patriota **Cecilia Porras Pita** (véase página 388). Gaspar

La madre de Gaspar Betancourt Cisneros, **María Cisneros y Betancourt** (nacida c. 1782), «leía mucho», dice Gaspar de su madre «y tal vez tenía ella más libros que todas las demás señoras camagüeyanas de su tiempo».[453] Y sigue diciendo: «se estimaba entonces en el Camagüey como pecaminoso para las mujeres, el escribir, porque pensaban que ese arte les servía para corresponderse

---

nombre del conde de Valmaseda, con quien había hecho contacto, lo que se consideró una traición.

[452] Cento Gómez, Ob. cit.
[453] *Apuntes biográficos de la familia Mora*, revista del colegio Belén, mayo-julio, 1933, nos. 30-40, en Sarabia, Ob. cit., p. 258.

con los hombres». Ideas retrógadas de aquella sociedad anquilosada, en la que la mujer no tenía oportunidades ni derechos.

Otras mujeres de la familia Cisneros Betancourt

Ciriaca Cisneros Betancourt, de Puerto Príncipe. Era hermana de Gaspar Cisneros Betancourt. José Agustín Cisneros y Catalina Betancourt y Betancourt fueron sus padres. Ciriaca se casó con Agustín Velasco y Agüero. Tuvieron al menos seis hijos: Pompeyo, Isabel, Amalia, Narcisa, Julia y Eloísa. El escritor y poeta, Julián del Casal dejó su sentir sobre las mujeres de esta familia cuando en 1888 escribió: «Cuando estalló la revolución, esta familia se dividió en tres grupos. Durante el espacio de un año, anduvieron errantes, sin saber unas de otras. Ocultas en miserables harapos, iban por el escenario de la guerra asordadas por el estruendo de las balas y ennegrecidas por el humo del combate, enardeciendo a los valientes y llorando sobre los despojos de sus muertos. Sufrieron indecibles privaciones. Todo buen cubano debe venerarlas».[454]

Isabel Velasco Cisneros nació en Puerto Príncipe, pocos años antes de empezar la guerra de 1868. El patriota Salvador Cisneros Betancourt fue su tío.[455]

Como la mayoría de las familias revolucionarias camagüeyanas, sus padres, Agustín Velasco y Agüero, y **Ciriaca de Cisneros Betancourt**,[456] se fueron a la manigua a luchar. Muchos momentos difíciles le tocó vivir a la familia cuando Isabel todavía era una adolescente. Ella junto a sus hermanas Amalia, Narcisa, Julia y Elvira, sufrieron un episodio difícil de narrar. En un asalto de las tropas enemigas a la finca de la familia Velasco, el padre fue hecho prisionero, y a la vista de Isabel fue fusilado junto a su tío Pompeyo, el hermano mayor de su padre. La madre de Isabel logra escapar al monte con la más pequeña de sus hijas y llega al campamento del general Vicente García. Isabel y sus hermanas son

---

[454] Elda E. Cento Gómez: «Familia del marqués de Santa Lucía, Salvador Cisneros Betancourt», Oficina del Historiador de Camagüey, Cuba.

[455] Myheritage, www.myheritage.com

[456] Elda Cento Gómez, Ob. cit.

capturadas y conducidas ante el jefe superior de la columna española que, al verlas deprimidas les dijo: «No se aflijan: están ustedes bajo mi custodia, como si fueran mis hijas, ¡que me han hecho recordar en este momento!».

Foto de Isabel Velasco Cisneros

Tiempo después la familia logró reunirse, pero su situación económica era muy precaria. Las autoridades españolas le habían confiscado todos sus bienes, y vivían de su trabajo, ganándose el sustento con la costura. Al terminar la guerra Isabel se preparó para ejercer el magisterio, y por sus méritos fue nombrada directora de un colegio municipal. Murió el 5 de noviembre de 1916. Sus restos se encuentran en el Cementerio de Colón de La Habana.

Isabel es poco conocida como poetisa, pero en su poema *Célebres palmas* honró a los mártires Joaquín de Agüero, Fernando Zayas, Miguel Benavides y Tomás Betancourt, fusilados en 1851, cuando la conspiración de Agüero. Aquí reproducimos uno de sus más bellos poemas, *Himno a la bandera cubana*

Gloria eterna a los héroes cubanos,
Que han alzado con gozo profundo
En la patria, tocando hasta el cielo,
¡la bandera más bella del mundo!

La bandera del triángulo rojo,
Donde luce la estrella divina,
Que evocando los tiempos pasados,
Nuestra suerte futura ilumina.

La bandera de listas azules,
Que se ha visto cubierta de gloria;
La bandera rayada de blanco,
Que tan alta aparece en la historia.

La bandera de perla y zafiro,
Con su estrella de brillo profundo;
La bandera del triángulo rojo...
¡La bandera más linda del mundo!

Loreto Castillo de Duque de Estrada participó activamente en la Guerra del 68 en Camagüey. Su casa fue punto de reunión donde acudían figuras de la revolución, como Eduardo Machado, Luis Victoriano Betancourt, Ramón Roa, Fernando Figueredo y otros patriotas. Nada mejor que unos apuntes de José Martí[457] para describir el entorno de esta patriota: «Pero en la casa de toda una mujer, de Loreto Castillo de Duque de Estrada, fue donde tuvo la poesía de la guerra más largo y abrigado asiento. La casa estaba en San José de Guaicanamar que los testigos dichosos de nuestra grandeza pintan como potrero extenso y feraz, donde residía de uso el gobierno o había siempre correo que pudiera dar con él. [...] la casa de Loreto era, como las más de las cercanías, con la pared de lo que hubiese, y de yaguas las puertas, y el techo de ella también, o de guano o manaca. Por sillas solo había la hamaca de preferencia o bancos de cuje, o troncos de árbol; por la limpieza campesina hacía a todo el mundo llevarse la mano al yarey».

«Y allí se juntaban las mejores visitas. Duque de Estrada era silencioso, y Loreto vehemente y resuelta, baja de cuerpo y de ojos relampagueadores cuando la sacaba del asiento la indignación o contaba un lance apurado de su propia vida, como el de la bandera de las camagüeyanas para Enrique Reeve,[458] bordada a ojos públicos, que ella plegó con mucho esmero bajo el cáliz, a que la bendijese con el arzobispo de Santiago; o decía sus angustias cuando salió del Príncipe a la guerra, toda colgada en lo interior de medicinas, paquetes y jarros, y al entrar en la casa de las afueras, de donde pensaba irse de escondite, halló de vista tendida a un capitán que cortejaba en la familia, y era de ver la falda aquella que no podía moverse sin música y denuncia: o hablaba de la infelicidad de Cuba y de la muerte cruenta de sus hijos y los guerreros oían a la mujer con la cabeza baja. Allí iban todas las edades y el ejército y el gobierno, y el Camagüey y los habaneros con el Oriente y Las Villas».[459] Bonita imagen de aquella a quien los españoles llamaban la «laborante temible» por sus acciones conspirativas. Esta

---

[457] *Los poetas de la guerra*, prólogo de José Martí, Colección de versos a la independencia de Cuba, Imprenta La Verónica, La Habana, 1941.

[458] Conocido como El Inglesito. Norteamericano que peleó durante siete años en la Guerra del 68.

[459] José Martí: «Prólogo a los poetas de la guerra», en *Obras completas*, t. 5, pp. 233-234.

camagüeyana tuvo una larga trayectoria durante la Guerra de 1868. Al finalizar la contienda tuvo que salir del país y vivir temporalmente en México, para luego regresar a Puerto Príncipe en 1895.[460] Viuda y anciana, falleció pobre y en el olvido, el 24 de agosto de 1900.

Ana Josefa de Agüero de Varona, natural de Camagüey, era la esposa de Diego Esteban de Varona y Gelabert. Diego había sido puesto en libertad el 24 de mayo de 1875, y ese mismo día, en su casa, fue asesinado por los soldados españoles. Un año más tarde, el 2 de diciembre de 1876, Ana Josefa de Agüero cayó ultrajada y asesinada por el celador de la policía, Pablo Recio quien se vengó, pues además de la actividad revolucionaria de Ana Josefa y la de su marido, también se añadía la indignación que sentía por no corresponder Ana Josefa a sus requerimientos.

Pablo Recio preparó un día una emboscada valiéndose de una morena, antigua esclava de Ana Josefa, a quien ella a veces visitaba. Allí, atada y amordazada abusó de la camagüeyana, y luego le dieron machetazos hasta que finalmente Pablo Recio la decapitó de un tajo. Por orden del Gobernador fue arrojado su cadáver al fondo de la Ermita de la Candelaria en un terreno yermo. Es muy probable que sucesos como este hayan ocurrido con mucha frecuencia, pero no han quedado documentados para la historia.

María Escobar Cisneros nació en Puerto Príncipe, Camagüey, y era descendiente de una familia de patriotas. Según me informa una de sus bisnietas, la escritora y periodista cubana, Dra. Uva de Aragón: «Sara, como le decían, aunque oficialmente su nombre era María, estaba emparentada de forma bastante cercana con los Betancourt Cisneros y los Cisneros Betancourt quienes habían perdido todos sus bienes, confiscados por los españoles durante la Guerra del 68».[461] De igual manera, la familia de Sara Escobar lo había perdido todo con la guerra, por lo que se trasladan a La Habana, y aún muy joven, Sara tiene que dedicarse a coser para ayudar con la economía familiar.

---

[460] «Así se forjó la Patria», *Bohemia*, 30 de noviembre de 1952, p. 152.

[461] Conversación con la autora, Miami, agosto de 2012.

Debido a las necesidades por las que había tenido que atravesar la familia durante aquellos difíciles años que duró la contienda, a Sara la casarían en 1878 con un comerciante norteamericano, mucho mayor que ella, el señor Mateo Galt, natural de Cincinnati en Ohio. Sin embargo, Galt enferma de tuberculosis y muere ocho años después. «No sé en qué fecha Sara conoció a Waldo A. Insúa, un joven periodista gallego que llegó a Cuba en 1877 sin un centavo, pero al año siguiente, por las mismas fechas en que Sara se casaba, Insúa fundaba el periódico, *El Eco de Galicia*»,[462] relata la Dra. de Aragón. Y sigue diciendo, «enfermo Galt, fue don Waldo el que ya en los últimos años, sostuvo aquel hogar en la calle Paula.

De su matrimonio con Mateo Galt, Sara tuvo dos hijas, Margarita y Mercedes (mi abuela), y cuando él murió esperaba al tercer hijo, Alberto. Mi abuela siempre mantuvo el apellido Galt, aunque sabía que ella y Alberto eran hijos de don Waldo».

Al morir Galt en diciembre de 1883, Waldo A. Insúa contrae matrimonio con Sara Escobar, en abril de 1884. Ya para entonces Álvarez Insúa era un afamado escritor y periodista en La Habana, vicepresidente y socio de mérito del Centro Gallego en esa ciudad. El matrimonio tuvo varios hijos más. «Según me contaba mi abuela, Mercedes Galt Escobar», apunta de Aragón, «Sara era una mujer de mucho carácter. Mientras don Waldo era amigo de los autonomistas, doña Sara no podía ocultar sus simpatías por la causa independentista».

Al término de la Guerra del 95, con la pérdida de Cuba para España, muchos españoles regresaron a la península. «Sara y Waldo dejaron Cuba con sus hijos el 31 de diciembre de 1898, ya que

---

[462] Primer periódico gallego de la emigración, fundado en La Habana el 8 de marzo de 1878. Desde sus páginas Waldo Álvarez Insúa promovió la fundación del Centro Gallego de La Habana.

Insúa no quería vivir en una Cuba que no fuera española. Pero como la vida está llena de ironías, mi abuela, que tenía más de camagüeyana que de gallega, se casó con un cubano, el escritor y diplomático Alfonso Hernández-Catá, a quien sus suegros llegaron a querer mucho».

En la foto don Waldo A. Insúa y sus hijos Alberto y Mercedes (c. 1899)

Sofía Estévez Valdés de Rodríguez nació en Camagüey en 1848. Transcurrió su niñez con sus padres en el campo, y fueron ellos los que le ofrecieron una educación elemental, como era la costumbre de la época.

Sofía Estévez, conocida como *La Hija del Indio Bravo*

En 1866 la familia vivía en la ciudad de Camagüey, y Sofía colaboraba en las publicaciones *El Fanal* de Puerto Príncipe, *La Guirnalda*, *La Tertulia* y *La Familia*. Junto con dos de sus grandes amigas, también poetisas e independentistas, Domitila García y Úrsula Céspedes, es redactora de la revista *El Céfiro*. La prensa le da una buena acogida por ser el primer periódico de Cuba de carácter social redactado por jóvenes. Al iniciarse la Guerra de los Diez Años la publicación quedó suspendida.[463]

Sofía y su hermana Clemencia se unen a los mambises durante aquella primera etapa de lucha, y en 1869 Sofía escribe desde la manigua utilizando el seudónimo de La Hija del Indio Bravo, tomado de una leyenda camagüeyana.[464] Sus décimas tituladas *A Cuba*, fueron populares y algunas de sus estrofas pronto corrieron de boca en boca por todo el campo insurrecto para luego seguirse repitiendo durante la contienda del 95:

> A Cuba
>
> Mas ya es tiempo que el cubano
> Se alce contra el verdugo
> Y arroje intrépido el yugo
> Que les impuso su mano.
> ¡Abajo, abajo el tirano!
>
> Maldición a su inclemencia,
> Queremos nueva existencia,
> A Dios nuestro ruego suba.
> Ya vuelve a ser libre Cuba,
> ¡Y viva su independencia!

Al terminar la Guerra del 68 se casa con el patriota Mariano Rodríguez Zayas. Antes de que comience la Guerra del 95, Sofía empieza a trabajar con su esposo, en la preparación de los primeros alzamientos. Cuando estalla la guerra el esposo se va a la manigua, y Sofía, llena de sobresaltos por las persecuciones a las que era sometida, toma el camino del exilio. La escritora Vicentina Rodríguez de Cuesta[465] afirma que Sofía fue herida en múltiples ocasiones, sin embargo, esto no se ha podido verificar.

---

[463] Archivos de la Federación de Mujeres Cubanas, La Habana.

[464] *La mujer cubana en los 100 años de luchas 1868-1898*: Comité Provincial del PRC en La Habana, Instituto del Libro, 1969, p. 33.

[465] Vicentina Rodríguez de Cuesta: *Patriotas cubanas*, Talleres Heraldo Pinareño, Pinar del Río, 1952.

Reproducimos parte de un escrito de Sofía Estévez del 1897:[466] «No permitimos que nuestros espíritus se debiliten, ni que flaqueen nuestros corazones. ¡Es demasiado tarde para la autonomía! Nunca hemos querido la autonomía, quizás en tiempos pasados la hubiéramos aceptado por la fuerza porque al final hubiera sido algo como un domingo para los esclavos que trabajan durante la esclavitud en los ingenios azucareros. Pero ahora es demasiado tarde. Mucha sangre inocente ha sido derramada; demasiados cubanos han sido deportados a las prisiones de África; han sido asesinados demasiados cubanos; el país ha sido devastado. Pero aún más importante, demasiadas mujeres cubanas han sido brutalmente ofendidas. [...] Estas mujeres –por encima de todo– están particularmente afligidas por las atrocidades infringidas a nuestras hermanas; le escupimos en la cara al tirano y rechazamos la autonomía y cualquier pacto que dejaría a Cuba atada a España». Valientes palabras que vienen de una mujer fuerte.

En el exilio de Cayo Hueso levantó un hogar junto a sus hijas Clemencia y Sofía. Allí daban asilo a los necesitados y Sofía seguía escribiendo, esta vez para la prensa revolucionaria de Tampa y Nueva York. Al terminar la guerra la familia regresó a Cuba, y un año después murió el esposo. Pero Sofía ya nunca más se pudo recuperar de esta gran pérdida y el hogar pasó muchas necesidades. El coronel del Ejército Libertador, Ernesto L. Usatorres, conmovido por la situación económica de Sofía y su hija Clemencia, se dirigió al Congreso para solicitar una ayuda para esta familia: «Cubanos del Senado y de la Cámara, ante vuestro patriotismo apela nuestra modesta pluma, para que llevéis un poco de consuelo a la solitaria casita que en apartado lugar de la urbe habanera, cobija dos corazones tiernos y nobles, dos almas engrandecidas por la virtud y el patriotismo. [...] La estrella solitaria que ellas bordaron en la tricolor bandera que animara en el campo de batalla, no derrama hoy en su pobre hogar, luces de dicha y felicidad, porque la sombra del olvido y la ingratitud empañan su brillo».

---

[466] Louis A. Pérez: *To Die in Cuba: Suicide and Society,* University of North Carolina Press, Chapel Hill, NC, 2005, p. 103.

Sofía Estévez Valdés murió en La Habana el 5 de marzo de 1901 cuando aún no había cumplido los 53 años de edad. Una calle en Camagüey lleva su nombre.[467]

Rosa María González Díez, casada en segundas nupcias con Antonio María García, fue la madre del mayor general Vicente García González.

Cirila López natural de Camagüey. Sirvió como enfermera en los hospitales de sangre durante la Guerra de los Diez años. Ignacio Agramonte acampó con 70 jinetes en el potrero de Consuegra para que la tropa descansara y reponer energías. El historiador José Ponte Domínguez dice: «y mal de su agrado autorizó al brigadier Sanguily, a la sazón inválido de una pierna, a que fuese hasta el rancho próximo de la confidente villareña Cirila López para lavársele su único traje».[468] Poco más sabemos de ella, pero vemos que Cirila sirvió a la Patria con afán.

Cirila López

La familia Loret de Mola

Es esta una familia de patriotas de Puerto Príncipe, quienes lucharon durante la Guerra del 68. Veamos quiénes fueron las mujeres de esta familia involucradas en esta guerra.

Beatriz Loret de Mola Bueno (en la foto) se casó con su tío, Elpidio Loret de Mola Boza, quien llegó a ser coronel del Ejército Libertador. En la Guerra del 68 Elpidio fue deportado a Ceuta.

---

[467] Antes llamada de la Gloria y luego Industria. En María Crespí: *Camagüey y sus Calles*, Miami, s/n 1984.

[468] Francisco J. Ponte Domínguez: *La mujer en la revolución de Cuba*, Imprenta Molina, La Habana, 1933, p. 286.

Esta es una foto de la familia del comandante Elpidio Loret de Mola Boza y de Beatriz Loret de Mola y Bueno. De izquierda a derecha, arriba: Flora, Consuelo, Angelita, Conchita, Inés y Amparo. En el centro: María, Beatriz, don Elpidio y Elpidio hijo. Sentados: Hortensia, Luis Enrique, Gloria (*Nena*) y Margarita. (Foto tomada del sitio de Internet de la reunión familiar 2008 de los descendientes de la familia Loret de Mola Boza y Bueno ©)

En la foto Florinda Bueno Iraola

Florinda Bueno Iraola contrajo matrimonio el 15 de julio de 1865 con Enrique Loret de Mola y Boza, quien luego sería coronel del Ejército Libertador a las órdenes de Ignacio Agramonte y Loynaz. Florinda formalizó relaciones con Enrique a pesar de la oposición por parte de la familia a que ella contrajera matrimonio debido a la desigualdad económica que existía entre ambas familias. Una vez casados, los esposos se independizaron y se fueron a vivir a una finca, propiedad del novio. Allí vivieron varios años entregados al cuidado de sus cuatro hijos. Cuando estalla la guerra, Enrique está deseoso de unirse al Ejército Libertador, y el 14 de noviembre de 1868 se une a los mambises.

Cuando Enrique se va a la manigua, Florinda Bueno no desea regresar a la casa de sus padres. Con escasos recursos económicos pero con algunas cartas de presentación en su poder, se muda para La Habana llevando consigo a sus cuatro hijos pequeños. Sus amigas de sociedad la critican y le dicen que aquello es una locura. Pero Florinda decide marcharse y, nada la detiene. Cuando llegó a La Habana arrendó un local en la Habana Vieja y en aquel mismo lugar donde vivían, puso un taller de costura con una máquina de coser que había alquilado. Así comenzó a confeccionar ropa para diversos establecimientos y al poco tiempo ya tenía veintidós máquinas con igual número de operarias. Tan bien le iba con su trabajo que pudo mantener a sus hijos durante toda la Guerra de los Diez Años, mientras esperaba fielmente a su esposo.

Después del Pacto del Zanjón, Enrique se reúne con su familia en La Habana y allí se asombra cuando encuentra a sus niños en las aulas de los mejores colegios, y a la esposa en el taller en donde había ganado el sustento durante todos los largos años de la guerra. Pero, esto hizo que Enrique enfermara. ¿Cómo era posible que aquella mujer acostumbrada a vivir cómodamente, hubiera tenido que trabajar por su culpa? Eran el orgullo y la sorpresa de ver todo lo que aquella arrestada mujer había logrado ella sola. Pidió entonces a Florinda que dejara el centro de trabajo, a lo que ella accedió, y regresaron a Puerto Príncipe donde iniciaron una nueva vida. Allí tuvieron seis hijos más.

En la foto, la familia de Florinda Bueno y Enrique Loret de Mola después de la Guerra de los Diez Años. (Foto de reunión familiar 2008 de los descendientes de la familia Loret de Mola Boza Bueno ©)[469]

---

[469] www.loretdemola-bueno.com.

El sacrificio de la familia Mora y Loret de Mola

Las hermanas Mora de la Pera contrajeron matrimonio con dos hermanos: Alejandro y Melchor Loret de Mola. Las dos parejas se entregaron a la causa de la revolución. Melchor y Alejandro fueron de los primeros en participar en el alzamiento en Yara, y salieron de Camagüey en compañía de sus esposas e hijos optando por las penurias y miserias de la manigua.

Juana Mora había tenido con Alejandro dos hijos: Ángel y Juanita, mientras que **Mercedes Mora** casada con Melchor, había tenido cuatro: Alberto, Adriana, Melchor y Manuel. Ignacio Mora, era esposo de Ana Betancourt de la que hemos hablamos en esta obra[470], era hermano de Juana y Mercedes Mora, y la madre de los tres era **Micaela de la Pera de Mora.** Los tres hijos de Micaela morirían durante la guerra.

Al morir en combate el coronel Alejandro Loret de Mola, esposo de Juana, el distrito militar de Caonao quedó algo desorganizado y los españoles aprovecharon esta coyuntura para registrar los montes y hacer prisioneras a muchas familias. Las hermanas Mora emprendieron una horrible peregrinación por fincas y campos, y estando en la manigua fueron delatadas y hechas prisioneras junto a sus hijos, internándolas en el viejo convento de las Mercedes de donde salieron por influencias de amigos y familiares.

En las fotos las hermanas Juana y Mercedes Mora de la Pera

Luego, marcharon a la sabana de Magarabomba, en los montes de Lázaro, donde vivían en dos pobres bohíos esperando

---

[470] Ver Ana Betancourt, páginas 289-301 en esta obra.

que llegase un barco expedicionario para embarcarse, e irse del país. Carlos Manuel de Céspedes les había dado un salvoconducto para marchar al extranjero. Pero el 6 de enero de 1871 un batallón acampó en los montes de Lázaro, muy cerca de la casa donde estaban las hermanas Mora. Era la media noche cuando recibieron la orden de abrir la puerta, pero como se demoraban un poco en hacerlo, los soldados echaron abajo los tabiques de yagua que cubrían la entrada del bohío. Aquellas mujeres y niños con unos cuantos esclavos, vivían sin auxilios de hombres, y no pudieron defenderse de la tropa. Mercedes valientemente preguntó con voz fuerte: «¿Qué queréis?» A lo que contestaron: «las prendas y el dinero». «Aquí están», les dijo ella. «Eso es poco; queremos más».

«No tenemos más que dar», dijo Mercedes. El jefe entonces dispuso el registro y sujetó por el hombro a Mercedes. Su hijo mayor, Alberto, de 14 años, se arrojó sobre aquel atrevido que le había puesto la mano encima a su madre y fue muerto en el acto de un machetazo en la cabeza. Mercedes, como una fiera, increpó a sus perseguidores y recibió inmediatamente un tajo de machete que le quitó la vida. En la búsqueda de dinero y prendas, el bohío fue incendiado propagándose enseguida el fuego que acabó con la vida del resto de la familia. Solo escapó con vida Melchor, hijo de Mercedes, quien herido y loco por el terror, pudo salvarse bajo el cuerpo inerte de un hermano. Fue testigo de aquel crimen y aquel horror, y gracias a él tenemos estos datos. ¿Cuántas familias no habrán pasado por lo mismo, pero por no quedar testigos nunca se supo nada de su suerte?

Al encontrar Miguel, el esposo de Mercedes, las ruinas del hogar y los cadáveres calcinados de su querida familia, cayó desplomado y murió días después.

Otras integrantes de esta familia mambisa fueron: **Mariana Zenona del Castillo Céspedes** quien se casó con Virgilio Loret de Mola Batista el 2 de mayo de 1857. Durante la Guerra del 68, Virgilio fue deportado a Ceuta. **Juana Sánchez Pereira Loret de Mola** contrajo matrimonio con Gregorio Loret de Mola Batista en Puerto Príncipe, quien muere durante la Guerra del 68. También forma parte de esta familia, **Elvira Miranda del Castillo** que unió su vida al coronel del Ejército Libertador, Melchor Loret de Mola Mora, hijo de Mercedes Mora. Melchor fue el único superviviente de la matanza de sus padres, tíos, primos y hermanos en 1871 y luego luchó en la Guerra del 95. Sobrevivió a las guerras y murió en 1903.

En la foto la niña **Adriana Loret de Mola y Mora**, hija de Mercedes Mora, quien murió en aquella tragedia del 6 de enero de 1871

Luz Palomares García Nació en el histórico pueblo de Guáimaro, en Camagüey, el 29 de mayo de 1850. Su padre, Francisco Palomares, era el mayoral principal del hacendado y patriota Francisco Vicente Aguilera, con el que estaba compenetrado además por sus ideas separatistas, y con el que trabajaba en la conspiración.

Tenía Luz unos 19 años de edad cuando se celebra la histórica Asamblea de Guáimaro. Cuentan que asistía a las sesiones, entusiasmada con el ambiente patriótico. Nos imaginamos que allí se debió identificar con Ana Betancourt alentándola en su afán de luchar por los derechos de la mujer cubana.[471]

Luz Palomares

En noviembre de 1869, luego del incendio de Bayamo, Luz se internó en la manigua con su familia. Allí trabajaba con su padre en un taller de guarnicionería y confección de vestuarios para los mambises. Un día, cuando su madre y dos hermanos menores, Pedro, de 14 años, y Manuel, de 12 se encontraban en el campamento, fueron descubiertos por las guerrillas españolas. Machetearon a varios de los que allí trabajaban, entre ellos los dos hermanos de

---

[471] Nydia Sarabia: Ob. cit.

Luz, mientras que la madre moría de un infarto. Luz es hecha prisionera y encarcelada en el cuartel llamado de las veintiocho columnas en Victoria de las Tunas.

En el dibujo el Cuartel de las 28 Columnas, destruido por la columna del general Calixto García durante la guerra del 95.

    A fines de ese año es trasladada al vivac de San Andrés, en Holguín. De allí, la envían a La Periquera situada en la Plaza de Armas de Holguín, y que se había convertido en cuartel y cárcel de las tropas españolas. En este lugar permaneció Luz presa hasta el fin de la guerra en 1878.

    En 1879 fue desterrada a Baracoa donde trabajó por la independencia. Allí se casó con Francisco Navarro Estrella, propietario de la finca El Buquién, cerca de Nibujón, lugar estratégico para expediciones marítimas. En Baracoa nacieron varios de sus hijos; no obstante seguiría trabajando por la libertad.

    Luz aprovechó las condiciones de la zona para apoyar los desembarcos de armas de las expediciones revolucionarias. Un día fueron detectados por los españoles. Era el 19 de agosto de 1895 cuando al desembarcar por Nibujón una expedición del vapor *León*, las armas y materiales de guerra que traía fueron trasladados a la finca de Luz. Un grupo pequeño de expedicionarios quedó en la finca mientras otros salían en busca de las tropas del coronel Ruenes. Pero una patrulla española se acercó a la finca. Sin pensar en el peligro que corrían sus hijos pequeños, Luz velozmente se dirigió hacia el lugar en que descansaba su cabalgadura, se montó en su caballo y levantando al aire su machete mambí arengó a sus compatriotas a cargar contra los atacantes. Minutos después, las tropas españolas se retiraban desordenadamente, tratando de escapar a las acometidas insurrectas. El material bélico se había salvado, y Luz, llena de alegría, pero sin dar importancia a su valiente actitud, regresó al hogar y abrazó a sus hijos.

Estando en el área el general Serafín Sánchez, mandó a formar sus tropas y pidió que Luz fuera al lugar donde se habían concentrado. Luego de ordenar posición de atención, se dirigió a aquella mujer y le dijo: «Señora, por su accionar, hemos triunfado en la batalla de hoy, ha ganado usted el grado de capitana del Ejército Libertador». Cuentan que un tiempo después tuvo que comerse el diploma de capitana que le habían conferido ante una acción sorpresiva del enemigo.

En abril de 1895 se acercaron a la finca de Luz, Antonio y José Maceo junto a Flor Crombet. Acababan de llegar a tierras cubanas en la goleta *Honor*. Los patriotas hicieron un alto en la finca buscando tropas insurrectas para unirse a ellas. No habían llegado aún a la entrada del batey cuando Luz los vio y tomando en sus manos un pequeño machete, salió al encuentro de una tropa española que se acercaba mientras alertaba a los expedicionarios gritándoles: «¡Muchachos, que no pasen la talanquera!». El sorpresivo ataque de la valiente mujer logró contener al enemigo que se dio a la fuga, abandonando a sus heridos y a dos muertos.

Durante toda la guerra, Luz Palomares realizó muchos actos de valentía, y cuando finalizó la guerra, sin pedir ni exigir nada, se retiró a su hogar. Aunque bastante tarde ya, en mayo de 1931 (¡!), el Congreso de la República de Cuba le reconoció el grado de capitana y le otorgó una merecida pensión.

En 1948 residía en Antilla, Oriente; allí se le impuso la condecoración de Carlos Manuel de Céspedes. La valiente capitana falleció en ese poblado el 1 de agosto de ese mismo año.

Luisa Salgado nació en Puerto Príncipe Camagüey, en febrero de 1848. Al estallar la revolución en Yara, cuando Luisa apenas contaba con veinte años de edad y se acababa de casar con José Victoriano Betancourt, el matrimonio abandonó las comodidades del hogar, los bienes y fortuna, y se lanzó a la manigua. Durante la guerra, Luisa trabajó junto a **Loreto Castillo de Duque de Estrada** en Guaicanamar.

Luisa y José Victoriano tuvieron que emigrar a México para proseguir con la labor de la redención. La miseria y las enfermedades agotaron al esposo que falleció en tierra mexicana. Viuda y desolada con sus pequeños hijos, Luisa siguió luchando, y al inicio de la contienda de 1895 pierde a sus dos hijos menores.

Luisa Salgado

Al terminar la guerra regresó a su provincia natal[472] donde murió el 3 de septiembre de 1905. El periodista, Enrique Ubieta escribía en la revista *Bohemia*[473] sobre el deceso de Luisa: «En septiembre de 1905, en los albores de la República, rendía su tributo a la tierra una anciana de abolengo patriótico: doña Luisa Salgado viuda de Betancourt. Compañera de José Victoriano Betancourt y madre del también costumbrista Luis Victoriano Betancourt, ella desde joven cooperó a la realización de la liberación cubana». Y según Ubieta,[474] otro biógrafo escribió también: «Parecía la figura de Luisa Salgado la de esos robles centenarios que desafían la furia de los vendavales y que a trabés (sic) de ellos y de los años se yerguen de la tierra, todavía vigorosos».

Victoria Sarduy Pérez[475] nació en Camagüey en 1855. Contrajo matrimonio en la manigua en diciembre de 1875, ante un prefecto mambí, con Ramón Leocadio Bonachea Hernández.[476] El matrimonio tuvo cuatro hijos: América, que nació en Cuba en 1876 y murió en 1966; Isabel Leocadia, nació en Cuba en 1878 y murió en 1945. Luego en el exilio de Jamaica nacieron

Victoria Sarduy Pérez

---

[472] «Así se Forjó la Patria», *Bohemia*, La Habana, 30 noviembre, 1952, p. 152.

[473] Enrique Ubieta: «Luisa Salgado», *Bohemia* 1, no. 30, La Habana, 26 de noviembre de 1910.

[474] Ubieta: Ibídem.

[475] La foto de la señora Victoria Sarduy y Pérez es cortesía del señor Charles Sánchez.

[476] Casasús, J. E.: *Ramón L. Bonachea, el jefe de la vanguardia*, Editorial Lex, La Habana, 1955, p. 81.

Ramón Leocadio, en 1881 quien murió en 1965, y Guarina que nació en 1883 y murió en Cuba en 1968. Victoria Sarduy murió en La Habana en 1945.

Un bisnieto de Victoria, el Sr. Charles Sánchez,[477] me explica: «Aparentemente Victoria se mudó para Jamaica cuando la guerra; luego para México, y finalmente fue a residir por varios años en Cayo Hueso hasta el final de la guerra cuando regresó a Cuba. Desafortunadamente no tengo los datos de cómo pudo sobrevivir esos años de exilio en esos lugares, ni en qué año regresó con sus cuatro hijos a Cuba». Y luego añade: «la única persona que hubiera podido proporcionarme esos datos hubiera sido mi tía, la Dra. Victoria Patria Sánchez Bonachea, que murió en La Habana hace tres años, a los 98. He consultado con algunos primos y ellos no tienen más datos».

Sin embargo, en mis investigaciones he encontrado una entrevista exclusiva que la periodista Mary Luz Borrego le hizo a la hija mayor de América Bonachea Sarduy, **Victoria Sánchez Bonachea** en La Habana, cuando Victoria tenía 92 años. En ella le narra a la periodista: «Mi abuela Victoria Sarduy y Ramón Leocadio Bonachea (su abuelo) se casaron en plena Guerra de los Diez Años. Mi madre (América) nació en Cuba Libre, en los campos de Camagüey porque él (Bonachea) estaba operando en esa zona».

Y sigue diciendo Victoria: «Mi abuela se fue al campo para estar más cerca, y para que cada vez que mi abuelo pudiera viniera a verla a ella y a los hijos; siempre decía que era muy cariñoso. Cuando tuvo que salir de Cuba se llevó a la familia para Jamaica. Ya condenado en Santiago [Bonachea] hizo tres cartas de despedida: una al amigo Figueredo para recomendarle a la que sería su viuda y a los hijos; otra, al primo Eduardo Machado, y dicen que le escribió una carta a mi abuela, donde le mandaba las prensas y algunas monedas de oro, pero nunca llegaron».[478]

---

[477] Correspondencia con la autora, marzo de 2013.

[478] Mary Luz Borrero: *La nieta del General*, en http:conluz.wordpress.com/2012/09/11/la-nieta-del-general

En las fotos, los hijos de Victoria Sarduy y Ramón Leocadio Bonachea. De izquierda a derecha: Leocadia, Ramón, América y Guarina[479]

Bonachea es fusilado el 7 de marzo de 1885 en el Morro de Santiago de Cuba, y Victoria Sarduy queda en Jamaica con sus cuatro hijos. Los masones acuerdan llevar a la familia para Cayo Hueso. «Le compraron una casa a la viuda y otra para alquilar para que tuvieran algún dinero», sigue diciendo la nieta, Victoria Sánchez. «Mi abuela había aprendido mucha costura en Jamaica; vivían en los altos de un sastre y cuando pasaba ella se paraba a mirar. De eso vivió mucho tiempo, hacía ropa de hombre y trajes de mujeres. Cuando mi madre fue mayorcita, se aficionó a la costura también, preparaban una hilacha de una mata; había americanas allí, le hacía trajes sastre, sombreros con flores, que se usaban mucho en la época».

Y apunta: «Mi abuela no quiso poner a los hijos en escuelas americanas (en Cayo Hueso), y les tenía un profesor en la casa. Y cuando terminó la guerra, Pepa Pina, la esposa de Serafín Sánchez, creó la Casa de la Viudas en La Habana donde venían a parar las viudas de todos los mambises, entre ellas mi abuela con sus cuatro hijos», añade Victoria. «Allí vivieron mucho tiempo hasta que se separaron y alquilaron una casa. Cuando la República, las hijas de Victoria se colocaron en la Cámara de Representantes para ayudar a la madre, y el varón que estaba muy bien preparado, siempre

---

[479] Fotografías de los hijos de Victoria y Ramón Bonachea son cortesía del señor Charles Sánchez.

trabajó en consulados. Mi madre estuvo conmigo hasta su muerte en 1966, aquí en La Habana».

Victoria sigue su relato: «Mi padre Raimundo, el hermano menor de Serafín (Sánchez), conoció a mi madre en Cayo Hueso porque ella vivía allá; era una muchacha como de 18 años. Se hicieron novios en el exilio y se casaron antes de que él saliera con la expedición Sánchez-Roloff. Pero estuvieron separados en todos esos años y vinieron a unirse después en el año 98 o 99, cuando terminó la guerra».

Hay una anécdota de Panchito Gómez Toro, el hijo de Bernarda y Máximo Gómez, quien en camino a Cuba junto a Maceo, habla de los Bonachea en sus escritos: «[…] la despedida del Cayo fue triste porque había mujeres también en el muelle; Pepa; la viuda de Bonachea, que me recordaba […] y me dio recuerdos para Clemencia y Mamá, especialmente tiene ella tres niñas muy lindas: América, Leocadia y Guarina, y un hombrecito de 12 años, Ramón».[480]

Elvira Serrano[481] era una dulce guajira que nació en 1852. En 1868, con sus 16 años recién cumplidos, corrió por todos los ámbitos cubanos el clamor de «Independencia o Muerte» y éste grito que se dio en el pueblo de Yara, repercutió en todos los corazones como una clarinada gloriosa.

Elvira, se encontraba en aquellos momentos en la finca Huesos, en la región oriental, y hasta allí llegó también la noticia de que las tropas insurrectas luchaban en todas las regiones del Oriente del país. Por esa razón, Elvira y toda su familia sabían que en algún momento llegarían hasta ese lugar las tropas españolas buscando mambises. Pero allí, a excepción de don Fernando que era un hombre de mucha edad, no quedaban más que mujeres, unas ancianas y otras tan jóvenes como ella, además de los esclavos. Todos los hombres habían ido a cumplir con su deber patriótico.

Pasaron los meses. Un buen día, el valiente general cubano Hernández Perdomo, acampó en la finca y decidió quedarse allí,

---

[480] Abelardo H. Padrón Valdés: *Lealtad probada, Panchito Gómez Toro*, Casa Editorial Abril, La Habana, 2008.

[481] Relato proporcionado a Sor Eva Pérez Puelles, superiora de la Congregación de Hijas de la Caridad de San Vicente Paúl de Miami, diciembre, 2010.

entre aquellos sencillos y nobles guajiros, para reponer un poco su salud y luego continuar luchando.

Aquella finca era como todas las de esa zona: grande, y a poca distancia de la casa de vivienda, se dibujaban los barracones de los negros esclavos que trabajaban en las faenas del campo y de la casa. Pero sucedió, que al poco tiempo de llegar el general, en medio de la noche, un día se oyó una gran algazara en los barracones de los esclavos. ¿Qué pasaba? ¿Qué alboroto era ese que hacía ladrar a los perros? Inmediatamente se levantó todo el personal de la finca. El padre de Elvira con sus sesenta años, más o menos, encendió los candiles y los quinqués y todos se dirigieron al lugar de donde venían los gritos. La esclava Ida Pancha, había tenido una terrible pesadilla; soñó que la tropa española rodeaba toda la finca; ponían preso al niño Fernando y además al general Hernández y otras muchas cosas. Cuando Ida Pancha terminó su relato, el coronel se dirigió a don Fernando y le habló de esta suerte: «mire amigo, aquí en su casa estoy admirablemente bien, me siento contento, y a la vez muy agradecido por todas las atenciones de que he sido objeto. Pero es el caso que soy hombre muy supersticioso, y el relato de esta esclava, me ha parecido un aviso de la Providencia, para marcharme de esta finca inmediatamente».

«Eso de quererse ir es una locura como otra cualquiera», dijo Fernando. «Además si vamos a ver, no es más que un simple sueño, muy natural, debido a las circunstancias y a las noticias que nos llegan de afuera, yo francamente, no me opongo a su partida, pero si Ud. se quiere ir, ahora mismo mandaré a ensillar su caballo», y dicho esto, gritó con todas sus fuerzas: «¡Oye tú, Compay Francisco!, apareja el caballo de este caballero, y otro para ti, y acompáñalo por la vereda que conduce hacia la sabana y procura que nadie se entere en el camino, y regresa antes de las cuatro de la madrugada». Se fueron los dos hombres, y al poco tiempo aparentemente llegó a las inmediaciones de aquel lugar una patrulla española. Era el capitán Godoy que buscaba al general Hernández.

Todos callaron. «Vamos pronto,» dijo Godoy. «¿No hay quién conteste?». Entonces don Fernando, dando un paso hacia adelante, dijo: «Capitán Godoy, aquí única y exclusivamente estamos los que Ud. tiene a la vista, y por quien está preguntando, no sé a quien se referirá».

«Está bien dijo el capitán de las fuerzas españolas; por lo pronto todos quedan presos», y «ustedes, muchachos», dijo, dirigiéndose a la tropa, «le toman a esta finca todo lo que sea útil y registren bien por todos los lugares... Vamos Ud. encamínese en ese caballo, y tú en ese otro», y así, hablando aquel hombre y dando órdenes, en un momento rompió la felicidad, y la quietud que por tantos años habían reinado en aquel intrincado rincón oriental. «Tú, chiquilla», dijo, dirigiéndose a Elvira Serrano, «súbete a la grupa de aquel soldado hasta que lleguemos a Holguín». Aquella hermosa cubana de dieciséis años solamente, sintió que la sangre se le subía al rostro, y con la dignidad y el patriotismo de sus pocos años, respondió resuelta: «Mire capitán, yo prefiero ir a pie antes que restregarme con ningún hombre».

El capitán se le quedó mirando unos instantes y dijo, «Vaya, caramba, que guajirita tan guapa me ha salido; bueno, si así lo prefieres, tanto peor para ti, veremos a ver si resistes la caminata; y acto seguido como un reto a la rebeldía de aquella mujer, dio inmediatamente la orden de partida».

Así fue como los prisioneros cruzando cañadas, potreros, ríos, lomas, veredas y a todo esto el sol cayendo de plano. A don Fernando le ataron con una soga las manos atrás, esto como es natural apretó el corazón de la joven Elvira, y le daba una rabia todo aquello... pero había que seguir caminando hasta que Cuba fuera libre e independiente y se acabarán aquellas canalladas...

Al cabo de un largo rato se oyó la voz del capitán Godoy. «Oye, chiquilla, has caminado ya una legua a pie justamente, ¿quieres encaramarte a donde te dije? te vas a cansar...» «No señor, no estoy cansada y créalo no me cansaré», y miró una vez las manos atadas del pobre viejo don Fernando... y así continuaron andando... Ya serían las doce del día, cuando después de aquella penosa marcha, entre los terrones y las zarzas del camino, la cara de la linda guajirita estaba colorada, y en el brillo de sus ojos negros grandes y profundos, se notaba un poco de cansancio... se volvió otra vez a escuchar el capitán Godoy, que mesurando el áspero tono de su voz dijo: «Señorita suba, que Ud. está cansada», a lo que ella respondió: «Oiga capitán Godoy, el asunto es que hay que llegar a Holguín, ¿no es así? bueno, pues yo llegaré que es lo que interesa». Y guardó silencio.

Entonces, el capitán de la tropa española, convencido de que aquella valiente cubana mantendría aquel gesto tan moral de no ir a la grupa de un soldado, dio orden de parar la caravana, y apeándose de su caballo, puso las riendas de éste en las manos de aquella muchacha mambisa, ejemplo vivo de mujer digna y consciente de sus derechos y mirando su cara le dijo: «Estoy asombrado de encontrar una mujer de tus condiciones, sé positivamente que no cederías nunca, y francamente me has vencido. Monta en mi caballo, y créeme que jamás creí tropezarme con una persona tan moral y tan valiente como tú».

Acto seguido, dirigiéndose a uno de sus soldados le ordenó: «Oye tú, monta con otro y déjame tu caballo». Y escoltando él mismo a la dulce guajira, que ahora empuñaba los arreos de plata del caballo del capitán, oyó cuando éste mirándola todavía sorprendido repetía: «Increíble, tanto coraje». Elvira le respondió: «Nada de increíble, ni nada de coraje, ¡todas las mujeres de esta tierra somos así!».

Entonces se irguió majestuosamente sobre el caballo que montaba toda la gracia y gentileza de su interesante figura, y aquella joven mambisa del año 1868, respiró plenamente el aire de la espesa manigua cubana, y perdiendo su dulce mirada en el vasto horizonte... en su boca se dibujó una leve sonrisa, tal y como si allá en la remota lejanía del infinito se adivinaran los azulosos pliegues de una hermosa bandera cubana.[482]

Familia Simoni-Argilagos

Manuela Argilagos Ginferrer nació en 1820 en Puerto Príncipe, Camagüey. Su madre fue la principeña **María Soledad Ginferrer de Socarrás,** y su padre Juan Argilagos Millet, un catalán que amó a Cuba como a su propia patria. Aquel día en que fue fusilado Joaquín de Agüero y otros compañeros, Juan Argilagos hizo arro-

---

[482] Relato de Elvira Serrano dictado en La Habana el 18 de junio de 1945.

dillar a la familia y a sus esclavos para rogar, ¡porque se pueda algún día vengar tanto agravio a la patria!⁴⁸³

En Puerto Príncipe fueron famosas las hermanas Argilagos por su belleza y su elegancia. **Juanita, Panchita, Margarita y Manuelita Argilagos** «salían siempre juntas luciendo sus trajes vaporosos traídos de París», dice la periodista Herminia del Portal.⁴⁸⁴ «Y tras sus faldas con joyas y sedas, crecía la admiración. Lucían entonces las hermanas altas peinetas y aquellas vaporosas gasas de color de fuego del infierno con que las devotas camagüeyanas de 1840 respondían a las exigencias de París». Y añade del Portal en su reportaje: «En el salón de la Quinta Simoni resalta el

retrato de doña Manuelita. Con su peinado liso, sus anchos ojos limpios y brillantes, y su alto cuello de encajes, es pulcra y sosegada su presencia». Pero Manuela también sufriría los sacrificios por la libertad, como ya veremos, y todos los hermanos de Manuela: Juan, Rafael y Francisco, participarían en la Guerra del 68. Terminaría para ella y su familia aquella vida de riquezas y bienestar.

En la foto Manuela Argilagos Ginferrer, madre de Amalia y Matilde Simoni y suegra de Ignacio Agramonte⁴⁸⁵

El 31 de agosto de 1841⁴⁸⁶ Manuela Argilagos contrae matrimonio con el Dr. José Ramón Simoni y Ricardo. Tienen tres hijos: José Ramón, Matilde y Amalia, esta última llegaría a ser la esposa del mayor general Ignacio Agramonte.

---

⁴⁸³ «Dr. Francisco R. Argilagos Gimferrer: Su vida y obra», Imprenta El Cubano, Santiago de Cuba, 1915 en *Revista Cubana de Salud Pública*, v. 34, no. 3, La Habana, jul-sept. 2008.

⁴⁸⁴ Herminia del Portal: «Las Argilagos», *Bohemia* 35, junio 13, 1943, pp. 4-5.

⁴⁸⁵ Roberto Méndez Martínez y Ana María Pérez Pino: *Amalia Simoni, una vida oculta*, Editorial de Ciencias Sociales, La Habana, 2009.

⁴⁸⁶ Méndez Martínez: Ob. cit., p. 9.

Francisca Margarita Amalia, la mayor de las dos hijas del matrimonio de José Ramón y Manuela, a quien llamaban solamente Amalia, nació el 10 de junio de 1842 en Camagüey. Era una muchacha elegante, y según su amiga, la escritora Aurelia Castillo, en esa época «brillaba en Puerto Príncipe una rica constelación de jóvenes bellísimas, y entre ellas eran de las primeras las hermanas Amalia y Matilde Simoni». Amalia había estudiado canto en Europa, y tenía una bella voz de soprano aparte de conocer varios idiomas. Cuando vivía en Camagüey, amenizaba los saraos de la sociedad camagüeyana. Cuando la Sociedad Filarmónica de Puerto Príncipe homenajeó a Gertrudis Gómez de Avellaneda, el 3 de junio de 1860, Amalia cantó «Caro nome» de la opera *Rigoletto*.[487]

En 1861, la familia hace un viaje por Europa que durará cuatro años. Visitan San Petersburgo, Lisboa, Nueva York, Canadá y sobre todo París, donde residen por una larga temporada. Allí, Amalia estudia francés y canto, y asiste a la multitud de conciertos y óperas que conformaban parte de la intensa vida cultural de la ciudad luz.

Al regreso del largo viaje se hospedan temporalmente en La Habana en el palacete de Francisco José Álvarez Calderón y su esposa, María Catalina Chacón y Calvo de la Puerta, amigos de la familia. Allí, una tarde del verano de 1866, Ignacio Agramonte se encuentra con Amalia a quien ha escuchado cantar. Aquel día se enamoran el uno del otro, y comenzaría un romance de novela, que combinaría la pasión, el sacrificio y la entrega. Sus cartas son prueba de ello.

Vivían una vida tranquila y feliz, pero ya en la década de 1860, comenzaba a estar enrarecido el clima en Camagüey. Se palpaba la inquietud y el desasosiego político. Los hombres comenzaron a reunirse en las logias masónicas con el fin de prepararse para la revolución. Posiblemente, Amalia Simoni se sintiera nerviosa pues en estas reuniones estaban su padre, su cuñado y su novio. Se aproximaba lo que no querían ni Amalia ni Ignacio: la separación por la guerra.

---

[487] Emilio Peyrellade: *El Fanal*, en Méndez Martínez, Ob. cit., p. 30.

En 1 de agosto de 1868, Amalia e Ignacio contrajeron matrimonio en la iglesia de Nuestra Señora de la Soledad en Puerto Príncipe, no sin antes haber tenido que enfrentar la desaprobación al compromiso del Dr. Simoni, debido a que el padre de Ignacio no estaba en su mejor momento económico y había tenido que hipotecar algunos bienes o venderlos ya que aparentemente no era muy hábil en los negocios.

Los novios fueron a vivir a la calle San Juan número 19, a una casa que habían alquilado frente por frente a la de los padres de Amalia y donde Ignacio tenía su oficina. **Dolores Boza viuda de Miranda,** gran amiga y vecina de Ignacio y Amalia, residía en la casa contigua a la de ellos, en San Juan, número 21.[488] Dolores se había prestado a celebrar reuniones conspirativas en su hogar por lo que era vigilada por las autoridades quienes observaban todos sus movimientos A pesar de lo arriesgado de la empresa, allí en su casa se lleva a cabo una reunión de la Junta Revolucionaria en la que se decidiría si de inmediato se llevaba adelante el alzamiento, o si lo aplazaban en espera de la expedición de Martín Castillo que venía desde Nassau. Allí se decidió el alzamiento de las Clavellinas.

En 1869 le embargan a Dolores sus bienes y pensamos que posiblemente haya partido al exilio.

El 11 de noviembre de 1868, aún en plena luna de miel, Ignacio se va a la manigua redentora. Pocas semanas después, el primero de diciembre, la familia Simoni-Agramonte decide abandonar Puerto Príncipe y trasladarse a la finca La Matilde que tenían en el campo pues en la ciudad estaban muy señalados por las autoridades. De La Matilde pasan para El Idilio en Arroyo Hondo, donde Ignacio comparte momentos con Amalia y su pequeño hijo Ernesto quien ha nacido en el campo insurrecto. Esta finca se encontraba situada en la Prefectura de Cubitas y era propiedad de los esposos Manuel Betancourt Betancourt y **Belén Agüero Betancourt**.

Manuel y Belén eran amigos de Amalia e Ignacio y habían compartido en Puerto Príncipe en los días de esplendor. Pero Ma-

---

[488] Méndez Martínez y Pérez Pino, Ob. cit.

nuel fallece y Belén Agüero Betancourt[489] había contraído matrimonio con el coronel Pedro Betancourt y Recio, también viudo.

El matrimonio de Belén con Pedro Betancourt tuvo dos hijos gemelos: Margarita y Gaspar, nacidos en 1870. Su hijo Gaspar pelearía en la Guerra del 95, y los hermanos de Belén, Diego y Gaspar, serían fusilados por los españoles en las faldas del Castillo del Príncipe en 1870.[490] Luego de la muerte de su primer esposo Manuel, la ida a la guerra de su hijo, y el fusilamiento de sus hermanos, Belén sufrió las desdichas de la guerra.

Volviendo a la vida de los Agramonte-Simoni, según cuenta Aurelia Castillo, un día Ignacio llega a media noche a Arroyo Hondo para ver a Amalia y conocer a su hijo. Cuál sería su sorpresa al encontrar el cuarto de Amalia lleno de señoras que dormían allí por la guerra. Entre ellas está Ana Betancourt de Mora. Y relata Aurelia Castillo: «al abrir Anita la puerta a Ignacio, este, excitado y nervioso, exclamó: "Levántense pronto y salgan, que aquí está un hombre desesperado por abrazar a su mujer y conocer a su hijo"».[491]

En la finca El Idilio de Arroyo Hondo aquellos meses fueron de relativa paz. Amalia así lo expresaba en una carta a una amiga: «éramos felicísimos. Al terminar el combate siempre concurría a donde yo estaba a galope tendido, para calmar mi inquietud, y con modestia sin igual callaba sus rasgos de valor encomiando las proezas de sus subordinados».[492]

El día en que su hijo Ernesto cumplía un año, Amalia, el niño y las mujeres de la familia, entre ellas su madre, hermana e hijos cayeron en poder de las autoridades peninsulares. El jefe de la plaza de Puerto Príncipe pidió a Amalia, embarazada nuevamente, que escribiera a Agramonte pidiéndole que depusiera las

---

[489] Nació en 1840. Sus padres fueron Margarita Betancourt y Agüero y Constantino Agüero y Varona.

[490] Iraida Campo Nodal: «Las abanderadas y luchadoras durante la ocupación española», *Mujeres con Historia*, no. 220, p. 20.

[491] Aurelia Castillo: *Ignacio Agramonte en la vida privada,* Imprenta de Rambla, Bouza y Cía., La Habana, 1912, p. 24.

[492] Carta de Amalia a Domitila García de Coronado publicada en el artículo «La viuda de un caudillo ilustre», en *El Fígaro*, La Habana 1898, p. 88.

armas. La respuesta de la patriota fue directa y firme: «Primero me cortará Ud. la mano antes que le escriba yo a mi marido que sea traidor». Relata Aurelia Castillo, que antes de la llegada de la tropa, Amalia había ocultado debajo de sus vestidos, que eran amplios como lo imponía la moda, una bandera cubana muy querida por Agramonte, ya que la había sacado triunfante de mil trances.

Foto de una valla anunciadora del lugar histórico de la Matilde de Simoni, cerca del poblado de Siboney. Foto © Manuel Soneira Rodríguez

El 30 de mayo llegó a Puerto Príncipe el grupo de prisioneras. La turba de soldados y de voluntarios furiosos gritaban al ver al hijo de Agramonte: «¡Es un varón! ¡Mátenlo! ¡Mátenlo! ¡Maten al mambí!». Momentos trágicos para esta familia. Amalia había permanecido en la manigua con su familia desde noviembre de 1868 hasta el 26 de mayo de 1870.

Después de estar en la prisión de los españoles por un tiempo, todos fueron puestos en libertad. En ese momento no sabían hacia dónde ir. La Quinta Tínima de los Simoni estaba en poder de los soldados españoles, y no tenían casa ni dinero para alquilar una. La mayoría de sus amistades estaban en la insurrección o se habían ido al exilio, y los pocos que quedaban tenían miedo de arriesgarse dando asilo a personas tan señaladas. Pero todavía quedaba en Puerto Príncipe una buena amiga de la familia: **Catalina Agüero y Guerra Montejo.** Ella abrió su hogar para hospedar a Amalia Simoni y a los suyos. Tiempo después la familia partiría para el exilio en Estados Unidos.

El exilio de Nueva York

Llega la familia a Nueva York y se instala en la Sexta Avenida, al sur del Parque Central. Allí conviven Ramón y Manuela; José Ramón hermano de Amalia de 22 años, y la sobrina de Manuela, Victoria Ginferrer de 16 años. También vive allí Amalia, embarazada de su segundo hijo, junto con su niño pequeño, Ignacio Ernesto.

Como la fortuna del Dr. Simoni había sido embargada al ser desterrados de Cuba, cuando se instalan en Nueva York la penuria obliga a que Amalia trabaje para ayudar a sostener a la familia. Empieza a impartir clases particulares de piano y 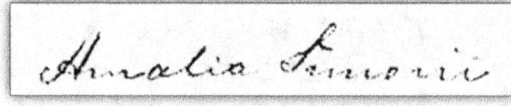 canto y también canta en los actos patrióticos que se celebran en esa ciudad para recaudar fondos para la independencia. Más tarde la familia se va a vivir por un tiempo a Nueva Orleáns, al 855 Camps Street, y desde allí realizan diversos viajes a Nueva York y a otros estados de la nación norteamericana.

De vuelta en Nueva York, el 20 de febrero de 1871, Amalia da a luz a su hija Herminia. Los dos niños son bautizados en octubre de ese año en la iglesia Holy Cross situada en la calle 42 del Oeste.

En la foto los hijos de Amalia e Ignacio: Herminia y Ernesto Agramonte Simoni, en los Estados Unidos[493]

El exilio de Yucatán

Luego de vivir dos años en Nueva York, Amalia se embarca junto a sus hijos Ignacio Ernesto (4 años) y Herminia (2 años) para Yu-

---

[493] Fotografía de los hijos de Amalia Simoni, tomada de la revista *Palabra Nueva*, febrero 2009, no. 193. Cortesía de la historiadora Perla Cartaya Cotta.

catán en noviembre de 1871.[494] Junto a ellos van sus padres y su hermana Matilde junto con su hijo Arístides. El Dr. Simoni trata de establecer nuevamente su práctica de medicina en esa ciudad, pero como ha dejado su diploma en Cuba tiene muchas limitaciones para ejercerla.

Por aquel entonces ya había una colonia de cubanos exiliados en Yucatán. Cuando Amalia se establece en Mérida contaba con 29 años de edad, y aunque había soportado todos los ultrajes de España, y luego las penurias, el embarazo y el nacimiento de su hijo en la manigua, no se había dejado caer. En Yucatán vuelve a explotar el don de la música como había hecho en Nueva York, impartiendo clases de música y canto a niñas. El padre de Amalia describió la situación por la que pasaban en Mérida: «Con mis tres mujeres y tres nietos, es en mal circunstancia asunto de meditar un cambio de domicilio. Lo mismo iba pasando en Nueva York y yo creo que es mejor estarnos quietos, puesto que hemos aprendido a dormir en hamacas, a alimentarnos con chile y tortillas, vestir huipil y calzoncillo y a acostarnos al anochecer». La vida de esta acaudalada familia había dado un cambio radical.

En 1872, estando en Yucatán, reciben la noticia de la muerte de Eduardo Agramonte[495] en la batalla de San José del Chorrillo. Matilde Simoni, hermana de Amalia, quedaba viuda con un niño pequeño. Y poco más de dos años después, el 11 de mayo de 1873, llegaron las noticias de la muerte de Ignacio. Amalia enferma de gravedad. La madre de Ignacio, **María Filomena de Jesús Loynaz Caballero**, recibe también la triste noticia en Nueva York.

Iglesia de San Juan de Dios en Camagüey

---

[494] Carlos F. Bojórquez Urzaiz: *Amalia Simoni de Agramonte o la sonoridad del exilio cubano en Mérida, 1871-1874*, Fomento Editorial, Universidad Autónoma de Yucatán, Facultad de Antropología, 1988.

[495] Es el primo de Ignacio Agramonte.

En Cuba, en el hospital del convento de San Juan de Dios, tendían el cadáver de Ignacio Agramonte. «Allí, en aquel rincón», narra la historiadora Mary Cruz,[496] «fueron los padres Olallo y Martínez[497] quienes lavaron la cara del héroe. Los frailes consiguieron salvar unas guedejas del largo cabello de Agramonte cuando se le practicó la autopsia en la tarde, las cuales fueron enviadas a su esposa Amalia en Mérida, y a su madre Filomena Loynaz en Nueva York». La encargada de llevar la reliquia fue la Sra. **Ángela del Castillo Agramonte**. Años más tarde se colocó en este hospital de San Juan de Dios una lápida conmemorativa con la siguiente inscripción: «En este lugar fué expuesto el cadáver del Mayor General Ignacio Agramonte. Mayo 12 de 1873. El Centro Escolar Ignacio Agramonte le dedica este recuerdo, 1921».

A pesar del luto, Amalia organizó e impartió cátedras de canto en el Conservatorio de Música de Yucatán, y «se presentó ante la numerosa concurrencia vestida de riguroso luto, como una estrella solitaria envuelta entre tenebrosas nubes».[498]

En 1874, estando en Nueva York para los festejos del 10 de octubre, Amalia formó parte del coro de patriotas que cantó en la iglesia de Santiago de esa ciudad. Durante el año 1875, ella continuó recolectando fondos para la independencia.

Amalia Simoni en sus años jóvenes

---

[496] Mary Cruz: *El Mayor*, Unión de Escritores y Artistas de Cuba, La Habana, 1972.
[497] Hermanos Hospitalarios de la orden de los Juaninos.
[498] Ibídem.

Al concluir la Guerra Grande, Amalia regresó a Puerto Príncipe donde vivió unos años. Pero al estallar de nuevo la guerra en 1895 el gobierno colonial prácticamente la obliga a emigrar. De vuelta en Nueva York trabaja otra vez por la independencia y recauda fondos actuando como soprano en la temporada en el De Garmo Hall, en la Quinta Avenida y la calle 14, en funciones a beneficio de la patria.

En 1892, Amalia conoce a Martí. Sobre aquella entrevista Martí escribiría en *Patria*: «Por la dignidad y fortaleza de su vida; por su inteligencia rara y su modestia y gran cultura; por el cariño ternísimo y conmovedor con que acompaña y guía en el mundo a sus dos hijos, los hijos del héroe, respeta *Patria* y admira a la señora Amalia Simoni, a la viuda de Ignacio Agramonte».[499]

Los vínculos de Amalia Simoni con Yucatán se mantuvieron vivos a través de su hermana **Inés Matilde Simoni**, quien volvió a casarse, esta vez en Mérida con el patriota cubano José Pérez del Castillo quien dirigía la Junta Patriótica Cubana en esa ciudad. El matrimonio permaneció residiendo en la capital yucateca aún después de finalizar la Guerra.

Amalia Simoni, nunca más se volvió a casar. Regresó a Cuba en 1905. Luego de vivir varios años en Camagüey se mudó para La Habana donde residía con su hija Herminia y sus nietos en El Vedado.

Amalia y sus nietos en 1909

---

[499] *Patria*, 25 de junio de 1892.

Luego de Amalia llegar del exilio, quedó inaugurado un monumento a su esposo, el mayor Ignacio Agramonte, en la ciudad de Camagüey. El Consejo Territorial de Veteranos de la Independencia escogió el parque que antiguamente se había llamado de la Reina, del Recreo, de la Constitución, de Armas o Plaza Mayor, y finalmente conocido como Parque Ignacio Agramonte, y el 24 de febrero de 1912 quedó inaugurado el monumento. Entre las muchas personalidades presentes para develar la estatua se encontraban Salvador Cisneros Betancourt, José Francisco Martí, hijo del Apóstol junto a su madre Carmen Zayas Bazán. También se encontraban las patriotas camagüeyanas Gabriela de Varona y Varona, Aurelia del Castillo y Ángela Malvina Silva y Zayas. Amalia Simoni, acompañada de su hija Herminia Agramonte Simoni, tiró de la cuerda que sostenía la tela con la Enseña Nacional y que cubría la estatua.

En la fotografía la Quinta Simoni en la década de 1950

Seis años más tarde, el 23 de enero de 1918, y cuarenta y cinco años después que Ignacio, falleció Amalia en La Habana. Sus restos fueron inhumados el 24 de enero en el Cementerio de Colón. El presidente Mario García Menocal declaró ese día de luto nacional. En su entierro, su sobrino Arístides, ya para entonces un médico conocido y un personaje importante en los esfuerzos de los Estados Unidos y Cuba por erradicar la fiebre amarilla, dio las gracias a la multitud reunida junto a la sepultura de la esposa del patriota Ignacio Agramonte.

Amalia había pedido que la enterraran junto a su padre, en el cementerio de Camagüey, cerca de donde podría estar su amado

Ignacio, que según leyenda popular, las cenizas habían sido esparcidas en el camposanto por orden de las autoridades españolas. Pero los deseos de Amalia no se cumplieron hasta el primero de diciembre de 1991 (¡setenta y tres años más tarde!), cuando los restos de Amalia fueron trasladados a su querido Camagüey.

La antigua casa quinta de los Simoni en Camagüey que había quedado destruida y abandonada durante la guerra fue declarada años más tarde Monumento Nacional, y en la actualidad es el Museo Quinta Simoni. Allí han trabajado para rescatarla a su antiguo esplendor, y posee una colección de bienes que pertenecieron a la familia Simoni Argilagos.

Aquí aparece **Inés Matilde Simoni Argilagos** quien era hermana de Amalia. Nació el 22 de octubre de 1843, en Camagüey. Pasa las mismas vicisitudes que su hermana y sus padres y familiares en la manigua. Cuando sale para el exilio de Nueva York tiene veinticuatro años de edad y un hijo de dos años, Arístides, de su matrimonio con el brigadier Eduardo Agramonte Piña, primo de Ignacio Agramonte.

Matilde enviuda durante la guerra, cuando fusilan a su esposo, y durante su estancia en Mérida se casa en segundas nupcias con José Pérez del Castillo.

Blanche Baralt, en sus memorias del 1945[500] relata los días de joven que pasó en Nueva York entre 1880 y 1890, y recuerda con cariño a las hermanas Simoni y sus hijos, anotando la alegría de la familia por la graduación de Arístides, el hijo de Matilde, doctorado de la facultad de medicina de la Universidad de Columbia.

Arístides Agramonte Simoni, hijo de Matilde Simoni y Eduardo Agramonte, con uniforme militar en 1902

---

[500] Blanche Zacharie de Baralt: *El Martí que yo conocí*, La Habana, Editorial Trópico, 1945.

Matilde falleció en La Habana, el 12 de septiembre de 1902, y fue enterrada en el Cementerio de Colón en el panteón propiedad de la familia de su esposo.[501]

Casa natal de Amalia y Matilde Simoni en Camagüey.

Juana de Dios Varona Vda. de Quesada era camagüeyana, de familia acomodada. Queda huérfana de padre muy niña. Nació el 18 de octubre en la década de 1840. Fue hermana de Bernabé de Varona, *Bembeta*, glorioso luchador por la independencia.

Juana no se quedaba atrás en cuanto a heroísmo. Se distinguió tanto en la Guerra del 68 como en la del 95.

Juana de Varona

Era el año 1868, y Juana de Varona en compañía de su esposo y de su hermano, parte al campo de batalla. En aquellos años de terrible incertidumbre en que tantos héroes sacrificaron sus vidas, Juana de Varona vio morir a su hermano y a su esposo en la manigua. Y aunque estaba dolida por estos sucesos, prosiguió su labor con valentía.

---

[501] Roberto Méndez Martínez y Ana María Pérez Pino: *Amalia Simoni, una vida oculta*, Editorial de Ciencias Sociales, La Habana, 2009, p. 10.

Cuando la Paz del Zanjón, Juana de Varona se va a la emigración, y desde lejos sigue ayudando a la causa. Trabaja para ganar el sustento de sus hijos huérfanos, y colabora también en los clubes revolucionarios de Tampa y Cayo Hueso.

Sobre Juana, Martí escribe en el periódico *Patria*: «Honor es para *Patria* el que le hace la señora Juana Varona de Quesada, la hermana fidelísima del glorioso Bernabé, al encargarle que en esta casa donde se admira su virtud, digamos adiós en su nombre a las muchas personas de su amistad. Va al Cayo a ver un poco de cielo azul, la ferviente amiga, la hermana ejemplar, la madre constante, la entusiasta patriota».

En 1892, Juana dona a los cofres de la guerra la pluma de oro que atesora con cariño y que le había obsequiado Benjamín Guerra. La pluma la había ganado Benjamín como premio por realizar un estudio sobre la poetisa camagüeyana, Gertrudis Gómez de Avellaneda.[502] El periódico *Patria* la describía así: «De ella eran las flores que traía en sus manos para la mesa de la Sociedad Literaria en noches de tempestad. De ella los claveles bordados en seda, para un poeta que sangra de amor a Cuba y de dolores bárbaros y callados. Su álbum es de los Mártires; su conversación de nuestras esperanzas; su sueño, Cuba. Jamás está sin rosas en su sala leal el retrato de Bernabé el hermano adorado. El Cayo escogerá de sus jardines su ramo más fino y saldrá a recibir a la amiga de los muertos, de la patria, de la virtud y de las flores».[503]

Cuando acabó la guerra Juana regresó a la patria querida y se radicó en Camagüey. El 24 de febrero de 1905 se izó la bandera y se descorrió el velo del monumento dedicado a José Martí en el Parque Central de La Habana. A dicho acto asistieron entre otros, Leonor Pérez, Carmen Zayas Bazán y Amelia Martí, madre, esposa y hermana de José Martí, respectivamente.[504] El acto concluyó cuando por iniciativa de Juana de Varona, se colocó en el pedestal del monumento, un clavo de oro con la inscripción: «La hermana de Bembeta».

---

[502] Vicentina Rodríguez de Cuesta: *Patriotas Cubanas*, Talleres Heraldo Pinareño, Pinar del Río, 1952.

[503] *Patria*, Nueva York, 28 de enero de 1893.

[504] *Opus Habana*, «Primera Estatua», vol. VII, nro. I, 2003, pp. 7-8.

Gabriela de Varona Miranda natural de Camagüey, nació el 18 de marzo de 1848. Al comenzar la Guerra del 68 se va al campo con su madre, Josefa Varona Batista. Se había casado con José M. Miranda Piloña, quien fue luego fusilado por insurrecto. En la revolución Gabriela era conocida con el nombre de *La Golondrina*.

Gabriela de Varona

El 20 de agosto de 1870, una columna española asaltó el rancho donde se hallaba con su familia. Logró escapar junto a sus hijas y continuó en la manigua atendiendo a heridos y enfermos. En 1873 fue capturada y conducida a Puerto Príncipe, pero allí en la ciudad siguió colaborando con los insurrectos siendo nuevamente detenida. Poco tiempo después escapó y pudo llegar a Nuevitas, lugar en que embarcó hacia La Habana. Allí en la capital trabajó en el taller de costura de Charito Menocal.[505]

Gabriela mandó a fundir las pocas joyas de oro que le quedaban para regalarle las seis estrellas al generalísimo Máximo Gómez. Las estrellas las envió envueltas en una estampa de la patrona de Cuba, Nuestra Señora de la Caridad del Cobre.

Aquí el dibujo de la Virgen de la Caridad con las seis estrellas de cinco puntas fundidas en oro.

En la revolución de Yara perdió a su esposo, a su padre y a sus tres hermanos y al terminar la guerra no quedaba un solo hombre vivo en su familia. Cuentan que como era muy piadosa,

---

[505] Charito Menocal también se distinguió como enfermera durante la guerra.

siempre tenía encendida una lámpara votiva en el altar de la Virgen de la Caridad del Cobre en la iglesia Mayor de Camagüey, hoy Catedral, rogando por los cubanos para que ganaran la guerra.[506]

En 1894, al comenzar los preparativos para la Guerra del 95 en Camagüey, Gabriela colaboró con Salvador Cisneros Betancourt, y a partir del 5 de junio de 1895 quedó encargada en la ciudad de Camagüey de cumplir las órdenes de los jefes mambises. Conocida con el seudónimo de *La Golondrina*, confeccionó hamacas, pantalones y chaquetas para los soldados mambises.

A comienzos del 1897, fue detenida e internada en la cárcel de Camagüey, donde la mantuvieron incomunicada. A los pocos días fue llevada a La Habana, donde ingresó en la Casa de Recogidas. Iba a ser deportada a las Islas Chafarinas, pero la pena fue conmutada por la del destierro gracias a la intercesión del sacerdote escolapio, Padre Muntadas, de Camagüey. Entonces las autoridades españolas la deportaron a la ciudad de Nueva York.

En Estados Unidos colaboró con diversos clubes revolucionarios y se comunicaba con regularidad con su gran amiga Amalia Simoni de Agramonte. Al final de la guerra regresó a Camagüey donde residió hasta su fallecimiento el 15 de enero de 1926.

Brígida Zaldívar Cisneros procedía de una antigua familia de Puerto Príncipe que se había radicado en esa ciudad en el siglo XVIII. Nació en Puerto Príncipe, el 1 de febrero de 1839. Su niñez transcurrió felizmente gracias al patrimonio familiar de sus padres, Juan de Dios Zaldívar y Francisca Cisneros, quienes eran de posición acomodada. Su madre era prima hermana de Salvador Cisneros Betancourt, marqués de Santa Lucía.

Foto de Brígida Zaldívar[507] ©

---

[506] Ángela Pérez de la Lama: *El Camagüey legendario*, Imprenta La Moderna, Camagüey, 1944, p. 219.

[507] Pintura realizada por el artista Alein Gutiérrez, en la Oficina del Historiador de la Ciudad de Camagüey.

Desde Las Tunas, Vicente García, hijo de ricos hacendados, hacía constantes viajes a Puerto Príncipe pues llevaba un negocio de ganado y madera. En uno de aquellos viajes conoció a Brígida Zaldívar Cisneros, formalizando al poco tiempo las relaciones. Contrajeron matrimonio en la ciudad de Las Tunas, el 22 de agosto de 1855. Brígida tenía 17 años y Vicente, 22.

Brígida y su esposo participaron en una conspiración que él había iniciado en Camagüey, y aunque esta no triunfó por la falta de apoyo, ayudó a prender la chispa para futuras actividades en Las Tunas. Al inicio de la Guerra del 68, Brígida queda al cuidado de los hijos, mientras Vicente García marcha al campo de batalla.

Al año del comienzo de la guerra, el coronel español Eugenio Laño se estableció en Las Tunas y tomó como medida doblegar al general Vicente García. Encierra a la familia del general mambí en su propia casa, y los mantiene incomunicados con el exterior, sin ni siquiera proveerla de alimentos, aunque algún vecino, sobornando a las postas, lograba pasar a través del techo botellas de leche para los niños.[508] Durante el cautiverio, morirían tres hijos de Brígida; el último en fallecer sería su hijo Ricardo José del Socorro, el 25 de junio con tan solo ocho años. No obstante, esta madre aguerrida mantiene el aplomo y la fuerza necesaria para enfrentar este dolor.

Sobrevive en la actualidad la casa natal de Vicente García donde estuvo encerrada Brígida Zaldívar Cisneros con sus hijos

El 16 de agosto de 1869 las fuerzas mambisas atacan la ciudad de Las Tunas. Al mando de las tropas venía Manuel de

---

[508] www.ecured.cu/index.php/Brígida_Zaldívar_Cisneros

Quesada. Brígida enseguida se incorporó al combate como enfermera, y más tarde marchó a la manigua junto a su esposo y los pequeños hijos que habían sobrevivido el encierro.

El 17 de agosto de 1871, el campamento del general Vicente García es atacado por los españoles. Brígida y sus hijos fueron entonces conducidos hacia el campamento, y al llegar, encontraron que habían hecho prisionero al padre de Brígida. Posteriormente, todos fueron puestos en libertad.

La familia fue sometida a una tenaz persecución y ante el temor de ser maltratada por los españoles, Vicente García la envió al exilio. Carlos Manuel de Céspedes al conocer la noticia, recurrió a Miguel Aldama para que ayudase a esta familia. A pesar de la ayuda que este les brindó, hubo momentos de hambruna pues no contaban con ningún recurso con que sostenerse. Francisco Vicente Aguilera anotaba en su diario[509] el 30 de mayo: «Que la familia del benemérito Vicente García estaba en Puerto Plata pasando mil trabajos y no había podido mandarle ni un medio; que Vicente García es uno de los primeros beneméritos cubanos que empezó a conspirar con nosotros y que desde el primer día hasta hoy ha estado combatiendo contra los españoles y le ha dado tantos triunfos a nuestras armas».

Por ello se fueron a vivir a Jamaica donde residía **Tomasa Varona**, prima hermana del general García. Luego, pasaron a la República Dominicana. Desde allí, Brígida envió a su hijo Braulio García, que solamente contaba con 13 años de edad, a luchar junto a su padre en Cuba. Después Brígida se embarcó con sus otros hijos para Río Chico, Venezuela, donde vivía su hija Caridad.

Después de la Protesta de Baraguá, Vicente García se fue a Venezuela a reunirse con Brígida a la que no veía hacía seis años. En Caracas se reunió con sus hijos Pedro y Braulio y todos viajaron a Río Chico. Allí nació María, la hija más pequeña de Brígida y Vicente. Pero el 4 de marzo de 1886, Vicente García fue asesinado en Venezuela por los españoles.

---

[509] Francisco Vicente Aguilera: *Cartas familiares; diario y correspondencia de Francisco Vicente Aguilera en la emigración (Estados Unidos)*. Editorial de Ciencias Sociales, La Habana, 2009.

Pero nada de lo que ya había sufrido la hizo flaquear. Brígida regresó a Cuba y al comenzar la Guerra en 1895, se fue a la manigua acompañada por su hija María sirviendo como soldado hasta el final de la guerra. El 25 de enero de 1907 viajó a Las Tunas, encabezando la comitiva que trajo los restos de su esposo de Venezuela para Cuba, para ser enterrados en su ciudad natal.

Más tarde, Brígida se fue a vivir a Santiago de Cuba con su hija Rosa, y en 1916 regresó a Las Tunas. Sus últimos años de vida los pasó en La Habana radicándose en la casa número 715 de la Calzada del Cerro, donde falleció el 25 de mayo de 1918 a la edad de 80 años. Fue fuerte y decidida, y no se amilanó ante el hambre, la persecución, las contiendas y la misma muerte.

Monumento erigido en el parque conocido como Parque Vicente García para honrar a las madres de la provincia de Las Tunas, y a la memoria de Brígida Zaldívar[510]

---

[510] Información tomada de *EcuRed*.

Mujeres Patriotas de Las Villas

«Oh, villareños, la luz de Yara
Brilla anunciado la libertad,
En las llanuras de Villaclara
Y en las colinas de Trinidad»[511]

Villaclareñas conspiradoras en la farmacia La Salud

Inés Morillo Sánchez nació Puerto Príncipe, el 25 de enero de 1825. Sus padres fueron José A. Morillo, natural de Santiago de Cuba, y su madre Antonia Sánchez, colombiana, de Santa Fe de Bogotá. Era Inés tía de Carmen Gutiérrez Morillo (véase pág. 359).

Al casarse su hermana Candelaria y mudarse para Santa Clara, esta le pide a Inés que venga a vivir con ella a esa ciudad. Inés accede y va a residir a casa de la familia de su hermana. En este hogar, Inés tiene la oportunidad de participar en veladas literarias y de relacionarse con los intelectuales de Villa Clara. En estas reuniones literarias veladamente se conspiraba. En los amplios portales de la farmacia La Salud se llevaban a cabo, diariamente, tertulias literarias, pero en su interior se tramaba y se organizaba la insurrección. Fue allí donde se constituyó la Junta Revolucionaria de Villa Clara.

Inés Morillo

Poco tiempo antes de que empezara la guerra en Las Villas, Inés se paseaba por toda Santa Clara vistiendo ropas de color rojo, blanco y azul, para estimular a la juventud a que se uniera a la contienda del 68. A solicitud de Eduardo Machado Gómez, Secretario de la Junta Revolucionaria, Inés borda una bandera que luego sería enarbolada el día del alzamiento en Las Villas.

Comenzó a conspirar cuando tenía ya 43 años. Confeccionó y repartió las escarapelas que se usaron en el alzamiento de Santa

---

[511] Cantar generalizado entre los mambises durante la Guerra del 68.

Clara. Trabajó intensamente y con gran efectividad en la propaganda y en la recolección de fondos para la guerra. Sirvió de enlace y confidente de las tropas mambisas del general Roloff, y colaboró con Manuel García Garófalo.[512] Su larga labor va a durar hasta 1875 en que es detenida. En los seis años de trabajo clandestino: enviaba informes sobre el envío de nuevos refuerzos; la llegada y salida de las tropas en la ciudad, así como llevaba mensajes de la Junta Revolucionaria a través de canales secretos.

La residencia de Inés comenzó a ser vigilada, sobre todo desde que su cuñado y el hijo mayor de este se habían marchado a la guerra. El 12 de octubre de 1875 los encargados de la vigilancia vieron salir de la casa de Inés a Rafael Martínez, uno de los correos que ella utilizaba. Este joven llevaba un mensaje donde se ponía en conocimiento del general Roloff una inminente salida de soldados que iban a atacar a una prefectura ubicada no muy lejos de la ciudad. Por su inexperiencia, Martínez cayó en la trampa que le tendió un agente español, y sin desconfiar le entrega el mensaje y regresa a Santa Clara. Cuando las autoridades leen el mensaje, ordenan la prisión inmediata de Rafael Martínez y de Inés Morillo. Era el 12 de octubre de 1875.

Inés y Martínez comparecen ante un Consejo de Guerra sumarísimo, acusados de dar información al enemigo, mientras las turbas de voluntarios y guerrilleros al servicio de España pedían a gritos la pena de muerte para los dos. Se dictó la sentencia que los condenaba a morir por fusilamiento. Pero la pena dispuesta para Inés es conmutada por la de reclusión perpetua en la Casa de Recogidas de La Habana.

El 14 de octubre de mismo año, en cordillera de presos, salió Inés para La Habana, costándole a la familia más de quinientos pesos de gratificación para que la dejaran salir de la cárcel en coche o volanta para la estación del ferrocarril. La cordillera tardó tres días en llegar a La Habana.

Al cabo de más de dos años de prisión, la familia gestionó su indulto, aprovechando la política del general Arsenio Martínez Campos, quien puso la condición de que la patriota residiera fuera

---

[512] Agente confidencial de Máximo Gómez y Carlos Roloff y obtuvo los grados de coronel del Ejército Libertador.

de Santa Clara y de su jurisdicción. Inés Morillo, obtuvo el indulto el 22 de julio de 1877.[513]

Junto con Inés trabajaba en el espionaje la patriota **Pilar Mira Fragosa,** quien sufre prisión en una cárcel para mujeres en lo alto de la colina del Parque El Carmen (Parque del Tamarindo) de Santa Clara.[514]

El 6 de febrero de 1869 se pronuncia un nutrido grupo de mil quinientos hombres en el cafetal González de Manicaragua, y allí juran la bandera de Cuba Libre que había bordado Inés Morillo. En aquel acontecimiento alzó la voz **Pastora González**, la hermana de José González, el dueño del cafetal, quien llamaba a combate e instaba a que se entregaran a la causa. Más tarde Pastora sería hecha prisionera y conducida a la Casa de Recogidas de La Habana junto con **Rafaela Rodríguez, Clotilde Sánchez, Francia Marrero** conocida como *Mazantini*, **y Josefina Sarduy.**

También en esta histórica reunión en Manicaragua estarían presentes **María de Jesús Barroso de Monteagudo** y **Longina Guzmán de Monteagudo.** Un bisnieto de Longina, Carlos Consuegra me relata: «Longina crió a José de Jesús (*Chucho*) Monteagudo quien llegó a ser jefe militar de la provincia de Las Villas y teniente coronel del Estado Mayor de su primo,[515] el general Gerardo Machado». Y apunta Maricely Consuegra Castroverde, bisnieta también de Longina: «Mi bisabuela, Longina Guzmán, vio que el ejército español había amarrado el cuerpo de su hermano a un caballo y lo había enviado de vuelta a Santa Clara. Al llegar al Parque Central el caballo por fin paró. Era como para darles una lección a los villaclareños de lo que le pasaba a los que se rebelaban. Al ver llegar a su hermano muerto y atado al caballo, Longina agarró a su hijo, Walfredo Ibrahim Monteagudo y a todos sus hermanos, y los mandó a la manigua a pelear diciéndoles: "Díganle a esos desgraciados que aquí hay muchos más pre-

---

[513] Enrique Ubieta: «La mujer cubana en la revolución», *Bohemia* 2, no. 9, 1911.

[514] Luis Alfonso García: *La inteligencia mambisa en Santa Clara*, Ediciones Capiro, Puerto Rico, 1999.

[515] Testimonio de Carlos Consuegra, Miami, 17 de julio, 2010.

parados para tomar su lugar". Por cierto, no creo que mi abuelo Walfredo tuviera más de 16 años cuando sucedió aquello».[516]

Otras mujeres de Las Villas que se destacaron fueron: **Sofía Ferrari, Elisa Díaz, Antonia Lamera, Isabel Machado, Ana Fernández, Rosa Araoz, Juana Pao, Consuelo López, Caridad García y Carlota Robreño.**[517]

Teresa Domenech fue la esposa de Guillermo Lorda, quien muere fusilado durante la guerra. También era nuera de **Martina Lorda Ortegosa**, otra gran patriota. Cuando el 13 de abril de 1869 Teresa salía en busca de abastecimientos para la guerra, fue hecha prisionera y deportada a Vuelta Abajo, en Pinar del Río, donde continuó difundiendo los ideales de libertad. Perteneció al grupo de revolucionarias ya mencionadas anteriormente, que complotaban en la farmacia La Salud de Santa Clara.[518]

Teresa Domenech

Javiera Consuegra de Machado, nació en Conyedo, Villaclara, el 3 de diciembre de 1841. Era la madre del teniente coronel del Estado Mayor de Villa Clara, Chucho Monteagudo. Sufrió persecuciones y fue hecha prisionera el 5 de marzo de 1870. La sacaron de su casa durante la medianoche y como no había cárcel en la ciudad, fue conducida a la Ermita del Carmen junto con otras patriotas.

---

[516] Conversación con la autora. Febrero, 2013.

[517] Esperanza Méndez Oliva: *La estirpe de Mariana en Las Villas, Santa Clara,* Editorial Capiro, Puerto Rico, 2006, p. 16.

[518] Luis Alfonso García: *La inteligencia mambisa en Santa Clara.* Ediciones Capiro, Puerto Rico, 1999.

Javiera también se hallaba entre el numeroso grupo de mujeres villaclareñas ligadas a los insurgentes que realizaban los preparativos para la guerra en la farmacia La Salud.[519]

Javiera Consuegra

El 20 de abril de 1870, el general Manuel Portillo deporta a Javiera para Bejucal; lleva con ella a sus cuatro hijos. Allí permanecen presos hasta el 20 de marzo de 1871. Otra integrante de esta familia Consuegra fue **Carmen Consuegra Machado de Monteagudo,** quien conspiró en el club revolucionario Hermanas de Juan Bruno Zayas,[520] y del que hablaremos en el tomo II de esta obra.

Martina Lorda y Ortegosa era hermana de los patriotas Antonio y Guillermo Lorda, y esposa de Tello Mendoza. Toda la familia de Martina se fue a la manigua. Ella realizó una labor clandestina en la región central de la Isla, enviando mensajes a los insurrectos, proveyéndolos de víveres, medicinas y pertrechos de guerra en operaciones que ella dirigía. Pero pronto es hecha prisionera. Al conocer su primo Guillermo de la detención en Santa Clara de su madre, de su esposa y de su hermana, Lorda hace planes para rescatarlas pero es traicionado y delatado. En el fuego cruzado con los españoles en su campamento resulta

Martina Lorda

---

[519] Luis Alfonso García: Ob. cit.
[520] Testimonio de Carlos Consuegra, Miami, 17 de julio, 2010.

herido y en esas condiciones es apresado y conducido a Santa Clara. El 18 de julio de 1871 es asesinado por fusilamiento.

Prisionera Martina, es llevada a Cienfuegos, luego a Santa María del Rosario para finalmente ser expatriada a Puerto Rico. Mucho tuvo que sufrir esta mujer al perder a su esposo, a varios miembros de la familia y luego caer prisionera y expatriada a la salida de la cárcel. En Puerto Rico perdió la razón, y falleció el 22 enero 1888. Un cronista de la época escribió este comentario: «la insigne patriota ha muerto. La mujer varonil de corazón espartano, que luchó a brazo partido con el infortunio; la que supo alzar la frente, siempre serena, ante la desgracia ante el rigor del destino ante el tiranuelo ensoberbecido, no existe ya. Sucumbió en la lucha: era imposible que ella pudiera soportar la carga de la vida por más tiempo; su organismo por muy privilegiado que fuera, tenía que rendirse a tan rudos embates».[521]

Mercedes Valdés Consuegra fue una patriota poco conocida, proveniente de una antigua familia de Las Villas. Nació en 1834 y sus padres fueron el ilustre médico José Marto Valdés, y su madre Rafaela Consuegra y López Silvero. Mercedes fue amiga de grandes patriotas villaclareños, entre ellos Miguel Jerónimo Gutiérrez, Eduardo Machado y Gómez, Antonio Lorda, y el sacerdote Luciano Santana.

Mercedes Valdés Consuegra confeccionó una bandera con telas de seda que llevó el patriota Eduardo Machado y Gómez cuando estalló el levantamiento en Las Villas, el 7 de febrero de 1869. La enseña fue conducida por las tropas libertadoras a Guáimaro y sobre ella se juró la Constitución de Carlos Manuel de Céspedes, el 10 de abril de 1869.

Parque e iglesia de
El Carmen

---

[521] Luis A. Lagomasino: *Patriotas y heroínas. Bocetos históricos*, Tip. del Boletín Nacional de Historia y Geografía, La Habana, 1912.

En marzo de 1870 el general Manuel Portillo, gobernador militar de Las Villas, dispuso la detención de Mercedes[522] junto con otras damas villaclareñas. Fueron conducidas a la Ermita del Carmen, donde se había habilitado una cárcel de mujeres. Junto a la entrada principal hay una tarja que conmemora los hechos durante la Guerra de los Diez Años, cuando allí estuvieron presas: María Julia Ortegosa, Josefa Pérez Corcho, Pilar Mira Fragosa, Virginia Chaviano, Pastora González, Teresa Domenech, Teresa Mendoza, Isabel Velazco, Martina Lorda, Inés Morillo y Mercedes Valdés Consuegra.

En esta cárcel del Carmen permaneció Mercedes prisionera por tres meses hasta que el primero de mayo de 1870 se dispuso su deportación a Santa María del Rosario en unión de la patriota Martina Lorda. En Santa María del Rosario estuvo más de 3 años, siendo luego indultada por el capitán general Blas Villate.

El 6 de febrero de 1934, cuando cumplía los 100 años de edad, Mercedes fue honrada por la República al concedérsele la Orden de Carlos Manuel de Céspedes.[523] Murió poco tiempo después de recibir esta distinción.[524]

Isabel Machado de Arredondo nació en abril de 1850 en la provincia de Santa Clara. Juan Luis Machado Trevejo y Micaela Hernández y Abreu fueron sus padres.

Cuando aún era joven, la familia se trasladó a la ciudad de Santa Clara y allí Isabel creció y se educó. Comienza a escribir para los periódicos locales así como de la Isla y utiliza el seudónimo de *Flérida* en sus obras.

Isabel Machado

---

[522] Mayra Pascual Fernández, *El Villaclareño*, 18 de julio, 2008, www.villaclara.cu/personalidades

[523] Este dato aparece en una carta de Emeterio S. Santovenia a Manuel García Garófalo Mesa donde le comunica que se inicia una investigación acerca de las patriotas María Mercedes Valdés Consuegra y Martina Lorda Ortegosa para concederles la condecoración con la Orden Carlos Manuel de Céspedes.

[524] Periódico *El Pueblo*, Santa Clara, 1934.

Contrae matrimonio con Manuel Arredondo y Pichardo, pero la vida apacible del hogar se torna desagradable y penosa al estallar la Guerra del 68. El esposo de Isabel así como sus hermanos Juan, Tomás y Domingo se marchan a la manigua a pelear bajo las órdenes del general Carlos Roloff, pero el esposo fallece en la guerra. Esto, sin embargo, no impide a Isabel seguir luchando por sus ideales. Aunque está sumida en la miseria, pasando hambre y enfermedades, su ánimo no desfallece.

Junto a Martina Lorda y otras villaclareñas, establece el Comité Patriótico de Villaclara por cuyo motivo se le impone la pena de destierro, primero a Sagua la Grande y más tarde a Colón, Matanzas. Perseguida continuamente en Matanzas tuvo que emigrar a Cayo Hueso en 1895, y de ahí siguió a Nueva York donde colaboró en distintos periódicos, como *Cuba y América,* y *Patria Libre,* escribiendo con prosa sencilla pero llena de patriotismo.

Ya anciana, y terminada la guerra, regresa a Cuba. Publica en 1909 un libro en el que recoge sus poemas y que dedica al mayor general José Miguel Gómez, entonces presidente de la República. Fallece el 21 de febrero de 1919 en la ciudad de La Habana. De su libro de poemas[525] transcribimos algunas estrofas de su poema «Al retornar del Destierro»:

> ¡Ciudad adorada!
> gentil Santa Clara,
> de nuevo mis ojos
> te vuelven a ver.
>
> Respiro tu ambiente,
> me cubre tu cielo
> y llena de gozo
> te huella mi pie.
>
> Y allá en lontananza
> La tumba querida
> de un padre amoroso,
> que aquí te dejé.
>
> Allá vuela el alma
> buscando su sombra
> Y pienso en mi anhelo
> que habrá de volver.

Rosa Monteagudo, nativa de Cruces, fue otra servidora de la gesta independentista. Algunos familiares suyos lucharon en la revolución con el fusil al hombro, y otros cumplieron prisión en las

---

[525] *Ecos del bélico; poesías de Isabel Machado de Arredondo, «Flérida», de entusiasta admiración al invicto presidente de la república de Cuba José Miguel Gómez, Impr. Avisador comercial, La Habana, 1909.*

cárceles del África. Todas estas penalidades estimulaban su deseo de colaboración. Rosa sirvió como conspiradora y espía.

Rosa Monteagudo

Josefa Pérez Corcho y Machado se une a este grupo de patriotas nacidas en Santa Clara. *Pepilla*, como la llamaban cariñosamente, nació en 1844 en el hogar de José Pérez de Corcho y Camila Machado. En 1870, Guillermo Ortegosa es hecho prisionero por los españolas en el momento en que llevaba importantes documentos y mensajes. Quizás con el fin de salvar su vida, Guillermo informa a las autoridades sobre el grupo de mujeres que conspira. Josefa es una de las mujeres en la lista por lo que es arrestada y desterrada a la Ermita del Carmen.

Josefa Pérez Corcho

De ese grupo de patriotas de Santa Clara fueron puestas en libertad, el 1ro. de mayo de 1870: Josefa Corcho y María de Jesús Ortegosa. Al destierro fueron sancionadas: Martina Lorda Ortegosa y Mercedes Valdés Consuegra, para Santa María del Rosario; Teresa Domenech y su hija Teresa Mendoza, para San Antonio de los Baños; y Javiera Consuegra e Isabel Velasco, para Bejucal.[526]

Elena Borrero Echeverría unió su vida al patriota Fidel Miró en 1881, y trabajó con él en actividades políticas en Villa Clara. Debió morir Elena en la década del 1890, poco antes de que muriera en Cayo Hueso su sobrina, la poetisa Juana Borrero, en 1896

---

[526] Luis Lagomasino: *Episodios nacionales. Retazos de historia Patria*, Tip. del Boletín Nacional de Historia y Geografía, La Habana, 1924.

quien manifestaría su vocación patriótica durante la Guerra del 95, a pesar de sus cortos años.

Carmen Cancio Bello de Pérez nació en Sancti Spiritus en 1865. A los tres años se fue a la manigua redentora acompañando a sus padres. En 1871 fueron sorprendidas ella y su madre en un rancho que les servía de vivienda en el bosque. La madre pierde la vida y Carmen es herida quedándole inutilizado el brazo izquierdo. También en la emboscada es herida su tía **Magdalena Madrigal** y su primo Juan Madrigal, muriendo este días más tarde. El resto de la familia fue hecha prisionera y encerrada en un hospital.

Carmen Cancio Bello

Al llegar la Guerra del 95, Carmen abandonó su hogar y se va a la manigua. Allí conoce al coronel Lino Pérez Muñoz y contraen matrimonio en plena guerra. En 1877 los sorprende el enemigo en la loma de Gavilanes; Carmen logra escapar y se encuentra con el esposo.

Después del Pacto del Zanjón el matrimonio se traslada a Trinidad, y durante la Guerra Chiquita viven en Palo Viejo. Lino decide incorporarse a la guerra pero antes lleva a Carmen a casa de su hermana, **Camila Pérez**, quien vive en Trinidad. Allí la deja el 14 de noviembre de 1879. Mientras el esposo está en la manigua, la casa de la hermana es registrada y Carmen sometida a una estrecha vigilancia. Cuando comienza la Guerra del 95, Carmen, al igual que todos los miembros de la familia, incluyendo un hijo que había tenido con Lino, se van a la guerra.

Lino enferma de gravedad y manda a buscar a su esposa para que lo atienda, pero, el 1 de noviembre de 1897, luego de ser delatados, son capturados por las fuerzas españolas. Fueron conducidos a Sancti Spiritus donde los exhibieron como trofeos de guerra. Luego fueron llevados a la cárcel donde estuvieron una larga temporada hasta que el General Blanco les dio la libertad. Una vez que salieron de la cárcel se unieron nuevamente a las filas del Ejército Libertador. Poco tiempo después, Carmen cae prisionera nuevamente, pero logra escapar y se reincorpora a la guerra bajo las órdenes del general Lacret, en diciembre de 1895. Bajo su mando gana los galones de capitana[527]. Dieciséis años más tarde, en 1914 le fue otorgada una pensión vitalicia de viuda por la cantidad de mil doscientos pesos anuales según la Ley del 11 de febrero de 1914.[528]

Lola Casi Ayala de Betancourt nació en Santa Clara donde trabajó durante la guerra como propagandista. Por esta labor los españoles la deportaron a la ciudad de Cárdenas donde siguió difundiendo los ideales de la independencia. Murió en 1897 en el Hospital de San Juan de Dios en su ciudad natal.

Lola Casi Ayala

Al estallar la Guerra de 1868 **Panchita Castillo Velázquez**, hija del mambí Nicolás del Castillo, residía en el poblado de Iguará, en Sancti Spiritus. Por la región operaba el regimiento del coronel español José Payán quien se dispuso a cercar el poblado de Iguará. Narcisa, la hija de Panchita, y su esposo, el comandante Perico Hernández, vivían allí también. Al ocuparse el poblado Panchita y su familia deciden escapar a la manigua.

Panchita Castillo

Allí Panchita sirvió como enfermera curando heridos y cuidando a los enfermos. Aunque su esposo había muerto luchando,

---

[527] Sylvie Bouffartigue, *Actas del XIV Encuentro de Latinoamericanistas Españoles*, Santiago de Compostela, La Coruña, septiembre 2010, p.3.

[528] Diario de Sesiones de la Cámara de Representantes, Vol. L.

ella y sus hijos siguen allí, y junto con **Mariana Quirós de Molinet**, transportaba cartuchos y fulminantes para los talleres de armas de la revolución.

El cólera se desataba en casi todo el territorio de la guerra, y Sancti Spiritus era una de las regiones que más sufría esta epidemia. Panchita contrae la enfermedad y el 25 de junio de 1870 fallece en la manigua.

La hermana de Panchita, **Sarita Castillo Velázquez,** sirvió como agente durante la Guerra del 68 y luego en la Guerra Chiquita.

María de la Luz Puerto, conocida como Mariquita Puerto, era natural de Sancti Spiritus y allí sirvió a la revolución durante la Guerra de los Diez Años. El comandante general Portillo la apresó y fue luego fue recluida en el hospital de San Juan de Dios de dicha ciudad.

Cándida Rosa del Río y Rojas Vda. de Wolter era natural de San Juan de los Remedios en Las Villas. Vivió en carne propia los sacrificios de la guerra ya que su padre, Andrés del Río Rodríguez, había sido deportado en marzo de 1869 a Fernando Poo, junto con 250 prisioneros.[529] Pero Andrés logra fugarse y se traslada a Nueva York. Quizás Cándida se machó al exilio de México cuando su padre se traslada a ese país durante la Guerra de los Diez Años.

Cándida Rosa del Río y Rojas

Adelaida Jova Díaz de Villegas y Santa Cruz nació en Cienfuegos. Sus padres fueron Ricardo Jova González Abreu natural de Santa Clara y dueño de varias plantaciones de azúcar, y la madre, Josefa Díaz de Villegas y Santa Cruz natural de Cienfuegos.

Adelaida era prima y luego esposa del general Juan Francisco Díaz de Villegas. Contrajeron matrimonio en 1843 en Cienfuegos, y tuvieron un hijo, Leopoldo Díaz de Villegas quien, por no

---

[529] Luis Lagomasino, Ob. cit.

delatar a su padre, es fusilado por los españoles en 1871. El matrimonio luego se traslada a Nueva York y allí el esposo de Adelaida muere en 1884.

Elena González Echemendía nació en la finca Ojo del Agua en Guayacanes, Ciego de Ávila. Era de familia campesina. Cuando comienza la Guerra del 68 se interna en la manigua. Tiene amplio conocimiento de las hierbas y por ello trabaja como enfermera.

Estando en la manigua contrae matrimonio. Sus tres hijos mueren debido al hambre y las necesidades. Cuando llega el Pacto del Zanjón regresa a su hogar. Luego se traslada al norte de Majagua en La Vega donde le nacerían seis hijos más.

Cuando comienza la Guerra del 95, y se produce el levantamiento en Las Villas, Elena va de nuevo a la guerra, pero esta vez a Palo Viejo. Con su fama de enfermera, el general Máximo Gómez le manda heridos y desde ese momento su casa en Palo Viejo se convierte en hospital. En una ocasión es descubierta quedando el hospital destruido pero ella no se acobarda y traslada el hospital para Ojo del Agua donde continúa su labor.

Al concluir la guerra regresa a La Vega junto con su familia. Fallece en su finca, el 20 de julio de 1929.

Carmen Gutiérrez Morillo era sobrina de la patriota camagüeyana, Inés Morillo. Nació en Santa Clara el 8 de agosto de 1854. Sus padres, Mateo Gutiérrez y Hurtado de Mendoza y Candelaria Morillo y Sánchez siempre le habían inculcado el honor, la integridad y el servicio a la patria.

Carmen Gutiérrez Morillo

A los 14 años Carmen fundó una pequeña escuela gratuita donde casi todos los alumnos eran de la raza negra, y hasta algunos eran esclavos.[530] En ese colegio Carmen Morillo, auxiliada por sus

---

[530] Revista *Bohemia*, La Habana, diciembre, 1968.

hermanas **Dolores, Micaela, Trinidad, y Nicolasa**, educaron a los jóvenes de la población.

Cuando estalla la Guerra del 68, aunque solo tiene catorce años, Carmen Morillo se va a la revolución. Ya ha ayudado a bordar artículos para los mambises y ha trabajado en la preparación del alzamiento. El gobierno peninsular la vigila, y un día la encarcelan junto con su hermana **Nicolasa** y su amiga **Consuelo Ávalos**.

Al terminar la Guerra de los Diez Años, Carmen va a residir a La Habana para estudiar magisterio.

Pero como la labor más importante que desarrolló esta patriota fue durante la Guerra del 95, dejaremos los abundantes datos que tenemos sobre ella para el volumen II de esta obra.

Elizabeth Emily Howard Gatier era la hija más joven de Louis Howard y Margilly, de ascendencia francesa, y de María Luisa Gatier y Bailly, oriunda de República Dominicana. En 1825, la familia residía en Cienfuegos.

Emily Howard, madre de Federico Fernández Cavada[531]

Cuando aún es muy joven, Emily se casa con el español Isidro Fernández Cavada, natural de Santander. Tuvieron tres hijos: Federico, Adolfo y Emilio, todos nacidos en Cienfuegos. Al fallecer Isidro, su esposo, en 1838 sin dejar bienes a la familia, Emily Howard comenzó a impartir clases de enseñanza primaria junto con su hermana **Adelina Howard** para poder sobrevivir y educar a sus hijos. Adelina se había casado con Germán Barrio y Lacrampe, natural de Francia, y vivían también en Cienfuegos.

Adelina y Germán tuvieron un hijo, Germán Barrio y Howard, coronel de los Reales Ejércitos, quien contrajo matrimonio con **María Leonor Escarrás y Bozal** de La Habana, el 27 de diciembre de 1854. Pensamos que María Leonor no tuvo participa-

---

[531] Tomada de http://www.latinamericanstudies.org/cavada.htm

ción en la guerra de independencia cubana por su matrimonio con Barrio aunque esto no se ha podido corroborar.

Luego de enviudar de Fernández Cavada, Emily Howard contrae matrimonio con Samuel Dutton que pertenecía a una antigua familia de Filadelfia y que eran descendientes de Guillermo el Conquistador[532]. Se desconoce la fecha del casamiento, pero sí sabemos que Dutton era negociante de buques en Filadelfia y que efectuaba viajes periódicos a Cienfuegos, y posiblemente se conocieron en uno de esos viajes.

Dutton adoptó a los hijos de Emily de su matrimonio con Fernández Cavada, y llevó a su esposa e hijos adoptivos, ya adolescentes, a Wilmington, Delaware, donde tenía negocios. Allí estudiaron los hermanos Fernández Cavada que luego pasarían a Filadelfia con la familia. Federico, Adolfo y Emilio lucharon en la guerra de Secesión de los Estados Unidos y también en la batalla de Gettysburgh donde Federico fue capturado y llevado prisionero hasta 1864.

Mientras tanto, ya en Cuba se comenzaba a gestar la Guerra de los Diez Años, y Samuel Dutton toma parte en varios clubes de ayuda organizando mítines de propaganda. También compra armas, ropas y medicinas con destino a la revolución. Por su parte, Emily, su esposa, quien con anterioridad había obtenido la ciudadanía española por estar casada con un español, resultó ser una auténtica patriota de sentimiento, y cubana de corazón, porque además de inculcar siempre en sus hijos el amor a Cuba, también ella luchó por su libertad.

Emily tomó parte activa en la revolución al fundar el Comité Ejecutivo de Damas Cubanas para auxiliar a la Junta Republicana que presidía la esposa de Julio Morales Lemus, **María del Rosario Portero de Lemus** (1810-1871). Según algunos historiadores, María del Rosario Portero nunca asistió a las reuniones, recayendo todas las tareas sobre Emily Howard. Con el propósito de recoger fondos para la guerra, esa organización de damas celebró una gran asamblea en el hotel Continental de Nueva York en los primeros días de abril de 1869, según reportó el periódico *La Revolución*, en

---

[532] Gilbert Cope: *Genealogy of the Dutton Family of Pennsylvania*, F.S. Hickman Printer, West Chester, Pennsylvania, 1871.

su edición del 28 de abril de ese año.[533] También en esos mismos días Samuel Dutton fue electo presidente de un comité de auxilio a la revolución cubana.

La madre de los Fernández Cavada se mantiene unida a la causa aportando todos sus recursos económicos. Además, vende sus joyas para comprar armas que manda a sus hijos quienes se han unido a la revolución cubana, y a los que también envía ropas y medicinas. Emily Gatier falleció en Filadelfia en 1903.

Carmela Merino fue la esposa de Federico Fernández Cavada. Al terminar la guerra de Secesión de los Estados Unidos, en la que Federico había servido como capitán, fue nombrado cónsul de ese país en la ciudad de Trinidad. Compra entonces la hacienda Boca de los Camarones en Trinidad, en 1868, para mantenerse alejado de la vigilancia de los españoles, ya que está conspirando en algunas logias masónicas. Allí, en las logias, se reunían muchos patriotas, entre ellos: Spotorno, Luis de la Maza, Miguel Entenza, Ricardo y Carlos Grau, Lino Pérez, y muchos más.

Carmela Merino

Por esa fecha, Federico se casa con **Carmela Merino** y pronto tienen un hijo que ponen por nombre Samuel. Al estallar la Guerra del 68, Federico se une al Ejército Libertador llegando a obtener en el grado de jefe del Estado Mayor del general del Ejército Libertador. Se le conocía como el *General Candela* porque le prendía fuego a las propiedades de los españoles como táctica de guerra. Carmela logra escapar de Cuba con su hijo, y van a residir a Filadelfia. Lo poco que sabemos de ella es por las cartas que escribe a su esposo y él a ella.

En el Museo de la Ciudad en La Habana se encuentran algunas jícaras utilizadas por los mambises durante las guerras de inde-

---

[533] Mary Ruiz de Zárate: *El general Candela, biografía de una guerrilla*, Editorial de Ciencias Sociales, La Habana, 1974.

pendencia. De acuerdo a la historiadora, Miraida Medina, una de estas jícaras perteneció a Federico Fernández Cavada. «La decoración sobre un coco es artesanal», dice Medina, «y muestra alegorías patrióticas. Se distinguen dos cruces rematadas con estrellas de cinco puntas y enmarcada por doseles, sobresale la imagen de la Virgen de la Caridad del Cobre con todos sus atributos, manto irradiante con halo de diez estrellas y la inscripción M.R. al centro. Del lado contrario se observa el escudo nacional y una mariposa. Esta jícara la envío el Mayor General Fernández Cavada a su esposa Carmela el día que fue fusilado».[534]

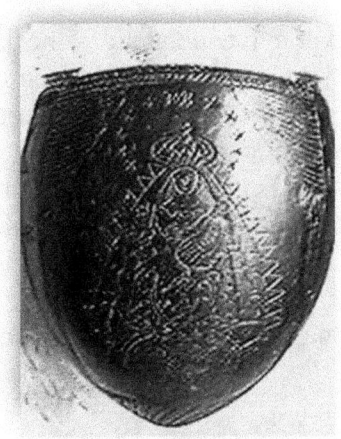

Una jícara con un dibujo de la Virgen de la Caridad del Cobre en el museo de la Ciudad de La Habana

El otro hermano Fernández Cavada, Adolfo, quien también se había unido a las fuerzas revolucionarias cubanas, muere en combate en 1872.

El 12 de agosto de 1869 Federico le escribe a Carmela: «[...] Todo marcha bien, y pronto, si Dios quiere, Cuba será libre. Muchos sacrificios nos cuesta, querida mía, pero es preciso servir a la Patria para que nuestros hijos gocen en lo porvenir de paz y libertad. Cuba es nuestra tierra y nunca podríamos resignarnos a vivir en otra».[535]

---

[534] Miraida Medina: *Otra vez nos sorprende el general Candela*, Oficina del Historiador de la Ciudad, en www.habananuestra.cu

[535] Bibliotecas de la Universidad de Miami, Colección de la Herencia Cubana, Colección Fernández Cavada, caja no. 1, legajo no. 5, correspondencia a Merino. Carta fechada el 2 de agosto de 1869.

Meses más tarde vuelve a escribirle, desde El Jagüey. Es el 8 octubre, 1869: «[…] estos sacrificios, querida mía, son muy terribles, pero son imprescindibles. Valor, esperanza, que todo podrá resultar según lo deseamos, y quien sabe si muy pronto. Con que no llores más por ahora que todavía no hay mayor motivo para ello».[536] Cuánta incertidumbre y preocupación no sentiría Carmela Merino al estar lejos del esposo. Y como ella, muchas otras mujeres cubanas estaban pasando por lo mismo. Difícil e incierta era la vida para la mayor parte de las familias cuyos esposos, hermanos y novios habían ido a luchar a Cuba mientras ellas permanecían en el exilio, o en la misma isla.

En 1871, Federico Fernández Cavada fue delatado y hecho prisionero, y el 30 de junio de 1871 fusilado en Nuevitas. Reproducimos una parte de la última carta escrita por Cavada a su esposa Carmela desde el vapor de guerra *Neptuno*, fechada en Nuevitas, el 30 de junio de 1871: «Mi queridísima esposa, me hallo aquí prisionero de guerra por circunstancias que ya son conocidas de ti, sin duda. No sé la suerte que pueda caberme –en último caso sabes que tú y mi adorado hijito estarán siempre en lo más íntimo de mi pensamiento. Te abraza y a todos los demás de la familia, Tu afmo., Federico».[537]

Conchita Leal natural de Santa Isabel de las Lajas. Era hermana de Bellico Leal, jefe mambí de las jurisdicciones de Santa Clara, Cruces y Lajas. Nunca se amilanó y con valentía sirvió a la causa de la independencia.

Conchita Leal

María de la Caridad Martínez se hallaba en la hacienda El Ñame, en Fomento, Trinidad, el 17 de mayo de 1869 acompañada de su padre, Francisco José Martínez, un hermano, dos hijos pequeños y otras mujeres y niños, cuando la ranchería de Guayabal fue

---

[536] Bibliotecas de la Universidad de Miami, Colección de la Herencia Cubana, Carta en la Colección Fernández Cavada, caja 1, legajo 5.
[537] Ibid.

asaltada por los españoles. María de la Caridad tuvo que defenderse contra una cuadrilla de soldados, que querían abusar de ella a pesar de avanzado estado de gestación. Eran soldados de la patrulla Isabel II bajo el coronel Falcones. María de la Caridad sacó un machete y pudo vencer a uno de los que la estaba agrediendo y a otros soldados más.

Por un rato se mantuvo defendiéndose y protegiendo a sus dos pequeños hijos, pero entre gritos y blasfemias le traspasaron la espalda con una bayoneta, y luego, postrada en el suelo la remataron a culatazos.

María de la Caridad Martínez

Pocas horas después llegó al campamento mambí la noticia del asalto. El teniente Juan Pablo Arias Serrano se apresuró a llegar al lugar para ver si daba alcance al destacamento español, pero cuando llegó ya se habían internado en el poblado de Fomento. La ranchería había sido incendiada por los españoles, pero Arias Serrano pudo darle sepultura a los ocho cadáveres abandonados: dos niños, dos mujeres, un anciano y tres hombres. Entre ellos estaba el esposo de María Caridad, Carlos Martínez.[538]

María de la Caridad contaba entonces 24 años. En aquel triste episodio murieron también sus hijos y su padre, José Francisco Martínez. Al comienzo del ataque, María Caridad, temiendo por la vida de sus hijos más pequeños, Eleucipo y Marianito, de dos y cuatro años de edad, respectivamente, los entrega a Teodora, una mestiza que logra internarse en el monte y los salva de aquella matanza. También sobrevivieron las dos hermanas de María Caridad, **María Nicolasa** y **María Dolores**, de quince y dieciocho años de edad, quienes murieron más tarde, en julio de 1870, víctimas de las penurias de la guerra.

Solo los hijos de Mariquita sobrevivieron a la contienda, y uno de ellos, Marianito, contó la historia oficial de los hechos. La heroica muerte de María Caridad Martínez luchando por la libertad

---

[538] Luis Lagomasino: *Episodios nacionales. Retazos de historia Patria,* Tip. del Boletín Nacional de Historia y Geografía, La Habana, 1924.

quedó plasmada como recuerdo y ejemplo, en el escudo del pueblo en el que se ve en el centro a una mujer con machete en mano peleando contra los españoles.

Caridad Moreno y Alva nació en 1848 y trabajó en las dos guerras de independencia. Casi diariamente salía Caridad al campo con dos o tres bestias de carga en busca de maíz y otros efectos. Entre los aperos de labranza y dobleces del serón[539] llevaba escondidos efectos de guerra como mensajes y pedidos que enviaba a los clubes revolucionarios de la localidad.

Estuvo detenida dos veces, la primera vez la acompañaba su hija **Rosa Mena,** y la segunda vez, ayudada por sus hijas **Rosa y Adelaida**, logró sacar material de su casa a tiempo antes de que se hiciera el registro. Luego en el campo entregó lo que tenía para la revolución.

Cuentan que terminada la guerra vivía de la caridad pública en su casucha de guano, cerca de los Pocitos de Conyedo.[540]

Lutgarda Morales y Yanes era de ascendencia canaria al igual que su esposo, el coronel del Ejército Libertador, Gerardo Machado Castellón. Por entonces, el matrimonio vivía en Manajanabo, cerca de Santa Clara, donde se dedicaban al ganado y al cultivo del tabaco.

Foto de Lutgarda Morales Yanes en la década del 1930, a los 84 años.[541]

---

[539] Bolsa que se usa para la carga de la caballería.
[540] Lagomasino: Ob. cit.
[541] Foto cortesía de las Bibliotecas de la Universidad de Miami, Colección de la Herencia Cubana ©

Al estallar la Guerra del 68, Machado se va a la manigua. Su hijo, Gerardo Machado Morales, quien llegaría a presidente de la República de Cuba, lucharía también en las guerras.

En un escrito, el Dr. José A. Mijares[542] apunta que «quizás fuera Machado [hijo], entre todos los cubanos, quien guardara prisión impuesta por el gobierno español, a la más tierna edad... [...] mientras su padre estaba en los campos de Cuba Libre durante la guerra de 1868, para luego caer él prisionero junto con su señora madre». Lutgarda sobrevivió a las guerras y murió sorpresivamente, el 1ro de enero de 1927, en su casa de la calle Maceo en Santa Clara.[543]

Mariana Quirós de Molinet era natural de Sancti Spiritus. Nada la detenía cuando se trataba de servir a la patria. En uno de los viajes que solía hacer por barco de Tunas de Zaza a La Habana para hacer contactos con los revolucionarios, la guardia civil estaba registrando maletas y equipajes lo que indicaba que tenían sospechas o había alguna denuncia. Mariana enseguida maquinó cómo salir del peligro que corría ya que llevaba escondidos miles de fulminantes para cargar casquillos. Llorosa declaró al comandante general Cortijo, quien viajaba en el mismo vapor, que en aquel momento sufría de una molestia natural en la mujer, y que tenía mucha vergüenza y pena de pensar que abrieran su maleta aquellos hombres. Al llegar a puerto, el mismo general ordenó que el equipaje no fuese tocado. Luego del susto y de la mentira para salir del aprieto, los revolucionarios recibieron el abastecimiento que tanto necesitaban.

Carolina Valladares era tía de la patriota cienfueguera Edelmira Guerra Valladares (de la que hablaremos en el tomo II de esta obra). Laboró Carolina durante la Guerra del 68 siendo una de las más valerosas heroínas villareñas en la zona de Guinía de Miranda, en las estribaciones de El Escambray.

En la manigua la conocían como «la viuda de Sarduy». Apoyó a los mambises en la retaguardia, en los ranchos y en los hospitales. Fue protagonista junto a sus cinco hijos de importantes epi-

---

[542] José A. Mijares: «Archivos Dpto. de Investigaciones La Nueva Cuba», *Diario Las Américas*, 19 de mayo, 2008, Miami.

[543] Periódico *La Discusión*, 3 de enero de 1927.

sodios. Colabora en la Guerra del 68 junto a **María Guerra**, otra tía de Edelmira.

El 20 de Julio de 1869, las tropas del capitán Manuel Peña, comandadas por el general Federico Fernández Cavada, asaltaron y tomaron Guinía de Miranda. La gente del poblado se reunió feliz para darle la bienvenida a los cubanos, y Cavada rápidamente organizó una ceremonia en la calle principal del poblado para oír el discurso del capitán Peña y también la voz vibrante de Carolina Valladares Sarduy quien leyó una proclama que había redactado el club patriótico de Guinía de Miranda, que acababan de fundar y del que ella era presidenta. La proclama[544] decía, entre otras cosas: «Si nuestros hijos, hermanos y esposos cumpliendo con el supremo deber del ciudadano han consagrado sus vidas a la patria, así también tenemos nosotras, las mugeres (sic), deberes sagrados que cumplir».

La proclama la firmaba también María Guerra quien era su secretaria. Solo habían transcurrido tres meses desde que en la Asamblea de Guáimaro, Ana Betancourt había exigido la igualdad de la mujer cubana con el hombre.

El hecho de Guinía de Miranda corrió por varias regiones de Cuba, y el 5 de septiembre el periódico *El Cubano Libre* publicó la proclama, así como el periódico *Revolución* del 6 de noviembre, y salió también en el periódico *Estrella de Jagua*, órgano del movimiento independentista en la región central. Todo esto enfureció a las tropas españolas por lo que Carolina fue arrestada junto con sus hijos, todos menores de 14 años, y fue llevada presa al Fuerte Cumanayagua. La persecución y tortura recayó sobre las que firmaban la proclama, sobre todo sobre María Guerra. En una carta de Adolfo Fernández Cavada a su hermano Emilio en Filadelfia fechada 14 de junio de 1870, él relata: «A María Guerra los voluntarios la desnudaron y la hirieron con machetes para luego con las manos atadas, la tiraron a los zarzales».

En la Guerra del 68 las guinienses se distinguieron por su heroísmo, y aunque la represión fue brutal, ya los españoles no pudieron sofocar el fervor de independencia de las mujeres. Junto a

---

[544] Esperanza Méndez Oliva: *La estirpe de Mariana en Las Villas*, Santa Clara, Editorial Capiro, 2006, p. 18.

Carolina Valladares y María Guerra laboraron **Blanca Betancourt** (esposa de Juan Bravo) y **Carmen Cancio**.

En las Villas trabajaron también en el 68 o en el 95 las patriotas: **Micaela de Jesús Leiva, Ana García, Rita y Lolita Suárez del Villar, Natividad Hernández Castiñeira, Elvira Reyes, Isabel Díaz de Villegas, Martha Torralba, Amalia González, Adriana García Alomá y Josefa y Lola Trujillo**. Pocas fueron reconocidas durante la guerra, sin embargo, el general Federico Fernández Cavada, jefe de las tropas en El Escambray, dijo de ellas «nuestras mujeres en particular merecen el aplauso y la simpatía de todo corazón sensible y generoso».[545]

Ana Velasco y Gómez, nació el 21 de mayo de 1844 en Santa Clara donde realizó una gran labor en la Guerra del 68. Más tarde trabajó en la Guerra del 95 como propagandista, y fundó el club José Martí. Luego de la independencia, cuando se acordó donar a Bernarda Toro y al general Máximo Gómez una casa en La Habana, Ana fue nombrada para trabajar en Santa Clara en esa comisión.[546]

---

[545] Mary Ruiz de Zárate: Ob. cit., p.220.

[546] Luis Lagomasino: Ob. cit.

Mujeres Patriotas de Matanzas

«Y los seguían, compartían con ellos todos los azares de la lucha, todos los rigores de la intemperie. O para dejarlos desembarazados expeditos, volvían a las ciudades, escuálidas, casi desnudas, moribundas, viudas unas, otras con los huérfanos al pecho, secos por el hambre y las enfermedades. Habían visto también con los ojos secos, los cadáveres de sus esposos, de sus hijos...Y siempre firmes, decididas, haciendo en su interior votos fervientes al cielo por el triunfo de los suyos».[547]

Emilia Casanova Rodríguez de Villaverde (Matanzas, 1832 - Nueva York, 1897).

Cuba no solo es posible, y es probable, sino que es seguro que alcanzará la libertad.[548]
Emilia Casanova

Matancera dinámica, de carácter fuerte, intrépida, valiente y luchadora, trabajó 44 años sin descanso por la independencia de Cuba. Muchos la criticaron, otros la juzgaron mal, pero todos concuerdan que fue una patriota íntegra, sobre todo si consideramos la época en que vivió y la situación de la mujer entonces.

---

[547] Antonio Pirala: «Anales de la Guerra de Cuba», en José Duarte Oropesa, *Historiología cubana*, vol. I, Ediciones Universal, Miami 1989, p 96.
[548] «Memorial dirigido por La Liga de las Hijas de Cuba al Congreso de los Estados Unidos», marzo de 1872, en *Apuntes biográficos de Emilia Casanova de Villaverde escritos por un contemporáneo*, Nueva York, 1874, pp.166-175.

Nació en la finca Caimito en Cárdenas, el 18 de enero de 1832, y era hija de Inocencio Casanova Fagundo, de Islas Canarias, y de Petrona Rodríguez Feo, también de Canarias, quienes eran ricos hacendados matanceros.[549] Cuando en 1850 Emilia contaba con 18 años de edad, y mientras se hallaba recostada junto a un ventanal de su casa, vio al general Narciso López tomando Cárdenas y portando la bandera diseñada por él y que las patriotas de Nueva Orleans habían confeccionado. Desde aquel momento Emilia Casanova juró luchar por la libertad de su país. Su juramento fue fielmente cumplido como veremos más adelante.

General venezolano, Narciso López

Después que fracasa la segunda expedición de Narciso López y que este fuera ejecutado, Emilia decide recaudar fondos para liberar a los prisioneros de aquella expedición que permanecían en la Isla de Ceuta. Ese mismo año el gobernador Manuel Fortún celebró un banquete para conmemorar la derrota de López en Cárdenas al que asistieron Emilia y su padre. A la hora de hacer los brindis, Emilia dedicó el suyo a la libertad del mundo y a la de Cuba. Los españoles quedaron sorprendidos, sobre todo porque la que lo proponía era una joven cubana de 18 años. Fortún condena las palabras y las considera un insulto a España. El padre de Emilia, angustiado y temeroso, se la lleva para Estados Unidos donde la interna en un colegio.

Emilia aprovecha aquel tiempo en que está en Nueva York para hacer contactos con miembros de la Junta Cubana, que le confian folletos, hojas de propaganda e importantes documentos para distribuir en Cuba clandestinamente. Pero ella quiere estar en Cuba y regresa en 1853. En Matanzas forma un núcleo de propaganda que hace circular materiales publicados en el exterior. Hasta tiene

---

[549] Manuel Hernández González: «Emilia Casanova, heroína de la independencia de Cuba», *Dossiers Feministes* 15, heroínas, damas y escritoras, siglos XVI-XIX, Castellón de la Plana, p. 49.

la osadía de planear una conspiración con la ayuda de su hermano mayor. Pero aquellas actividades llegaron a oídos de las autoridades españolas, y la familia se ve forzada a huir precipitadamente a Filadelfia.

Mientras vivía en Filadelfia, Emilia conoce al escritor y novelista Cirilo Villaverde, con quien contrajo matrimonio el 8 de julio de 1855. De esta unión nacerían tres hijos: Narciso, Emilia, que muere joven, y Enrique. En 1858 aprovecha una amnistía del gobierno español y viajan Cirilo y Emilia a Cuba, y residiendo en la casa de Galiano 85 ½ (donde se encontraba la famosa tienda El Encanto), les nace su primer hijo, Narciso, el 8 de septiembre en 1858.[550] En 1861 le nace la hija a la que pondrían por nombre también Emilia, como ella, pero en 1867 la niña muere.[551]

En 1866 ayuda a fundar la Sociedad Republicana de Cuba y Puerto Rico, y aunque está nuevamente embarazada, participa en las actividades. En 1867, nace su tercer hijo, Enrique. La situación en Cuba cada vez está peor, por lo que liquida sus propiedades en la Isla y se va a vivir a Estados Unidos. De vuelta en Nueva York, Emilia ayuda a familias que han dejado la isla, o que han sido expulsadas. También escribe cartas pidiendo apoyo a importantes figuras mundiales.

En noviembre de aquel año, el padre de Emilia compra una mansión en Oak Point, Nueva York, conocida como Whitlock's Folly.[552] La mansión poseía túneles subterráneos así como tres pozos para suplir de agua a la casa y numerosas bodegas para guardar vinos. Uno de los pasajes subterráneos salía al río, facili-

---

[550] Leopoldo Horrego Estuch: *Emilia Casanova, la vehemencia del separatismo*, La Habana, 1951.
[551] Perla Cartaya Cotta: «¿Quién fue Emilia Casanova?», *Palabra Nueva*, enero 2003, p. 30.
[552] Conocida como *Whitlock's Folly*, por ser el señor Whitlock el arquitecto. Se presume costó unos $350,000 de la época. Tenía 100 aposentos. (N. de la A.).

tando un pasaje secreto por donde luego transportaban rifles, pólvora y municiones a los barcos que salían en expediciones secretas a Cuba desde los riachuelos contiguos a la casa. También se cree que la tripulación de la expedición del *Virginius* salió de esta casa. Se dice que a veces aparecían en la noche embarcaciones misteriosas junto a la mansión. Allí en Oak Point se daban cita los patriotas y Emilia con palabra encendida los agitaba y animaba para la revolución.

Foto de la mansión de la familia Casanova en Oak Point, Nueva York. Publicada con permiso ©[553]

En el sitio de Internet del museo de la Ciudad de Nueva York leemos: «esta mansión no se ha podido igualar ni siquiera en nuestros días. Con una propiedad de 50 acres, las manijas de las puertas de oro, salones para bailes y reuniones, entrada para carruajes y puertas de entrada en bronce, nos recuerda una mansión de un cuento de hadas». Al perder Whitlock, el arquitecto, su fortuna durante la Guerra Civil, le vendió la casa a Casanova en tiempos de la Guerra del 68. Todo lo que queda en la actualidad es el terreno donde se encoentraba la casa y en un lugar cercano, una estación de trenes que lleva el nombre Casanova como para perpetuar aquel histórico lugar.

---

[553] Museum of the City of New York. Publicado con permiso. Todos los derechos reservados ©.

En enero de 1868, Emilia funda la primera sociedad con carácter político que jamás habían establecido las mujeres cubanas en territorio extranjero: **La Liga de las Hijas de Cuba**, con el objeto de recaudar fondos para socorrer a los heridos y enfermos del Ejército Libertador Cubano.[554] Nos imaginamos que fue en la mansión del padre de Emilia donde quedó establecida la sociedad. La Liga envía una carta a José Morales Lemus informándole de los propósitos de dicha organización: «El comité de la sociedad Liga de las Hijas de Cuba, informado de que Ud. ha sido autorizado por el jefe de los patriotas, Carlos Manuel de Céspedes, como su representante en este país, comprendiendo la urgencia de levantar fondos para proveer a las necesidades de los hospitales de los ejércitos que combaten por la libertad e independencia de la patria, varias señoras se asociaron con este santo objeto a la mira; y desde el 6 de febrero próximo pasado se constituyeron en una sociedad formal y bajo un reglamento escrito, después de la elección de empleadas que desempeñasen los cargos de toda corporación pública».[555]

El 9 de marzo de 1869, auspiciado por La Liga, se llevó a cabo un concierto teniendo un gran éxito pues, deducidos los gastos, dejó en ganancias $3,288.47, que fueron depositados en el banco del comité. La Liga entregó a Morales Lemus $2,000 con el fin de que fueran invertidos en medicinas, vendajes, hilas y lo que fuera necesario para aliviar a enfermos y heridos del Ejército Libertador.

En abril de ese mismo año, con la guerra en camino, Emilia se presenta en Washington, en los momentos en que el Gabinete de la nación estaba en sesión. Solicita una audiencia con el presidente Grant, quien se la concede enseguida. Emilia que se comunicaba en inglés perfectamente, le planteó los anhelos y trabajos del pueblo cubano para alcanzar la independencia, y solicitó del presidente que hiciera suya la guerra separatista para que dándole un apoyo, esta terminara con la independencia.

Emilia se presentó días después ante Hamilton Fish, entonces secretario de Estado, para pedirle ayuda para su padre, que los es-

---

[554] *Apuntes biográficos de Emilia Casanova Villaverde escritos por un contemporáneo*, Nueva York, 1874.
[555] Ibídem, p. 42.

pañoles habían detenido, siendo este ciudadano norteamericano.[556] Consigue que el Presidente ponga en alerta a la Marina para salvar a Don Inocencio, su padre, y a uno de sus hermanos presos en Cuba.

Emilia no solo solicitaba ayuda económica para la lucha; a ella lo que más le importaba era dar a conocer la causa de Cuba. En este sentido escribió al ilustre Garibaldi en Caprera, y al célebre Víctor Hugo en Guernsey. El manifiesto que La Liga envía a Hugo está firmado por más de 300 mujeres pidiéndole se exprese públicamente a favor de la Isla, y Víctor Hugo las complace.

También se comunica con diferentes personalidades en el extranjero y en Estados Unidos. Han quedado como prueba sus cartas a las hermanas Calleja de Charleston, North Carolina; a Leopoldo Turla, y a otros en Nueva Orleans, así como a la señora Castro de López en Matamoros, México. Escribe también a la señora Margarita Masa de Juárez en ciudad México, al señor Andrés Aznar y Pérez en Yucatán, a las señoras Manuela de Sousa y Paulina Salazar en El Salvador, a Crisanto Medina en Guayaquil y, al general Quintín Quevedo en Bolivia. Muchas más cartas envía Emilia, entre ellas al señor Benjamín Vicuña McKena en Chile, a Pedro José Varela en Montevideo, a la señora Juana Manso de Noroña en Buenos Aires y a otros en Venezuela y en el Perú lo que constituye una inmensa papelería.

Dirige un llamamiento a las mujeres venezolanas diciéndoles: «La sociedad Liga de las Hijas de Cuba, ha sabido con profunda emoción que las nobles y entusiastas venezolanas, para responder al grito lanzado en Yara, anuncian el deseo de constituirse en sociedades políticas y ponerse de acuerdo con las cubanas en el destierro y de ayudarlas en la cruzada contra la dominación de España en las Antillas. No esperábamos menos de esas hijas de la América».[557]

En nombre de la Liga, o apoyada por sus socias, Emilia organizaba conciertos, rifaba prendas, celebraba bazares, vendía bonos del empréstito de la República. También proveía de hilas, me-

---

[556] A. Mestre Fernández: «Emilia Casanova de Villaverde» en *Bohemia,* 15 enero de 1971.

[557] *Apuntes biográficos*: Ob. cit.

dicinas, ropas, y avíos de costura para el Ejército Mambí. Por medio de La Liga facilitó fondos por centenares de pesos para armar y equipar la expedición del *Fanny* y el batallón de la Cruz compuesto por 50 jóvenes bajo las órdenes de Julio Grave de Peralta. También fletan una goleta para sacar una expedición de Puerto Plata pero que no pudo salir al mar.

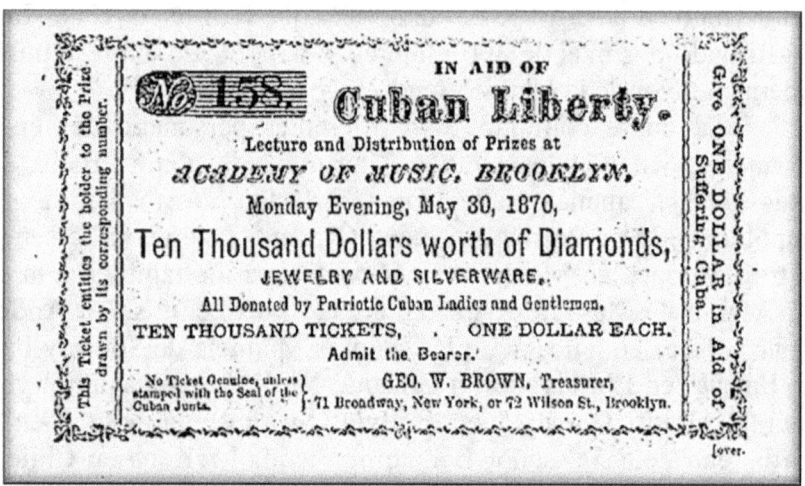

Boleto para asistir a una charla y rifa de joyas y efectos de valor en la Academia de Música de Brooklyn, en Nueva York, para contribuir a los fondos de la guerra. El boleto dice: «todos los efectos donados provienen de damas y caballeros cubanos patrióticos»

Presenta al Congreso de los Estados Unidos cerca de 30,000 firmas que había obtenido de distintas poblaciones del país, donde pedía la beligerancia de Cuba. Realiza visitas a los más importantes jefes políticos para comprometerlos con su voto, asiste diariamente al Congreso, suscita debates entre los congresistas sobre el asunto cubano, y en el llamado Salón Mármol contiguo al Senado, en el que los senadores reciben visitas, entabla discusiones sobre la obligación de permitir la revolución cubana.

En 1870 logra que el presidente Ulysses Grant destine un buque de la Marina de guerra a disposición de La Liga de las Hijas de Cuba para transportar a Suramérica a las familias cubanas pobres que quieran emigrar.

En 1871 acude al gobierno de Estados Unidos junto a la patriota **Ana Betancourt**, para pedir en nombre de la Liga, que el gobierno de Estados Unidos intervenga a favor de los jóvenes estudiantes de medicina que habían sobrevivido, ya que ocho de ellos habían sido injustamente fusilados. Era un trabajo constante el que desarrollaba Emilia a favor de su tierra. Muchos la acusaban de extremista, de entrometida, pero si todo esto lo hubiera realizado un hombre posiblemente no lo hubieran criticado.

Una muestra de su quehacer fue el Memorial fechado el 4 de marzo de 1872 que La Liga presenta al Congreso de los Estados Unidos. El documento está firmado por Emilia Casanova y Rosalía Hernández, presidenta de la Liga de las Hijas de Cuba.[558] Es muy probable que fuera redactado por Emilia. Entre sus párrafos, el Memorial expone: «Lo que en Cuba existe no es una sedición pasajera, provocada por causa fortuita y sostenida por intereses personales, ni mucho menos es un alzamiento de populacho, movido por malas pasiones y dirigido por agentes extranjeros, como dicen los partidarios de España. Lo que hay en Cuba es una revolución popular, política y social, preparada muy de antemano, que ha pasado y está pasando por todos los trámites porque han pasado y pasan y precisamente tienen que pasar semejantes revoluciones.

«Hace más de 50 años que los cubanos trabajan por emanciparse. En 1818 comenzaron los preparativos de la guerra de independencia en los campos de Yara, en octubre de 1868. Durante más de cincuenta años puede decirse que no ha habido en Cuba un solo día de sosiego, porque las conspiraciones se han ido sucediendo unas tras otras sin interrupción; y desde 1818 empezaron las incesantes proscripciones que han mantenido expatriados a los cubanos más notables por su talento, su saber y su patriotismo.

«Desde 1818 hasta 1825 hay Juntas Revolucionarias de cubanos emigrados en Nueva York, en Filadelfia, en México y en Jamaica. "En 1823 y en 1826 fueron comisiones a Venezuela y al Perú en busca de ayuda material para principiar la guerra de independencia. En 1826 subieron al patíbulo en Puerto Príncipe las

---

[558] *Apuntes Biográficos,* Ob. cit., pp.166-175.

primeras víctimas de la libertad de Cuba. Por ese tiempo se alistaron en Cartagena, en Kingston y en Tampico expediciones militares costeadas por cubanos. Antes y después fracasaron en La Habana las asociaciones llamadas de Los Soles de Bolívar y del Águila Negra, y otros proyectos de alzamiento que llevaron a las cárceles a los presidios y al destierro, a lo mejor de la población cubana. Otra tentativa se malogró en 1843, otra en 1848, otra en 1855 y muchos fueron los condenados a muerte en todas ellas. En 1850 ocurrió la invasión de Cárdenas por el general Narciso López; en 1851 las sublevaciones de Puerto Príncipe y de Trinidad, y el mismo año tuvo lugar la corta y desastrosa campaña que finalizó con la muerte del heroico López. Y los comprometidos en todos estos acontecimientos han sido siempre hombres de buena posición social, lo cual prueba que la mayor y la mejor parte de la población cubana desea, hace mucho tiempo, emanciparse de la dominación española.

«[…] Las mujeres, los ancianos y los niños, comparten con los hombres las penalidades de la campaña y los rigores de esa guerra sin cuartel; han reducido a cenizas sus hogares y sus valiosas fincas; y los 200 compañeros inexpertos que se agruparon al lado de Carlos Manuel de Céspedes en octubre de 1868, son en la actualidad 12,000 soldados aguerridos que todavía ocupan los mismos campos en que primero levantaron el estandarte de la rebelión y hoy empuñan buenas armas arrebatadas a sus enemigos.

«[…] La Liga de las Hijas de Cuba no pide para sus compatriotas más que estricta neutralidad, y está íntimamente convencida de que si el Cuerpo legislador se ha abstenido hasta ahora de adoptar una resolución relativa a este asunto es porque no está al tanto de lo que sucede, y ruega al Congreso de los Estados Unidos que, tomando en cuenta esta manifestación, indague la verdad de lo expuesto y resuelva reconocer derechos de beligerantes en los cubanos que se han sublevado contra la dominación de España y han proclamado la abolición inmediata, absoluta e incondicional de la esclavitud.

Firmado: Rosalía Hernández, presidenta.-
E. C. de Villaverde, secretaria,
Washington, Marzo 4 de 1872».

Emilia Casanova es blanco de sátiras y burlas en la prensa española

Emilia participa activamente en las tareas de la revolución desde Nueva York, lo que provoca que la prensa española la critique y se ensañe con ella y su esposo. Los diarios españoles, *Juan Palomo* y *El Moro Muza* mantuvieron una campaña de difamación contra la cubana. Uno de esos artículos publicados junto con el dibujo que aparece en esta página, dice así: «También dice Doña Emilia que pensaba cubrir el ataúd de Greenwald con una bandera cubana, y cuando dice que lo pensaba es señal de que no pudo realizarlo. Pero, señores, esa Doña Emilia que manda banderas cubanas a los insurrectos y tiene banderas cubanas para las procesiones y lleva banderas cubanas para envolver las cajas de los que mueren a manos de los laborantes, se conoce que pasa el día y la noche haciendo banderas de tal manera que acabada de hacer una bandera cubana, empieza otra bandera tan cubana como la primera, y acabada la segunda bandera cubana, ya está haciendo la tercera bandera cubana, y no bien ha concluido esta otra bandera cubana, cuando emprende la costura y bordados de la cuarta bandera cubana, y sin descansar un minuto, pasa volando a la tarea de la quinta bandera cubana, y cuando la dicen que el almuerzo está en la mesa, contesta que no puede ni quiere almorzar, porque está haciendo la sexta bandera cubana, y en lugar de dormir la siesta, se pone a hacer la séptima bandera cubana, y si llega una visita, la recibe o no la recibe, pero cose como una descosida para terminar la octava bandera cubana, y si hay función de novenario en algún templo y llega la hora de esa función, ella dice que no le importa un pito la novena religiosa, pues lo que la interesa es concluir la novena bandera cubana».

Y sigue diciendo el artículo: «Y es el caso que la pobre mujer tiene mala suerte para esos trapos. Los que manda a Cuba caen en nuestro poder, y los que destina a los ataúdes, hasta los muertos los rechazan. Bien que hay quien dice que el no haber envuelto Da. Emilia el ataúd con la millonésima bandera cubana salida de sus manos, fue porque, tan pronto como el enterrador vio esa bandera, le dijo a su ayudante: Apaga y vámonos. ¿Será verdad? Ya lo sabremos por el cable».[559]

Está claro, que el trabajo de Emilia Casanova le hacía daño y le dolía mucho al gobierno español cuando le dedicaba tantos artículos y dibujos.

Aquí reproducimos otro de los dibujos publicados en *El Moro Muza.*, Al pie del dibujo dice: «¡Ay, Sra., no extraño (sic) que está V. tan flaca; es mucho el trabajo que lo dan a V. los muchachos!».

Emilia, que no tiene pelos en la lengua, contesta enérgicamente escribiendo al capitán general Occidental que por entonces era Caballero de Rodas: «[...] debo hacer presente a vuestra excelencia por si no ha parado en ello la atención, que ya pasa de es-

---

[559] *El Moro Muza*, La Habana, 30 de mayo de 1869.

candalosa y toca en procaz la conducta de la prensa de La Habana con las señoras cubanas, especialmente con la que ahora dirige a vuestra excelencia estas líneas. [...]».

«Harto se conoce que no son criollos, paisanos míos, los que escriben y publican tales indecencias en las barbas de vuestra excelencia. Ellos tienen en Cuba sus madres, hermanas y esposas, y temerían que cayesen en sus manos y que leyéndolas se cubriesen de rubor. Como sucede de que en un país donde no hay libertad de imprenta, la prensa ultraje el pudor de la mujer con las chocarrerías groseras y las alusiones indecentes de que están llenos, según me dicen, un día como otro con vuestro Juan Palomo y Moros Muza.

«[...] Es claro, por tanto, que si vuestra excelencia no autoriza los abusos y desmanes de la prensa de La Habana, los tolera al menos, quizás porque cree ese medio muy eficaz de dominar en América. De otro modo yo no concibo lo que pasa, y ahora precisamente después que vuestra excelencia prometió gobernar la isla con moralidad y justicia. Pero no debería sorprenderme de nada de esto, porque no de otra manera se han portado desde Diego Velázquez acá los capitanes generales que ha visto mi desgraciada patria: todos han prometido gobernarla como jueces y la han oprimido como soldados. Aunque el gobierno español no nos hubiera dado otros motivos de agravio, los ataques indecorosos y brutales de la prensa peninsular en Cuba, bastarían a justificar ante el mundo la gloriosa revolución que pone a prueba todo el poder de España. En vano pretenderéis pasar por cultos y civilizados, ahí está vuestra prensa diaria y periódica con sus cuotas livianas de desvergüenzas para desmentirlos [...]».[560]

También en *El Moro Muza* publicaba este soneto de Antonio Lausaca y Bieta, capitán de caballería y auxiliar de E.M. del capitán general, titulado *A Doña Emilia etc., etc., etc.*[561]

---

[560] Carta fechada en Nueva York, el 28 de diciembre de 1869.

[561] *El Moro Muza*, 18 de diciembre, 1870 en Memorándum Vitae, www.hojasdeprensa.blogspot.com

Soneto

Amazona de Céspedes y Lorda:
Marizápalos de alma endemoniada:
Insurrecta, la más entusiasmada
Que alhajas guarda y que banderas borda,
Tú, que a nuestros piropos te haces sorda,
Pues vas con Cuba libre bien librada,
Y todo lo demás te importa nada,
Grita por ella si tu bolsa engorda.
Oh, sombra horripilante de la muerte,
Que a sus hermanos a la lucha empuja,
¡Y que perezcan no le da tres bledos!
Si por mi desventura llego a verte,
Figurándome que eres una bruja,
Cinco cruces te haré con mis diez dedos.

Al parecer a los españoles no solo les molestaban las banderas que hacía o pagaba por hacer, sino el hecho de que una mujer se atrevía a visitar al presidente en la Casa Blanca, arengaba a sus compatriotas, se carteaba con los grandes políticos y escribía sobre la situación de la Isla, muchas veces con gran éxito y logrando un gran apoyo.

Pero todavía hay más. Emilia le pide al presidente de la República en Armas, Carlos Manuel de Céspedes, la facultad de dirigir el abastecimiento de las expediciones a Cuba. Se lo comenta a su compatriota, el mayor general Federico Fernández Cavada: «yo en unión de varias amigas me propongo formar una expedición de armas y pertrechos que llevaremos a Cuba nosotras mismas, en caso de que no se presente militar de nuestra confianza. No se ría Ud., la revolución de Cuba ha operado una revolución moral en nosotras las cubanas y de mí sé decir que me creo capaz para eso y mucho más».[562] Pero Céspedes no acepta esta proposición. ¿Por qué es negada esta ayuda? ¿Por qué Céspedes no quiere que este grupo de mujeres colabore activamente con las expediciones? ¿Cree quizás que las mujeres no están aptas para luchar también?

---

[562] Ena Curnow: «Emilia Casanova de Villaverde: un ejemplar raro de mujer en el siglo XIX», *Revista de la Camacol*, año XXXVI, No. 12.

¿Sería discriminación, falta de confianza o simplemente machismo? Podríamos decir que fue un poco de todo.

El Moro Muza – Despedida de Doña Emilia
La Habana, 3 de julio de 1870

Al pie del dibujo dice: «Marcho a Cuba, a defender nuestra causa. Tú te encargas de concluir las banderas que dejé empezadas, Cirilo».

A finales de 1878 llega a Nueva York el general Calixto García. Le ofrece Emilia, como hace también su esposo Cirilo, su apoyo para mover a la opinión pública, y recabar lo necesario para la lucha. La Liga contribuye obteniendo los medios para la expedición de García que sale de Nueva York el 26 de marzo de 1880 rumbo a Cuba en medio de grandes expectativas.

En octubre de 1884 llegan a Nueva York los generales Máximo Gómez y Antonio Maceo también para recaudar artículos y voluntarios para el plan invasor de Cuba. Estando allí los dos generales, Emilia asiste a uno de los actos y comparte con ellos. Conmemoraban el Grito de Yara, que tiene lugar el 10 de octubre de 1884 en Tammany Hall, al que concurre una gran muchedumbre. Todos esperan la presencia de los líderes; el ambiente es propicio para la celebración. Al llegar, los dos generales los aplauden calurosamente, pero cuando entra Emilia, se repite la estruendosa ovación.

Según la historiadora Perla Cartaya Cotta,[563] Emilia vistió ropa militar para dar testimonio público de su actuar revoluciona-

---

[563] Perla Cartaya Cotta: «¿Quién fue Emilia Casanova?», *Palabra Nueva*, enero, 2003, p. 31.

rio. Es un uniforme semi militar que consiste en una levita con una golilla fruncida, mangas anchas, y dos bandas azules del hombro a la cintura, una a la derecha y otra a la izquierda, con ocho estrellas de cinco puntas. La falda es color azul. Es la manera de Emilia mostrar su filiación guerrera.

El 24 de octubre de 1894 regresa Emilia a Cuba para enterrar a su esposo, Cirilo Villaverde. La acompañan pocas personas por la situación política del país y por la postura de Emilia durante casi 30 años. Al terminar el entierro del esposo, Emilia exclamó: «¡Si mi esposo duerme en tierra esclava, a mí me tocará siendo Cuba Libre!». Desgraciadamente no sería así ya que no llegaría a ver la hora de la redención.

Cuando en 1892, Martí funda el Partido Revolucionario Cubano, Emilia ya pasa de los sesenta años y sus fuerzas son pocas. Pero se entusiasma con la unidad que está logrando Martí y los planes para la guerra. Funda el club José María Aguirre del que es su secretaria.[564] Conoce de la llegada de Martí a la isla en compañía de Gómez y quiere apoyar a la guerrilla Villaverde. Ha trabajado y sufrido mucho por Cuba; ha utilizado casi todos sus recursos en la causa de la Patria, y a pesar de eso, sigue ayudando y enviando algún dinero para la revolución. Pero el destino no quiere que vea a Cuba libre y fallece en Nueva York, el 4 de marzo de 1897 y es enterrada en el cementerio St. Raymond, de esa ciudad.

Siempre quiso que la enterraran en Cuba junto al esposo, pero esto no sucedería sino 47 años más tarde. En 1944, gracias al empeño de su hijo Narciso, llegaron a Cuba sus restos. Reposan hoy en el Cementerio de Colón de La Habana al lado de la tumba de Cirilo.[565]

La escritora y biógrafa de Emilia Casanova, la periodista Ena Curnow, afirma: «Emilia Casanova no solo fue mal enjuiciada por los enemigos del momento, sino que también tuvo que sufrir la

---

[564] Paul Estrade: *Les Clubes Feminins dans le Partí Revolutionare Cubaine*, Publications de l'Equipe de Recherche de L'Universitée de Paris VIII, Histoire des Antilles Hispaniques, No. 2, 1986.

[565] Leopoldo Horrego Estuch: Emilia Casanova, la vehemencia del separatismo, Imprenta El Siglo XX, La Habana, 1951.

indiferencia y el rechazo de sus propios compatriotas».[566] Todavía hoy algunos historiadores no la ven con buenos ojos. Pero no se puede negar que era una matancera enérgica, valiente y arrestada; que todo lo sacrificó por su país; que laboró sin importarle el qué dirán, ni que se perjudicara su imagen, y se mantuvo fiel al juramento que desde muy joven había hecho en su Matanzas natal, aquel día memorable en que vio desde la ventana de su casa ondear la bandera cubana que portaba Narciso López.

En un artículo titulado *Cirilo Villaverde*, José Martí escribió elocuentes palabras acerca de una mujer de quien afirmó era «una cubana que en el indómito corazón lleva toda la fiereza y esperanza de Cuba, y en los ojos todo el fuego y el mérito todo de la tierra en la abundancia y gracia de su magnífica palabra...».[567] Se refería a Emilia Casanova.

En la foto las componentes de la Liga de las Hijas de Cuba en Nueva York: Angelina Miranda de Quesada (en el centro), como presidenta; vice, Laura de Zayas Bazán; secretaria, Carmen Miyares de Mantilla; tesorera, Ubaldina Barranco de Guerra. Vocales: Manuela Agramonte, Sra. de J. Trujillo, Srta. M. Carbonell y Francisca Molina. Esta fotografía, reproducida de la revista *Bohemia*, fue publicada por primera vez en Nueva York en la revista *Cuba y América*, el 1ro. de mayo de 1897.

«La revolución de Cuba ha operado una revolución moral entre nosotras las cubanas». *Emilia Casanova*

---

[566] Ena Curnow: Emilia Casanova, Ob. cit.
[567] Periódico *Patria*, octubre, 1894.

Cleofá, Micaela y Eusebia Rabí, hermanas del general Jesús Rabí, participaron en la Guerra de los Diez Años, y fueron apresadas. En represalia, y para que sus hermanos depusieran las armas, fueron condenadas a limpiar las caballerizas de los cuarteles españoles. Pero la humillación fue en vano ya que los Rabí siguieron unidos a la revolución.[568]

Igualmente, la esposa de Rabí, **Paula Cruz** y su hermana **Domitila Cruz**, esposa del general dominicano Félix Marcano, lucharon en la contienda. En particular, **Paula** quien se mantuvo treinta años en la manigua.

---

[568] Nydia Sarabia: «La mujer cubana en la guerra grande», en *Bohemia* 60:10, 8 de marzo, 1968, pp. 4-11.

Mujeres Patriotas de La Habana

«…y mientras ellos marchaban al combate, la madre y las hijas, enardecidas por el fervor patriótico, se dispusieron también a correr el vendaval de la guerra, siguiendo las huellas de los combatientes, viviendo la precaria vida de los ranchos, o estacionadas entre la espesura del monte. El esposo, sus hermanos y los otros libertadores, siguieron los senderos que el deber les señalaba, y la familia se internó en el monte».[569]

Rosario Morales Martín de los Reyes nació en La Habana el 25 de agosto de 1856 en el seno de una antigua familia, y desde muy joven comenzó a identificarse con la causa independentista. Era hermana de Rafael Morales, *Moralitos*.

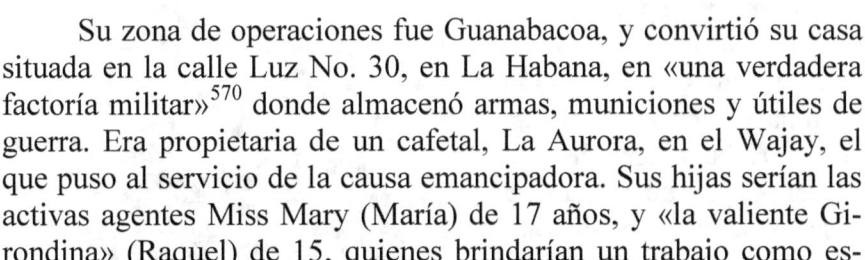

Su zona de operaciones fue Guanabacoa, y convirtió su casa situada en la calle Luz No. 30, en La Habana, en «una verdadera factoría militar»[570] donde almacenó armas, municiones y útiles de guerra. Era propietaria de un cafetal, La Aurora, en el Wajay, el que puso al servicio de la causa emancipadora. Sus hijas serían las activas agentes Miss Mary (María) de 17 años, y «la valiente Girondina» (Raquel) de 15, quienes brindarían un trabajo como es-

---

[569] Gabriel García Galán: «El heroísmo de Manana, la esposa del Gral. Máximo Gómez. Homenaje a Bernarda Toro de Gómez», *Alianza Nacional Feminista*, La Habana, 20 de marzo de 1932.

[570] «Rosario Morales Martín de los Reyes», *Bohemia*, La Habana, 25 de octubre de 1942, p. 6.

pías y mensajeras entre los conspiradores de La Habana con los del resto del país.

Pero por una delación, Fondesviela[571] detuvo y encarceló a Rosario y a sus dos hijas teniendo estas que soportar maltratos. Al no existir pruebas tangibles de la labor conspirativa que desarrollaban estas mujeres, no le quedó más remedio que ponerlas en libertad. En cuanto salieron de la cárcel se lanzaron a la manigua donde Rosario fue designada capitana jefe de Postas-Correos, un cargo de gran responsabilidad ya que tenía que organizar y distribuir toda la correspondencia mambí. Fue tan grande su labor que mereció los elogios de los generales Néstor Aranguren y Alberto Nodarse.

Por tan riesgoso trabajo cayó prisionera junto a sus hijas en 1869 y remitidas las tres a la famosa Casa de Recogidas de La Habana donde permanecieron presas hasta el final de la contienda.

En la República, Rosario fue fundadora del Asilo Huérfanos de la Patria, y a edad bastante avanzada, el Gobierno le concedió la Gran Cruz de Carlos Manuel de Céspedes. Murió en La Habana el 1 de junio de 1940, a los 80 años de edad.

Cecilia Porras Pita nació en La Habana en 1830. Pertenecía a una familia distinguida, y desde pequeña estuvo rodeada por la cultura y especialmente por la música.[572]

Vivía Cecilia en la esquina de Real y Calzada en La Habana. Un día vio pasar por la puerta de su casa a unos expedicionarios. Llena de patriotismo y emocionada, compuso esta décima, que a pesar de no

---

[571] Felipe de Fondesviela y Ordeano, capitán general.
[572] Graziella Méndez: «Cecilia Porras Pita», *Mujeres*, Galería de Mujeres, vol. 6, parte I, p. 49.

tener mucho valor literario, es sin embargo, el primer canto que una mujer escribe a la bandera en tierra cubana:

> La bandera cubana
>
> En lienzo blanco y lustroso
> Con listas color de cielo,
> Miro un triángulo modelo
> De rojo color precioso.
> Es el pabellón glorioso
> Causa de tanta querella,
> Es nuestra bandera bella
> Que nos quiere saludar
> Y a la Patria iluminar
> Con la lumbre de su estrella.

Al estallar la guerra en 1868, es Cecilia una de las primeras en contribuir al llamamiento que hace la Junta Patriótica Revolucionaria de los Estados Unidos. Cuentan que sacó de su cofre de joyas una cruz de gruesos brillantes, recuerdo de sus antepasados, y algún dinero, y se lo envió todo a la Junta bajo el nombre de hermana Cruz. Muchas damas de la alta sociedad cubana siguieron su ejemplo y también enviaron perlas, brillantes, esmeraldas y otras piedras preciosas.

Pero pronto tocaría la desgracia a las puertas de Cecilia. El 19 de octubre de 1871 llegaron a La Habana, procedentes de Cayo Hueso, los emisarios cubanos Perfecto López y los hermanos Manuel y Antonio Socarrás. En cuanto llegaron se dirigieron a la casa de Cecilia pidiéndole les diera alojamiento solo por esa noche. Al estar su esposo en Guanajay no creyó prudente acceder a tal petición, pero los mandó a ir a la calle de Neptuno número 104, donde vivía su cuñado Manuel María Martínez, para que él les diera alojamiento. Los hombres pasaron allí la noche, y cuando salían al día siguiente, los esperaba ya una turba de soldados con armas y palos. Pronto se entabló una batalla y cayó muerto Antonio Socarrás mientras que Manuel se daba a la fuga, y Perfecto López era conducido a la cárcel. Cecilia fue denunciada como encubridora y apresada para luego ser llevada a la Casa de Recogidas, a pie y escoltada de guardias. Allí permaneció encerrada hasta la madrugada del 26 de octubre en que le hicieron juicio ante el Consejo de

Guerra. Perfecto López, de ser encontrado, fue sentenciado a muerte por garrote vil al siguiente día, y Manuel Socarrás, recibiría la misma sentencia.

En la autobiografía de Emilia Casanova, esta hace mención de Cecilia cuando dice: «El marido de Cecilia, aunque ausente cuando ocurrieron los sucesos en la calle de San Miguel, fue condenado a diez y ocho meses de encierro. Manuel Martínez, el cuñado de Cecilia a presidio, incautándole el gobierno todos sus bienes. Se dice que una hija de Cecilia de once años de edad, fue llevada a la cárcel con su madre por haber dicho al portero que la había visto quemar unos papeles. La niña no negó el hecho, pero afirmó que habían sido billetes amorosos suyos, los cuáles no quería cayesen en manos extrañas y por este medio llegasen a conocimiento de su padre».[573] La hija fue ingeniosa, y quien sabe si esos «billetes» fueran algunas de las cartas que Emilia Casanova de Villaverde había enviado a Cecilia desde Nueva York.

Cecilia permaneció presa en la Casa de Recogidas durante seis años. Comenzaron así los sufrimientos para la familia. En la prisión se le iba agravando la salud a Cecilia. A los pocos meses de caer presa alguien compuso una canción titulada *La presa enferma*.[574] La canción pronto se hizo muy popular y se tocaba por todas partes. Decía así:

La presa enferma, que tanto gime,
Hoy de sus hijos ya separada,
Templan sus manos arpa sagrada,
Pidiendo al cielo triste morir.

Yo soy el hijo de esa que gime,
Ave que llora, triste cantando;
A tu palacio vengo implorando
Me des la autora de mi existir

Escucha ¡oh conde! como repite
con voz segura: ¡soy inocente!
De mancha y culpa limpia su frente,
Solo ha pecado por caridad.

Quiera el Eterno que mi plegaria
Tu noble pecho, conde taladre;
Si me devuelves mi buena madre,
Dentro mi pecho te haré un altar

---

[573] *Apuntes biográficos de Emilia Casanova,* Ob. cit., pp. 91-92.
[574] Zoila Lapique: *Cuba colonial, música, compositores e intérpretes 1570-1902,* Ediciones Boloña, Editorial de Letras Cubanas, Habana, 2008, p. 222.

Lillo, el hijo de Cecilia que poseía una bella voz y se había aprendido la canción, sin decírselo a nadie visitó un día a Blas Villate, conde de Valmaseda, en el Palacio de los Capitanes Generales. Luego de mucho insistir el niño con que quería ver al conde, le fue concedida la audiencia. Cuando Valmaseda le preguntó que qué era lo que deseaba, este le contestó: «General, en que me permita usted cantar en su presencia una canción». Así comenzó a cantar; todos se conmovieron y aplaudieron con entusiasmo. El conde lo llamó a su lado y le preguntó su nombre y él le dijo: Manuel Valdez Pita, contestó el niño. «Soy el hijo de la presa enferma; he venido a implorar su libertad por este medio porque sé le gusta a usted mucho la música».

Palacio de los Capitanes Generales en La Habana

El conde le prometió que iban a trasladar a su madre a Isla de Pinos y que pronto sería indultada. Le dijo: «Quiero que seas mi amigo y de Arturito, mi hijo». Valmaseda cumplió todo lo prometido, pero ya Cecilia salió de la cárcel muy enferma y falleció a fines de 1899, pero satisfecha de haber servido a Cuba luego de tanto sacrificio y dolor.

En los primeros días de 1869 el gobernador Dulce modifica su gobernación por un modo más liberal, y concede libertad de imprenta. En veinte días se establecen en La Habana setenta y siete periódicos. También autoriza libertad de reunión. Los cubanos, amparándose en esta nueva ley, celebran una función de gala a beneficio de unos insolventes, la noche del 22 de enero en el teatro Villanueva de La Habana. Los cubanos acuden en masa. La propietaria del teatro es **Panchita Corball**, la mamá de **Micaela Nin Corball**, esposa a su vez de Rafael María Mendive.

Teatro Villanueva a fines de la década de 1860.

Sin miedo y alardeando, esa noche las habaneras lucían unos tocados de cabeza con los colores de la bandera de Céspedes. En el palco están Luisa Mendive, hermana de Rafael María Mendive, y su esposo quienes acompañan a un grupo de sus hermanas: Luisa lleva lazos azules, Elvira que los lleva blancos y los de Catalina son rojos. Todo es un despliegue de patriotismo cubano.

Al día siguiente, la Guardia Civil se presentó en la casa de los Mendive. Venían a realizar un minucioso registro, aunque la única prueba que encontraron fue una escarapela en el escritorio de su esposa. Al Castillo del Príncipe llevaron a Mendive, y allí estuvo preso varios meses.

El 14 de abril de 1868, José Martí le escribe a Micaela Nin Corball de Mendive su poema *A Micaela* en el que Martí habla de Miguel Ángel, el primer hijo del segundo matrimonio de Rafael María de Mendive.[575] He aquí un fragmento del poema:

> Pero, ¿no ves, Micaela,
> Esa nube y esos ángeles?
> ¡Mira! ¿No ves cómo suben?
> ¿Los ves? ¿Los ves? ¡Triste madre,
> Ya se llevan a tu hijo,
> De tus delirios la imagen,
> El alma de tus amores,
> La noche de tus afanes,
> Pura gota de rocío.
> Linda perla de los mares!...
> ¡Llora, llora, Micaela,
> Porque se fue Miguel Ángel!

El 22 de enero de 1869, Mendive fue encarcelado nuevamente por ser su hogar centro de reuniones patrióticas. «(...) ¿Se lo pintaré preso, en un calabozo del castillo del Príncipe, servido por su Micaela fiel, y sus hijos, y sus discípulos (...)?».[576]

El 20 de abril de ese mismo año, todos los bienes de los Mendive son embargados. Clausuran también su colegio San Pablo, fundado en 1867, y el poeta es sentenciado a cuatro años de cárcel en España. Micaela queda sola en Cuba con la familia. Mendive logra pasar a Nueva York y reside allí hasta 1878 cuando finaliza la guerra.

Luego del Pacto del Zanjón, Mendive regresa a Cuba y encuentra a su familia dispersa y desposeída de bienes. Se van a vivir a Matanzas donde Mendive dirige el periódico liberal *Diario de Matanzas*. En 1886, enferma en Cárdenas por lo que es trasladado a La Habana, donde muere el 24 de noviembre de ese

---

[575] El niño muere al año de nacido. (N. de la A.)

[576] José Martí, *El Porvenir*, Nueva York, 1 de julio 1891.

año. Cuando Micaela muere pide que la entierren con el Diario de Martí que él le había confiado y en el que Martí hablaba de su niñez.[577]

Concepción Urzaiz y Mendive era prima de María Luisa y de Rafael María Mendive. Prestó grandes servicios a los patriotas en La Habana y Pinar del Río, entre ellos a los generales José María Aguirre, Rafael de Cárdenas, Adolfo del Castillo, Néstor Aranguren, Pedro Díaz y Antonio Varona.

Desde 1879 se habla de la actividad desplegada por las Mendive en La Habana. Estas mujeres emparentadas con el insigne educador y maestro de Martí, dieron calor a tareas conspirativas en su residencia de la capital. En casa de las Mendive participaba también en las reuniones la joven **Rosario Bolaños** (quien en 1895 sería conocida como la agente *Viola*), así como otras señoras, entre ellas **Ana y Charo Menocal, Lalá Laté de la Torre y Amelia Martínez**.[578]

La familia de Juan Clemente Zenea

María Luisa Rita Más y Ximénez nacida alrededor de 1837, era hija de José Más y Micaela María Jiménez. Fue María Luisa la esposa del poeta Juan Clemente Zenea.

Zenea inicia un noviazgo con ella en mayo de 1855, y por el epistolario (1855-1858) entre los novios vemos que María Luisa era una mujer sensible y con aptitudes para la escritura. Contraen matrimonio el 15 de enero de 1857 en la iglesia de El Salvador del Mundo de El Cerro, en La Habana. Poco después Zenea parte para Nueva York desde donde continúa escribiéndole a su esposa.

---

[577] Carlos Ripoll: *La vida íntima y secreta de José Martí*, Editorial Dos Ríos, www.editorialdosrios.com

[578] María del Carmen Barcia, Raquel Vinat: *La turbulencia del reposo. Accionar político de las cubanas durante la etapa de entreguerras: Cuba 1878-1895*, Editorial de Ciencias Sociales, La Habana, 1995, p. 285.

El 28 de noviembre de 1857 nace la única hija, **María de la Piedad Zenea Más**. El bautizo se celebra el 27 de enero de 1858 en la iglesia del Cerro.

Luego de vivir en La Habana con su familia por unos años, Juan Clemente va a Nueva York, después a México, y luego regresa a los Estados Unidos para colaborar con la causa. En 1870 tiene una entrevista con Carlos Manuel de Céspedes en la que este le pide acompañe a su esposa Ana de Quesada al exilio de Nueva York. Como ya vimos en la narración de Ana de Quesada, (ver página 135 de esta obra), Ana abandona a Juan Clemente, y es expatriada más tarde por los españoles, mientras que Juan Clemente es fusilado por los españoles en 1871. Antes de morir hace prometer a sus amigos «salir del sepulcro a dar gracias a los que fuesen buenos para su mujer y "para la niña"».

Luego de que los españoles le embargan sus bienes, María Luisa Mas y su hija Piedad, parten para el exilio de París. Años después van a residir a España.

Las madres de los Estudiantes de Medicina

El 27 de noviembre de 1871 fueron fusilados en el paredón de La Punta, en La Habana, ocho estudiantes del primer año de medicina de la Universidad de la Habana. Es un capítulo negro en la historia colonial de Cuba. Los estudiantes fueron acusados de profanar la tumba de un periodista español en el cementerio de Espada, pero todo fue una falsedad y un invento. En total eran cuarenta y cinco estudiantes, ocho de ellos condenados a la pena de muerte: Alonso Francisco Álvarez y Gamba; José Ramón Emilio de Marcos y Medina; Carlos Augusto de la Torre Madrigal, Eladio Federico

González y Toledo, Juan Pascual Rodríguez y Pérez, Anacleto Pablo Bermúdez Piñera, Ángel José Eduardo Laborde y Perera y Carlos de Jesús Verdugo y Martínez, este último quien ni siquiera estaba en La Habana cuando ocurren los hechos, sino en Matanzas.

¿Quiénes fueron las madres de estos estudiantes de medicina? Poco se sabe de ellas y la historia las ha olvidado. Recordemos hoy sus nombres: **Manuela Madrigal, Inés Martínez, Emilia Medina Ferrara** (venezolana), **Francisca Perera, Rosa Pérez Román, María Luisa Piñero, Rosalía Toledo y Leonor Amoedo.** ¿Cómo se habrán quedado estas mujeres al perder a sus hijos que eran inocentes? ¿Cuántas de ellas no habrán enloquecido o caído en una gran depresión al saber de la injusta sentencia del régimen español?

De los demás estudiantes encarcelados, trece debieron purgar seis años de presidio figurado, entre ellos Fermín Valdés Domínguez. Diecinueve de ellos fueron castigados a pasar cuatro años de presidio, otros cuatro en reclusión por seis meses, y todos con incautación de sus bienes. Solo dos fueron absueltos. Pero debido al revuelo de la opinión pública mundial, antes de seis meses el rey Amadeo I decretó el indulto de los jóvenes que guardaban presidio.

Al mes de cometerse el atroz crimen, la matancera Emilia Casanova de Villaverde, quien residía exiliada en Nueva York dedicada a trabajar por la libertad de Cuba, pide a varias cubanas en esa ciudad que la acompañen a visitar al presidente de los Estados Unidos, Ulises Grant, para abogar por los estudiantes encarcelados. La patriota Ana Betancourt apunta: «En diciembre fui invitada por la señora de Villaverde para que la acompañase con doce señoras más a Washington. El objeto de esta comisión era pedirle al Presidente Grant en nombre de las madres de los estudiantes que se habían escapado de la muerte y se hallaban arrastrando una cadena en el presidio de La Habana, que interpusiese todo su influjo con el gobierno de Madrid, para ver si conseguía se les conmutase la pena del presidio por la del destierro». Fueron indultados a los pocos meses, pero obligados a trasladarse todos a España. Cuatro de ellos fueron sentenciados a seis meses de encierro, y no fueron excarcelados en La Habana hasta extinguir completamente su condena».

Monumento a los Estudiantes de Medicina en La Habana

Y continúa Ana Betancourt: «El día de nuestra salida fue la de Villaverde a buscarme y al llegar al paradero me declaró que ninguna de las otras señoras habían querido acompañarla. Le dije que me parecía algo ridículo el que nos presentásemos solas las dos. Me contestó que ella tenía ya formado su plan y que aunque las otras no fuesen, aparecería como que estaban enfermas en el hotel. Así lo hizo presente al Sr. Presidente, el que nos dio una cordial acogida; nos alentó mucho y por último nos dijo que si hacíamos de manera que no se trasluciese el objeto de nuestra entrevista con él, casi estaba seguro de conseguir lo que le pedíamos. Para alejar toda sospecha, se hizo circular que habíamos ido a pedir la beligerancia. Estos nos ponía en ridículo, pero ¿qué nos importaba el ridículo si lográbamos salvar aquellos inocentes niños del presidio, y devolver la paz al corazón de sus madres? Cuando el éxito coronó nuestra empresa; cuando se supo que los estudiantes habían sido sacados del presidio y enviados a España por nuestra intervención, entonces callaron. Siempre agradeceré a Emilia el que me hubiese asociado a ella para esa misión tan santa y tan caritativa».[579]

En este incidente aparece también **Concepción Capdevila Pina** (Sancti Spiritus, 1884–La Habana, 1956), hija del capitán español Federico Capdevila, quien había sido el defensor de los estudiantes. Y también vemos a **Dolores Sirvén Borrás,** esposa

---

[579] Nydia Sarabia: Ana Betancourt, Editorial de Ciencias Sociales, La Habana, 1970, p.89.

del doctor y profesor de medicina de la Universidad de La Habana, Juan Manuel Sánchez de Bustamante, quien valientemente intercede ante el gobernador de La Habana por los estudiantes para que la soldadesca española no se los llevara del aula.

Pensamos que tanto Concepción Capdevila como Dolores Sirvén abogaron por estos muchachos, y estuvieron unidas a las madres de los estudiantes de medicina y a sus maridos en la defensa de estos.

Después de estos sucesos, Dolores Sirvén y su esposo Juan Manuel, que era español, tuvieron que exiliarse. «La familia de Dolores», dice un descendiente, el Dr. Alberto Sánchez de Bustamante, «estuvo muy envuelta en la lucha contra España y algunos miembros fueron fusilados. Tomás Sirvén, el padre de Dolores, tuvo que salir al exilio».[580] Luego del Pacto del Zanjón, los esposos Sánchez de Bustamante-Sirvén regresaron a Cuba en 1880.

En la foto, Dolores Sirvén Borrás[581]©

A la familia de Dolores Sirvén Borrás pertenecía la comandante del Ejército Libertador, **Mercedes Sirvén Pérez Puelles,** quien se distinguió en la Guerra del 95 y de la que hablaremos ampliamente en el tomo II de esta obra.

---

[580] Correspondencia con el Dr. Alberto Sánchez de Bustamante, 24 de diciembre de 2012.

[581] Foto cortesía del Dr. Alberto Sánchez de Bustamante.

Nieves Xenes, nació en la finca Santa Teresa cerca de Quivicán en La Habana, el 5 de agosto de 1859. Sus padres, Asunción Duarte y José Xenes, sobrino del educador José de la Luz y Caballero, vivían en el campo, y allí pasa Nieves su niñez y adolescencia. Al cumplir los diecinueve años se traslada para La Habana y comienza a escribir versos en los que exalta las bellezas naturales de Cuba y su amor por la patria. Cuando el incidente de los estudiantes de medicina, Nieves les dedica unos versos.[582]

> Con orgullo rendid vuestro amoroso tributo
> A los estudiantes de Medicina
> A la memoria bendecida del hermano
> Que tierno y generoso supo
> a la patria consagrar su vida.
>
> Como él, luchad por conquistar un día
> de la gloria los lauros inmortales,
> palpitantes sentid como él sentía
> de la doliente humanidad los males
>
> Como él con noble y varonil denuedo,
> ante la torva faz de la injusticia,
> alzad la frente y defended sin miedo
> el bien, la libertad y la justicia.
>
> Y a la patria, abrumada de dolores,
> que el triste seno desgarrado siente,
> la corona de abrojos punzadores
> ¡arrancaréis de la abatida frente!

El hogar de Nieves Xenes fue centro de concurridas y famosas tertulias literarias. Aunque no tuvo maestros, Xenes figura entre los más importantes escritores de la literatura cubana del período colonial, siempre unida a la lucha independentista.

El 17 de diciembre de 1886, Nieves encabezó una velada en el Teatro Tacón en memoria de Rafael María Mendive, maestro de

---

[582] Domitila García de Coronado: *Álbum poético, fotográfico de escritoras y poetisas cubanas*. Impr. El Fígaro, La Habana, 1926

José Martí. Nieves Xenes falleció en La Habana, el 8 de julio de 1915.

Julio

Ostenta el campo su verdor lucido,
de intenso azul el cielo se colora,
y el Sol vierte su luz deslumbradora
ardiente como el oro derretido.

Es un amante de pasión rendido
ante la hermosa Cuba a quien adora,
que a su ávida caricia abrasadora
abandona su cuerpo enardecido.

Nieves Xenes

Mujeres Patriotas de Pinar del Río

«La miseria más profunda reinaba en las filas insurrectas: los cubanos carecían de alimentos y de ropa; los soldados, andrajosos y cubiertos de harapos, formaban un grupo de fugitivos desnudos; las pobres familias que habían acudido al campo de la Revolución para estar cerca de sus seres queridos, estaban literalmente desnudas».[583]

Aunque en las provincias occidentales de Cuba casi no se sintió la guerra, ni fue tan cruenta, ni hubo tantos conflictos como en las demás provincias, parte de la población sí se involucró en la guerra. Trabajaron a distancia con la insurrección o se trasladaron a aquella región para luchar.

Isabel Rubio nació en Paso Real de Guane, el 8 de julio de 1837. Transcurrió su niñez en el seno del hogar del Dr. Antonio Matías Rubio Valero, y Prudencia Díaz Díaz-Pimienta. Cuando tenía seis años fallece su madre, y a los dieciséis ella contrae matrimonio con Joaquín Gómez Garzón, de cuya unión nacieron sus hijos Ana María, Isabel, Rosa y Modesto.

Enrique Rubio, hermano de Isabel, había seguido al padre en sus afanes, y había conspirado durante la guerra de 1868. En realidad casi toda la familia había mantenido una actitud revolucionaria.

La hija de Isabel Rubio, Isabelita Gómez, contrajo matrimonio con el coronel Enrique Canals quien era veterano de la Guerra del 68.

Al terminar la Guerra Grande, Isabel Rubio se traslada a Cayo Hueso donde reside una de sus hijas, y allí se pone en contacto con la emigración. En uno de sus frecuentes viajes a Estados Unidos, Isabel se entrevista con José Martí, y de aquel encuentro surge la promesa de que llegado el momento, la insurrección tendría en ella una fiel servidora en la zona de Vuelta Abajo.

---

[583] «Manuel Sanguily» en José Duarte Oropesa: *Historiología cubana*, t. 1, p. 121., Ediciones Universal, Miami 1989.

Monumento a Isabel Rubio en Guane

La casona donde vivía Isabel Rubio en Pinar del Río se convirtió en centro conspirativo, el más importante de la provincia. Realizar una labor como esa en 1882, no era fácil, pero Isabel logra incorporar a las personas más valiosas de la región para que se unan a la causa y trabajen por ella por medio de cartas, lecturas, reuniones y visitando a los insurgentes en persona.

Cuando llega la Guerra del 95, Isabel se incorpora a ella como veremos en el tomo II de esta obra.

BOHEMIA

REVISTA S
::: ILUSTRAL

FLORILEGIO DE ESCRITORAS CUBANAS

El distinguido doctor Antonio González Curquejo, actualmente objeto de general y legítima felicitación, ha tenido el privilegio de éxito en las obras literarias que ha llevado á término, sin que en ninguna la haya una idea interés bastarde, ni siquiera esa natural apología, que suele para la gloria, ó por lo menos, el brillo del propio nombre. El Dr. González Curquejo, á éxito conquistado lleva siempre unido el más hondo desinterés, su amor á las letras y su patriotismo. No muy pródiga, y no vacilaríamos en asegurarle, que ver es el Dr. González Curquejo, el único ejemplo en Cuba, de cuanto dejamos anotado. Dígnase si no, la soberbia obra, editada en 1891, *Discursos Políticos y Parlamentarios, Informes y Observaciones* por Rafael Montero, y últimamente, el *Florilegio de Escritoras Cubanas*, cuyo segundo tomo, fuera de la imprenta, es motivo de múltiples aplausos y de congratulaciones de sus hermanos. Para la gratitud de un pueblo y para tener derecho al título de *Mecenas*, bastan estas dos obras del Doctor González Curquejo; ya que pudiendo, en legítimo egoísmo, recopilar las excelentes producciones de su ahora fecunda, erudita y castiza, para ofrecernos volúmenes de interesante y útil lectura, ha preferido, con su altruismo que le honra y enaltece, cargando con sus afanes y sus costosas económicas, que estímamos y su trabajo, á escogita enteresante.

1. Gertrudis Gómez de Avellaneda; 2. Luisa Pérez; 3. Ursula Céspedes de Escanaverino; 4. Julia Pérez Montes de Oca; 5. Mercedes Aguilera de Matamoros; 6. Adelaida de Mármol; 7. Rosa Krüger; 8. Clara Barrera.

10. Virginia Grosones; 11. Luisa Molina; 12. Luisa Pérez de Zambrana; 13. Aurelia del Castillo; 16. Mercedes Arus y Pumillos; 15. Carmen Aguilera de Gostanti; 16. Delia María Herrera de Leiva; 17. Flora Trujillo; 19. Marianita Morales.

...de nuestros más grandes hombres, y los de la mujer cubana. Quien tal hace, más que el aplauso, es acreedor á la admiración y á la gratitud. BOHEMIA, que es exponente de la cultura cubana, tributo homenaje de admiración y de simpatía, al prestigioso editor del *Florilegio de Escritoras Cubanas*.

Tendríamos necesidad de definir la obra del Doctor González Curquejo. Indiscreción sería. Todos sabemos lo que es un florilegio: todos sabemos que por tal se entiende una colección de trozos selectos de materias literarias, y todos, en fin, sabemos también que la antología de nuestras compatriotas ilustres, iniciada con acierto por el doctor González Curquejo, es la más completa—la única que hasta el día conocemos.

No hace aun tres años que iba del número nos personaba con el primer tomo del *Florilegio de Escritoras Cubanas*, volumen elegantemente impreso en que están seleccionadas bellísimas composiciones de nuestra incomparable Avellaneda, de Aurelia Castillo, de Luisa Pérez, de Rosa Krüger, de Úrsula Céspedes, de Adelaida Mármol, de Mercedes Arus, de Virginia Felicio Auber, y de veinte más que han sostenido íntimamente con su talento, la literatura de esta tierra, ya cantando en las musas criollas las glorias de Cuba, ya despertando los ánimos de libertad en versos...

Portada de la revista *Bohemia*, La Habana, año IV, núm. 26, 29 de junio, 1918.

5

Otras voces de la Guerra

Poetisas y escritoras de la Guerra

Durante la Guerra del 68, y también en la del 95, las mujeres escribieron documentos políticos que nos muestran su compromiso valiente y su dedicación. Los más interesantes fueron los de Emilia Casanova, Ana Betancourt y Adriana del Castillo como ya hemos visto en esta obra, porque tenían un enfoque político. En estos documentos las mujeres demandaban derechos sociales, políticos y económicos para la mujer, y señalaban posturas llamando a la acción. También hubo un comunicado conocido como la Proclama de las combatientes de Guinía de Miranda, escrita en 1869, y que fue una las más destacadas proclamas políticas emitidas por mujeres patriotas. En ella proclamaron su sentir: «La Mujer es el hogar; el hogar es la Patria».[584]

Algunas poetisas mambisas capturaron las esperanzas de aquella generación de mujeres quienes, sin ni siquiera darse cuenta, interpretaban la liberación de la patria como su propia liberación.[585] En sus poemas, las mujeres cubanas describían la realidad de la guerra, denunciaban la violencia, eran portavoces de los desposeídos, los exiliados y los huérfanos. Luchaban a favor de la mujer y sus hijos, y eso las motivó a escribir sobre el deber, el sufrimiento y la dedicación de la cubana durante aquella terrible etapa de la lucha.

La nación, el honor, la gloria, el amor y la esperanza de una patria libre, son los temas fundamentales en sus textos; son el común denominador en sus poemas y escritos. Relatan los dolores y las penas de las madres, la soledad de la viudez; la muerte de sus hijos y seres queridos, y la redención de la Patria.

Muy pocas escribieron en periódicos, y las que lo hicieron fue en periódicos patrióticos editados en la manigua. En las ciudades algunas escribieron en revistas de arte y literatura así como

---

[584] Raquel Vinat de la Mata: *Las cubanas en la posguerra, acercamiento a la reconstrucción de una etapa olvidada*, Editora Política, La Habana, 2001, p 19.

[585] Ana García Chichester: *Independence and the byproducts of war. Mothers and Orphans in Cuban Poetry written by women*, University of Mary Washington.

imprimieron sus poemarios. Fue así como nos quedó una visión femenina de la guerra y sus consecuencias.

Todas ellas también vivieron esos años confiadas y esperanzadas en que cuando llegara el fin de la guerra, esta les traería también la justicia y la igualdad social y racial. Esto no se realizó a pesar de haber luchado codo a codo con el hombre; pero su sacrificio no fue en vano. Hoy las honramos porque le dieron a la patria lo mejor de sí, y abrieron el camino para las que vinieron más tarde.

Aurelia Castillo (1842-1920)

«Fuimos las Dolorosas,
Llevábamos al pecho
Siete puñales»

Canción de las Madres

Aurelia Castillo de González es considerada una de las más relevantes escritoras cubanas del siglo XIX. Nació en Camagüey el 27 de enero de 1842, en el hogar de sus padres Ana María Castillo y Pedro Castillo Betancourt.

El 6 de mayo de 1874 contrajo matrimonio con Francisco González del Hoyo, oficial del Ejército Español, pero, bien fuera por la influencia de Aurelia o por su propio descontento, se declara con una postura crítica con respecto al papel de España en Cuba, haciendo públicas sus protestas ante el fusilamiento del médico cubano, Dr. Antonio Luaces Iraola, lo que le cuesta al matrimonio de Aurelia y Francisco la expulsión de Cuba.

Luego de tres años de ausencia y de residir en España, regresan en a la Isla en 1878, después de la firma del Pacto del Zanjón. En 1880, Valeriano Weyler vuelve a expulsar del país a Aurelia y a su esposo, y esta vez se van a vivir a Santa Cruz de Tenerife, y más tarde a Barcelona, donde Aurelia no abandona sus actividades revolucionarias. Regresan a Cuba. En 1895, Aurelia enviuda y al año siguiente es expulsada de Cuba por tercera vez. Esta vez viaja sola a España.

En 1898 cuando termina la guerra regresa definitivamente a Cuba y escribe su poema «Ruinas» que reflejaba la situación de la isla al terminar la contienda. En 1902, cuando se instaura la República escribe «Trozos Guerreros» y «Apoteosis» que no puede publicar hasta un año después.

Colaboró en la *Revista de Cádiz* (1875). *La Familia, Triunfo y Luz*, (1878), *El Camagüey, El Progreso de Güines* (1879). *El País, Revista Cubana* (1885), *Revista de Cuba* (1887), *Ecos de Asturias, Crónica Meridional de Almería* y en *El Fígaro* (1895). Era Aurelia fiel amiga de la patriota Amalia Simoni de Agramonte, con la que mantiene contacto toda su vida hasta la muerte de Amalia en La Habana.

En la República contribuyó a fundar el Asilo Huérfanos de la Patria el cual albergaba a los hijos de los libertadores que habían muerto en la manigua.

Fallece el 7 de agosto de 1920 en La Habana.

Con su poema *Canción a las Madres*, Aurelia se convirtió en la voz de las madres cubanas

Canción de las Madres[586]

No somos espartanas,
No corre en nuestras venas
Líquido acero.
¡Heroicas allí fuimos,
¡y aun marciales!

Somos madres cubanas,
Somos dulces y buenas
Temblamos a la vista
De un guerrero.

---

[586] Aurelia Castillo de González: *Trozos guerreros y apoteosis*, Imprenta Mercantil, La Habana, 1903.

Mas, llena de cuidados
Cuba pidió los hijos.
Y con los ojos
ante la Virgen fijos,
Tristes los dimos, sí,
Más sin enojos.

Fuimos las Dolorosas,
Llevábamos al pecho
Siete puñales.
Tímidas, congojosas,
Si heridos, ¡que agonía!
Si muertos, ¡que amargura!

Si ellos iban al lecho,
Si el mar nos dividía,
¡Cuántos dolores!
Fusilados, ¡locura!
¡Pero antes todo eso
Qué traidores!

Hoy los vemos triunfantes
Las palabras son pocas
Estamos fieras
Vamos viviendo y llorando
Como unas pobres locas
Por las calles cuajadas
de banderas.

Úrsula Céspedes Orellano de Escanaverino (1832-1874)

«¡...yo no quiero en mi cuerpo más que tierra empapada en el llanto de mis hijos, un árbol y una flor!».

Bárbara de Orellano y Manuel Céspedes, bayameses, fueron los padres de la poetisa Úrsula Céspedes. Nació en la hacienda La Soledad, en Bayamo, propiedad de sus padres, el 21 de octubre de 1832.

Dos periódicos de Santiago de Cuba, *El Redactor* y *Seminario Cubano* publicaron sus primeros escritos. Luego colaboró en *La Prensa*, que se editaba en La Habana, y en la que escribía con dos seudónimos: *La Calandria* (nombre que escogió Carlos Manuel de Céspedes, con quien estaba emparentado) y *La Serrana*.

Contrajo matrimonio en 1857 con el periodista Ginés Escanaverino y más tarde obtuvo el título de maestra fundando una escuelita para niños pobres de la localidad, a la que le puso por nombre Santa Úrsula.

Meses antes de la Guerra Grande se trasladaron ella y su esposo para La Habana. Allí trabajan como maestros, pero las repercusiones de la guerra dejan huella en Úrsula: el padre ha sido encarcelado y vejado; su casa de Bayamo incendiada, y sus bienes y cosechas destruidos. El dolor, el maltrato y la humillación acaban con la vida del padre. Mueren también en la guerra sus hermanos Manuel, Leonardo y Miguel Céspedes Orellano y otros parientes que se habían unido a Carlos Manuel de Céspedes. Para completar las desgracias muere también una de sus hermanas, Francisca Dolores. Como si ya todo esto no fuera suficiente, mueren todos los hermanos de su madre en la Guerra del 68.

Úrsula está desconsolada. Todo su entorno se ha venido abajo. El sobresalto de la guerra, el cuidado de sus hijos, los escritos y la precaria situación económica acaba con ella. Muere en plena guerra, en Santa Isabel de las Lajas, el 2 de noviembre de 1874 a los 42 años. Por suscripción popular los socios del Liceo de Santa Isabel le erigieron un panteón en el cementerio de ese poblado.

He aquí unas líneas de su poema:

A mi madre

¿En donde están tus hijos? ¿A qué puerto
han llevado su mísera barquilla?
Unos viven, tal vez, otros han muerto;
el hogar de mi padre está desierto,
y una lágrima eterna es tu mejilla

Pues bien, mansa mujer, tú a quien impía
estrechó la desgracia entre sus brazos
sin jamás blasfemar en tu agonía,
ven y dame un consuelo, madre mía,
yo tengo el corazón hecho pedazos.

Úrsula Céspedes de Escanaverino
San Cristóbal, 1868

Domitila García de Coronado nació en Camagüey, en mayo de 1847. A los 12 años de edad va a residir con su familia a Manzanillo donde comienza su actividad como escritora ayudando a su padre en el periódico *La Antorcha*, del cual era propietario. Utiliza entonces los seudónimos *Ángela y Jatibonico*. Es periodista y tipógrafa y en 1865 ayuda a la junta de conspiradores de Camagüey a imprimir proclamas y circulares que luego se envían al extranjero como propaganda política. Cuando tenía veintiún años confeccionó un panfleto revolucionario en la imprenta de su padre.

Domitila García

Contrae matrimonio con Nicolás Coronado y Piloña y con él funda el colegio privado Nuestra Señora de los Ángeles de La Habana.

Escribe en importantes periódicos en favor de la causa de Cuba, sobre todo en el periódico *La Patria,* de Bogotá. En 1866 trabaja junto a la poetisa Sofía Estévez Valdés en la revista semanal *El Céfiro*. Luego es fundadora de una academia de tipógrafas y encuadernadoras, la primera de su tipo en Cuba, que quedó establecida el 17 de mayo de 1891.[587]

En 1870 luchó a favor de la conmutación de la pena de muerte de la familia Hidalgo Liriano de Trinidad por su amistad con la condesa de Valmaseda. En ese mismo año imprime, arriesgando su vida, el periódico revolucionario *Laborante*, y también colabora en *El Correo de las Damas* y El *Diario de la Familia.*

Al final de su vida vive en la pobreza y en el anonimato. Fallece en La Habana, el 18 de septiembre de 1937 a la edad de 90 años, dejando inédito su libro *Cubanas beneméritas.*

Lucrecia González Consuegra nació en Sancti Spiritus en septiembre de 1848. Era mestiza y autodidacta, y según la periodista Osmaira González Consuegra, era escritora y poetisa y editaba

---

[587]*Álbum del cincuentenario de la Asociación de Reporteras de La Habana 1902-1952*, La Habana, 1952, pp. 440.

el periódico *La Armonía* de Sancti Spiritus. En las páginas del periódico y de otros documentos escritos por ella hay «destellos nítidos de un vínculo a José Martí, que nos hace preguntarnos: ¿Fue Lucrecia González Consuegra amiga de José Martí, olvidada en el tiempo?».[588]

Lucrecia siempre estuvo interesada en las letras y sin embargo ha permanecido en el anonimato en las publicaciones contemporáneas. Escribió en favor de la mujer negra, y en defensa de la independencia de la isla.

El investigador Orlando Fernández Aquino apunta: «Se dio a conocer en el ámbito cultural de Sancti Spíritus en la década del 1880, cuando con el también poeta negro Juan Rafael Valdés fundó la sociedad de instrucción y recreo *La Armonía* (1882) y el periódico del mismo nombre, empeños que significaron un verdadero esfuerzo por la superación y el desarrollo cultural de la raza negra en la región».[589]

Lucrecia trabajó como la principal redactora de *La Armonía*, donde no solo publicó la mayor parte de sus trabajos, sino que también recibió colaboraciones de intelectuales nacionales y extranjeros. Colaboró además con las revistas *Minerva*, de Cienfuegos, *Álbum de las Damas de Las Villas*, *Albores*, *Ibis*, *Soñada y Diana*, de Sancti Spíritus, así como con el periódico *El Fénix*.

Cuando en Sancti Spiritus se comienza a planificar la Guerra del 68, Lucrecia trabaja con Honorato del Castillo y con José Rafael Estrada a fin de crear la unidad entre los espirituanos para la lucha futura.[590] Cuando preparan la Guerra Chiquita en 1879,

---

[588] Osmaira González Consuegra: «Lucrecia González Consuegra, amiga de José Martí», *Verbiclara*, 25 de septiembre de 2012.

[589] González Consuegra: Ob. cit.

[590] Fernández Aquino, Orlando: *La prensa espirituana, la cultura y los autores espirituanos en la colonia (1834-1898)*. ISP Capitán Silverio Blanco, Cabaiguán, 1990.

Lucrecia es la encargada de mantener la llama de la independencia en su región. Cuentan que para la Guerra del 95, Lucrecia se comunica con Martí quien la hace su auxiliar en Sancti Spíritus adonde le escribe periódicamente. De acuerdo con el historiador Pastor del Río, Martí le remitió en una ocasión el modelo de la escarapela tricolor, y el diseño de la bandera. «Advertidas sus actividades y su correspondencia», dice del Río, «enterró las cartas del forjador del Manifiesto de Montecristi (…) Tuvo la satisfacción inmarcesible de ser eficaz cooperadora del Maestro y merecer el galardón de su confianza y de su aprecio (…)».[591] Desafortunadamente, como vemos por esta cita, las cartas y documentos que demostrarían las relaciones entre José Martí y Lucrecia González Consuegra fueron destruidos por la poetisa.[592]

En la composición *A Cuba*[593] publicada en periódico *El Fénix* de Sancti Spiritus, el 4 de julio de 1899, próximo ya al final de la guerra, vemos su ardiente sentir por la libertad:

> Libre eres ya del déspota insolente
> Que con falacia te llamaba hermano
> Lanzando sobre el rostro del cubano,
> Injusticia, oprobios, deshonor.

Durante su vida no recibió ningún premio ni distinción, y solamente se le reconoció cuando Oscar Fernández Morera[594] le dedicó uno de sus lienzos en la Galería de Espirituanos Ilustres en 1939.

Rosa Kruger y del Busto

> «Llegaron, señora, tus horas de duelo;
> la patria te adorna de hermoso laurel…»
> Rosa Kruger del Busto

---

[591] González Consuegra: Ob. cit.

[592] Fernández Aquino, Orlando: Ob. cit.

[593] Lucrecia González Consuegra: «Hermana y colega en el tiempo» www.monografias.com/trabajos91/lucrecia-gonzalez-consuegra-hermana-y-colega-tiempo

[594] Pintor espirituano del siglo XIX.

Nació en La Habana en 1847, y murió en esa ciudad el 4 de abril de 1881 a los 34 años de edad. Sus poemas aparecieron en las páginas de *El Siglo*, *El Occidente*, *La Guirnalda* y *Revista de Cuba*,[595] particularmente en el período comprendido entre los años 1877 y 1881. A veces firmaba sus escritos con el sobrenombre de *Rosa*.

El reconocimiento del sacrificio de las madres durante la guerra aparece en su largo poema titulado «Después de la victoria» (1872)[596] en el que la poetisa adopta la voz del soldado que regresa a casa y el dolor de la madre al ver que su hijo se marcha al campo de batalla:

«¡Oh madre –prorrumpe, oh, mísera anciana!
No burló el instinto tu fiel corazón:
Al marchar tus hijos dijiste: Mañana moriré
Y un hombro mi cabeza cana
No hallará en su apoyo, ni dulce calor.

Llegaron, señora, tus horas de duelo;
la patria te adorna de hermoso laurel».

Sus obras se recogieron e imprimieron luego de su muerte por las gestiones de José Antonio Cortina.

María de las Mercedes Dolores Leandra Matamoros y del Valle

«Bastarán una flor, una armonía,
para acordarte de la ausente patria.
Ella es tu madre, y por la madre
siempre derrama el hombre
sus mejores lágrimas».

Mercedes Matamoros

---

[595] Leonardo Depestre Catony: Rosa Kruger, la siempre joven, www.cubaliteraria.com/articulo.php?idarticulo=7931 en *Cuba Literaria*.

[596] González Curquejo, Antonio: *Florilegio de escritoras cubanas*, t.2, La Moderna Poesía, La Habana, 1910.

Nació Mercedes Matamoros y del Valle el 13 de marzo de 1851, en Cienfuegos, y siendo aún una niña fallece su madre y Mercedes queda a cargo de una nodriza. El padre, Dionisio Matamoros, natural de La Habana, decide trasladarse a la capital para que su hija obtenga una educación. El mismo padre le enseña inglés y francés, y dominaba el alemán y el italiano por ciertos trabajos que se han encontrado realizados por ella. Del inglés tradujo a Byron, Longfellow, Chaucer, Tennyson y Thomas Moore; del francés, a André Chenier y a Vigny, y del alemán a Goethe y a Schiller.

La internan en el colegio del Sagrado Corazón del Cerro, y cuando tenía concluidos sus estudios se muda con su padre para la calle Virtudes y Mercedes comienza a publicar en la prensa artículos de costumbres con el seudónimo de *Ofelia*.

El 22 de enero de 1869 estaba Mercedes en el teatro Villanueva en una función para recaudar fondos para apoyar la lucha de la independencia. Lucía el cabello suelto con un lazo azul como muestra de cubanía. Al finalizar la obra se escucharon en el teatro varias exclamaciones como «¡Viva Céspedes!» y «¡Viva Cuba Libre!». Los soldados españoles comenzaron a disparar. Mercedes logra escapar por el escenario hasta la casa del suegro de Rafael María Mendive, donde logra refugiarse. En ese momento Mercedes contaba 18 años, y ya estaba comprometida con la causa de la independencia.

Sus primeros escritos fueron publicados por insistencia de José Martí, de quien fue amiga y con quien sostuvo correspondencia por muchos años. Se cree que fue en 1879 cuando Martí regresa a Cuba, luego de un largo destierro, que se asocia al Liceo Artístico y Literario de Guanabacoa. Es entonces cuando conoce a Mercedes. Martí le escribiría sobre un abanico unos hermosos versos que dedica a ella, y la poetisa dedica luego una trilogía de poemas a José Martí, el primero con motivo de su partida de Cuba, titulado *Adiós*, y los otros dos en 1895 cuando este muere en Dos Ríos, titulado *En la muerte de Martí* que se cree es el primero dedicado por una mujer al Apóstol. Ya más tarde, le dedica un poema en 1902 cuando se coloca la estatua a Martí en el Parque Central de La Habana.

El epistolario de Mercedes se cree desapareció completo cuando esta quemó las cartas debido a las persecuciones dictadas por Fondesviela. Queda como testimonio la carta escrita por Francisco Javier del Castillo y publicada en la revista *La Golondrina*, en ocasión del fallecimiento de la poetisa.[597] En esa carta del Castillo la describe: «De su físico, puede decirse que era débil y delicada como la estructura de un arpa; su estatura mediana, su cabeza erguida en la que lucía una frente despejada y serena y unos cabellos castaños que caían en graciosa cascada... ¡Sus ojos hermosos, soñadores, brillaban a veces con la intensidad del diamante y otras aparecían velados por el misterio de la meditación o por el poder de la melancolía!... Su cutis, muy blanco y ligeramente sonrosado; pudiendo afirmarse que en conjunto, su continente era eminentemente simpático. Su conversación era nerviosa y pintoresca; su gran cultura le permitía hablar aún de los temas más ajenos a la mujer, se expresaba sin afectación y siempre estaba en ese justo medio, en sus juicios, a que es tan difícil llegar. Quien haya disfrutado de su trato frecuente, podrá decir que en su carácter complejísimo, ocultaba un espíritu de temple ¡indomable, bravo, enérgico!».

La poesía patriótica de Mercedes muestra una gran cubanía. El periódico *El Fígaro* realizó una encuesta en que preguntaba: «–¿Si usted no fuera cubana, en dónde querría haber nacido?» A lo que Mercedes contestó: «–Si yo no hubiera nacido en Cuba, quisiera haber nacido en Cuba». En una estrofa de su poema *Sensitiva XX* vemos la imagen que tenía Mercedes de la Patria:[598]

> Bastarán una flor, una armonía,
> para acordarte de la ausente patria,
> Ella es tu madre, y por la madre siempre
> derrama el hombre sus mejores lágrimas.

Enzalza a los cubanos que perecen luchando por la patria, cuando escribe: «ellos permanecen eternamente en la memoria de la patria, aunque hayan muerto, los héroes viven para siempre».[599]

---

[597] Carta encontrada por el investigador guanabacoense Luis Reyes en la revista *La Golondrina* de 1906, en el Archivo del Museo de Guanabacoa.

[598] Hortensia Pichardo Viñals: *Mercedes Matamoros, su vida y su obra*, Cárdenas y Co., La Habana, 1952.

[599] Louis A. Perez, Jr.: *To Die in Cuba: Suicide and Society*, University of North Carolina Press, Chapel Hill, North Carolina, 2005.

En otro poema, Mercedes Matamoros expresa cómo las mujeres eran víctimas de los españoles durante la guerra:

> ¡Cuánta virgen cubana sin pan ni asilo
> A la casita aislada temblando llega!
> ¡Cuántos nidos se quedan sin sus palomas!
> ¡En las garras del lobo cuántas ovejas!
> El viejo alza la copa y exige el beso,
> Y el brindis por España también ordena...

En el año 1884 se muda definitivamente para Guanabacoa. Tiene que atender al padre que está muy enfermo. La situación económica del hogar es precaria teniendo que salir a trabajar en el ayuntamiento a la vez que imparte clases en su hogar, y también en el colegio de la gran pedagoga cubana María Luisa Dolz.[600] Sin embargo, pronto tiene que abandonar esos trabajos para dedicarse por entero al cuidado del padre.

Por su situación tan difícil la ayudan económicamente las poetisas Aurelia Castillo y Juana Borrero (quien vende uno de sus cuadros), la actriz Luisa Martínez Casado y Marta Abreu, con una donación de cien pesos oro para publicar parte de su obra. El hecho de que tan prestigiosas damas de la época ayudaran a Mercedes con la terrible situación por la que estaba pasando es prueba de que no solo era conocida, sino también respetada y querida. Con el dinero de la venta de sus obras Mercedes compra dos casitas más en Guanabacoa.

Monumento a Mercedes Matamoros en Cienfuegos

---

[600] Destacada educadora y defensora de la mujer (La Habana 1854-1928).

Al fallecer el padre y su nodriza la poetisa se traslada a su casa de la calle Amenidad donde escribiría el resto de su obra, residiendo allí hasta su muerte.

A pesar de estar atendida por buenos especialistas, el cáncer acabaría con ella. Veinte días antes de morir escribe su testamento manuscrito en el Hospital de Guanabacoa donde fallece el 25 de agosto de 1906, a las diez y media de la noche. Amortajada con túnicas blancas, sus restos fueron expuestos en el Ateneo, colocada sobre el féretro una guirnalda de biscuit que donó la pedagoga francesa Madame Oliver, e inhumada el 27 de agosto en la Necrópolis de Colón en el panteón familiar.

A pesar de tantos sufrimientos, no dejó de trabajar y de escribir. Sus poemas ayudaron a forjar la libertad de su país. Su recuerdo ha pervivido al igual que su obra, y un busto de Mercedes Matamoros ha sido colocado en el Paseo del Prado en su ciudad natal de Cienfuegos.

Delia Nápoles de Navarro desempeñó diferentes tareas en el periódico *Cuba Libre* y *La Estrella Solitaria*

Luisa Pérez Montes de Oca de Zambrana

«¡Oh Cuba! si en mi pecho se apagara tan sagrada ternura y olvidara esta historia de amor, hasta el don de sentir me negaría pues quien no ama la patria, ¡oh Cuba mía!, no tiene corazón»

De *Adiós a Cuba*

Nació Luisa Pérez Montes de Oca en la finca El Melgarejo, cerca de las minas de El Cobre en Santiago de Cuba, el 25 de agosto de 1837. Queda huérfana de padre muy joven y se muda con la familia a la ciudad de Santiago donde se da a conocer como poetisa.

Su casa en Santiago es centro de reuniones y veladas artísticas. Es declarada socia de mérito de la Sección de Literatura de la Sociedad Filarmónica en esa ciudad, y luego comienza a cartearse con Ramón Zambrana tras una carta que éste envió a la poetisa y así comienza una correspondencia que culminaría en matrimonio.

Se casan en Santiago de Cuba, pero la vida le tenía deparado un camino doloroso, pues entre 1886 y 1898 pierde a su esposo y a sus cinco hijos, quedando Luisa en precaria situación económica. Por esa misma fecha muere su hermana Julia, quien también era poetisa. Todo esto impactó en su ánimo y en su obra. Como su vida estuvo siempre marcada por la presencia de la muerte, su obra estaba llena de sensibilidad, melancolía y pasión.

José Martí escribió sobre ella: «Es Luisa Pérez pura criatura, a toda pena sensible y habituada a toda delicadeza y generosidad. Cubre el pelo negro en ondas sus abiertas sienes; hay en sus ojos grandes una inagotable fuerza de pasión delicada y de ternura; pudor perpetuo vela sus facciones puras y gallardas, y para sí hubiera querido Rafael el óvalo que encierra aquella cara noble, serena y distinguida. Cautiva con hablar, y con mirar inclina al cariño y al respeto. Mujer de un hombre ilustre, Luisa Pérez entiende que el matrimonio con el esposo muerto dura tanto como la vida de la esposa fiel».[601]

En Santiago de Cuba colaboró con en *El Orden*, *El Diario*, *El Redactor* y *Semanario Cubano* (1855). En *Brisas de Cuba* (La Habana, 1855) y en *La Abeja* (Trinidad, 1856) también publicaron sus escritos. Escribió en *Kaleidoscopio,* que había fundado su esposo en 1859; en *Aguinaldo Habanero*; en *La Habana*, que tenían Manuel Márquez Sterling y Francisco Calcagno, y alrededor de 1860 y en los años subsiguientes, en *El Álbum de lo Bueno y lo Bello, Cuba Literaria, Revista Habanera, Brisas de*

---

[601] Revista *Universal*, 28 de agosto de 1875.

Cuba, *Ofrenda al Bazar*, *Guirnalda*, *Noches Literarias* y otras publicaciones.

Luisa también escribió sobre las ejecuciones de Francisco Estrampes y Ramón Pintó en 1855:

> ¡Oh sol! Y tú lo ves, y tú lo escuchas
> Siguiendo impávido tu curso eterno,
> Acaso tan odiosa tiranía
> No te horrorizan ni delitos tantos
> Te indignaron jamás

Y luego de la muerte de Martí, tenemos su poema «La tumba de Martí»

> ¡Héroe sublime que la muerte hiela!
> ¡duerme! que un pueblo de rodillas vela
> esta tumba, este altar,
> pues de un iris espléndido ceñida,
> de la rosa de fuego de tu herida,
> surgió la Libertad.

Fue fundadora del Liceo Artístico y Literario de Regla. De la obra de Luisa Pérez Montes de Oca dijo José Martí: «se hacen versos de la grandeza, pero sólo del sentimiento se hace poesía».

Murió en Regla, el 25 de mayo de 1922.

Catalina Rodríguez de Morales (1857-1884), nació el 1ro de abril de 1835 en Pipían, Madruga. Desde pequeña escribía poemas y a los doce años improvisaba con facilidad.

Al morir su madre la familia se trasladó para Matanzas en donde conoció a algunas personalidades como Felipe Poey, Nicolás Heredia y José de Socorro de León quienes enseguida se percataron del talento de Catalina para las letras.

Durante la Guerra del 68 se exilió y fue a residir a Colombia y luego a Venezuela. Se sabe que cuatro de sus libros aparecieron en Matanzas o en La Habana mientras permanecía en la diáspora, y que Martí habló de ella en uno de sus escritos en la prensa.

La escritora muere el 14 de noviembre de 1884 en Las Villas.

Aquí el extracto de un poema en el que se personifica el dolor de la mujer desamparada ante la crueldad de la guerra:

El canto de la mendiga[602]

¡La dulce madre mía, mi madre idolatrada!
Mi padre y mis hermanos, son muertos, ¡ay de mí!
Y yo en el mar del mundo me quedo sepultada,
Gimiendo en mis dolores hasta llegar al fin.

Piedad graciosa niña, piedad matrona hermosa,
El hambre me consume, mirad mi desnudez,
De lo que os sobra, un poco, con pena dolorosa
Os pide de rodillas, llorando una mujer.

---

[602] Antonio González Curquejo: *Florilegio de escritoras cubanas*, vol. II, Aurelio Miranda, Impresor, La Habana, 1913, pp. 176-77.

Patriotas mártires asesinadas o fusiladas

Mercedes Varona no fue la única mujer mártir de nuestras guerras. Muchas otras cubanas perdieron la vida frente a un pelotón de fusilamiento. Señalamos algunas de la Guerra del 68 que se han encontrado en esta investigación:

La septuagenaria **Catalina Guerra de Betancourt**, fue fusilada en 1868.

Luego de juicio sumarísimo, el capitán general ordenó el fusilamiento de **Victoria Valdés** y de **Carmen Correa** el 12 de febrero de 1869.

Igual sucedió con **Gertrudis Nápoles, Rosario Cortázar, Plácida, Rosa y Dolores Pérez** fusiladas el 23 de septiembre de 1869.

Luisa Fernández Gutiérrez, asesinada en Sancti Spiritus, el 31 de enero de 1870; **Mercedes Moya**, pasada por las armas en un sitio conocido por Seiba, el 15 de marzo de 1870; y **Pastora López Marrero** de Puerto Príncipe, fusilada el 10 de septiembre de 1870.

El 1 de junio de 1872, **Lorenza Martínez** de 60 años de edad, fue asesinada con un machete junto a sus tres nietos: Maximiliano, Florentín y Manuel de 3, 5 y 7 años respectivamente. **Juana Gregoria Torres** fue asesinada, luego de violarla, junto a su hijo de pecho. En 1872, mataron a tres mujeres y una niña de 8 años en Estancia Grande. Total de asesinatos en Cauto, entre el 8 y el 28 de mayo de 1872: trece mujeres y once niños.[603]

---

[603] M. M. Zarzamendi y N. Ponce de León: *The book of blood*, an *authentic Record of the Policy adopted by modern Spain, October 1868 to November 10, 1873*, Nueva York, 1873.

Mercedes Hernández fue asesinada el 27 de mayo 1872. Se ignora en qué campamento estaba cuando falleció. Así mismo fueron asesinadas **Nieves Sánchez** y sus hijos, Juan y Diego, y la madre del teniente coronel Camilo Sánchez.

Eufemia Frías, Rosa Canales, Dolores Casamayor y Caridad Puig fueron fusiladas en presencia de la tropa en el Cauto, acusadas de comunicantes. **María Borrero y Luisa Rivero** fueron colgadas de la rama de un mamoncillo en Guisa mientras mataban a bayonetazos a sus hijos recién nacidos. **Luisa Fernández y Gutiérrez**, fue condenada a muerte por el crimen de esconder a un rebelde en su habitación. No ha quedado el registro de su ejecución.

El Archivo Central Histórico Militar de Segovia, España

El historiador holguinero, José Miguel Abreu Cardet,[604] ha estado investigando el tema de la Guerra del 68, y comenta sobre los abundantes datos en su investigación sobre las mujeres y los niños que fueron encontrados en la manigua y hechos presos, o que se presentaron a los españoles durante la contienda del 68. Aquí una breve relación de esta investigación:

El 8 de enero de 1870 el destacamento de Guadalupe en Morón, informa de la captura de 16 personas y que pertenecen a dos familias dirigidas por dos mujeres. Una de estas mujeres tiene 46 años y es acompañada por 6 hijos entre las edades de 16 a 3 años. Una de 15 y otra de 16 son hembras. La otra familia la lleva una mujer de 38 años con 8 hijos, tres de estos son hembras. Estas familias no se presentaron sino que fueron hechas prisioneras por una columna española. Se supone que estas personas vivían en el campo cubano quizás desde el inicio de la guerra.[605] «Es asombroso el nivel de resistencia de estas personas», me comenta Abreu

---

[604] Presentados y Aprendidos – Resumen de los informes sobre prisioneros que aparecen en los microfilms obtenidos por el investigador alemán Volker Mollin, agosto 2013. Archivo Central Histórico militar de Segovia, rollos 17 16, 15, 14, 9, 8, 7.

[605] Archivo Central Histórico Militar de Segovia, Ponencia de Ultramar Cuba 26, Legajo 4, rollo 7.

Cardet, «y toda la serie de medidas de protección tomadas por los padres para que lo niños pudieran sobrevivir».[606]

El 10 de abril de 1870, el destacamento capturó en el monte de La Majagua, en Las Villas, a una mujer con diez niños.[607]

Termino esta pequeña investigación, digna de un capítulo aparte, con lo sucedido el 25 de mayo de 1870. La columna española salía de Las Parras, en Sabana Nueva, cuando matan al oficial mambí Rafael Zaldívar. Al día siguiente mataron a cuatro mambises y hacen prisioneros a tres. Estos prisioneros informan al jefe de la columna española que en La Güira está la familia de Ignacio Agramonte. Continúan adelante y en San Juan de Dios descubren un campamento mambí. Los insurrectos ofrecen muy poca resistencia y toman el campamento. Matan nueve mambises, toman dos prisioneros mambises y a varias familias. Entre los prisioneros está Agustín Barranco, mayordomo de propios. Entre las familias capturadas esta la esposa de Ignacio Agramonte, Amalia Simoni. Las familias capturadas tienen la siguiente clasificación: 90 blancos y blancas y 28 personas negras, haciendo un total de 118 prisioneros.

Como hemos visto, en este hecho se destaca la captura de Amalia Simoni. Pero lo que sorprende aquí es la cantidad de familias apresadas, entre las que hay algunos apellidos ilustres de Camagüey, entre ellos dos de apellido Simoni, tres Simoni Agramonte, dos Argilagos, un Argilagos de Agramonte, un Cisneros, nueve Abad, dos Betancourt y cinco Loret de Mola.[608]

El 3 de julio de 1870, en Monte Ponce, Los Charcos, Las Villas, son recogidos por las tropas españolas cinco personas que militaban en las filas insurrectas. Las edades: 29, 10, 6, 4 y 2 años. La que tiene 29 años es una mujer y los demás son sus hijos o parientes. La mujer declaró que su esposo posiblemente fue muerto antes de localizarla a ella. Son naturales de Yaguaramas. La mujer de pronto es cabeza de familia al morir el marido o estar preso en

---

[606] Correspondencia con la autora, noviembre 2013.

[607] Archivo Histórico Militar de Segovia, Ponencia de Ultramar Cuba 29, legajo 7, rollo 7.

[608] Archivo Histórico Militar de Segovia, Ponencia de Ultramar Cuba 30, legajo ilegible, rollo 8.

las filas mambisas.[609] Por este informe vemos que es la mujer la cabeza de familia, función que en la sociedad de la época estaba limitada solamente al hombre. Durante la guerra encontramos muchos casos como este en que al fallecer el esposo, es la mujer la que toma su puesto como jefe de familia. «Este tema de la mujer cotidiana ha sido prácticamente olvidado por la historiografía cubana», dice Abreu Cardet. «Hay otro tema olvidado, que son los niños. Mujeres y niños esperan con inaudita paciencia por el historiador que narre sus pasiones y sufrimientos, pero no el mito del niño héroe sino las mujeres y niños anónimos».[610]

Algunas patriotas presas en la Casa de Recogidas de La Habana

Eva Adán y Betancourt de Rodríguez
Rafaela Rodríguez de Rodríguez
Ángela Malvina Silva
Caridad Agüero Betancourt
Ana Betancourt de Mora
Candelaria Cabrera y Calzada
Gabriela de Varona Miranda
Leonor García Iñiguez
Ángela Malvina Silva
Rosario Morales de los Reyes
María Julia Ortegosa
Isabel Pérez Cabrera de García
Rosalía García de Osuna Vda. de Lamas
Clotilde Sánchez
Josefina Sarduy
Concha Agramonte
María Aguilar Borrero
Ana Cabrera y Calzada de Pérez
Manuela Cancino
Concepción García Iñiguez
Pastora González
Francia Marrero
Inés Morillo
Belén Pérez
Cecilia Porras Pita

Patriotas de Puerto Príncipe encarceladas 22 de septiembre de 1869

Francisca Socarrás (comadrona); Carmen Carrillo (propietaria de negocio); Soledad Lescano de Vega (combatiente); María Guerra

---

[609] Archivo Central Histórico Militar de Segovia, Ponencia de Ultramar, Cuba, 65 Legajo 10, rollo 17.

[610] José Abreu Cardet, correspondencia con la autora, 19 de noviembre de 2013.

de Simoni (propietaria); María Francisca Cisneros (propietaria); Virginia Chaviano; Tomasa Socarrás de Figueredo.

Presas por el batallón Unión en Camagüey[611]

Juliana Varona de Betancourt, Cecilia Boza Estrada, Rosa Varona Estrada y Matilde Varona y Betancourt.

Nieves Cardoso fue condenada el 2 de noviembre de 1869 a dos años de trabajo forzoso en la cárcel en La Habana.

Eloisa Rivero Brito, esposa del patriota Néstor Leonelo Carbonell y **Elvira Vera**,[612] fueron expulsadas de sus residencias y confiscados sus bienes el 5 de octubre de 1869.

---

[611] *Diario de la Marina*, 19 de enero de 1871.

[612] N. Ponce de León: *The Book of Blood, An Authentic Record of the Policy Adopted by Modern Spain, October 1868 to November 10, 1873*, Nueva York, 1873.

Capitanas del Ejército Libertador Guerra del 68

Rosa La Bayamesa, capitana de Sanidad

Carmen Cancio Bello
Rosa Castellanos Castellanos
Ana Cruz Agüero
Rosario Morales
Luz Palomares

Clubes Revolucionarios Femeninos establecidos en Cuba y en el extranjero durante la Guerra de los Diez Años

Desde la década del 1850, en Nueva York ya existía el Comité de Patriotas y la Sociedad Republicana de Cuba y Puerto Rico que, junto con la Junta de La Habana, realizaban tareas diplomáticas y políticas. Cuando comienza la Guerra del 68, Céspedes trata de buscar el apoyo de los emigrados cubanos y atraer las simpatías del gobierno norteamericano para poder obtener ayuda y apoyo.

Cespedes nombra a José Morales Lemus como enviado extraordinario y ministro plenipotenciario de la República de Cuba en los Estados Unidos, así como apoderado del gobierno de la misma, agente de la revolución y presidente de la Junta Central Republicana de Cuba y Puerto Rico.[613]

Transcurridos pocos meses de iniciada la Guerra de los Diez Años, la mujer cubana no dudó en sumarse a la lucha, dentro y fuera de Cuba.

El 17 de febrero de 1869,[614] quedó fundada en Nueva York la Junta Patriótica de Cubanas integrada por las esposas de los cubanos que habían ido a conspirar al extranjero. La finalidad de esta Junta era reunir fondos para las expediciones que saldrían a luchar en Cuba.

Es también interesante la labor de otra asociación. De acuerdo a la escritora Milagros Gálvez Aguilera,[615] «se llamaba la

---

[613] José Duarte Oropesa: *Historiología cubana*, t. I, Ediciones Universal, Miami, 1989, p. 105.

[614] Felipa Suárez Ramos, Cubadebate, http://www.cubainformacion.tv/ index.php/ historia/ 45034-de-la-primera-gesta-independentista

[615] Milagros Gálvez Aguilera: *Expediciones navales en la guerra de los Diez Años*, Ediciones Verde Olivo, La Habana, 2000.

asociación Flores de La Libertad, creada en Nueva York para el socorro mutuo de sus integrantes compuesto por las viudas y huérfanos de los patriotas cubanos a quienes llamaban flores». Los requisitos para pertenecer a esta asociación era tener más de 15 años de edad, contar con el consentimiento de los padres o del esposo, y mantener buena conducta. Las que aspiraban a entrar en la asociación debían ser presentadas al menos por dos flores, o sea dos socias, y su admisión dependía de la aprobación de la mayoría que se realizaba por medio del voto secreto. Además, deberían entregar una cuota mensual, o alguna prenda en caso de que la situación económica les impidiera contribuir con dinero.

Las juntas eran denominadas ramilletes, cada una de las cuales rendía informes mensuales al comité central, que resultaba ser el primero constituido en cada población. Estos a su vez informaban cada tres meses al fundador de la asociación de todo lo acontecido.

De acuerdo con su puesto en la asociación, cada flor estaba representada por un color determinado: el blanco era de las fundadoras; el azul a las socias de número, y el rojo las eméritas, quienes se distinguían por sus acciones de beneficencia. Como distintivo, todas llevaban en sus blusas una flor con el color correspondiente, y las fundadoras, un ramillete con los tres colores.

La gran labor se estas mujeres no se limitó solo a la recaudación de fondos. También distribuyeron proclamas y llamamientos en los que recababan de las mujeres de otros países latinoamericanos y de las familias de los combatientes en la Isla, su contribución material y su apoyo moral. Pronto vieron el esfuerzo ya que lograron reunir lo suficiente como para abastecer las expediciones navales que salían hacia las costas cubanas.

Durante la Guerra de los Diez Años algunas Asociaciones de «Damas» o «Hijas» aparecen en la emigración cubana en los Estados Unidos y también en Cuba. La Junta Patriótica de Damas de Nueva York no perdió tiempo en unirse en 1869 a la Liga de las Hijas de Cuba, fundada en Nueva York por Emilia Casanova. En Nueva Orleans, la movilización del Club Hijas del Pueblo es reconocida en 1874.

En el estado de Missouri, Estados Unidos, se fundó el 23 de marzo de 1880 el Club Mixto Fe Patriótica. Máximo Agüero fue el presidente y **Ana Falcón de Agüero** (*La Solitaria*) fungió como tesorera. De los otros siete asociados dos eran mujeres: **Rita Cuervo** (*La Hija del Pueblo*) y **Antonia Alpízar** (*La Inocente*). Se destaca el hecho de haberse constituido este club en un estado de Norteamérica tan alejado como era Missouri, donde residían muy pocos cubanos. Por esto vemos la extensión y la unidad de los exiliados durante la Guerra del 68.

Clubes secretos en Cuba[616]

En la Habana, a pesar de la represión existente, el **Comité Central de Señoras** parece funcionar clandestinamente en 1876.

Club Secreto de La Habana, nació en la villa de Regla el 2 de enero de 1879. La directiva estaba integrada por tres damas que firmaban bajo los seudónimos de *Cornelia, Judith y Agripina*. Asimismo, las vocales adoptaron sobrenombres como *Mmllee Rolland, Carlota Corday, Lucrecia y Susana*.

Otro **Club Secreto de La Habana**, fundado el 8 de enero de 1879, también con un acta de constitución en la que figuran tres damas: *La Estrella* (Presidenta), *La Solitaria* (Tesorera), y *Cuba* (Secretaria).

Club Hijas de la Libertad, fue establecido el 16 de marzo 1879, también en la ciudad de La Habana. Sus integrantes utilizaron los seudónimos de *Policarpa* como presidenta; *Laura*, como tesorera, y *Carolina* como secretaria, mientras que las vocales fueron *Safo* y *Medea*. Tuvo filiales tanto en Cuba como en los Estados Unidos. **Ernestina Agüero de Sánchez** formó parte de este club establecido en Cayo Hueso el 16 de diciembre del 1878, fungiendo como tesorera.

Cédula de acción clandestina en Guanabacoa establecida el 23 de marzo de 1879 e integrada por **Francisca González** y las hermanas **Carmen y Mercedes Peralta**, así como **Dolores Vázquez** quien también fue tesorera de la **Cédula de Acción Clandestina Primero de Noviembre** en Guanabacoa en 1879.[617]

---

[616] Raquel Vinat: *La turbulencia del reposo,* Editorial de Ciencias Sociales, La Habana, 1998, pp. 281-282.

[617] Raquel Vinat de la Mata: Ob. cit., pp. 281-82.

Club de señoras número 45. Existe una carta remitida en abril de 1879 por **Catalina del Río** a Carlos Roloff en la que esta le decía: «el club de Señoras No. 45 está dispuesto a seguir por donde ustedes le indiquen, lo mismo que todos los otros clubs de señoras».

Cédula de acción clandestina Primero de noviembre de 1879, siendo su secretaria **Mercedes Roa**.

Club Hijas de Cuba. Uno de los miembros de este club fue **Ana Castillo de Callejas**. No sabemos en cuál ciudad de Cuba se estableció.

Otro club encabezado por *Fe, Esperanza* y *Caridad*, o sea: **Ana Pando** (presidenta); **Dolores Vázquez** (tesorera) y **Mercedes Roca** (secretaria) se estableció en La Habana. Se dice que Ana Pando fue desterrada de La Habana hacia Isla de Pinos al haberse detectado su correspondencia con Antonio Maceo.

La habanera **Matilde González** se integró a varios grupos secretos en la finca Los Mangos de Bacuranao.[618]

Las enfermeras de la guerra[619]

Sin tener nociones de medicina pero con mucha experiencia en el uso de la medicina casera y las plantas medicinales, las mambisas utilizaron estos recursos para, exponiendo sus vidas, ofrecer asistencia médica a los heridos y enfermos en los campamentos y en los hospitales de sangre, como llamaban entonces a los lugares donde se cuidaba a los valientes soldados.

Las Hijas de la Caridad de San Vicente de Paúl, congregación religiosa que tanto ha hecho por nuestro pueblo desde que llegaron a Cuba en 1847,[620] trabajó en esta labor y asistieron tanto a cubanos como a españoles con verdadero amor y entrega humanitaria y cristiana. Sobre la labor de las Hijas de la Caridad

---

[618] Raquel Vinat, Ibídem, pp. 281-282.

[619] Kenia Téllez Frandin, Grisell Ma. Gutiérrez, Susana Ma. Hernández Rodríguez y Hilaria Benítez Díaz: «Papel de la mujer cubana como enfermera en las guerras de independencia», Facultad de Ciencias Médicas José Assef Ilara de Ciego de Ávila, En www.bvs.sld.cu/revistas/mciego/vol13_supl2_07/historica/h2_v13.supl207.htm

[620] Teresa Fernández Soneira: *Cuba: historia de la educación católica 1582-1961*, Ediciones Universal, Miami, 1997.

durante la Guerra del 95 hablaremos más extensamente en el tomo II de esta obra.

Para atender a heridos y enfermos del Ejército Libertador, las enfermeras mambisas utilizaron plantas cubanas con propiedades curativas, como la guajaca y la aguedita, planta abundante en toda la Isla, y que se usaba en sustitución de la quinina. También utilizaban la miel de abejas para curar las heridas por contener ácido fórmico puro que se utilizaba como solución antiséptica. Para vendajes empleaban las tiras de majagua o simplemente pedazos de bejucos. Usaban telas finas de la ropa interior femenina para los vendajes. Por su flexibilidad se usó también la yagua por el fácil manejo para tratar las fracturas. El polvo de café y del tabaco se utilizó como antiséptico en la curación de heridas y úlceras.  Los limones, el guaguasí,[621] el manzanillo, el saúco, el frailecillo, la salvadera y el nogal de la India fueron utilizados como purgantes.

Eran de uso común la guayaba, el guayacán, la guásima,[622] el guamá,[623] el ocuje, el copey, y otros árboles frutales que gozaban de sustancias curativas como el mango, la guanábana y el mamey. En ocasiones las enfermeras realizaron curas muy dolorosas como cuando aplicaban ácido fénico a las heridas. Además extrajeron balas; hicieron bajar las fiebres; contuvieron sangramientos, acompañaron a los moribundos y hasta enterraron a los muertos. Se

---

[621] Árbol silvestre, de ocho metros de altura, madera quebradiza, hojas ovaladas, lustrosas por encima, flores blancuzcas y fruto oblongo, rugoso. Fluye del tronco, por incisión, una resina aromática que se emplea como purgante.

[622] Guásima: Arbol de fruto comestible y dulce; guayacán, árbol tropical de madera dura.

[623] Guamá: árbol silvestre; ocuje: árbol de jugos recinosos; copey: árbol de fruto venenoso;

calcula que más de veinte enfermeras durante el transcurso de las dos guerras, alcanzaron los grados de capitanas de Sanidad del Ejército mambí, la mayoría otorgados por altos jefes del ejército.

En la foto, un hospital español durante la Guerra del 95 en San Luis, Oriente en 1898. Foto de la colección de la autora

Los hospitales de sangre del Ejército Libertador estaban enclavados en lugares escondidos y de difícil acceso, cerca siempre de alguna prefectura, y consistían en unos colgadizos rectangulares con techo de guano que protegían a los pacientes del sol y la lluvia. Hacían unas tarimas hechas con cujes y sostenidas por unas horquetas clavadas en el suelo sobre las que se colocaban colchones de esparto o paja. Aunque los hospitales tenían su escolta militar, los soldados que las custodiaban así como los propios heridos, estaban siempre alertas contra cualquier ataque por sorpresa.

Para poner un ejemplo del trabajo de nuestras enfermeras mambisas están los escritos de Fernando Figueredo Socarrás cuando hace mención de **Caridad Bravo y sus hijas**. Figueredo escribe sobre una acción cerca de la Bahía de Nipe: «el teniente coronel Rius Rivera, herido en combate en 1877, quedó a cargo de Caridad Bravo y sus hijas, verdaderas hermanas de la Caridad, mujeres de color de Holguín que, ansiosas de prestar sus servicios a los patriotas cubanos, husmeaban, por decirlo así, el lugar de los combates. Esa misma noche, mientras Rius padecía de agudos dolores y la sangre había corrido de su herida por muchas horas, resolvieron madre e hijas, ayudadas por el teniente Pedro Calás, operar al herido, y con una 'magnífica bolsa de cirugía', cuyos instrumentos se reducían a una tijera de costuras y una horquilla de peinado, lograron extraer la bala implantada en la palma de la mano, librando al herido de fuertes dolores, de la hemorragia, y tal vez de la muerte».[624]

Muchas otras mujeres aparecen en las crónicas de las Guerra del 68 como enfermeras de sanidad, entre ellas: **Mariana Grajales** y sus hijas, **María Baldomera y Dominga Maceo Grajales**, así como **María Cabrales**, la esposa del general Antonio Maceo. También otras menos conocidas: **Lila Waring**, en la zona de Mayarí; las tres hermanas Cancino: **Manuela, Micaela y Mercedes** en el área de la Sierra Maestra; en Baire **Carmen Chávez**; **Emilia González de Echemendía** en Las Villas; **Matilde González** de Bacuranao, quien además sirvió en la guerra como correo militar, y **Concha Agramonte** en Camagüey.

Luego en Bayamo **Dolores Sierra y Reyes**; **Luisa Osorio y Ramírez** y **Salustina Milanés y Bazán**, esta última casada con Ignacio Tamayo quien fuera fusilado junto con su padre, José Milanés y con Perucho Figueredo. También están **Micaela del Castillo Estrada de Figueredo, Antonia Velasco de Rojas**, y **Regina Rueda de Someillán** de Cárdenas. Someillán, el esposo de Regina, había sido deportado en 1869 a Fernando Poo quedando Regina en Cuba sola con sus siete hijos. También trabajó como enfermera **Inés Vasseur Agüero de Arrioja**, quien después se tuvo que exiliar pues su padre había sido deportado por sus ideas revolucionarias. Vivió en ciudad México, luego en Veracruz, y falleció en Puebla en 1878.

---

[624] Fernando Figueredo: *La revolución de Yara, 1868-1878, conferencias*, Editorial Cubana, Miami 1990, p. 204.

Viviendo en el campo insurrecto estaban las enfermeras **Edelmira *Piñuca* Rodríguez y Carmen Recio Betancourt**, esta última de Puerto Príncipe a la que los españoles le embargaron los bienes en agosto de 1869. Y también estaba **Josefa Fernández de León**, (1848-1922), que estuvo también envuelta en el contrabando de ropas y víveres. Después fue encarcelada y condenada a muerte, pero salvó la vida al final de la guerra.

Bienes embargados por marchar al exilio

«Por ende, la turba canallesca de los Voluntarios habaneros de 1869 clamaba por oro tanto como por sangre, de separatistas cubanos. Eran típicos pretorianos, pues traían a escena la apetencia romana de pan y circo al cabo de dos milenios de civilización. Y el capitán general, creyendo calmar sus codicias, dispuso el embargo gubernativo de los bienes pertenecientes a los revolucionarios y laborantes, a objeto de que fuesen devorados por los jefes negreros de los mozos de comercio y horteras que portaban un fusil al hombro».[625]

En 1868, algunas mujeres de la clase alta y rica de la sociedad cubana se fueron exiliadas a París, y les fueron embargados los bienes, entre ellas:[626] Úrsula Eusebia Villar de Mestre; Ubaldina Barranco de Guerra; Sara e Irene de Badell; Lucía de Valente; Luz Valerino; Josefa Calero de Valerino; Mercedes Montejo de Sherman; Susana Santa Rosa; Soledad Zayas de Castellanos; Eugenia H. de Macías; Joaquina de Trujillo; Rita Horruitiner; Joaquina de Trujillo; Carmen Izquierdo; Ana de Quesada; Manuela Izquierdo; Rosa P. Izquierdo; Regina Martínez; Magdalena Mayorga; María Luisa Palma; Susana Santa Rosa; Rita V de Castellanos; Soledad Zayas de Castellanos; Piedad Zenea; Luisa Mas de Zenea; Inés Enríquez de León; Sra. de Moreno; E.; Rita V de Castellanos; Mercedes P. de Arcilas; Carmen M. de Colás.

Además, les fueron incautados todos sus bienes a otras muchas familias que fueron a la manigua y más tarde partieron al

---

[625] Francisco J. Ponte Domínguez: *Historia de la guerra de los Diez Años*, Academia de Historia de Cuba, La Habana, 1958, p. 118.

[626] Leví Marrero: *Cuba, economía y sociedad*, tomo XIV, Editorial Playor, Madrid, 1988.

exilio o fueron expulsadas de la isla. Entre ellas estaban las familias Simoni, Agramonte, Céspedes, Aguilera y muchas más.

El Pacto del Zanjón y La Guerra Chiquita

Al terminar la Guerra del 68 con el Pacto del Zanjón, la población había disminuido en un 0.3% debido a las heridas causadas en la contienda, el hambre y las enfermedades o carencias causadas por las luchas.[627] No pudiendo vivir en aquel clima enrarecido bajo el gobierno español, y por estar vigilados y hostigados, muchas familias emigraron a diferentes países. En el exilio tratarían de reconstruir sus vidas, así como reorganizarse con el propósito de establecer nuevas estrategias para la futura guerra.

Las mujeres cubanas exiliadas desempeñarían un papel de suma importancia, pues no solo resistirían las privaciones y escaseces propias de su nuevo vivir, sino que además laborarían a la par que los hombres para contribuir al sostén de la familia, y lucharían con ahínco en los clubes revolucionarios, todo esto sin olvidar los deberes para con sus hijos que se criaban en un país extranjero. A pesar de la distancia y el tiempo, estas mujeres lucharían a capa y espada por mantener vivo en sus hijos los deberes y valores cívicos y patrióticos.[628]

Luego del Pacto del Zanjón, a comienzos de 1879, el general Calixto García organizó a los separatistas expatriados en el Comité Revolucionario Cubano de Nueva York, y se prepararon para una nueva guerra. Varios meses más tarde, García desembarcaba en Cuba como jefe de la expedición. La Guerra Chiquita, como fue conocida la corta guerra del 1879-1880, se vio afectada por muchos contratiempos que frustraron el esfuerzo, y los veteranos regresados a Cuba, solo encontraron que no había apoyo local.

El desorden militar en Cuba y la desunión en el exilio había sellado el futuro de la Guerra Chiquita. En agosto de 1879, solo semanas de haber llegado a Cuba, Calixto García fue hecho pri-

---

[627] *Problems of the New Cuba*, Comisión de Asuntos Cubanos, Asociación Política Exterior, Nueva York, 1935, p. 25.

[628] Daniel Tabares: «La mujer en la Guerra», *La Lucha*, 20 de mayo de 1916, p. 54.

sionero de los españoles. Los jefes insurgentes fueron perseguidos por fuerzas superiores a las suyas, y al no contar con el apoyo adecuado dentro de Cuba y sin armamentos del exterior, hicieron nuevamente la paz con las autoridades españolas y una vez más regresaron al exilio.

¿Qué había sucedido en estos diez años de guerra? Luego de un inmenso sacrificio y miles de vidas perdidas, vemos como en aquellos años se forjó la nacionalidad cubana, y el pueblo adquirió una identidad. Aunque ni la Guerra de los Diez Años, ni la Guerra Chiquita trajeron la libertad y la paz a los cubanos, ya se había labrado el camino para seguir conspirando. Tanto en el extranjero como en la Isla se laboraría sin tregua para echar andar la guerra de independencia del 1895 en la que también lucharía y se distinguiría la mujer cubana.

Cronología de la Guerra de los 10 Años

1868

Carlos Manuel de Céspedes (1819-1874) es protagonista en la Junta Revolucionaria que tiene lugar en Las Tunas el 4 de agosto de 1868 en la que pide la ruptura con España mediante el levantamiento. Los insurrectos, capitaneados por Céspedes, se reúnen desde ese momento con frecuencia. Debido a una denuncia se descubre la insurrección y es necesario adelantar la fecha unos días. En La Demajagua, el 10 de octubre, Céspedes da la libertad a sus esclavos y el levantamiento se conoce como el Grito de Yara.

A fines de 1868, Ignacio Agramonte se lanza a la insurrección en Camagüey. Muy pronto se le unen Donato Mármol, Calixto García, Antonio Maceo y Máximo Gómez.

1869

En enero de 1869 llega a La Habana el general Domingo Dulce, amigo del general Serrano, quien nombra a Serrano capitán general de Cuba.

Las fuerzas rebeldes han aumentado a unos 4,000 soldados que luchan contra el general español Valeriano Weyler. En este momento los efectivos de los voluntarios ascienden a 20,000 infantes y 13,500 de caballería.

La Convención de Guáimaro adopta la bandera de Narciso López ya que hasta entonces había dos, la de Céspedes y la de López.

1873

El 15 de febrero José Martí es deportado a Madrid y envía un largo escrito a Figueras, presidente de la República, titulado «La república española ante la revolución cubana».

En este año ya había fallecido Ignacio Agramonte. Después de haber sido depuesto como Presidente, Carlos Manuel de Céspedes muere a manos de tropas españolas. Finalmente Calixto García es herido gravemente, y cae prisionero en 1874.

1874

El ejército invasor va al mando de Máximo Gómez quien considera que la conquista del oeste de la isla es fundamental.

Siguiendo las órdenes de Máximo Gómez, se lleva la tea incendiaria a los poblados. Se queman cosechas y se incendian ingenios y hogares.

1875

Los norteamericanos, bajo la presidencia de Ulises Grant, siguen apoyando el envío de expediciones con hombres y material de guerra desde los puertos americanos.

1876

En noviembre desembarca el general Arsenio Martínez Campos en La Habana. Lleva la intención de debilitar al enemigo para que se vea obligado a capitular. Cuenta con 70,000 hombres. Traza un plan militar, ofrece una amnistía, intenta algunos sobornos y procura cansar a los insurrectos que no disponen más que de 7,000 hombres y están cansados y faltos de recursos.

Ocurren disensiones de insurrectos. Máximo Gómez se entera que hay soldados cubanos que no quieren tener por jefe a un dominicano.

1878

La desventura de Calixto García, y la muerte de Agramonte y Céspedes se unen al deterioro y cansancio de las tropas cubanas y españolas. En vista de la situación, Gómez se reúne con sus jefes y deciden que se pase una comunicación a Martínez Campos a fin de suspender las hostilidades.

Después de largas negociaciones se firma el Pacto del Zanjón el 10 de febrero de 1878. La Guerra de los Diez años ha terminado, pero Antonio Maceo no acepta el Pacto. Solicita una entrevista con Martínez Campos en Baraguá. No llegan a un acuerdo porque aquel pide la abolición de la esclavitud y la independencia para lo cual no tiene atribuciones.

1879

Los descontentos con la Paz del Zanjón, firmada a pesar de ellos cuando en el fondo a lo que aspiraban era a la independencia, siguen conspirando en el exterior. Comienza la Guerra Chiquita que solo dura del 26 de agosto de 1879 al 3 de diciembre de 1880.

El Pacto del Zanjón no fue ni una derrota ni una victoria para ninguno de los bandos contendientes. A los cubanos se les hicieron concesiones, como el regreso de los exiliados, los derechos políticos iguales a los de Puerto Rico, asimilación, autorización para salir de Cuba a los jefes y representación en las Cortes españolas.

Hasta la Paz del Zanjón las dos guerras habían costado a España 3,500 millones de la época y 140,000 vidas.

Mientras los cubanos iban evolucionando políticamente adquiriendo una conciencia de nacionalidad, la opinión en España se mantenía inalterable.

Muchos cubanos habían estado saliendo al exilio desde los comienzos de la guerra, y con el Pacto del Zanjón siguen partiendo al extranjero. Forman colonias en diferentes países y en ciudades de los Estados Unidos. José Martí, que ha quedado como presidente del Comité Revolucionario de Nueva York, lanza una proclama informando a la emigración que se comenzará a gestar desde el extranjero, la próxima guerra, la definitiva.

Recibo por la compra de folletos patrióticos impresos por
L.H. Biglow & Co., no. 13 William Street Nueva York,
fechado el 15 de enero de 1870
(de la colección de la autora)

Bibliografía

A Death in Cuba and a New York Family: Cuban New Yorker, 11 de mayo, 2013.

Abad Muñoz, Diana: *El movimiento revolucionario cubano 1880-1895*, Editora Política, Habana, 2005.

Abreu Cardet, José Miguel: *El poeta y la guerra: El sitio de Holguín de Antonio José Nápoles Fajardo*, inédito.

_____: *La furia de los nietos: guerra y familia en Cuba*, Editorial El Mar y La Montaña, Guantánamo, 2003.

_____: *La guerra grande*: *dos puntos de vista*, Editorial Ciencias Sociales, La Habana, 2008.

_____: *Las fronteras de la guerra, mujeres, soldados y regionalismo en el 68*, Editorial Oriente, Santiago de Cuba 2007.

_____: «Los niños de la guerra, Cuba 1868-1878», *Calibán*, revista cubana de pensamiento e historia, enero-febrero-marzo, 2010.

_____: *Los senderos de la pasión, otra mirada al 68*, Ediciones Holguín, Holguín, 2010.

Academia de la Historia de Cuba: *Papeles de Maceo*, t. II, Editorial de Ciencias Sociales, La Habana, 1998.

Agramonte y Loynaz, Ignacio: *Patria y mujer*, Imprenta Escuela del Instituto Cívico Militar, La Habana, 1942.

Aguilera, Francisco Vicente: *Cartas familiares, diario y correspondencia de Francisco Vicente Aguilera en la emigración* (Estados Unidos), tomos I y II, Editorial Ciencias Sociales, La Habana, 2009.

Aguirre, Mirta: *Influencia de la mujer en Iberoamérica*, Servicio Femenino de la Defensa Civil, La Habana, 1948.

Alcover y Beltrán, Antonio Miguel: *Historia de la villa de Sagua la Grande y su jurisprudencia: documentos, apuntes, reseñas, monografías, consideraciones,* Impr. Unidas La Historia y El Correo Español, Sagua la Grande, 1905.

Alejandre Khuly, Margarita: «10 de Octubre», *The Miami Herald*, 10 octubre, 1977.

«Alejandro Ramírez, ciudadano y militar», Así se Forjó la Patria, *Bohemia*, 30 de noviembre de 1950, p. 152.

Alonso y Artigas, Benito: «La Dama del Paraguas», *El Undoso*, p. 4, Miami, noviembre de 1972.

Alonso, Longina: *Mariana Grajales Vda. de Maceo, labor patriótica* (folleto) Imprenta Arroyo, Santiago de Cuba, 1942.

Alpízar Poyo, Raoul: *Cayo Hueso y José Dolores Poyo, dos símbolos patrios*, La Habana, Imprenta P. Fernández, 1947.

Álvarez Estévez, Rolando: «El trabajo de la mujer ayer y hoy; apuntes históricos», revista *Mujeres*.

_____: *La emigración cubana en Estados Unidos, 1868-1878*, Editorial de Ciencias Sociales, La Habana, 1986.

_____: *La reeducación de la mujer cubana en la colonia: la Casa de Recogidas*, 1976, Editorial Ciencias Sociales, La Habana.

Alzola, Concepción Teresa: *Trayectoria de la mujer cubana,* Ediciones Universal, Miami, 2009.

Amelia Peláez- Una mirada en retrospectiva, 1928-1966, Fundación Caixa Galicia, Nova Caixa Galicia, 2011.

Anuario Demográfico de Cuba, 2009, Oficina Nacional de Estadísticas, La Habana.

Anuario Estadístico de la República de Cuba, Imprenta El Siglo XX, La Habana, 1915.

«Apuntes biográficos de la familia Mora», *Revista del Colegio Belén*, mayo-junio 1934.

Árbol Genealógico del apellido correspondiente a la Familia Saco, en www.Scribd.com

Argilagos, Francisco R.: «Doctor Francisco Argilagos Ginferrer, su vida y obra», Imprenta El Cubano, Santiago de Cuba, 1991.

_____: *Prédicas insurrectas*, Imprenta La Prueba, La Habana, 1916.

_____: *Próceres de la independencia de Cuba*, Imprenta El Siglo XX, La Habana, 1916.

Armas, Guido de: «Carolina, La patriota», *Bohemia*, Figuras del Centenario, 1968.

Arrechea, Carmen Montejo: *Between Race and Empire*, Temple University Press, 1998.

Arredondo y Miranda, Francisco: *Recuerdos de la guerra de Cuba 1868-1871*, Biblioteca Nacional José Martí, La Habana, 1962.

Arroyo, Anita: «Presencia de la mujer cubana en la vida cubana», *Diario de la Marina*, número extraordinario, La Habana, 1957.

Atlántida, revista de cultura, Instituto Acoriano de Cultura, vol. XLVIII, 2003.

Augier, Ángel: «En el Centenario de Manana», en *Bohemia*, septiembre 6, 1953, pp. 4-6; 102-104.

Azcuy Alón, Fanny: *El Partido Revolucionario y la independencia de Cuba*, La Habana, Molina y Compañía, 1930.

Bacardí Moreau, Emilio: *Crónicas de Santiago de Cuba*, reeditadas por Amalia Bacardí, Graf Preogam, Madrid, 1972.

_____: *Doña Guiomar, tiempos de la conquista*, Imprenta El Siglo XX, La Habana, 1916.

Balán, María Elena: *Mariana, madre mayor*, Revista Semanal Radio Reloj, 26 de noviembre de 2000, www.radioreloj.cu/revista

Balboa Navarro, Imilcy: *Los brazos necesarios: inmigración, colonización y trabajo libre en Cuba, 1878-1898*, Centro Francisco Tomás Valiente, UNED Alzira Valencia, Fundación Instituto de Historia Social, Valencia, 2000.

Ballester López, Amparo María: «Carta poco conocida de Leonor Pérez», *Verbiclara*, 1 de marzo, 2012.

Baralt, Blanche Zacharie: *El Martí que yo conocí*, La Habana, Editorial Trópico, 1945.

_____: «Martí, caballero», *Revista Cubana*, Homenaje a José Martí en el Centenario de su Nacimiento, Publicaciones del Ministerio de Educación, Dirección General de Cultura, La Habana, Cuba, 1953, pp. 9-21.

Barceló Fundora, Nereyda: «La hija del prefecto», *Mujeres*, no. 168, 30 de enero, 2004.

Barcia, María del Carmen: *Capas populares y modernidad en Cuba*, Fundación Fernando Ortiz, La Habana, 2005.

_____: *La turbulencia del reposo, accionar político de las cubanas durante la etapa de entreguerras*, La Habana, Editorial de Ciencias Sociales, 1998.

_____: *Los ilustres apellidos negros en La Habana colonial*, Editorial de Ciencias Sociales, La Habana, 2009.

Barcia Zequeira, M. del Carmen y Manuel Barcia Paz: «La conspiración de la escalera y el precio de una traición», www.lajiribilla.co.cu

Barton, Clara: «La obra humanitaria de una gran norteña», *Bohemia*, mayo, 1952, pp. 124; 127.

Betancourt, Lino: «María Granados, amiga de Martí», *Bohemia*, enero, 1971.

Bibliografía de la Guerra de Independencia 1896-1898, Biblioteca Nacional José Martí/compilado por Araceli García Carranza, Editorial Orbe, 1976.

Bobadilla González, Leticia: *La Revolución Cubana en la diplomacia, prensa y clubes de México, 1895-1898: tres visiones de una revolución finisecular*, Secretaría de Relaciones Exteriores, México, 2001.

Boix Comas, Alberto: *La virgen mambisa y las mujeres de Cuba en armas*, revista *Carteles*, 9 de septiembre, 1951, p. 34.

Bojórquez Urzáis, Carlos F.: *Amalia Simoni de Agramonte o la sonoridad del exilio cubano en Mérida, 1871-1874*, Fomento Editorial, Universidad Autónoma de Yucatán, Facultad de Antropología, 1988.

Boloña Vda de Sierra, Concepción: *La mujer en Cuba*, Imprenta La Prueba, La Habana, 1899.

Bonsal, Stephen: *When the French were here*, Kennikat Press, Port Washington, New York, 1968

Borrero, Juana: *Epistolario*, Academia de Ciencias de Cuba, Instituto de Literatura y Lingüística, La Habana, 1966.

_____: *Para entonces – Juana Borrero y Carlos Pío Urbach*, Gente Nueva, La Habana, 1994.

Borrero, Mary Luz: *La nieta del general*, en http: conluz.wordpress.com/2012/09/11/la-nieta-del-general

Bouffartigue, Sylvie: *Mujeres en la narrativa de la Guerra de Independencia*, Universidad de Saboya, Francia, XIV Encuentro de Latinoamericanistas Españoles, septiembre, 2010. halshs.archive souvertes.fr /.../ 74/PDF/AT3_Bouffartigue.pdf

Bouza, Benigno: *Máximo Gómez, el generalísimo,* Santo Domingo, República Dominicana: Editora Universitaria, UASD, 1992.

Boza, Bernabé: *Mi diario de la guerra*, Imprenta La Propagandista, La Habana, 1900.

Bretos, Miguel A.: *Cuba & Florida, Exploration of an Historic Connection, 1539-1991*, Historical Museum of Southern Florida, Miami, Florida, 1991.

_____: *Matanzas, The Cuba nobody knows*, University Press of Florida, Gainesville, Florida, 2010.

Brock, Lisa y Digna Castañeda Fuentes: *Between race and empire: African-Americans and Cubans before the Cuban Revolution*, Temple University Press, 1998.

Bueno, Salvador: *José Martí y su Periódico Patria*, Puvill Libros/Pablo de la Torriente Editorial, La Habana, 1997.

Caballero, Armando O: *La mujer en el 95*. La Habana, Editorial Gente Nueva, 1989.

Cabrales, Gonzalo: *Epistolario de héroes: cartas y documentos históricos*, Habana, Imprenta Siglo XX 1922.

Cabrera, Raimundo: *Cuba y sus jueces*, Imprenta El Retiro, La Habana, 1887.

Cairo, Ana: *Máximo Gómez 100 años*, Editorial de Ciencias Sociales, La Habana, 2006.

Calderón Rodríguez, Mirta: «Una muchacha quinceañera», *Bohemia*, 59, no. 16, 21 de julio de 1967.

Calleja Leal, Guillermo et al.: *La Habana inglesa 1762*, Editorial de Cultura Hispánica, Madrid, 1999.

Camacho, Pánfilo: *Aguilera, el precursor sin gloria*, Ministerio de Educación, Dirección de Cultura, La Habana, 1951.

_____: *Marta Abreu, Una mujer comprendida,* Ediciones Universal, Miami, 1995.

Cámara, Madeline: *La letra rebelde, estudio de escritoras cubanas*, Ediciones Universal, Miami, 2002.

Campo Nodal, Iraida: «Evangelina Cisneros», *Mujeres con Historia*, no. 216.

_____: «Homenajes a una heroína», *Mujeres con Historia*, no. 178, 9 de abril, 2004.

_____: «Isabel Rubio: heroína de nuestra independencia», *Mujeres on line*, no. 45, 6 de julio, 2001.

_____: «Las abanderadas y luchadoras durante la ocupación española», *Mujeres con Historia,* no. 220, La Habana.

_____: «María Hidalgo Hidalgo», *Mujeres con Historia*, no. 220.

_____: «Ritica, La cubanita», *Mujeres*, no. 174, 12 de marzo de 2003.

Campuzano, Luisa: *Las muchachas de La Habana no tienen temor de Dios*, Ediciones Unión, La Habana, 2004.

Caner Román, Acela: «Mujeres y el camino hacia la libertad», Italia, julio 2004, unive.it/media/allegato/comitato/cpo/narrative

Carbonell Rivero, Néstor: *El marqués, notas al margen de una gran vida*, Patronato de la Casa de los Emigrados, Monografías de Cuestiones Históricas, no. 1, La Habana, 1958.

_____: *Tampa, cuna del Partido Revolucionario Cubano,* discurso, Academia de la Historia de Cuba, La Habana, 9 octubre 1957.

«Carta de María Cabrales a Manolo de Granda», University of Miami Libraries, *Cuban Heritage Collection*, s/f, caja no.17, Archivo no. 13.

«Carta de Martí a Maceo del 12 enero 1894», *Bohemia,* 5 de diciembre, 1975, p.90.

Cartaya Cotta, Perla: «Edelmira Guerra Valladares», *Palabra Nueva*, no. 120, Año XII, junio 2003.

_____: «Entonces pasó de todo», *Palabra Nueva*, diciembre, 2005, pp 44-47, La Habana.

_____: «Manuela Cancino», *Palabra Nueva*, 44, La Habana.

_____: «Mercedes Matamoros», *Palabra Nueva*, La Habana, sep., 2000.

_____: «¿Quién fue Adela Azcuy?», *Palabra Nueva*, La Habana, mayo 2001.

_____: «¿Quién fue América Arias?», *Palabra Nueva*, La Habana, abril, 2002.

_____: «¿Quién fue Anita Fernández?», *Palabra Nueva*, La Habana, abril, 2000.

_____: «¿Quién fue Dominga Moncada?», *Palabra Nueva*, La Habana, marzo, 1999.

_____: «¿Quién fue Emilia Casanova?», *Palabra Nueva*, La Habana, enero, 2003.

_____: «¿Quién fue Magdalena Peñarredonda?», *Palabra Nueva*, La Habana, septiembre, 2001.

_____: «¿Quién fue Manana?», *Palabra Nueva*, La Habana, enero, 1999, no. 72.

Casanova de Villaverde, Emilia: *Apuntes biográficos de Emilia Casanova de Villaverde escritos por un contemporáneo*, Nueva York, 1874.

_____: *La Liga de las Hijas de Cuba*, Paris Typ. Tolen, et. Isidor Josephm, 1874.

Casasús, Juan J. Expósito: *Calixto García el estratega*, cuarta edición, La Moderna Poesía, Miami, 1981.

_____: «Emilia Casanova en Irving Hall», *El Demócrata*, 30 julio 1870.

_____: *La emigración cubana y la Independencia de la patria*, Editorial Lex, La Habana, 1953.

_____: *Ramón L. Bonachea, el jefe de la vanguardia*, Editorial Lex, La Habana, 1955.

Castellanos, Gerardo G.: *Huellas del pasado; viajes por Cuba*, Editorial Hermes, La Habana, 1925.

_____: *Misión a Cuba: Cayo Hueso y Martí*, Centro de Estudios Cubanos, La Habana, 2009.

_____: *Motivos de Cayo Hueso: contribución a la historia de las emigraciones revolucionarias cubanas en Estados Unidos*, Ucar, García y Compañía, La Habana, 1935.

_____: *Panorama histórico; ensayo de cronología cubana, desde 1492 hasta 1933*, Ucar, García y Cía., La Habana, 1934.

_____: *Pensando en Agramonte, Habana- Camagüey,* Habana, Ucar García y Compañía, 1939.

Castellanos, José Guadalupe: *Figuras nacionales; cubanos del siglo XIX*, El Arte, Manzanillo, 1950.

_____: *La casa donde nació Antonio Maceo*, Talleres Poligráficos, Santiago de Cuba, 1959.

Castillo Bueno, María de los Reyes: *Reyita, the Life of a Black Cuban Woman in the 20th Century*, Duke University Press, Durham, NC 2000.

Castillo de González, Aurelia: *Ignacio Agramonte en la vida privada,* Imprenta de Rambla, Bouza y Cía., La Habana, 1912.

_____: «Para un héroe, una belleza», *Social* 3, febrero 1918, vol. III, no. 2, pp. 13-14.

_____: *Trozos guerreros y apoteosis*, Imprenta Mercantil, La Habana, 1903.

Catalá, Raquel: *La mujer en el 51, en Homenaje a los mártires del 1851*, Cuadernos de Historia Habanera, La Habana, 1951.

Caturla Bru, Victoria: *La mujer en la independencia de América,* Jesús Montero, La Habana, 1945.

Censo de la República de Cuba bajo la administración provisional de los Estados Unidos, Oficina del Censo de los Estados Unidos, Washington, 1908.

Centenario de la República (1902-2002), William Navarrete y Javier de Castro editores, Ediciones Universal, Miami, 2002.

Cento Gómez, Elda E.: *Apuntes para la historia de la familia de Salvador Cisneros Betancourt,* revista de la Universidad de La Habana, 256, Segundo Semestre, 2002.

_____: «Familia del marqués de Santa Lucía: Salvador Cisneros Betancourt», Oficina del Historiador de Camagüey.

_____: «*Joaquín de Agüero y Agüero: ¿precursor de la independencia?*» en Oficina del Historiador de la ciudad de Camagüey, www.ohcamaguey.co.cu/personalidades_camagueyanas/joaquin_de_ agüero y agüero, febrero, 2009.

_____: «Las mujeres se fueron a la guerra: los roles asumidos», *Calibán*, revista cubana de pensamiento e historia, enero-febrero-marzo 2010, núm. 6, www.revistacaliban.cu.

Cento Gómez, Elda, Roberto Pérez Rivero, José María Camero Álvarez: *Memorias de la guerra*, Casa Editorial Abril, La Habana, 2009.

Cernuda, Ramón (editor): *Mariana Maceo,* La Enciclopedia Martiana, Miami, 1978.

Céspedes, Carlos Manuel de: *Cartas de Carlos M. de Céspedes a su esposa Ana de Quesada*, Comisión Nacional de la Academia de Ciencias de la República de Cuba, Instituto de Historia, La Habana, 1964.

_____: *El diario perdido, 1819-1874*: ed. Eusebio Leal Spengler, Editorial de Ciencias Sociales, La Habana, 1994.

_____: *Escritos de Carlos Manuel de Céspedes*, compilación de Fernando Portuondo, Editorial de Ciencias Sociales, La Habana, 1974.

Céspedes y Estrada Francisco, compiladora Olga Portuondo Zúñiga: *Cartas familiares*, Editorial Oriente, Santiago de Cuba, 1989.

Céspedes y Quesada, Gloria de los Dolores de: *Céspedes visto por los ojos de su hija,* Imprenta El Siglo XX, H. Muñiz y Hno., La Habana, 1934.

Céspedes y de Quesada, Carlos Manuel de: *Las banderas de Yara y Bayamo*, Editorial Le Livre, París, 1929.

Chacón y Calvo, José María: *Las cien mejores poesías cubanas*, edición facsimilar, Editorial Cubana, Miami, 2004.

Chaffin, Tom: *Fatal Glory, Narciso López and the first clandestine U.S. War against Cuba*, The University Press of Virginia, 1996, Luisiana, 2003.

Chao, Raúl: *Baraguá,* Ediciones Universal, Miami, 2007.

_____: *Contramaestre*, Dupont Circle Editions, Washington, D.C., 2007.

Chávez Álvarez, Clara Emma: *Emilia Teurbe Tolón, encarnación de la mujer cubana,* Editorial Matanzas, 2002.

_____: *Emilia Teurbe Tolón, hacedora de la bandera cubana*, Editorial Boloña, Matanzas 2012.

Cisneros y Cossío, Evangelina: *The Story of Evangelina Cisneros told by herself,* Continental Publishing Co., New York, 1898.

Claramunt, Jaime: « La sociedad habanera en las postrimerías de la época colonial», *Bohemia*, 1940, p 9, 72.

Coca de Granados, Aurora: *Por deber*, El Eco de Martí, mayo 1897.

Colección Legislativa, Senado de la República de Cuba, enero-marzo 1914, www.ufdcimags.uflib.ufl.edu

Collado, María: «La evolución femenina en Cuba», *Bohemia*, La Habana, 11 diciembre, 1927.

Collazo, Enrique: *Cuba heroica*, Imprenta La Mercantil de Suárez, Solana y Cía., La Habana 1912.

_____: *Desde Yara hasta el Zanjón*, Instituto Cubano del Libro, La Habana, 1967.

Consuegra Guzmán, Israel: *Mambiserías*, Imprenta del Ejército, La Habana, 1930.

Cope, Gilbert: *Genealogy of the Dutton Family of Pennsylvania*, F.S. Hickman Printer, West Chester, Pa., 1871.

Correspondencia diplomática de la delegación cubana en Nueva York durante la guerra de independencia de 1896 a 1898, Partido Revolucionario Cubano, Archivo Nacional de Cuba 1943-1946, La Habana, vol. IV.

Corría, Filiberto Martínez: *Excerta de una isla mágica*, Editorial Olimpo, Isla de Pinos, 1959.

Costa, Octavio R.: *Antonio Maceo, el héroe*, La Moderna Poesía, Miami, 1984.

_____: *Imagen y trayectoria del cubano en la historia, 1492-1902*, t. I, Ediciones Universal, Miami, 1994.

_____: *Juan Gualberto Gómez, una vida sin sombra*, Miami, La Moderna Poesía, 1984.

Crabtree, J. B.: *The Passing of Spain and the Ascendency of America*, The King-Richardson Publishing Co., Springfield, Mass, 1898.

Crespí, María: *Camagüey y sus calles*, Miami, s/n 1984.

Cruz Manuel de la: *La revolución cubana y la raza de color (apuntes y datos)*, Imprenta La Propaganda, Key West, 1895.

Cruz, Mary: *El Mayor*, Unión de Escritores y Artistas de Cuba, La Habana, 1972.

Cruz, Soledad: «Mujeres Patrimoniales de Camagüey», julio 14, 2008, *Kaos en la Red*, www.kaosenlared.net/noticia/mujerespatrimoniales camagüey.

Cuban Heritage Magazine, «América del Pino», vol. 2, No. 1, Florida International University, Miami, 1988.

Cubillas Jr., Vicente: «Rita Suarez del Villar», *Bohemia,* mayo 1952, pp. 12-21 y 114-115.

Cupull, Adys y Froilán González: *Creciente agonía: los padres de José Martí*, Editorial Gorki, Madrid, 2003.

_____: *Mariana: raíz del alma cubana*, Editora Política, La Habana, 1998.

Curnow, Ena: «Emilia Casanova, Un ejemplar raro de mujer en el siglo XIX», en revista de la *Camacol,* año XXXVI, no. 12.

_____: «La mujer en la era colonial», en *La mujer cubana: historia e infrahistoria*, Instituto Jacques Maritain, Ediciones Universal, 2000.

_____: *Manana, detrás del generalísimo*, Ediciones Universal, Miami, 1995.

Cuza Malé, Belkis: *El clavel y la rosa: biografía de Juana Borrero,* Ediciones Cultura Hispánica, Madrid, 1984.

de Arredondo y Miranda Francisco: *Recuerdos de las guerras de Cuba 1868-1871 (diario de campaña 1868-1871),* Biblioteca Nacional José Martí, La Habana, 1962.

de Baralt, Blanca Z: *El Martí que yo conocí*, Editorial Trópico, La Habana, 1945.

de Borbón, Infanta Eulalia: *Cartas a Isabel II, Mi viaje a Cuba y Estados Unidos*, Editorial Juventud, Barcelona, 1949.

de Camps y Feliú, Francisco: *Españoles e insurrectos; recuerdos de la guerra de Cuba,* Establecimiento Tipográfico de A. Álvarez y Co., La Habana, 1890.

de Castromori, Javier: «Marta Abreu y Luis Estévez en el centenario de sus muertes», en Memorándum Vitae, www.blogger.com

de Céspedes y de Quesada, Carlos Manuel: *Las banderas de Yara y Bayamo*, Editorial Le Livre Libre, Paris, 1929.

de Córdova: *Cartas del Lugareño (Gaspar Betancourt Cisneros)*, Publicaciones del Ministerio de Educación, Dirección de Cultura, La Habana, 1951, p. 346.

de Frutos, Alberto: «No fueron solos», *Historia de Iberia Vieja*, No. 85, Madrid, junio, 2012.

de La Lama Pérez, Ángela: *El Camagüey legendario*, Talleres Gráficas Arial, Camagüey, 1960.

de Lara Mena, María Julia: *Cartas a Elena, la familia Maceo. Conversaciones patrióticas al calor del hogar*, Editorial Selecta, La Habana, 1945.

de Larra y Cerezo, Dr. Ángel: *Campaña sanitaria en la guerra de Cuba, apuntes estadísticos relativos al año 1896*, Imprenta de Ricardo Rojas, Madrid, 1901.

de las Barras, A.: «La Habana a mediados del siglo XIX, Madrid 1925», en Pedro Deschamps Chapeaux: *El negro en la economía habanera del siglo XIX*, Unión de Escritores y Artistas de Cuba, La Habana, 1971.

de Poo, José M.: *En días de gloria: cuentos mambises y otros cuentos*, Paraninfo, Madrid, 1957.

de Quesada y Aróstegui, Gonzalo: *Epistolario,* Academia de la Historia de Cuba, La Habana, 1948.

_____: *Documentos históricos*, Editorial de la Universidad de La Habana, La Habana, 1965.

_____: *Ignacio Mora*, Imprenta América, Nueva York, 1894.

_____ y Henry Davenport Northrop: *America's Battle for Cuba's Freedom*, The Dominion Company, Chicago, 1898.

de Quesada y Miranda, Gonzalo: *Archivos de Gonzalo de Quesada*, Imprenta El Siglo XX, La Habana, 1948.

_____: *Mujeres de Martí*, Ed. de la *Revista Índice*, La Habana, 1943.

de Rojas, Alma: *Cubanía and Caridad, A comparative analysis of Cuban marianism,* Tesis, Florida International University, Latin American and Caribbean Studies, 2004.

de Santa Cruz y Montalvo, condesa de Merlín, María de las Mercedes: *Mis doce primeros años*, Editorial Letras Cubanas, La Habana, 1984.

_____: *Viaje a La Habana,* Editorial Verbum, Madrid, 2006.

de la Cruz, Manuel: *La revolución cubana y la raza de color: apuntes y datos*, Imprenta La Propaganda, Key West, 1895.

de la Torre, Silvio: *Mujer y sociedad*, Editora Universitaria, La Habana, 1965.

del Casal, Julián: *Bustos y Rimas, prólogo, cronología y bibliografía de Julio E. Hernández-Miyares*, Editorial Cubana, Miami, 1993.

_____: *Prosa*, t. I, Editorial Letras Cubanas, La Habana, 1979.

del Moral, Luis F.: *Serafín Sánchez, un carácter al servicio de Cuba,* Editorial Cubana Luis J. Botifoll, Miami, 2005.

_____: «Charito Bolaños», *Bohemia* 34 (48) 20-21 noviembre 29, 1942.

del Portal, Herminia: «Concha Agramonte», *Bohemia* 35, 9 mayo 1943, pp. 14-15.

_____: «Las Argilagos», *Bohemia* 35, 13 de junio, 1943, pp. 4-5.

_____: «Las mambisas: Amalia Simoni de Agramonte», *Bohemia* 35 (24), pp. 4-5; 57-58, 1943.

_____: «Las mambisas: Isabel Rubio», *Bohemia* 34 (46) pp. 4-5,65. 29 de noviembre, 1942.

_____: «Las mambisas: María y Raquel Reyes», *Bohemia* 34 (44), pp. 2021 noviembre, 1942.

del Rey, Miguel: *La Guerra de los Diez Años*, Editorial Ristre, Madrid, 2003.

del Rosal y Vázquez de Mondragón, Antonio: *Los mambises, memorias de un prisionero*, Imprenta de Pedro Abienzo, Madrid, 1874.

_____: *En la manigua: diario de mi cautiverio*, Imprenta del Indicador de Caminos de Hierro, Costanilla de los Ángeles, Madrid, 1879.

Décimas a la muerte de Maceo: Imprenta y Lib. de M. Ricoy, La Habana, 1896.

Decker, Karl: *The Story of Evangelina Cisneros, Told by Herself*, Continental Publishing Co., New York, 1898.

Denis Valle, Marta: «Manuela Cancino», *El Nuevo Empresario*, www.elnuevoempresario.com.

Depestre Catony, Leonardo: «Rosa Kruger, la siempre joven», *Cuba Literaria,* www.cubaliteraria.com

Deschamps Chapeaux, Pedro: *El negro en la economía habanera del siglo XIX*, Unión de Escritores y Artistas de Cuba, La Habana, 1971.

Deulofeu y Lleonart, Manuel: *Martí, Cayo Hueso y Tampa: la emigración; notas históricas*, Imprenta de A. Cuevas y Hno., Cienfuegos, 1905.

«Diario de guerra del general Pujals», *Bohemia* 44, año 42, 29 octubre, 1950.

Diario de Sesiones de la Cámara de Representantes, 13° Período Congresional, Sesión Extraordinaria del 16 abril 1928, La Habana, 18 abril 1928, vol. L, no. 4.

Díaz de Villegas, Pablo: *La bandera de Céspedes*, Imprenta P. Fernández, La Habana, 1928.

Dolz Arango, María Luisa: *La liberación de la mujer cubana por la educación,* homenaje de la ciudad de La Habana en el centenario de su nacimiento, Oficina del Historiador de la Ciudad, La Habana, 1955.

Dworkin Méndez, Kenya: «La patria que viene de lejos», *Cuban Studies*, 35, University of Pittsburgh, 2005, pp.1-22.

Edreira de Caballero, Angelina: «Contribución de las mujeres cubanas a nuestras luchas emancipadoras», *Bohemia*, Sección 3, La Habana, 25 de noviembre de 1928, p. 6.

El Fígaro, «Leonor Pérez y la Asociación Por Martí», 1902.

«El veinte de mayo y la mujer cubana» (Memoria del Primer Congreso Nacional de Mujeres de Cuba, La Habana, 1 al 7 de abril, 1923), en *The Stoner Collection on Cuban Feminism*, Arizona State University Microform Service, Arizona, 1990.

«Ejército Libertador de Cuba», *Cuban Genealogy*, www.dloc.com/?b+UF00085036&v=00001

«Emilia Casanova», *El Demócrata*, New York, 30 de julio, 1870.

«En el centenario de la guerra de 1868 – nuestras mambisas: La mujer en la colonia», *Mujeres*, julio 1973 (81-83).

«Ernestina Valdés, viuda del general Francisco Leyte-Vidal», *Diario de Cuba*, Santiago de Cuba, 7 de diciembre, 1945, pp. 1-2.

Escalona Chávez, Israel: *Dónde son más altas las palmas, la relación de José Martí con los santiagueros,* Editorial Oriente, 2003.

Escanaverino de Céspedes, Úrsula: *Poesías*, Ministerio de Educación, La Habana, 1948.

Espinosa Carballo, Dr. Rolando: *Símbolos, fechas, biografías*, Editorial AIP, Miami, 1969.

Espinosa, Mariola: «The threat from Havana: Southern Public Health, Yellow Fever, and the U.S. Intervention in the Cuban Struggle for Independence, 1878-1898», *Journal of Southern History*, agosto de 2006, v. 72.

Espinosa y Ramos, Serafín: *Al trote y sin estribos*, Jesús Montero, La Habana, 1946.

Estévez y Romero, Luis: *Desde el Zanjón hasta Baire*, Editorial Cubana, Miami, 2000.

Estrada Céspedes, Francisco: *Cartas familiares*, Editorial Oriente, 1969.

Estrada Palma, Tomas: «A los soldados de Cuba Libre, 19 de abril de 1869», en Carlos Verdecia, *Bayamo*, Editorial Cubana, 1997.

Estrada y Zenea, Idelfonso: *El quitrín, costumbres cubanas*, Imp. La Industrial, La Habana, 1880.

Estrade, Paul: *Anuario del Centro de Estudios Martianos*, no. 10, Editorial de Ciencias Sociales, La Habana, 1987.

_____: *Les clubs feminins dans le Partí Revolutionnaire Cubain: 1892-1898*, Saint Denis, Equipe de recherché de L'Universite de París VIII, Histoire des Antilles Hispaniques, no. 2, 1986.

_____: *Solidaridad con Cuba Libre 1895-1898. La importante labor del Dr. Betances en París*, Ediciones de la Universidad de P. Rico, San Juan, 2001.

Fernández Aquino, Orlando: *La prensa espirituana, la cultura y los autores espirituanos en la colonia (1834-1898)*. ISP Capitán Silverio Blanco, Cabaiguán, 1990.

Fernández, Eustasio y Beltrán, Henry: *The Ybor City Story, 1885-1954*, Tampa, s/f.

Fernández Fernández, Justo: «Don Narciso López y Uriola, El Centauro del Rey, sus años de actividad en Cuba», Academia Nacional de Historia, Caracas, marzo 1992.

Fernández Mestre, A.: «Emilia Casanova de Villaverde», *Bohemia*, 15 enero, 1971.

Fernández Pequeño, José: «El gatillo de María Luisa Milanés», www.palabrasdelquenoesta.blogspot.com

Fernández Robaina, Tomás: *Bibliografía de la mujer cubana*, Biblioteca Nacional José Martí, Ministerio de Cultura, La Habana, 1985.

Fernández Santalices, Manuel: *Cronología histórica de Cuba (1492-2000)*, Ediciones Universal, Miami, 2001.

_____: *Las calles de La Habana intramuros*, Saeta Ediciones, Miami, 1989.

Fernández Soneira, Teresa: *Cuba, historia de la educación católica 1582-1961*, Ediciones Universal, Miami, 1997.

_____: «Las mambisas de Occidente», *Convivencia*, Pinar del Río, septiembre, 2008.

_____: «Marta Abreu, patriota y benefactora», revista *Ideal*, Miami, 2010.

_____: «Mujeres de la patria», *Herencia Cultural Cubana*, Miami, 2008.

Fernández Triana, Juan Manuel: *Marta Abreu, La dama todo corazón*, Publicidad Acuario, Centro Félix Varela, La Habana, 2010.

_____: «Marta Abreu, excelsa cubana», Centro del Patrimonio Cultural de Santa Clara. www.verbiclara.nireblog.com

Ferrara Marino, Orestes: *Memorias, una mirada sobre tres siglos*, Editorial Playor, S.A., Madrid, 1975.

_____: *Mis relaciones con Máximo Gómez*, Ediciones Universal, Miami, 1987.

Figarola Caneda, Domingo: *La condesa de Merlín, estudio biográfico e iconográfico*. Éditions Excelsior, París, 1928.

Figueredo, Candelaria: *La abanderada de 1868, Candelaria Figueredo; autobiografía*. Comisión Patriótica Pro Himno Nacional a la Mujer Cubana, La Habana, 1929.

Figueredo Socarrás, Fernando: *Autobiografía de don Fernando Figueredo y Socarrás*, Eagle Lithographers, Miami, 2004.

_____: «Conferencia Logia Cuba, velada a José Dolores Poyo», Imprenta P. Fernández y Co., La Habana, 1912.

_____: «Esparta y Cuba», *Bohemia*, 10 diciembre, 1944.

_____: *La Revolución de Yara, 1868-1878, conferencias*, Editorial Cubana, Miami 1990.

Fleitas Salazar, Carlos Rafael: *Medicina y sanidad en la historia de Santiago de Cuba, 1515-1898*, Ediciones Santiago, Santiago de Cuba, 2003.

Flint, Grover: *Marching with Gomez*, Lamson, Wolffe and Co., New York, 1898.

Foner, Philip S.: *A History of Cuba and its relations with the United States*, International Publishers, New York, 1963.

Fonseca García, Ludin B.: *Haciendo patria*, Ediciones Bayamo, Cuba, 2004.

Forment, Carlos E.: *Crónicas de Santiago de Cuba*, t. I, Ed. Arroyo, Santiago de Cuba, 1953.

Francisco Argilagos Ginferrer: Su vida y obra, Imprenta El Cubano, Santiago de Cuba, 1915.

Franco, José Luciano: *Antonio Maceo: apuntes para una historia de su vida*, Editorial de Ciencias Sociales, La Habana, 1975.

_____: *Ensayos históricos*, Editorial de Ciencias Sociales, La Habana, 1974.

_____: *La conspiración de Aponte, 1812*, Editorial de Ciencias Sociales, La Habana, 2006.

_____: *Las conspiraciones de 1810 y 1812*, Editorial de Ciencias Sociales, La Habana, 1977.

_____: *La verdad histórica sobre la descendencia de Antonio Maceo*, Municipio de La Habana, 1951.

Freire, Joaquín: *Presencia de Puerto Rico en la historia de Cuba*, Instituto de Cultura Puertorriqueña, segunda edición, San Juan, 1966.

Fuentes, Ileana: *Cuba sin caudillos*, Linden Lane Press, Princeton, 1994.

Gálvez Aguilera, Milagros: *Expediciones navales en la guerra de los Diez Años*, Ediciones Verde Olivo, La Habana, 2000.

García, Agustino: «La mujer cubana en la revolución», *Bohemia*, La Habana, 26 de febrero de 1950.

García Baylleres, José L.: *La mujer cubana en las luchas por la independencia: Concha Agramonte y Boza*, Imprenta La Milagrosa, La Habana, 1951.

García de Coronado, Domitila: *Álbum poético, fotográfico de escritoras y poetisas cubanas.* Impr. El Fígaro, La Habana, 1926.

_____: «La viuda de un caudillo ilustre», *El Fígaro*, La Habana, 1898.

García Galán, Gabriel: «El heroísmo de Manana, la esposa del Gral. Máximo Gómez, homenaje a Bernarda Toro de Gómez», *Alianza Nacional Femenina*, La Habana, 20 de marzo de 1932.

_____: *El tabaco y su acción en la independencia de Cuba*, Miami, s/n/1997.

_____: *Magdalena Peñarredonda, la delegada*, Imprenta el Siglo XX, La Habana, 1951.

García, Luis Alfonso: *La inteligencia mambisa en Santa Clara,* Ediciones Capiro, Puerto Rico, 1999.

García Garófalo Mesa, Manuel: *Marta Abreu y Arencibia y el Dr. Luis Estévez Romero, estudio biográfico*, Imprenta La Moderna Poesía, La Habana, 1925.

García Pérez, L.: *Teatro Mambí*, Editorial Letras Cubanas, La Habana, 1978.

Gay-Calbó, Dr. Enrique: *Los símbolos de la nación cubana: las banderas, los escudos, los himnos*, Sociedad Columbista Panamericana, La Habana, 1958.

Genealogía de México y de algunas familias mexicanas, en http.www.gw13.geneanet.org

Gómez, Carmen: «El centenario de la guerra del 1898, nuestras mambisas», *Mujeres*, 7: 12 dic. 1967:5.

_____: «La mujer en la colonia», *Mujeres*, julio-diciembre 1973, pp. 38-41 y 81-83.

Gómez, Fernando: *La insurrección por dentro: apuntes para la historia,* M. Ruiz y Cía., La Habana, 1897.

Gómez, Máximo: *Diario de campaña 1868-1899*, Biblioteca Nacional, Santo Domingo, República Dominicana, 1986.

_____: *Tras las huellas del Zanjón*, Editorial Oriente, Santiago de Cuba, 2005.

Gómez Toro, Bernardo: *Revoluciones... Cuba y hogar,* Editora Alfa y Omega, Santo Domingo, República Dominicana, 1986.

González Alcorta, Leandro: *Datos para la historia de Vuelta Abajo*, Imprenta La Constancia, Pinar del Río, 1902.

González Barrios, Renée: *En el mayor silencio*, Editora Política, La Habana, 1990.

_____: *La inteligencia mambisa,* Imprenta Central de las FAR, La Habana, 1988.

González Consuegra, Osmaira: «Lucrecia González Consuegra, amiga de José Martí», *Verbiclara*, 25 septiembre de 2012.

González Curquejo, Antonio: *Florilegio de escritoras cubanas*, t.2, La Moderna Poesía, La Habana, 1910.

González del Valle, Francisco: *El padre Dobal*, Imprenta El siglo XX de la sociedad editorial Cuba Contemporánea, La Habana, 1921.

González Esteva, Orlando: «La palma que en el bosque se mece gentil», *El Nuevo Herald*, sección Los Ojos de Adán en Espacios/Galería, 14 de julio de 2004.

González Fuentes, Manuela y Humberto Cabrera Suárez: «El Souvenir», *Opus Habana* 5, no. 3, La Habana, 2001, p. 12.

González Pagés, Julio César: *En busca de un espacio: historia de mujeres en Cuba*, Editorial de Ciencias Sociales, La Habana, 2005.

_____: Memoria del Primer Congreso Nacional de Mujeres, 1924, Red Iberoamericana y Africana de Masculinidades RIAM, 13 de septiembre de 2009. http://redmasculinidades.blogspot.com /2009/ 09/ el-primercongreso-nacional-de-mujeres.html

Grave de Peralta, José F.: «Estas mudas estatuas», http://www.otoroazul.com/Esamudasestatuas.html

Grave de Peralta, Julio: Libro de Borradores de comunicaciones, Museo provincial de Holguín, http://www.ecured.cu/index.php/Museo_ Provincial_La_Periquera.

Greenbaum, Susan: *Afro-Cubans in Tampa*, Gainesville, University Press of Florida, 2002.

Guerra, José Antonio: «Héroes y parentela: los dominicanos en la guerra de Cuba. Apuntes genealógicos», Biblioteca del Archivo de la Nación, Año LXXIII, Vol. 36, No. 131, Santo Domingo, República Dominicana.

Guerra Castañeda, Armando: *Adela Azcuy, La Capitana,* Imprenta El Siglo XX, La Habana, 1950.

_____: «Isabel Rubio», *Granma,* La Habana, agosto 26, 1974.

Guerra y Sánchez, Ramiro, et al.: *Historia de la nación cubana,* vol. 5, Editorial Historia de la Nación Cubana, La Habana, 1952.

_____: *Manual de historia de Cuba,* Ediciones Erre, Madrid, 1975.

_____: *Mudos testigos: crónica del ex-cafetal Jesús Nazareno,* Editorial Lex, La Habana, 1948.

_____: «Notas biográficas de José María Heredia», http://www.cuba literaria.com/autor/jose_maria_heredia/notas_biograficas_guerra.htm.

Halstead, Samuel, *The Story of Cuba,* The Werner Company, Akron, Ohio, 1896.

Hatton-Ripley, Eliza Marie: «Viajeras al Caribe», *Casa de las Américas,* 1983, en www.casadelasamericas.org.equipocasa.php.

Hazard, Samuel: *Cuba with Pen and Pencil,* Hartford Publishing Company, Chicago, Il, 1871.

Helg, Aline: «Sentido e impacto de la participación negra en la Guerra de Independencia de Cuba», *Revista de Indias,* CSIC, vol. LVIII, no. 212, Madrid, 1998.

Henderson, Ann L. et al: *Spanish Pathways in Florida: 1492-1992/Los caminos españoles en La Florida: 1492-1992,* Pineapple Press, Inc. 1991, Sarasota, Florida.

Hernández, Eusebio: *Dos conferencias,* Instituto Cubano del Libro, La Habana, 1960.

Hernández González, Manuel, «Emilia Casanova, heroína de la independencia de Cuba», *Dossiers Feministes* 15, Mujeres en la historia. Heroínas, damas y escritoras, siglos XVI-XIX, Castelló de la Plana, 2011.

Hernández Poggio, Ramón: *La guerra separatista de Cuba en el concepto de la higiene militar,* Imprenta de Luis Tasso y Serra, Arco del Teatro, Barcelona, 1884.

Herrera, José Isabel: *Impresiones de la guerra de independencia,* Editorial de Ciencias Sociales, La Habana, 2005.

Hewitt, Nancy: «Paulina Pedroso y las patriotas de Tampa", en *Spanish Pathways in Florida, 1492-1991,* Pineapple Press, Sarasota, 1991.

_____: *Southern Discomfort: women's activism in Tampa, Florida 1880-1920.* University of Illinois Press, Urbana, 2001.

Hidalgo Paz, Ibrahim: «Cronología de José Martí» en *Aproximaciones a los Maceo*, Editorial Oriente, Santiago de Cuba, 2005.

«Historia de la Familia Loret de Mola-Bueno», en www.loretdemolabueno.com.

Holcombe Pickens, Lucy: *The Free Flag of Cuba, The Lost Novel of Lucy Holcombe Pickens*, Louisiana State University, Baton Rouge, 2002.

Horrego Estuch, Leopoldo: *Emilia Casanova, la vehemencia del separatismo*, Imprenta El Siglo XX, La Habana, 1951.

_____: *Maceo, héroe y carácter*, Impr. La Milagrosa, La Habana, 1952.

_____: «Patriotas cubanas: Marta Abreu y Magdalena Peñarredonda», *Bohemia* 57 (29 de octubre, 1965), pp. 2-3 sept.-octubre 1965.

Iglesias, Marial: *Las metáforas del cambio*, Editorial Unión, La Habana, 2003.

Índice alfabético y defunciones del Ejército Libertador de Cuba, guerra de independencia, Digital Library of the Caribbean, University of Florida, www.dloc.com

Infiesta, Ramón: *Máximo Gómez*, Mnemosyne Publishing Co., Miami, 1977.

Ingalls, John: *America's War for Humanity*, N.D. Thompson Publishing Company, New York, 1898.

Isamat, Aurelio: «*Doña Martina de Pierra, Florilegio, 1833-1900*», La Musoteca, Barcelona, www.musoteca.com/pdf_files/martinade pierra aguero.pdf

Isern, J.: «Entrega a la Sra. Bernarda del Toro la casa donada por el pueblo», *Carteles*, 31 de octubre de 1954, pp. 100-101.

Izquierdo Canosa, Raúl: *Cronología sobre los principales acontecimientos de la guerra de Independencia de Cuba, 1895-1898*, Editora Política, La Habana, 1994.

Jiménez, Onilda: *La mujer en Martí*, Ediciones Universal, Miami, 1999.

Juárez y Cano, Jorge: *Apuntes de Camagüey*, t. I, Imprenta Popular, Camagüey, 1929.

«Joaquín de Agüero y sus compañeros», Museo Ignacio Agramonte, Biblioteca Anexa Isabel E. Betancourt, 1951.

Kruger, Rosa: *Obras de Rosa Kruger,* Estab. tip. de la viuda de Soler, La Habana, 1883.

La Aurora de Matanzas, 7 de marzo de 1899.

La Discusión, La Habana, 6 diciembre y 19 diciembre 1899.

La Enciclopedia de Cuba, Ediciones Universal, Miami, 1975.

La Enciclopedia Martiana, Editorial Martiana, Inc., Miami, 1978.

La Lucha, recopilación de los artículos publicados desde el 29 de abril hasta el 21 de mayo de 1896, Imprenta del Avisador Comercial, La Habana, 1896.

«La Muerte de una gran patriota, Carmen Miyares de Mantilla», editor literario de la revista *Social,* 7 de julio 1925.

«La mujer cubana en la guerra grande», *Bohemia* 60:10, 8 de marzo de 1968, pp. 4-11.

La mujer cubana en los 100 años de luchas 1868-1898, Comité Provincial del PRC en La Habana, 1969, p. 33.

La mujer cubana: historia e infrahistoria, Instituto Jacques Maritain de Cuba, Ediciones Universal, Miami, 2000

La Verdad, Cienfuegos, 5 febrero, 1891.

Lacalle y Zauquest, Enrique Orlando: *Cuatro siglos de historia de Bayamo como ofrenda a las más sufridas y heroicas de las mujeres cubanas,* Bayamo, Monumento Nacional, Cuba, 1947.

Lagomasino A., Luis: *Episodios nacionales, retazos de historia Patria,* Tip. del Boletín Nacional de Historia y Geografía, La Habana, 1924.

_____: *Patricios y heroínas, bocetos históricos,* Tip. Del Boletín Nacional de Historia y Geografía, La Habana, 1912.

Lapique, Zoila: *Cuba colonial, música, compositores e intérpretes 1570-1902,* Ediciones Boloña, Editorial Letras Cubanas, La Habana, 2008.

Lara de Mena, María Julia: *La familia Maceo, cartas a Elena: conversaciones patrióticas al calor del hogar,* Editorial Selecta, La Habana, 1945.

Larralde, Pedro, "Tronco Materno de Estirpe Patriótica", *Centrovisión,* Sancti Spiritus, 27 de julio, 2013, en http://www.centrovision.icrt.cu/index.php/historia/otros-articulos/item/2205-tronco-materno-de-estirpepatri%C3%83%C2%B3tica.

«Las Mendive», *Bohemia* 35 (5), 31 de enero 1943, p. 4-5

«Las primeras damas de la República», *El Fígaro,* vol. 2, 1900-1929.

Le Riverend, Julio: *La Habana, biografía de una provincia,* La Habana, 1960.

Leal Spengler, Eusebio: *El diario perdido de Carlos Manuel de Céspedes,* Ediciones Boloña, La Habana, 1992.

Lee, Fitzhugh: *General Lee's War for Humanity,* Richmond, Virginia, 1898.

_____: *General Lee's Book on Cuba,* Richmond, Virginia, 1898.

La lira criolla, guarachas, canciones, décimas y cantares de la guerra por un vueltarribero, La Moderna Poesía, La Habana, 1897.

Lebroc Martínez, Reinero: *San Antonio María Claret y Clará, arzobispo misionero de Cuba,* Misioneros Hijos del Sagrado Corazón de María, Madrid, 1992.

Leguineche, Manuel: *Yo pondré la guerra (W.R. Hearst), Cuba 1898: la primera guerra que se inventó la prensa,* Grupo Santillana Ediciones, S.A., Madrid, 1998.

León, José de la Luz: *La diplomacia de la manigua: Betances,* Editorial Lex, La Habana, 1947.

«Leonor Pérez Vda. de Martí», *Juventud Rebelde,* 1 de marzo de 2012.

Lescaille, Nancy: «Papeles de Música», Museo Nacional de la Música de Cuba, 2012. http://papelesdemusica.wordpress.com/tag/cuba/

«Leslie's Weekly», Nueva York, marzo de 1899.

Limia Díaz, Ernesto: «José Antonio Aponte: precursor de nuestra independencia», *Cuba Información,* en http://www.cubainformacion.tv/index.php/cuba/historia/40737-jose-antonioaponte-precursor-de-nuestra-independencia

«Llega María Cabrales a Cuba», *La Independencia,* no. 109, vol. II, mayo 13, 1899.

López Cabrales, María del Mar: *Una isla con cara de mujer: prominentes mujeres de la cultura en Cuba,* Ediciones Nuevo Espacio, New Jersey, 2007.

Lores, José Ignacio: *Baracoa, apuntes para su historia,* Editorial Arte y Literatura, 1977.

Loreta Janeta Velazquez,, Otherwise Known as Lieutenant Harry T. Buford, Confederate States Army, ed. C.J. Worthington, Hartford, Conn., 1876.

«Los generales que aún viven: Jacinto Hernández Vargas», *Bohemia,* 1949.

Los poetas de la guerra, Imprenta La Verónica, La Habana, 1941.

Loynaz del Castillo, Enrique: «La mujer cubana. María Cabrales de Maceo», *Diario de Cuba,* 6 de octubre de 1930.

_____: *Memorias de la guerra,* Editorial de Ciencias Sociales, La Habana, 1989.

Loynaz y del Castillo, Ignacio: *Para no separarnos nunca más: cartas de Ignacio Agramonte a Amalia Simoni,* Elda Cento Gómez, Roberto Pérez Rivero, José María Camero Álvarez editores, Casa Editorial Abril, La Habana, 2009.

Lueiro, Marcel: «Cristina Pérez y Pérez, un espíritu al servicio de la revolución», *Mujeres on Line*, no. 180, La Habana, 23 de abril, 2004.

Lugo Ortiz, Agnes I.: *Identidades imaginadas: biografía y nacionalidad en el horizonte de la guerra, Cuba 1860-1898*, Editorial de la Universidad de Puerto Rico, San Juan, 1999.

«Luisa Salgado», Así se forjó la Patria, *Bohemia*, noviembre 30, 1952, p. 152.

Luján O'Farril, Ana María: *Patriotas cubanos VIII*, Editorial Abril, La Habana, 2011.

Maceo Verdecia, José: *Bayamo*, La Mercantil, Polanco y Cía., La Habana, 1941.

Machado, Cristina: «Emilia Córdoba y Rubio», *Mujeres on line*, no. 24, La Habana, 9 de febrero de 2001.

Machín, Ana Núñez: *Mujeres en el periodismo cubano*, Editorial Oriente, Santiago de Cuba, 1989.

Maikel Arista Salado: *Los escudos cívicos de Cuba*, Saarbrucken Publicia, 2013.

Manzano, Juan Francisco: *Autobiografía del esclavo-poeta y otros escritos*, Iberoamericana, Madrid, 2007.

Mañach, Jorge: *Bibliografía*/Dolores Rovirosa, S.l., s.n., 1997.

«Marina Manresa», *Verde Olivo*, 5(18): 52, 3 de mayo de 1964.

Márquez Sterling, Carlos: *El bayardo de la revolución cubana*, Editorial Cubana, Miami, 1995.

_____: *Historia de la isla de Cuba*, Regents Publishing Co., New York, 1975.

Márquez Sterling, Manuel: «El hijo de Antonio Maceo», *El Fígaro*, La Habana, 1902.

_____: «Luis Estévez y Romero», *El Fígaro*, p. 93, febrero 1902.

Marquina, Rafael: *Alma y vida de Marta Abreu*, Ed. Lex, La Habana, 1951.

_____: *La ciudad de Marta y Marta de la ciudad*, Ed. Siglo XX, La Habana, 1950.

_____: *La mujer, alma del mundo,* Ed. Librería José Martí, La Habana, 1959.

Marrero, Leví: *Cuba economía y sociedad*, t. XIV, Editorial Playor, Madrid, 1988.

Marrero Caro, Rosa: *Poesías*, Imprenta de la Viuda de Barcina y Compañía, La Habana, 1867, p. 59

Marrero, Víctor Manuel: *Vicente García, leyenda y realidad. Diario de operaciones del General Vicente García*, Editorial Sanlope, Victoria de Las Tunas, Cuba, 2008.

Marrero Yanes, Raquel: «La mambisa comandante, Mercedes Sirvén Pérez-Puelles», en *Bandera Roja*, www.banderaroja.blogspot.com/2008

Martí, José: *Cartas a María Mantilla*, Editorial Gente Nueva, Centro de Estudios Martianos, La Habana, 1983.

_____: *Cartas familiares* (selección), Comisión Nacional Organizadora de los Actos y Ediciones del Centenario del Monumento de Martí, La Habana, 1953.

_____: *De Cabo Haitiano a Dos Ríos*, Imprenta Escuela del Instituto Cívico Militar, Ceiba del Agua, Cuba, 1941.

_____: *Diario de guerra*, Fondo de Cultura Económica, México, 1998.

_____: *Documentos inéditos de José Martí a José Dolores Poyo*, La Habana Editorial Ciencias Sociales, 1994.

_____: *Obras Completas*, t. V, Editorial Lex, La Habana, 1953.

«Martí y yo», *Opus Habana*, vol. VII, no. 1, La Habana, 28 de enero de 2005.

Martín, D.: «Rosa La Bayamesa», *Mujeres*, 8 septiembre 1968, p. 81.

Martínez Alemán, María Julia: *Weyler y la reconcentración en la jurisdicción de Remedios, Santa Clara,* Ediciones Capiro, 2000.

Martínez Alier, Verena: *Marriage, Class and Colour in Nineteenth-Century Cuba*, The University of Michigan Press, Ann Arbor, 1989.

Martínez Guayanés, María A: «Martí y las cubanas en la emigración», *Mujeres,* no.9, marzo 1969, pp. 44-47.

Matamoros, Mercedes: *Poesías 1892-1906*, Ediciones Unión, La Habana, 2004.

Matthews, Franklin: *The New-Born Cuba*, Harper and Brothers, New York, 1899.

Maza Miquel, Manuel P., S.J.: *Entre la ideología y la compasión, guerra y paz en Cuba 1895-1903,* Pub. Instituto Pedro Francisco Bonó, Santo Domingo, 1997.

McGillivray, Gillian: «Revolution in the Cuban Countryside, the Blazing of Las Villas, 1895-1898», *Cuban Studies*, 38, University of Pittsburgh, Pittsburg, Estados Unidos.

Medina, Miraida: *Otra vez nos sorprende el general Candela*, http://www.habananuestra.cu

Medina, Waldo: «Evangelina Cosío, heroína de leyenda», *Bohemia*, La Habana, 21 de junio, 2006, pp. 6-8; 30-31.

Mejuto, Margarita y Jesús Guanche: «La cultura tradicional, conceptos y términos básicos», Consejo Nacional de Casas de Cultura, La Habana, 2008.

Meluzá, Lourdes: «Recuerdos de la patria», Suplemento Especial del 10 de octubre, *El Miami Herald*, Miami, 1985.

Méndez, Graziella: «Adela Azcuy», *Mujeres* 5, (agosto 1965), p. 43.

_____: «Amalia Simoni de Agramonte», *Mujeres* 8 (10): (agosto 1965), p. 43.

_____: «Amparo Orbe», *Mujeres* 1 (septiembre 1969), p. 65.

_____: «Bernarda Toro de Gómez», *Mujeres* 8 (julio 1968), p. 657

_____: «Cecilia Porras Pita», *Mujeres* 6, pt. 2 (julio-diciembre 1966)

_____: «Domitila García», *Mujeres* 6, pt. 2 (enero-junio 1966)

_____: «Emilia Casanova», *Mujeres*, (agosto 1968), p. 67.

_____: «Evangelina Cossío», *Mujeres* 1, (marzo 1969), p. 71.

_____: «Isabel Rubio», *Mujeres* 8, (junio 1968), p. 67.

_____: «La mujer cubana en la colonia», *Mujeres,* (julio 1973), pp. 81-83.

_____: «Magdalena Peñarredonda», *Mujeres* 9, (febrero 1969), p. 65.

_____: «María Cabrales de Maceo», *Mujeres* 8, (diciembre 1868), p. 65.

_____: «María Hidalgo Hidalgo», *Mujeres 1*, (agosto, 1969), p. 65.

_____:« Úrsula Céspedes», *Mujeres* 8(2), (febrero, 1968), p. 67.

Méndez Capote, Renée: *Amables figuras del pasado*, Editorial de Ciencias Sociales, La Habana, 1981.

_____: *Memorias de una cubanita que nació con el siglo*, Universidad Central de Las Villas, Santa Clara, 1963.

Méndez Martínez, Roberto y Ana María Pérez Pino: *Amalia Simoni, una vida oculta*, Editorial de Ciencias Sociales, La Habana, 2009.

Méndez Oliva, Esperanza: *La estirpe de Mariana en Las Villas*, Editorial Capiro, Santa Clara, 2006.

«Mercedes Varona», *El Cubano Libre*, año 2, no. 15, segunda época, Camagüey, 4 mayo, 1870, p. 4.

Meriño Fuentes, María de los Ángeles: *Matrimonio y familia en el ingenio: una utopía posible: La Habana 1825-1886*, Instituto Cubano del Libro, La Habana, 2008.

Mesa Rodríguez, Manuel I.: *Mons. Guillermo González Arocha, patriota y ciudadano*, Imprenta El Siglo XX, La Habana, 1945.

Mestas, María del Carmen: «La patriota», *Mujeres on Line*, no. 195, La Habana, 12 de agosto, 2004.

_____: *Retrato de una heroína,* Editorial de la Mujer, La Habana, 2005.

Mestre Fernández, A.: «Emilia Casanova de Villaverde», *Bohemia*, 63, La Habana, 15 de enero de 1971.

Mijares, José A.: «La Nueva Cuba», Archivos Departamento Investigaciones, *Diario Las Américas*, Miami, 19 de mayo, 2008.

Millard, Joseph: «El asombroso rescate de Evangelina Cossío de Cisneros», *Bohemia* 46 (36), pp. 4-6, La Habana, 11 septiembre, 1954.

Miranda, Luis Rodolfo: *Antorchas de la libertad*, P. Fernández y Cía., La Habana, 1949.

Miró Argenter, José: *Crónicas de la guerra*, Editorial de Ciencias Sociales, La Habana, 1981.

Molina, Antonio J.: *Mujeres en la Historia de Cuba*, Ediciones Universal, Miami, 2004.

Montes Huidobro, Matías: *El Laúd del Desterrado*, Arte Público Press, Houston, 1995.

Montoya Maza, Marlene: «Mariana Grajales Coello, una de las mujeres que más conmovieron el corazón de Martí», www.ain.cubaweb.cu/ historia/ personalidades/mariana.htm

Mora Morales, Esther Pilar: *Participación de la mujer cubana en las guerras independentistas; biografías históricas verídicas* (SI s.n.n. 1990-2002.

Mora, Flora: *Biografía de Perucho Figueredo*, Miami, 1974.

Morales y Morales, Vidal: *Hombres del 68, Rafael Morales y González, contribución al estudio de la historia de la independencia de Cuba*, Rambla y Bouza, La Habana, 1904.

_____: *Iniciadores y primeros mártires de la revolución cubana*, Cultural, S.A., La Habana, 1931.

Morales Rodríguez, Giselle, «La madre del general». *Escambray*, no. 9, Año XXXI, p. 5, en el Archivo Histórico Provincial Mayor General «Serafín Sánchez Valdivia», Fondo Hemeroteca, Sancti Spiritus.

Moreno Fraginals, Manuel R. y José J. Moreno Masó Guerra: *Migración y muerte, el ejército español en Cuba como vía migratoria*, Ediciones Júcar, Gijón, 1993.

Morín Aguado, Vicente: «Del barracón de esclavos a Santa Rosa de la Bayamesa», *Palabra Nueva,* núm. 209, julio-agosto 2011.

Mormino, Gary R.: «Tampa's Splendid Little War: Local History and the Cuban War of Independence», *OAH Magazine of History,* primavera 1998, Bloomington, Indiana, pp. 37-42.

_____: y George E. Pozzetta: *The Immigrant World of Ybor City,* University of Florida Press, Gainesville, 1998.

«Murió la venerable bayamesa, Felicia Marcé», *Diario de La Marina,* 6 de junio, 1941, p. 8.

Muse, Laura Katherine: «Ron y Rebelión, "Phociona" or the History of the Cape Sisters and their Fight for Nineteenth Century Cuban Independence», *International Journal of Cuban Studies,* vol. 4 no. 2, Londres, 2012.

Nabel Pérez, Blas: *Martí y las mujeres de Ocala,* 31 de marzo de 2012, en http://martianos.ning.com/profiles/blogs/mart-y-las-mujeres-de-ocala

Najarro Pujol, Lázaro David, *La capitana Rosa la Bayamesa: leyenda y símbolo del Ejercito Libertador Cubano.*

_____, «La capitana Rosa la Bayamesa y su hospital de campaña», en *El Clarín,* Asociación de Combatientes de la Revolución Cubana, no. 3, 2004, p. 3.

Navarro Luna, Manuel: *Los poemas mambises,* Ucar García, La Habana, 1959.

_____: *Odas mambisas,* Imprenta Nacional de Cuba, La Habana, 1961.

Núñez Jiménez, Antonio, Liliana Núñez Velis: *La comida en el monte: cimarrones, mambises y rebeldes,* Fundación de la Naturaleza y el Hombre, La Habana, 1998.

O'Kelly, James J.: *La tierra del mambí,* Colección de Libros Cubanos, La Habana, 1930.

Ojeda Reyes, Félix: *Peregrinos de la libertad,* Editorial de la Universidad de Puerto Rico, Río Piedras, 1992.

Ortega, Gerardo: *Estampas de la Vuelta Abajo,* en www.pinarte.cul.cu, 13 de septiembre 2010.

Ortega, Víctor Joaquín: «Clemencia Gómez Toro», *Mujeres on line,* no. 91, 30 de diciembre, 2012.

Ortiz, Fernando: «Elogio póstumo a Marta Abreu», *Revista Bimestre Cubana,* Sociedad Económica Amigos del País, núm., 2 vol. VII, La Habana, marzo-abril, 1912, pp. 91-99.

Pacheco, Ferdie: *Ybor City Chronicles, a memoir*, Gainesville University Press, 1994.

Padrón Valdés, Abelardo: *El general José, apuntes biográficos*, Editorial de Ciencias Sociales, La Habana, 1975.

_____: *Lealtad Probada, Panchito Gómez Toro*, Editorial Abril, La Habana, 2008.

Parga, Beatriz: «El Prócer Antonio Maceo llevó siempre a Cuba por dentro», *El Nuevo Herald*, 20 de mayo de 1992, p. 10D.

Pascual Fernández, Mayra: «Mercedes Valdés Consuegra», *El Villaclareño*, 18 de julio de 2010. www.villaclara.cu/personalidades,

Pascual, Luis: «Destinatario José Martí», en *Aproximaciones a los Maceo*, Casa Editora Abril, La Habana, 1999.

Peraza Sarausa, Fermín: Boletín del Anuario Bibliográfico Cubano, tomos I-XXV, University of Florida Libraries, Gainesville, 1963.

Pérez Cabrera, José Manuel: *Una cubana ejemplar, Marta Abreu de Estévez*, Imprenta el Siglo XX, A. Muñiz y Hno., La Habana, 1945.

_____: *Historiografía de Cuba*, Instituto Panamericano de Geografía e Historia, México, 1962.

Pérez Carbó, Federico: «Un valioso aporte histórico sobre el General Antonio Maceo Grajales», *Acción Ciudadana,* no. 53, 31 de marzo 1945, p. 14.

Pérez Díaz, Eliseo: *La Rosa del Cayo, novela histórica cubana,* Talleres de El Fígaro, La Habana, 1947.

Pérez Fuentes, Pilar, y Lola Valverde: «La población de La Habana a mediados del siglo XIX: relaciones sexuales y matrimonio», *Historia Contemporánea 19*, 1999, pp. 155-179, en www.historiacontemporanea.ehu.es, Universidad del País Vasco.

Pérez, Jr., Louis A.: *A Guide to Cuban Collections in the United States*, Greenwood Press, New York, 1991.

_____: *Cuba: An Annotated Bibliography*, Greenwood Press, New York, 1993.

_____: *Cuba: Between Empires, 1878-1902*, University of Pittsburgh Press, Pittsburgh, 1983.

_____: *Essays on Cuban History, Historiography and Research*, University Press of Florida, 1994.

_____: *José Martí in the U.S., The Florida Experience*, Special Studies No. 28, Arizona State University, 1995.

_____: *On Becoming Cuban, Identity, Nationality and Culture*, Harper and Collins Publishers, 1999.

_____: *The War of 1898: the US and Cuba in History and Historiography*, University of North Carolina Press, Chapel Hill, 1998.

_____: *To Die in Cuba: Suicide and Society.* University of North Carolina Press, Chapel Hill, NC, 2005.

_____ y Rebecca J. Scott: *The Archives of Cuba/Los archivos de Cuba*, University of Pittsburgh Press, Pittsburgh, 2003.

_____ y Robert P. Ingalls: *Tampa Cigar Workers, a Pictorial History*, University Press of Florida, Gainesville, 2003.

Pérez de Acevedo, Roberto: *Edelmira Guerra de Dauval*, Academia de la Historia de Cuba, La Habana, 1953.

Pérez de La Lama, Ángela: *El Camagüey legendario*, Talleres Gráficos Aral, Camagüey, 1960.

Pérez Cisneros, Enrique: *En torno al «98» cubano,* Editorial Verbum, Madrid, 1997.

Pérez Guzmán, Francisco: «Los efectos de la Reconcentración en la sociedad cubana (1896-98). Un estudio de caso: Güira de Melena», Consejo Superior de Investigaciones científicas, *Revista de Indias*, Vol. LVIII, número 212, Madrid, 1998.

Pérez-Puelles, Sor Eva: *Resumen de la labor de las Hijas de la Caridad durante la guerra de independencia*, Miami (inédito).

Periódico Patria, Nueva York, 1892-1898

«Amalia Simoni», 25 junio 1892.

«Ana Betancourt», 9 noviembre, 1895.

«Ana Betancourt de Mora», 17 de nov de 1894.

«Club Hermanas de Martí», 23 de junio de 1895.

«Club Patriótico de Ocala», 3 de abril de 1892.

«Club Revolucionario Cubano de Señoras José Martí», 19 de noviembre de 1892.

«Clubs Nuevos: G. de Roloff; Obreras de la Independencia», 6 de agosto de 1892.

«De las damas cubanas», 7 de mayo de 1892.

«El catalán y María Francisca (G. de Quesada)», 25 de junio de 1892.

«Episodios De la Revolución –Lorenza Díaz de Marcanó», 21 de febrero de 1893.

«Fiesta patriótica (club Hermanas De Martí)», 24 de junio de 1893.

«Instalación de la Sociedad Patriótica Cubana - Hijas de Hatuey», por Clara Camacho, Belén Aloma, 9 de septiembre de 1893.

«Las Cubanas - Club Mercedes Varona», 14 de febrero de 1893.

«Las hijas de Cuba», 1 de mayo de 1895.

«Las hijas de un bueno, Libertad Méndez», l0 de nov de 1894.

«Las Hijas de la Patria - Episodios de la Revolución, Lorenza Díaz de Marcano», 6 de marzo de 1893.

«La Madre de los Maceo», 6 enero de 1894.

«La mujer en los clubes patrióticos», 24 de marzo de 1893.

«La mujer cubana: María Maceo», 15 de diciembre de 1894 «Las Protectoras de la Patria - desde Key West», 24 de septiembre de 1892.

«La recepción en Filadelfia», 20 agosto, 1892.

«Los Clubes - Protectoras de La Patria; Hijas de La Libertad», 8 de octubre de 1892.

«Margarita Peña», por M. Carbonell, 31 de marzo de 1894.

«María Borrero de Varona», 26 enero de 1895.

«María Cabrales», 6 octubre, 1893.

«María Cabrales, carta a Castelar», 2 febrero 1897.

«Mariana Grajales», 23 noviembre 1893.

«Muerte de Mariana Grajales», 12 diciembre 1893.

«Nuestras Mujeres» 27 de agosto de 1892.

«Protectoras de la patria», 12 de agosto de 1893.

«Sociedad Patriótica Hijas de Hatuey (Adela Giraudi)», 4 de agosto de 1894.

«Sra. Juana Varona de Quesada», 28 de enero de 1893.

«Tres Cartas – Club Cuba de Tampa: Ernestina F. de Fripiano», 23 de julio1892.

«Tres madres», 11 de mayo de 1894.

«Una heroína desconocida, episodio de la Revolución», 9 de julio 1892.

«Periodistas Camagüeyanas del siglo XIX»: *Mujeres con historia*, no. 235, 11 de julio de 2005.

Perry, Lorraine y Alan: *The Ancestors of Perucho Figueredo*, Wilmington, North Carolina, 14 de abril, 2011. Inédito.

Pezuela y Lobo, Jacobo de la: *Diccionario geográfico, estadístico, histórico de la Isla de Cuba*, Imprenta del Est. Mellado, Madrid 1863-1868, v. 3, pp. 6-8.

Pichardo Viñals, Hortensia y Fernando Portuondo del Prado: *Dos fechas históricas: 10 de octubre de 1868, 24 de febrero de 1895*, Editorial de Ciencias Sociales, La Habana, 1989.

_____: *Mercedes Matamoros, su vida, su obra*, Cárdenas y Compañía, La Habana, 1952.

_____: *Temas históricos del Oriente cubano*, Editorial Ciencias Sociales, La Habana, 2006.

Piedra Bueno, Andrés de: *Marta Abreu: Marta de Cuba*, La Habana [s.n.], 1951.

Piedra Martel, General Manuel: *Memorias de un mambí*, Instituto del libro, La Habana, 1968.

_____: *Mis primeros treinta años – memorias de infancia y adolescencia – La Guerra de Independencia,* Editorial Minerva, La Habana, 1945.

Pinto, Carmen Elena: «Datos biográficos de Chacha Delmonte 1854-1928», *El Undoso*, Galería de Sagüeros Ilustres, Miami, octubre-diciembre, 2001.

Piqueras Arena, José A.: *Sociedad civil y poder en Cuba: colonia y poscolonia*, Siglo XXI de España Editores, Madrid, 2005.

Pirala, Antonio: *Anales de la guerra de Cuba*, Felipe González Rojas, Madrid 1895-1898.

Poetisas cubanas contemporáneas, Academia Poética de Miami, Editora Corripio, C. por A., República Dominicana, 1990.

Ponce de León, Néstor y M.M.Zaramendi, editores, *The Book of Blood, an Authentic Record of the policy adopted by Modern Spain, October 1868 to November 10, 1873,* New York, 1871.

Ponte Domínguez, Francisco: *Historia de la Guerra de los Diez Años*, Habana, Imprenta El Siglo XX, La Habana, 1958.

_____: *La mujer en la revolución de Cuba*, Imprenta Molina, La Habana, 1933.

Poo, José M.: *En días de gloria: cuentos mambises y otros cuentos*, Paraninfo, Madrid, 1967.

Portell Vilá, Herminio: *Céspedes, el padre de la patria cubana*. Espasa-Calpe, S.A., Madrid, 1931.

_____: *Clara Barton, protectora de los reconcentrados*, discurso. Sociedad Colombista Panamericana, La Sociedad, La Habana, 1954.

_____: *Los otros extranjeros en la Revolución Norteamericana*, Ediciones Universal, Miami, 1978.

_____: *Narciso López y su época*, tomos I y II, La Habana, Compañía Editores de Libros y folletos, 1930.

Portuondo del Prado, Fernando: *Historia de Cuba,* Editorial Minerva, La Habana, 1957.

_____: y Fernando y Hortensia Pichardo Viñals: *Dos fechas históricas: 10 de octubre de 1868, 24 de febrero de 1895,* Editorial de Ciencias Sociales, La Habana, 1989.

Portuondo Zúñiga, Olga: «Ascendencia Paterna de Antonio Maceo», en *Entre esclavos y libres de Cuba colonial*, Editorial Oriente, Santiago de Cuba, 2003, pp. 208-223.

_____: «El padre de Antonio Maceo, ¿venezolano?» *Del Caribe*, no. 19, 1999, pp. 43-97.

_____: *La Virgen de la Caridad del Cobre, símbolo de cubanía*, Alfaguara, Madrid, 2002.

_____: *Santiago de Cuba: desde su fundación hasta la guerra de los Diez Años*, Ediciones Oriente, Santiago de Cuba, 1996.

Portuondo Zúñiga, Olga, Escalona, Israel y Fernández Carcassés Manuel: *Aproximaciones a los Maceo*, Editorial Oriente, Santiago de Cuba, 2005.

Poumier Taquechel, María: *Apuntes sobre la vida cotidiana en Cuba en 1898*, Editorial de Ciencias Sociales, La Habana, 1975.

Poyo, Gerald E.: «Cuban patriots in Key West 1878-1886: guardians of the separatist ideal», *The Florida Quarterly*, vol. 61, issue 1, July 1982, pp. 20-36.

_____: «Cuban revolutionaries and Monroe County reconstruction politics, 1868-1876», *Florida Historical Society*, April 1977, LV., pp. 407-22.

_____: *Exile and revolution*; *José D. Poyo, Key West and Cuban independence*, University of Florida Press, Gainsville, 2014.

_____: «Key West and the Cuban 10 Years War», *Florida Historical Quarterly* 57, April 1979, pp. 289-307.

_____: *With all and for the good of all: the emergence of popular nationalism in the Cuban communities of the United States, 1848-1898*, Durham, N.C.: Duke University Press, 1989.

Prado Torreiras, Teresa: «*Desatando las alas a la mujer cubana en la Guerra de Independencia*», *Santiago* (84-85), Universidad de Oriente, 1998.

_____: *Mambisas, Rebel Women in Nineteenth-Century Cuba*, University Press of Florida, Gainesville, 2005.

Prats Lerma, Armando: *Biografía del mayor Vicente García y González para la historia de Cuba*, Imprenta La Prueba, La Habana, 1915.

_____: «Martirologio Cubano-Mercedes Varona», en *Boletín del Ejército*, La Habana, septiembre 1929, p. 26.

«Primera Estatua», Redacción *Opus Habana*, La Habana, 19 de mayo de 2008.

Problems of the New Cuba, Comisión de Asuntos Cubanos, Asociación Política Exterior, Nueva York, 1935.

Quintana, Jorge: «Adriano Galano Coutín», en *Así se Forja una Nación, Bohemia*, 1957, p 148; 156.

_____: «Federico Jova y González Abreu», en *Así se Forja una Nación, Bohemia*, 1957, p. 116.

_____: «Luis Carbó Carmenatti», en *Así se Forja una Nación, Bohemia*, 1957, p.148.

_____: «Nicolasa Inerarity», en *Así se forja una nación, Bohemia*, 1912.

Quintana Polanco, Mileidis y Zoe Sosa Borjas: «En el Centenario del Natalicio del Mayor General Antonio Maceo Grajales», en *Aproximaciones a los Maceo*, Casa Editora Abril, La Habana, 1999.

Remos, Juan J.: *Proceso histórico de las letras cubanas*, Ediciones Guadarrama, S.L., Madrid 1958.

República de Cuba, Colección Legislativa, Leyes Decretos y Resoluciones de 1 de enero a 31 de marzo de 1914, Imprenta y Papelería de Rambla, Bouza y Ca. La Habana, 1919, en www.ufdcimages.uflib.ufl.edu

Revista de Cayo Hueso, Cayo Hueso, Key West, 1897.

Revista Decenal del Avisador Comercial, Ecos de Cuba, 1895-1898, La Habana, Edición Facsimilar, Xunta de Galicia, 1997.

Revolución, «Llegada de Ryan», Nueva York, 25 agosto, 1870.

Rexach, Rosario: «Las Mujeres del 68», *Revista Cubana*, Nueva York, enero-julio, 1968, p. 123-142.

Reyes Sánchez, Ana María: «Las cartas de Víctor Hugo a Cuba», *Opus Habana*, www.opushabana.cu/index, La Habana, 26 de febrero de 2010.

Ricardo, Yolanda: *La resistencia en las Antillas tiene rostro de mujer*, Publicación de la Academia de Ciencias de República Dominicana, 2004.

_____: *Nueva visión de Dulce María Borrero*, Editorial de Ciencias Sociales, La Habana, 1983.

Ripoll, Carlos: *Antonio Maceo, pensamiento y vida*, Editorial Dos Ríos, NuevaYork, 1996.

_____: «El amor ideal de Ignacio Agramonte», *Diario Las Américas*, 16 de febrero, 1982, p. 8B.

_____: *Escritos cubanos de historia, política y literatura*, Editorial Dos Ríos, Nueva York, 1998.

_____: *José Martí, a Biography in Photographs and Documents*, Senda Nueva de Ediciones, Miami, 1992.

_____: *José Martí, antología mayor*, Editorial Cubana, Miami, 1995.

_____: *José Martí, escritos desconocidos*, Eliseo Torres and Sons, Nueva York, 1971.

_____: «La amante de José Martí», *El Nuevo Herald*, 28 de enero del 2007, p 19.

_____: *La vida íntima y secreta de José Martí*, Editorial Dos Ríos, Nueva York, 1995.

_____: «Leonor Pérez en Martí», *Diario Las Américas*, 11 de mayo de 1986, 4A.

_____: «Martí, la esposa y la amante», *Diario Las Américas*, 15 de mayo de 1986, pp 12; 13A.

_____: «Martí, una página desconocida», *El Nuevo Herald*, 25 de enero de 2005, p. 18A.

_____: «Martí y María Mantilla», *Diario Las Américas*, 8 de mayo de 1988, p. 12A.

_____: *Señas y domicilios*, www.eddosrios.org.

Rivas Agüero, Miguel A.: *Joaquín de Agüero y sus compañeros 1851-1951*, Biblioteca Anexa Isabel E. Betancourt, La Habana, 1951.

Rivero Muñiz, José: «Los cubanos en Tampa», *Revista Bimestre Cubana* LXXIV (enero-junio 1958) 206-13, publicado en The New York Herald, marzo 23, 1885.

_____: «Tampa at the close of the Nineteenth Century», *Florida Historical Quarterly*, v.41, no.4. Melbourne, Florida 1963.

Rodríguez, Carmen María: «Aporte de las mujeres cubanas a la independencia de los Estados Unidos», *Martí Noticias*, 4 de agosto 2012.

Rodríguez Danger, María Delfina: *Mariana Grajales*, Editorial Oriente, Santiago de Cuba, 1977.

Rodríguez de Cuesta, Vicentina Elsa: *Patriotas cubanas,* Talleres El Heraldo Pinareño, Pinar del Río, 1952.

Rodríguez García, José A.: *De la revolución y de las cubanas en la época revolucionaria*, discurso, Imprenta El Siglo XX, La Habana, 1930.

Rodríguez García, Lucía: «Congreso Nacional de Mujeres», *Bohemia*, abril de 1925, pp. 8-10.

Rodríguez Lavielle, Delfina: «Manuela Cancino», Patriotas de la Independencia, Enciclopedia Manzanillo, http://www.enciclopedia-manzanillo.cu/15/9/4/index.htm.

Rodríguez Sarabia: Aida: *Mariana Grajales, Madre de la Patria*, Impresora Modelo, S.A., La Habana, 1957.

Roig de Leuchsenring: «El baile, desenfrenada pasión del criollo», *Opus Habana*, La Habana, 11 de septiembre, 2009.

_____: *La guerra libertadora cubana de los 30 años*, segunda edición, Oficina del Historiador, Habana, 1952.

_____: *La iglesia católica y la independencia de Cuba*, Gran Logia de Cuba A.L. y A.M., La Habana, 1958.

_____: «*Los mártires del 1851*», Cuadernos de Historia Habanera, Cuaderno Núm. 51, 1951.

_____: «Los primeros movimientos revolucionarios del general Narciso López», *Cuadernos de Historia Habanera,* 44, La Habana, 1950.

_____: «*1895 y 1898 dos guerras cubanas. Ensayo de revaloración*», La Cultural, S.A., La Habana, 1945.

_____: *Weyler en Cuba, un precursor de la barbarie fascista*, Editorial Páginas, La Habana, 1947.

Roldán Oriarte, Esteban: *Cuba en la mano. Enciclopedia popular ilustrada,* Editorial Cubana Luis J. Botifoll, Miami, 2010.

Romeo, Raquel: *Voces de mujeres en la literatura cubana*, Editorial Verbum, Madrid, 2000.

«Rosario Morales Martín de los Reyes», *Bohemia*, La Habana, 25 de octubre de 1942, p. 6.

Ruiz de Zarate, Mary: *El general Candela: biografía de una guerrilla*, Editorial de Ciencias Sociales, La Habana, 1974.

Ruiz Menéndez, Rodolfo: *La primera emigración cubana a Yucatán*, Ediciones de la Universidad de Yucatán, Mérida, 1969.

Saavedra, María Elena: «Candelaria Rosell», *Diario las América*s, 9 de marzo de 1969.

Saco, José Antonio: *Papeles políticos sobre Cuba*, Editorial Cubana, Miami, 2001.

Salas Escobar, Osvaldo: «En Cuba los restos de Ana Betancourt», *El Mundo*, 27 de septiembre de 1968, p. 4, La Habana.

Sánchez, J.: «Estampas de tiempos difíciles, resistencia y victoria ayer que sirven para el tiempo de hoy», *Bohemia* 16, 24 abril 1994, pp. 9-13.

Sánchez, Serafín: *Héroes humildes/Los poetas de la guerra*, La Moderna Poesía, La Habana, 1911.

Sánchez Galí, Moisés: *Sobre la biografía del mayor general Calixto García Íñiguez*, Editorial Simón, La Habana, 1949.

Sánchez Guerra, José: *Mambisas guantanameras*, El Mar y la Montaña, Centro Provincial del Libro y la Literatura de Guantánamo, 2000.

Sanguily, Manuel: *Brega de libertad*, Publicaciones del Ministerio de Educación, Dirección de Cultura, La Habana, 1950.

Santamaría García, Antonio y Consuelo Naranjo Orovio: *La historia social de Cuba 1868-1914. Aportaciones recientes y perspectivas,* febrero 9, 2005, http://nuevomundo.revues.org/596

Santos, Félix: *1898, La prensa y la guerra de Cuba*, Asociación Julián Zugazagoitía, Bilbao, España, 1998.

Santovenia, Emeterio: *Fundadores de la nación cubana*, Junta Patriótica Cubana, Miami, 1967.

_____: *Huellas de gloria: frases históricas cubanas,* Editorial Trópico, La Habana, 1944.

_____: *Una heroína cubana, episodio histórico*, Imprenta La Comercial, Pinar del Río, 1918.

_____: *Víctor Hugo y Cuba*, Editorial Minerva, La Habana, 1933.

Sarabia, Nydia: *Ana Betancourt*, Editorial de Ciencias Sociales, La Habana, 1970.

_____: «Ana Betancourt, precursora de los derechos de la mujer en América», *Bohemia*, La Habana, 28 de agosto de 1970, pp. 38-39.

_____: «Cayita Araujo, maestra», *Bohemia*, La Habana, pp. 101-102.

_____: *Historia de una familia mambisa: Mariana Grajales*, Instituto Cubano del Libro, Editorial Orbe, La Habana, 1975.

_____: «Isabel Vélez: madre y mujer ejemplar», *Bohemia,* La Habana, no. 60, mayo 31, 1968, p.22.

_____: «La mujer villareña en la lucha patria», *Bohemia,* La Habana, 19 de julio 1968.

_____: *La patriota del silencio: Carmen Miyares*, Ediciones Ciencias Sociales, 1970.

_____: *María Cabrales*, Editorial Gente Nueva, Instituto Cubano del Libro, La Habana, 1976.

_____: y Néstor Ponce de León: *Noticias confidenciales sobre Cuba 1870-1895*, Editora Política, Habana 1970.

Sarmiento Ramírez, Ismael: *El ingenio del Mambí*, Santiago de Cuba, Editorial Oriente, 2008.

_____: «La cultura en el mayor general José Maceo Grajales y su gusto por la música», en *Aproximaciones a los Maceo,* Editorial Oriente, Santiago de Cuba, 2005.

_____: «La escasez de alimentos en la guerra de Cuba», *Militaria*. Revista de cultura militar, Vol. 17, pp. 199-235, 2003.

_____: «La sanidad militar en la Guerra de Cuba 1868-1898», *Militaria* revista de cultura militar, Universidad Complutense-Amigos de los Museos Militares, Madrid, (España), n°. 19, 2005, pp. 115-146.

_____: «Manifestaciones musicales en el Ejército Libertador de Cuba 1868-1898», *Del Caribe*, no. 44, pp. 79-96, Santiago de Cuba, 2004.

Scott, Rebecca: *Slave emancipation in Cuba: The transition of free labor 1860-1899*, Princeton University Press, 1985.

Sed Nieves, Gustavo: *Ignacio Agramonte*, Editorial Oriente, Santiago de Cuba, 1979.

Segreo Ricardo, Rigoberto: *Iglesia y nación en Cuba (1868-1898),* Editorial Oriente, Colección Historia, Santiago de Cuba, 2010.

Sejourne, Laurette: *La mujer cubana en el quehacer de la historia*, Siglo XXI Editores, México, 1980.

Seoane Gallo, José: *Palmas reales en el Sena*, Editorial Letras Cubanas, La Habana, 1987.

Sifredo y Llopis, Hipólito: *Los mártires cubanos en 1869,* Imprenta La Prensa, La Habana, 1893.

«Símbolo de Familia Cubana», *Diario Granma*, La Habana, 16 abril, 2006, año 10, No. 101.

Sosa de Quesada, Arístides: *Martí, Maceo y Agramonte a través de sus reliquias*, P. Fernández, La Habana, 1944.

Sosa Rodríguez, Enrique, Miriam Rodríguez Martínez, Antonio Aja Díaz, Francisca López Civeira: *Cuba y Cayo Hueso, una historia compartida*, Editorial de Ciencias Sociales, La Habana, 2006.

Stoner, K. Lynn: *Cuban and Cuban-American Women, an Annotated Bibliography*, Scholarly Resources, Inc., Delaware, 2002.

_____: *De la casa a la calle. El movimiento cubano de la mujer en favor de la reforma legal 1898-1940*, Editorial Colibrí, Madrid, 1991.

_____: «Militant Heroines and the Consecration of the Patriarchal State: The Glorification of Royalty, Combat and National Suicide in the Making of Cuban National Identity», *Cuban Studies*, vol. 34, núm. 1, University of Pittsburgh Press.

_____: *The Women's Movement in Cuba: 1898-1958*, The Stoner Collection on Cuban Feminism, Primary Source Media, Woodbridge Connecticut, 1991.

_____: «Women's Rights and the Cuban Republic», *Cuban Heritage*, vol. 2, no. 1, 1988.

Stolcke, Verena: *Marriage, Class and Color in Nineteenth-Century Cuba; a Study of Racial Attitudes and Sexual Values in a Slave Society*, University of Michigan Press, Ann Arbor, 1989.

Suárez Moreno, Marilys: «Isabel Rubio, una capitana mambisa», *Mujeres on Line*, no. 102, 19 de septiembre, 2002.

_____: «La Cubana en las Luchas Obreras», *Mujeres Cubanas*, www.mujeres.co.cu.

_____: «Patriota y correo mambisa», *Mujeres Cubanas*, www.mujeres.co.cu

_____: «Una coronela mambisa, María Laredo Escobar», *Mujeres con Historia*, 8 de mayo de 2008.

Suárez Ramos, Felipe, compilador: *Diccionario enciclopédico de historia militar de Cuba*, primera parte, Ediciones Verde Olivo, La Habana.

Tabares, Daniel: «La mujer en la guerra», *La Lucha*, 20 de mayo, de 1916.

«Teatro Otero de Cárdenas», *Diario de Cárdenas*, 10 de mayo, 1892.

Tejera, Diego Vicente: «La mujer cubana», *El Fígaro*, La Habana, 15 de febrero, 1898.

Téllez Frandín, Kenia, Grisell María Gutiérrez, et al.: *Caridad Bravo y sus hijas. Papel de la mujer cubana como enfermera en las guerras de independencia*, Facultad de Ciencias Médicas José Assef Yara, Ciego de Ávila, en http://bvs.sld.cu/revistas/mciego/vol13_supl2_07/histórica/ h2_v13.

Teuma, Emilio: «Fermín Valdés Domínguez», *Cuba Contemporánea*, Imprenta Siglo XX, La Habana, 1922.

The Atlantic Monthly, vol. III, mayo, 1859, no. XIX, Phillips, Sampson and Company, Boston, 1859.

Toledo, Josefina: *La madre negra de Martí*, Casa Editorial Verde Olivo, La Habana, 2009.

_____: «Paulina Pedroso», *Granma* 10, no. 43, diciembre 5, 1983.

_____: *Sotero Figueroa, editor de Patria. Apuntes para una biografía*, Editorial Letras Cubanas, La Habana, 1985.

Tone, John Lawrence: *War and Genocide in Cuba, 1895-1898*, The University of North Carolina Press, Chapel Hill, 2006.

Torres Elers, Damaris A.: *María Cabrales, vida y acción revolucionarias*, Editorial Santiago, Santiago de Cuba, 2005.

_____: «Mariana Grajales y María Cabrales: dos mujeres en el corazón del Maestro», en *De donde son más altas las Palmas*, Editorial Oriente, Santiago de Cuba, 2003.

_____ y Marta Hernández Cobas: «Mariana Grajales: el perenne respeto y tributo de su pueblo», www.torontoforumoncuba.com, 20 de enero, 2012.

Toste Ballart, Gilberto: *Reeve, el inglesito*, Editorial de Ciencias Sociales, La Habana 1973.

Trelles, Carlos: *Bibliografía cubana del siglo XIX*, Imprenta Quirós y Estrada, Matanzas, 1915.

Trujillo, Enrique: *Apuntes Históricos, propaganda y movimientos revolucionarios cubanos en los Estados Unidos*, Tip. de El Porvenir, Nueva York, 1896.

Tupper, Jr., Allen H.: *Columbia's War for Humanity*, The Success Company, New York, 1898.

Ubieta, Enrique: «Efemérides de la revolución cubana», La Moderna Poesía, La Habana, 1911, pp. 401-402.

_____: «La mujer en la revolución cubana: Carmen y María Guerra», *Bohemia*, 1910.

_____: «La mujer cubana en la revolución: Trinidad Lagomasino», *Bohemia*, No. 31 3 de diciembre de 1910.

_____: «La mujer en la revolución cubana: Inés Morillo Sánchez», *Bohemia* 2, No. 9 (26 de febrero de 1911): 506.

_____: «La mujer en la revolución cubana: la familia del General Máximo Gómez», *Bohemia* 1, No. 30 (26 noviembre de 1910): 347; No. 31 (3 de diciembre de 1910): 359; No. 32 (10 de diciembre de 1910): 370.

_____: «La mujer en la revolución cubana: Mariana Grajales, viuda de Maceo», *Bohemia* 1, No. 33 (17 de diciembre de 1910): 383.

_____: «La mujer en la revolución cubana: Mercedes Varona», *Bohemia* 2, No. 20 (14 de mayo de 1911): 146.

_____: «Paulina Pedroso», *Bohemia* 1, no. 30, 26 de noviembre de 1910.

Urzaiz Rodríguez, Eduardo: *La emigración cubana en Yucatán, 1876-1955*, Editorial Club del Libro, Mérida, México, 1949.

Valderrama y Peña, Esteban: *Próceres, ensayos biográficos*, Editorial Cubana, 1999.

Valdés, Alicia: *Diccionario de mujeres notables en la música cubana*, Editorial Oriente, Santiago de Cuba, 2011.

Valdés, Nelson P.: «A Bibliography of Cuban Women in the 20th century», *Estudios Cubanos*, Universidad de Pittsburgh, Pittsburgh, 1974.

Valdés Domínguez, Fermín: *Diario de soldado*, Centro de información científica y técnica, Universidad de La Habana, La Habana, 1974.

Valdés Pérez, Israel: *Clandestinos por la Independencia*, Editorial Unicornio, La Habana, 2009.

Vázquez Eduardo, María Cristina: *Papeles de Panchito,* Editora Abril, 1987, pp. 232, 234, 241.

Vázquez Noriega, Adelina: «*La primera mecanógrafa cubana*», *Cubaweb*, en ain.cubaweb.cu/mujer/mecanografa.htm.

Vega, Carlos B.: *Conquistadoras: mujeres heroicas de la Conquista de América*, McFarland & Co., Jefferson, NC, 2003.

Veitía Ferrer, Agustín: *Marta Abreu, La cubana excelsa*, estudio biográfico, Editorial Lex, La Habana, 1947.

Venegas, Carlos: «Beatriz Jústiz», *Palabra Nueva*, no. 177, septiembre, La Habana, 2008.

Vilorio Foubelo, Yamila: *Los Portuondo: evolución histórica de una familia santiaguera, siglos XVIII y XIX,* Ediciones Santiago, Santiago, 2004.

Villaverde, Cirilo: *Cecilia Valdés*, Oxford University Press, New York, 2005.

Vinat de la Mata, Raquel: «Accionar político de las cubanas durante la etapa de entreguerras», en *La Turbulencia del reposo*, Editorial de Ciencias Sociales, La Habana, 1998.

_____: «El tema femenino en el discurso social del siglo XIX en Cuba», *Contrastes*, no. 7-8, 1991-1993.

_____: *Las cubanas en la posguerra (1898-1902). Acercamiento a la reconstrucción de una etapa olvidada.* Editora Política, La Habana, 2001.

_____: *Luces en el silencio: educación femenina en Cuba 1648-1898*, Editora Política, La Habana, 2005.

Vitier, Medardo: *Las Ideas en Cuba*, Editorial Trópico, La Habana, 1938.

Vivanco y Díaz, Julián: *Perfiles de ayer*, Editorial El Sol, La Habana, 1952.

Watson Miller, Ingrid: «La sociedad azucarera cubana del siglo XIX: un estudio de estructura de género» www.umbc.edu/llc/pdf.

Weyler, Valeriano: *En el archivo de mi abuelo*, V.W. y López de Puga Industrias Gráficas, Madrid, 1946.

Wilson Davis, Oliver: *Sketch of Federico Fernández Cavada, a native of Cuba : showing partially what one of his friends knew of him as a soldier, a gentleman, a poet, a diplomat, an author, a patriot and a victim*, J.B. Chandler Printers, Filadelfia, 1871.

Wright, Irene, *Cuba*, The MacMillan Company, Nueva York, 1910.

Yáñez, Mirta: *Cubanas a capítulo; selección de ensayos sobre mujeres cubanas y literatura.* Santiago de Cuba, Editorial Oriente, 2000.

_____: *Cubanas a capítulo: segunda temporada*, Editorial de Ciencias Sociales, La Habana, 2012.

Zamora, Bladimir: *Papeles de Panchito*, Editora Abril, La Habana, 1987.

Zarzamendi, M.M. y Néstor Ponce de León editores, *The Book of Blood, An Authentic Record*, New York, 1871.

Zayas de la Portilla, Juan Bruno: «Origen del linaje Grave de Peralta en Cuba hasta la quinta generación, sinopsis genealógica», 18 de junio de 2010, www.aldeacotidiana.blogspot.com.

Zayas y Alfonso, Alfredo: *Discursos y conferencias*, Molina y Co., La Habana, 1942.

Zulueta, Regis: «Isabel María de Valdivia: una heroína de su tiempo», *Mujeres on Line*, no. 272m, Marzo 2007, http://www.mujeres.co.cu/heroes

Índice Onomástico

A

Abreu Arencibia, Marta 23, 180-81, 417
Acosta y Fontaigne, Candelaria 100, 108-115, 133
Adán Betancourt, Eva 285, 425
Agramonte, Luisa 154
Agramonte, María de los Ángeles 154
Agramonte, María del Carmen 154
Agramonte, Mercedes 286
Agramonte Boza, Angelina 281
Agramonte Boza, Beatriz 281
Agramonte Boza, Concepción 280, 288, 291, 425, 434
Agramonte Boza, Emilia 281
Agramonte Boza, Luisa 281
Agramonte Boza, Sara 281
Agramonte de Primelles, Angelina 88
Agramonte de Zayas, Manuela 154, 385
Agramonte Loynaz, Filomena 286
Agramonte Loynaz, Francisca 286
Agramonte Loynaz, Loreto 286
Agramonte Simoni, Herminia 334, 338
Agüero Betancourt, Belén 331
Agüero Betancourt, Caridad 287, 425
Agüero de Sánchez, Ernestina 430
Agüero Perdomo, Ana Josefa 82-100
Agüero y Arteaga, Ma. Francisca del Rosario 86
Agüero y Guerra Montejo, María Catalina 333
Agüero y Pierra, Consuelo 86
Aguilar Borrero, María 287, 425
Aguilera Kindelán, Ana 242
Aguilera Kindelán, Caridad 242-244, 246
Aguilera Kindelán, Juana 242
Aguilera Kindelán, Magdalena 242
Aguilera Kindelán, Tomasa 242
Alayo, Juana 190
Alcántara Echavarría, Dolores 226-227
Aldama, Dolores 107
Aldama, Leonor 107
Aldama, Rosa 107
Alpízar, Antonia 430
Álvarez, María de Belén 73
Amoedo, Leonor 396
Antúnez, María Caridad 195
Antúnez, Teresa 158
Antúnez de Figueredo, Juana 194-198
Arango, Inés 89
Arango y Manano, Pepilla 78-79
Araoz, Rosa 350
Arcilas, Mercedes P. de 435
Argilagos Ginferrer, Francisca 329
Argilagos Ginferrer, Juanita 329
Argilagos Ginferrer, Manuela 328-329
Argilagos Ginferrer, Margarita 329
Arias de Maestre, Juana 288
Aulet de Aymerich, Adela 289

Ávalos, Consuelo 360
Aymerich Aulet, Eva 289
Aymerich y Duque de Estrada, Teresa Luisa 86

B

Badell, Irene de 435
Badell, Sara de 435
Balbín, Rita 93
Baralt, Blanche Z. 339
Barranco de Guerra, Ubaldina 385, 435
Barreto, Isabel 62
Barreto, Teresa 72
Barroso de Monteagudo, María de Jesús 349
Barroso Lazo, Agripina 227
Beola Cancino, María 182
Bermúdez de Velasco, Beatriz 62
Betancourt, Blanca 369
Betancourt Agramonte de Mora, Ana 35, 184, 278, 281, 289-302, 305, 317, 319, 332, 368, 377, 396-97, 406, 425
Betancourt Betancourt, Catalina 306
Betancourt Recio, Isabel 303-304
Betancourt Recio, Micaela 304
Betancourt y Agüero, Margarita 332
Bevieres, María del Rosario 73
Bolaños, Rosario 394
Bolívar, Justa 161
Bonachea Sarduy, América 322-325
Bonachea Sarduy, Guarina 324
Bonachea Sarduy, Leocadia 324
Borrego, Ana 302
Borrero, Juana 355, 417
Borrero, María 423
Borrero de Campo, Rosa 302
Borrero de Morilla, Mercedes 296
Borrero de Varona, María 303

Borrero Echevarría, Elena 355
Borrero Varona, Sacramento 287
Boza Estrada, Cecilia 426
Boza Varona, Rufina 280
Boza Vda. de Miranda, Dolores 331
Bravo, Caridad 433
Bueno Iraola, Florinda 315-316

C

Caballero, Felipa 73
Caballero Caballero, Antonia 285
Cabrales Fernández, Abelina de la Caridad 155
Cabrales Fernández, Dolores Rufina 155
Cabrales Fernández, María 15-16, 24, 155-175, 211-218, 221, 228-229, 263, 434
Cabrales Fernández, María de la Caridad 155
Cabrales Fernández, María Josefa Eufemia 155
Cabrera Calzada, Ana 201, 425
Cabrera Calzada, Candelaria 425
Calderón, Mencía 62
Calero de Valerino, Josefa 435
Calvo, Concha 73
Calvo, Matilde 73
Canalejo Vda. de Betancourt Cisneros, Monserrat 284, 305
Canales, Rosa 423
Cancino Saurí, Manuela 31, 36, 175-182, 425, 434
Cancino Saurí, Mercedes 35, 175-178, 434
Cancino Saurí, Micaela 31, 175-178, 434
Cancio Bello, Carmen 356
Cantillo, Carmela L. 161
Capdevila Pina, Concepción 397

Cape de Bacardí, Elvira 170
Carbonell, Srta. M. 385
Cardet de la Cruz, María Josefa (La Pepa) 231, 235-36
Cardoso, Nieves 426
Carlota, negra 81
Carrillo, Carmen 425
Casamayor, Dolores 423
Casanova de Villaverde, Emilia 154, 297, 370-85, 390, 396, 406, 429
Casí Ayala de Betancourt, Lola 357
Castellanos Castellanos, Rosa 15, 183-187, 427
Castillo, Ángela L. 161
Castillo, Aurelia 39, 302, 330, 332-333, 338, 407-409, 417
Castillo, Luisa 93
Castillo de Callejas, Ana 431
Castillo de Crombet, Elena 164, 228
Castillo Duque de Estrada, Loreto 307, 321
Castillo Garcell, Antonia 188-190
Castillo Velázquez de Hernández, Panchita 357
Castillo Velázquez, Sarita 358
Catá Jardines, Emelina 240-41
Céspedes de Orellano, Francisca Dolores 410
Céspedes Orellano, Úrsula 252, 409-410
Céspedes y del Castillo, María de La Trinidad 134
Chacón, Lorenza 161
Chacón y Calvo de la Puerta, María Catalina 330
Chamorro y Ortiz, Encarnación 191
Chávez, Carmen 434
Chaviano, Virginia 353, 426
Cisneros, Francisca 343
Cisneros, Ma. Francisca 426
Cisneros Betancourt, Amalia 306

Cisneros Betancourt, Ángela Gregoria 304
Cisneros Betancourt, Carmen 304
Cisneros Betancourt, Catalina Clemencia 304
Cisneros Betancourt, Ciriaca 306
Cisneros Betancourt, Clemencia Irene 304
Cisneros Betancourt, Isabel 306
Cisneros Betancourt, Julia 306
Cisneros Betancourt, María 305
Cisneros Betancourt, María Ángela 304
Cisneros Betancourt, Narcisa 306
Cisneros de Tamayo, Josefa 254
Coello, Teresa 206
Colás, Carmen M. de 435
Consuegra de Machado, Javiera 350
Consuegra Machado de Monteagudo, Carmen 351
Corball, Panchita 392
Corbisón, Pamela 191
Corrales de Baliño, Asunción Dolores 300
Correa, Carmen 422
Cortázar, Rosario 422
Cruz Agüero, Ana 192-193, 427
Cruz, Domitila 386
Cruz, Paula 386
Cuervo, Rita 430

D

de Agüero y Perdomo, Ana Josefa 82-83, 85-87, 100, 309
de Audrain, Micaela 161
de Bobadilla, Isabel (o Inés) 64-65
de Boix, Carmen O. 161
de Boix, Juana V. 161
de Céspedes, Adolfina 107-108, 133
de Céspedes, Francisca de Borja 138-139

de Céspedes de Orellano, Antonia 251
de Céspedes de Orellano, Digna 251
de Céspedes de Orellano, Dolores 193, 251
de Céspedes de Orellano, Francisca 251
de Céspedes de Orellano, Úrsula 251
de Céspedes Tamayo, Adolfina 107-108
de Céspedes Tamayo, Carmita 107
de Céspedes Tamayo, Herminia 107
de Céspedes y Bertini, Alba 138
de Céspedes y Chávez, Manuela 133
de Céspedes y de Quesada, Gloria 135-138
de Chacón, Amalia 162
de Chamberlain, Manuela 61
de Estrada, María 62
de Euraso, Catalina 62
de Flores, Inés 72
de Frías y Jacott, Ana Dolores 93, 100
de Guzmán, Guiomar 62-63
de Jústiz y Zayas Bazán, Beatriz Agustina 66-69
de la Cueva, Beatriz 62
de la Guardia, Merceditas 284
de La Pera de Mora, Micaela 302, 317
de la Revilla, Mercedes 202
de la Torre Pupo, Juana 233-235
de Moreno, Sra. 435
de Moya, Ana María 161
de Moya, Anunciación 161
de Moya, Eloisa 161
de Moya, Soledad 161
de Orellano, Bárbara 251, 409
de Orúe, Rosa P. 161
de Poche, Florencia L. 160
de Quesada y Corbisón, Hortensia 192
de Quesada y Corbisón, Olivia 192
de Quesada y Loynaz, Ana María 114, 134-138, 191, 395, 435
de Quesada y Loynaz, Caridad 134
de Quesada y Loynaz, Conchita 134
de Toledo, María 62
de Trujillo, Joaquina 435
de Valdés, Eugenia 162
de Valente, Lucía 435
de Varona de Bernal, Matilde 136
de Varona González, Mercedes 275-278
de Varona Miranda, Gabriela 285, 338, 342-343, 425
de Varona y González, Catalina 275
de Varona y González, Dolores 275
de Varona y González, Tomasa 275
de Varona y Guerra, Beatriz 275
de Zayas Bazán, Beatriz 66
de Zayas Bazán, Laura 385
del Castillo Agramonte, Ángela 336
del Castillo Estrada de Figueredo, Micaela 434
del Castillo Ramírez de Aguilar, María Catalina 134
del Castillo Vázquez, Adriana 130, 143-144, 406
del Castillo Vázquez, Atala 143-144
del Castillo Vázquez, Leonela 143, 193
del Castillo Vázquez, Lucila 143, 147
del Castillo, Céspedes, María Zenona 318
del Castillo Estrada de Figueredo, Micaela 434
del Castillo, Rudecinda 73
del Mármol, Lorenza 202
del Mármol Mayo, Clotilde 247
del Mármol Mayo, Teresa 247
del Mármol Tamayo, Concepción 254-255

del Mármol Tamayo, Paula 254
del Portillo Vázquez, Blanca 117
del Portillo Vázquez, Blanca Esther 117
del Portillo Vázquez, Elisa 117
del Portillo Vázquez, Esther 117
del Portillo Vázquez, Eulalia 117
del Portillo Vázquez, Isabel 117
del Portillo Vázquez, Piedad 117
del Portillo Vázquez, Rosalía 117
del Portillo Vázquez, Zenaida 117
del Pozo, Petrona 74
del Rey, Micaela 90
del Rey, Petrona 73
del Río y Rojas, Cándida 358
del Rio, Catalina 431
Díaz de Villegas, Isabel 369
Díaz de Villegas, Josefa 358
Díaz, Elisa 350
Díaz y Díaz-Pimienta, Prudencia 401
Domenech de Lorda, Teresa 350, 353
Duany Valiente, Margarita 92

E

Escobar, María 62
Escobar Cisneros, María (Sara) 309-310
Echarte de Valiente, Julia 91-93
Echerri, Elena 90
Enríquez de León, Inés 435
Escarrás Bozal, María Leonor 360
Espíritu, Josefa 73
Estévez Valdés, Clemencia 312
Estévez Valdés, Sofía 311, 411
Estrada Madrigal, Ana 130

F

Fajardo, María Regla 72
Falcón Agüero, Ana 430

Fernández de Gutiérrez, Luisa 422
Fernández de León, Josefa 435
Fernández, Ana 350
Fernández Isaac, Antonia 155
Ferrari, Sofía 350
Ferrera Herrera, María Inés 160
Figueredo Antúnez, Carmen 196-197
Figueredo Antúnez, Evangelina 196-197
Figueredo Antúnez, Leonor 196-197
Figueredo Antúnez, Luz 196-197
Figueredo Antúnez, María de la Concepción 196-197
Figueredo Antúnez, Tomasa 196-197
Figueredo de Céspedes, Blanca Rosa 118, 134, 196-197
Figueredo de Céspedes, Eulalia (Yayita) 117-118, 128, 140-41
Figueredo Vázquez, Blanca Rosa 118, 134-140
Figueredo Vázquez, Candelaria 40, 100, 115-117, 121-123, 129-130, 133, 140-141
Figueredo Vázquez, Elisa 124-125, 130, 140
Figueredo Vázquez, Esther 117, 123-124, 140
Figueredo Vázquez, Isabel 117-119, 140
Figueredo Vázquez, María de la Luz 121-123, 140
Figueredo Vázquez, Piedad Luisa 119-121, 140-141
Fontaigne Segrera, Concepción 108
Frías Jacott, María de los Dolores 93, 100-101
Frías, Eufemia 423

G

Galt Escobar, Margarita 310
Galt Escobar, Mercedes 310

García Alomá, Adriana 369
García, Ana 369
García, Caridad 350
García, Catalina 130
García de Castellanos, Carmen 300
García de Coronado, Domitila 35, 411
García de Osuna Vda de Lamas, Rosalía 425
García Iñiguez, Concepción 199, 425
García-Iñiguez, Concepción 199, 425
García Iñiguez, María Herminia 202
García Iñiguez, Leonor 199, 425
García Iñiguez, Matilde 203
García Iñiguez, Mercedes 202-203
García Lorente, María 256
García Osuna, Rosalía
García, Caridad 350
García, Catalina 130
García, Ana 369
Gil Morales, María 74, 81
Giménez de Navarro, Ana 300
Ginferrer de Socarrás, María Soledad 328
Giotto, Angelina 300
Giró de Odio, Lucila 161
Goicuría, Amalia 92
Gómez, Isabel 401
Gómez Toro, Clemencia 169, 174, 263-266, 268
Gómez Toro, Margarita 261
Gómez Báez, María de Jesús 258
Gómez Báez, Regina 258
González, Amalia 369
González, Caridad 130
González, Francisca 430
González, Matilde 431, 434
González, Pastora 349, 353, 425
González Carrasco, Isabel 205

González Consuegra, Lucrecia 411-413
González Díez, Catalina 278
González Diez, Rosa María 278, 314
González de Echemendía, Emilia 359, 434
González Núñez, Elena 227-228
González Ruth, Panchita 101
Gotiga, Ramona 73
Grajales Coello, Mariana 23, 150, 156, 206-221, 223, 226, 434
Grave de Peralta y Zayas, Josefa (La Pepa) 237
Grave de Peralta y Zayas, Rafaela 232-233
Guerra, Ángela 93
Guerra, María 73, 367-369, 425-426
Guerra de Betancourt, Catalina 422, 425
Guerra Valladares, Edelmira 367
Gutiérrez Morillo, Carmen 347, 359
Gutiérrez Morillo, Dolores 360
Gutiérrez Morillo, Micaela 360
Gutiérrez Morillo, Nicolasa 360
Gutiérrez Morillo, Trinidad 360
Guzmán de Monteagudo, Longina 349

H

H de Macías, Eugenia 435
Heredia Campuzano, Mercedes 79
Hernández, Mercedes 423
Hernández, Rosalía 377-378
Hernández, Teresa 209
Hernández Abreu, Micaela 453
Hernández Castiñeira, Natividad 369
Hernández Catá, Celia 241
Hernández Catá, Emelina 241
Hernández Catá, Esther 241
Herrera, Cayetana 73

Herrera, Luisa 73
Horruitiner, Rita 435
Howard Gautier, Adelina 360
Howard Gautier, Elizabeth Emily 360

I

Infante Rosell, Rosario 76
Iñiguez Landín, Lucía 199-200, 205
Iñiguez, Matilde 205
Inufrio Valdés, María de Regla 74
Isaac Cabrales, María Teresa 206
Isabel la Católica, Reina 64
Izaguirre e Izaguirre, Ana 238-239
Izquierdo, Carmen 435
Izquierdo, Manuela 435
Izquierdo, Rosa P. 435

J

Jacott, Bernarda 101
Jardines, Vintila 240
Jerez, Ana 130
Jerez, Inés 130
Jerez, Isabel 130
Jova Díaz de Villegas, Adelaida 358

K

Kindelán y Sánchez Griñán, Ana María 242-243, 245-246
Kruger del Busto, Rosa 413-414

L

Lacoste Lagovigne, Florencia 160
Lafitta Jiménez, Luisa 246
Lamera, Antonia 350
Landín, Mercedes 199
Lastre, Joaquina de Céspedes 107
Laté de la Torre, Lalá 394
Leal, Conchita 364

Leiva, María de Jesús 369
Lescano de Vega, Soledad 425
López Marrero, Pastora 422
López del Castillo, Francisca de Borja 139
López Laffita, Angelina 246
López, Cecilia 213, 226, 229
López, Cirila 314
López, Consuelo 350
Lorda y Ortegosa, Dominga 353-354
Loret de Mola, Adriana 319
Loret de Mola, Amparo 315
Loret de Mola, Angelita 315
Loret de Mola, Beatriz (hija) 315
Loret de Mola, Conchita 315
Loret de Mola, Consuelo 315
Loret de Mola, Flora 315
Loret de Mola, Gloria 315
Loret de Mola, Hortensia 315
Loret de Mola, Inés 315
Loret de Mola, Margarita 315
Loret de Mola, María 315
Loret de Mola Bueno, Beatriz 314-315
Loynaz Caballero, Ana María 286
Loynaz Caballero, Josefa 286
Loynaz Caballero, María de la Concepción 286
Loynaz Caballero, María Filomena 285-286, 330, 335
Loynaz Caballero, María de los Ángeles 286
Loynaz del Castillo, Josefina 166
Loynaz Miranda, Caridad 138
Loynaz Miranda, Carmen 138
Loynaz Miranda, Concepción 138

M

M. de Colás, Carmen 435
Maceo, Clara María 209

Maceo, María 158, 161, 164, 166
Maceo Chamorro, Caridad 191
Maceo Chamorro, Concha 191
Maceo González, Concepción 228
Maceo Grajales, Dominga 208, 210, 213, 217-219, 224-226, 434
Maceo Grajales, María Baldomera 208, 210, 213, 217, 219, 221-223, 230, 434
Maceo Núñez, Felicita 229
Machado de Arredondo, Isabel 350, 354
Madero de la Cruz Chamorro, María Rosa 191
Madrigal, Magdalena 356
Madrigal y Mendigutia, Manuela 396
Manresa, Marina 94-95
Mantilla, María 268
Marcé Castellanos, Felicia 100, 128-133, 256
Marrero, Francia 349, 425
Martínez, Amelia 394
Martínez, Inés 396
Martínez, Lorenza 32, 422
Martínez, María de la Caridad 364-65
Martínez, María Dolores 365
Martínez, Nicolasa 365
Martínez, Regina 435
Martínez Casado, Luisa 417
Más y Ximénez de Zenea, María Luisa Rita 394
Matamoros del Valle, Mercedes Dolores 414-418
Mayo Martinell, Iria 247-248
Mayorga, Magdalena 435
Medina Ferrera, Emilia 396
Mena, Adelaida 366
Mena, Rosa 366
Mendive y Mendive, María Luisa 392

Mendive, Catalina 392
Mendive, Elvira 392
Mendoza, Teresa 353, 355
Menocal, Ana 394
Menocal, Charo 342, 394
Merconchini del Mármol, Clemencia 255
Merconchini del Mármol, Concepción 255
Merconchini del Mármol, Dolores 255
Merino de Fernández Cavada, Carmela 362-364
Milanés Bazán, Salustina 434
Milanés Bazán, María Guadalupe 247
Milanés García, María Luisa 256
Mira Fragosa, Pilar 349, 353
Miranda de Quesada, Angelina 385
Miranda del Castillo, Elvira 318
Miyares de Mantilla, Carmen 385
Molina Figueredo, Adriana 123
Molina Figueredo, María 123
Molina Figueredo, Piedad 123
Molina, Francisca 385
Moliner Vda. de Ayestarán, Francisca 284
Moncada, Dominga de la Trinidad 248-250
Moncada, Felicia 248-249
Monteagudo, Rosa 354-355
Montejo de Sherman, Mercedes 435
Montero, Amelia 130
Mora de Loret de Mola, Juana 317
Mora de Loret de Mola, Mercedes 317
Mora de Goicuría, Carlota 91, 93
Mora de Loret de Mola, Adriana 319
Mora, Antonia 162
Mora, Isabel 296

Morales Martín de los Reyes, Rosario 387, 425, 427
Morales Poveda, María Gil 81
Morales Tamayo, Eufemia 251
Morales Yanes, Lutgarda 366
Morell, Adela de Oños 126
Moreno y Alva, Caridad 366
Moreno, María 139
Moreno, Rosa 250
Morillo Sánchez, Inés 347-349, 425
Morrell, María Luisa
Moya, Mercedes 422
Muñoz, Rosa 73

N

Nápoles de Navarro, Delia 418
Nápoles, Gertrudis 422
Navarrete, María del Rosario 74
Navarro de Casero, Carmen 219
Nin Corball, Micaela 392-393
Noriega, Luz 180,
Núñez de Maceo, Emilia 229

O

Ochoa Tamayo, Vidalina 251
Olivé, Rita 250
Orta, Conchita
Ortegosa, María Julia 353, 425
Ortegosa, María de Jesús 355
Ortiz, Mencía 62
Osorio y Ramírez, Luisa 434
Otero y González de la Barrera, María de los Dolores 96
Owen, Hermanas 89

P

P. de Arcilas, Mercedes 435
Pagés de Quesada, Amelia 300
Paján, Dolores 252
Palma, Angelita 289
Palma, Conchita 289
Palma, Herminia 253
Palma, María Luisa 289, 435
Palomares García, Luz 319, 427
Pando, Ana 431
Pao, Juana 350
Pedroso, Catalina 73
Pelegrín Acosta, Margarita 257, 260, 274
Peña redonda, Magdalena 157, 169, 172
Peralta, Carmen 430
Peralta, Mercedes 430
Perera, Francisca 396
Pérez, Belén 425
Pérez, Camila 356
Pérez, Concepción 161
Pérez, Dolores 422
Pérez, Leonor 341
Pérez, Plácida 22
Pérez, Rosa 422
Pérez Cabrera, Isabel 425
Pérez Corcho Machado, Josefa 353, 355
Pérez Montes de Oca de Zambrana, Luisa 418-420
Pérez Nicot, Teresa 229, 277
Pérez Román, Rosa 396
Pierra y Agüero, Martina 83, 86-89
Piloña y Agüero, María de los Ángeles 85
Pinet, Regla 300
Pinet de Rotgers, Georgia 300
Piñero, María Luisa 396
Pochet, Matilde 161
Poey, Matilde 296
Polonia, negra 80
Porras Pita, Cecilia de 305, 388, 425

Porro Muñoz, Luisa 85
Portero de Lemus, María del Rosario 361
Poveda, María del Pilar 74-75, 81
Poveda, Mariana 77
Puerto, María de la Luz 358
Puig, Caridad 423

Rodríguez Feo, Petrona 371
Rojas, María 253
Rojo, Isabel 80
Rosell, Candelaria de Infante 76
Rubalcaba, Sra. De 297
Rubio, Isabel 401-402
Rueda de Someillán, Regina 434

Q

Quesada de Pica, Margarita 300
Quirós de Molinet, Marina 358, 367

R

Rabí, Cleofá 386
Rabí, Eusebia 386
Rabí, Micaela 386
Recio Betancourt, Ángela 303
Recio Betancourt, Carmen 435
Remón e Infante, Concepción 253
Reno, Genoveva 162
Reyes, Elvira 369
Reyling, Amalia 296
Rivero Brito, Eloísa 426
Rivero, Luisa 423
Rizo, Cecilia 230
Rizo, Dolores 230
Rizo Nescolarde, Patrocinia 222, 227, 230
Roa, Mercedes 431
Robreño, Carlota 350
Roca, Mercedes 431
Rodríguez Agüero, Edelmira «Piñuca» 435
Rodríguez de Morales, Clotilde del Carmen 420-421
Rodríguez de Morales, Nieves 300
Rodríguez, Ana 130
Rodríguez, Rafaela 349, 425
Rodríguez, Victoria 130

S

Saco y López Cisneros, María de la Concepción 254
Salgado, Luisa 321-322
Sánchez, Antonia 347
Sánchez, Clotilde 349, 425
Sánchez, Fredesvinda 289
Sánchez, Josefina
Sánchez, Liboria 254
Sánchez, María Luisa 289
Sánchez, María de la Luz 77
Sánchez, Nieves 423
Sánchez Bonachea, Victoria 323-324
Sánchez-Griñán, María Magdalena 242
Sánchez Pereira, Juana 318
Santa Cruz Condesa de Merlín, Mercedes 44-45, 51- 52
Santa Rosa, Susana 435
Sarduy Pérez de Bonachea, Victoria 322-324
Sarduy, Josefina 349, 425
Serrano, Caridad 161
Serrano, Elvira 254, 325, 327-328
Serrano, Isabel 161
Sibilo, Rosario 73
Sierra y Reyes, Dolores 434
Sigarroa, Rosario 170
Silva, Ángela Malvina 285, 338, 425
Silva, Justa 300

Simoni Argilagos, Amalia 291, 329-340, 343, 408, 424
Simoni Argilagos, Matilde 291, 329-330, 335, 337-340
Sirvén Borrás, Dolores 397-398
Sirvén Pérez-Puelles, Mercedes 398
Socarrás Varona, Tomasa 194
Socarrás, Francisca 425
Sorondo de Hernández, Josefa 300
Sterling, Isabel 284
Suárez del Villar, Lolita 369
Suarez del Villar, Rita 369
Suárez, Inés 62
Suazo, Petrona 73

T

Tamarit, Mercedes 254
Tamayo Cisneros de Estrada, Paula 256
Tamayo Cisneros, Clotilde 247, 255
Tamayo y Estrada, María de Jesús 256
Tamayo y León, Francisca 251, 256
Tamayo León, Josefa 251, 256
Tamayo León, María de la Luz 251
Tamayo León, Ramona 251
Tamayo y Tamayo, Ana 107
Tejeda, Rosa 180
Téllez de Castillo, Blanca 256
Teurbe-Tolón y Otero, Emilia 95-99, 133
Toledo Sánchez, Rosalía 396
Toro Pelegrín, Bernarda 24-25, 33, 166, 169, 257-275
Toro Pelegrín, Eduviges 257
Toro Pelegrín, Elena 257
Toro Pelegrín, Juana 274
Toro Pelegrín, Teodora 257
Toro Pelegrín, Tomasa 257
Torralba, Martha 369

Torres, Juana Gregoria 422
Trujillo, Josefa 369
Trujillo, Lola 369
Trujillo, Sara de J. 385

U

Ulloa Romero, Francisca 255
Urzaiz y Mendive, Concepción 394

V

Valdés Consuegra, María Mercedes 352, 355
Valdés de Bolio, Julia 300
Valdés Porras Pita, Fe 305
Valdés, Victoria 422
Valerino, Luz 435
Valladares, Carolina 367
Varona Borrero, Dolores 303
Varona Borrero, Sacramento 303
Varona de Betancourt, Juliana 426
Varona de Quesada, Juana de Dios 340-341
Varona de Sterling, Charo 296
Varona Estrada, Rosa 426
Varona González, Dolores 278
Varona González, Tomasa 278, 345
Varona de Miranda, Gabriela 342
Varona y Betancourt, Matilde 426
Vasseur Agüero, Inés 434
Vázquez Núñez, Manuela 231
Vázquez y Moreno, Isabel 116, 139, 141-142
Vázquez, Dolores 430
Vázquez Moreno, María de la Luz 139, 142-148, 239
Velasco Cisneros, Isabel 306-307
Velasco de Rojas, Antonia 434
Velasco y Gómez, Ana 369
Vélez Cabrera, Candelaria 199

Vélez Cabrera, Caridad 199, 203
Vélez Cabrera, Isabel 199, 201-204
Venero, Panchita 261
Vera, Elvira 426
Villar, Úrsula Eusebia 279, 435
Villavicencio, Carmen 161
Villavicenio, Josefina 161
Villavicencio, Salvadora 161

W

Waring, Lila 434
Wilson, Amelia 279
Wilson, Bernarda 279

X

Xenes, Vieves 161, 399-400
Xiques de Moya, Ángela 161, 394

Z

Zaldívar Cisneros, Brígida 343-346
Zayas Bazán, Carmen 338, 341
Zayas de Castellanos, Soledad 435
Zayas y Cardet, María Rafaela 231-232
Zenea, María de la Piedad 394-395, 435

Foto de una familia cubana de fines del siglo XIX
(de la colección de la autora)

www.ingramcontent.com/pod-product-compliance
Lightning Source LLC
Chambersburg PA
CBHW052006070526
44584CB00016B/1642